普通高等教育"十一五"国家级规划教材
"十二五"普通高等教育本科国家级规划教材
天津市普通高等教育一流本科课程教材
普通高等学校旅游管理教材

饭店餐饮管理
Food and Beverage Management in Hospitality

（第4版）

王天佑　主编

清华大学出版社
北京交通大学出版社
·北京·

内容简介

《饭店餐饮管理》是 21 世纪高等院校"旅游管理"与"饭店管理"核心专业课教材之一，也是教育部普通高等教育"十一五"和"十二五"国家级规划教材。本教材的内容全面、系统且实践性强，涉及饭店餐饮管理的各方面。主要内容分为三篇：餐饮管理概论、餐饮生产管理和餐饮营销管理。本教材在编写过程中参考了国内外近年的研究成果及企业经营实践，内容新颖、贴近行业，具有鲜明的时代特色和科学的前瞻性，与当今的国际饭店业餐饮运营管理理念和方法同步。同时，具有严格的系统性和逻辑性。本教材在整体内容结构的顺序上既参考了国际上成熟的教材，又结合了我国读者学习和思考的习惯，内容循序渐进，便于学习和掌握。此外，教材整体的内容设计符合培养具有国际视野与创新意识的旅游管理、饭店管理和餐饮管理应用型人才的目标需要，具有较强的实用性。本教材不仅是高等院校"旅游管理"和"饭店管理"等专业的教科书，还可作为饭店和餐饮管理人员的培训教材。

本书封面贴有清华大学出版社防伪标签，无标签者不得销售。
版权所有，侵权必究。侵权举报电话：010-62782989 13501256678 13801310933

图书在版编目（CIP）数据

饭店餐饮管理 / 王天佑主编. —4 版. —北京：北京交通大学出版社：清华大学出版社，2020.12（2022.12 重印）
 ISBN 978-7-5121-4369-2

Ⅰ.① 饭… Ⅱ.① 王… Ⅲ.① 饭店-饮食业-经济管理-教材 Ⅳ.① F719.2

中国版本图书馆 CIP 数据核字（2020）第 231147 号

饭店餐饮管理
FANDIAN CANYIN GUANLI

策划编辑：吴嫦娥　责任编辑：赵彩云	
出版发行：清华大学出版社　邮编：100084　电话：010-62776969　http://www.tup.com.cn	
北京交通大学出版社　邮编：100044　电话：010-51686414　http://www.bjtup.com.cn	
印　　刷者：北京时代华都印刷有限公司	
经　　销：全国新华书店	
开　　本：185 mm×260 mm　印张：19.5　字数：500 千字	
版 印 次：2007 年 2 月第 1 版　2021 年 4 月第 4 版　2022 年 12 月第 2 次印刷	
印　　数：2 001～4 000 册　定价：59.00 元	

本书如有质量问题，请向北京交通大学出版社质监组反映。对您的意见和批评，我们表示欢迎和感谢。
投诉电话：010-51686043，51686008；传真：010-62225406；E-mail：press@bjtu.edu.cn。

前　言

　　21世纪是我国饭店业和餐饮业快速发展的时期。近年来，我国饭店业的餐饮运营规模不断扩大，餐饮营销的专业化程度愈来愈高。当代饭店餐饮运营的特点之一是餐饮产品特色化和风格化，而餐饮消费方式呈多元化。个人旅行、公务差旅、商务活动、休闲活动、会展餐饮和主题宴会等已成为餐饮消费的主要动因。因此，餐饮运营管理不仅是旅游管理的重要内容，还是饭店管理专业的主要内容之一。现代餐饮经营管理的首要工作是厨房生产管理。由于菜肴是餐饮产品的核心，其开发、设计、生产与成本等管理是餐饮经营管理的基础；而厨房组织管理、设备布局、安全和卫生管理等都是餐饮生产管理不可忽视的因素。同时，餐饮服务很容易被顾客识别或感受。因此，餐厅设计、布局、装饰、风格、温度和色调，餐饮服务的礼节礼貌、服务程序与方法等直接影响餐饮产品的质量和营销效果。此外，酒水是不可轻视的餐饮产品，酒水产品不仅每年可为饭店带来理想的营业收入，还可为饭店带来声誉。

　　当今，餐饮产品同化倾向加剧，餐饮市场竞争日益激烈。在这种前提下，仅依靠饭店的等级、餐厅的名称和正宗的菜系及风味等传统的营销理念已不能为企业带来理想的经济效益。因此，企业应持续地关注食品卫生与安全、产品质量与特色，并采取个性化营销战略才能使餐饮经营走向成功之路。显然，餐饮产品开发与菜单设计已成为饭店销售餐饮产品主要的手段和策略。现代饭店餐饮管理要求管理人员必须全面地掌握餐饮营销特点，以便更有针对性地为目标市场提供理想的产品。由于餐饮经营特点不同于工业生产与销售，其特点是生产和销售在同一地区。这样，饭店必须吸引顾客到企业购买餐饮产品。因此，饭店坐落的位置、交通便利的程度、餐厅外观和装饰、餐厅内部环境和服务质量、菜点和酒水价格等只有符合目标顾客的需求，企业的餐饮产品才有吸引力。综上所述，餐饮管理是复杂的，管理者除应具备扎实的经济学、管理学、营销学、会计学及专业英语等基础知识，还必须具备中餐与西餐的生产与服务管理和酒水生产与销售管理等知识。当然，作为餐饮管理人员，管理实践是必不可少的。

　　《饭店餐饮管理》是21世纪全国高等院校"旅游管理"与"饭店管理"核心专业课教材之一，也是教育部普通高等教育"十一五"和"十二五"国家级规划教材。本教材的内容全面且系统，实践性强，涉及了饭店餐饮管理的各个方面。主要内容包括餐饮管理概论、餐饮生产管理、餐饮营销管理。《饭店餐饮管理》第4版在编写过程中参考了国内外最新研究成果和现代国际酒店餐饮经营实践，内容更加新颖而具有鲜明的时代特色和科学的前瞻性，与当今的国际饭店业餐饮运营管理理念和方法同步。教材的整体内容结构顺序既参考了国际上成熟的教材，又结合了我国读者学习和思考的习惯，因此内容循序渐进，便于学习和掌握。教材整体内容符合培养21世纪具有国际视野和创新意识的旅游管理、饭店管理和餐饮管理应用型人才的知识结构与实践能力的需要，具有较强的实用性。本教材不仅是高等院校"旅游管理"和"饭店管理"等专业课的教科书，还可作为旅游业、饭店业和餐饮业管理人员的培训教材。

本教材作者王天佑为欧美同学会酒店管理专家委员会成员，曾留学于美国，学习国际旅游与饭店管理，回国后从事高校旅游管理教学及饭店管理和餐饮管理研究。其他作者均有丰富的饭店餐饮管理理论与实践经验。本教材结构设计由王天佑完成。第1章、第6章和第9章由王天佑编写；胡晓丽编写第2章、第3章和第4章；胡彩霞编写第10章、第11章和第12章；康佳丽编写第5章、第7章和第8章。本教材在编写过程中曾得到美国弗吉尼亚理工大学科翰教授及高级讲师詹姆斯·萨克斯顿先生，北京钓鱼台大酒店、北京国际饭店、天津市喜来登酒店、万丽天津宾馆、广州白天鹅宾馆等管理人员及其他院校学者和企业家的支持与帮助，在此一并表示感谢！书中疏漏与不足之处敬请专家和学者指正。

编　者

2021.1

目　　录

第1篇　餐饮管理概论

第1章　饭店餐饮管理概述 (3)
 1.1　饭店餐饮管理内容与要素 (3)
 1.2　饭店餐饮管理发展趋势 (6)
 1.3　饭店餐饮经营原则 (7)
 本章小结 (10)
 练习题 (10)
 主要参考文献 (11)

第2章　餐饮经营组织管理 (13)
 2.1　餐饮经营组织概述 (13)
 2.2　餐饮部组织设计 (16)
 2.3　餐饮部工作人员职责 (20)
 2.4　餐饮组织创新与调整 (25)
 本章小结 (28)
 练习题 (28)
 主要参考文献 (29)

第3章　餐饮成本控制与管理 (31)
 3.1　餐饮成本控制 (31)
 3.2　餐饮成本核算 (35)
 3.3　食品采购管理 (41)
 3.4　食品储存管理 (45)
 3.5　生产成本控制 (50)
 3.6　餐饮成本分析 (52)
 本章小结 (54)
 练习题 (54)
 主要参考文献 (55)

第4章　餐饮产品质量管理 (57)
 4.1　餐饮产品质量概述 (57)
 4.2　餐饮全面质量管理 (61)
 4.3　餐饮产品质量保证 (68)
 本章小结 (72)
 练习题 (73)
 主要参考文献 (74)

第 2 篇　餐饮生产管理

第 5 章　中餐菜系与生产原理 (79)
- 5.1　中餐概述 (79)
- 5.2　中餐菜系 (82)
- 5.3　中餐生产原理 (85)
- 本章小结 (96)
- 练习题 (96)
- 主要参考文献 (97)

第 6 章　西餐菜系与生产原理 (99)
- 6.1　西餐概述 (99)
- 6.2　西餐菜系 (108)
- 6.3　西餐生产原理 (117)
- 本章小结 (129)
- 练习题 (130)
- 主要参考文献 (131)

第 7 章　厨房规划与布局 (133)
- 7.1　厨房规划管理 (133)
- 7.2　厨房布局管理 (136)
- 7.3　厨房热能选择 (139)
- 7.4　厨房设备选购 (141)
- 本章小结 (148)
- 练习题 (148)
- 主要参考文献 (149)

第 8 章　卫生与安全管理 (151)
- 8.1　食品卫生与安全管理 (151)
- 8.2　个人卫生管理 (160)
- 8.3　环境卫生管理 (162)
- 8.4　生产与服务安全管理 (164)
- 本章小结 (166)
- 练习题 (167)
- 主要参考文献 (168)

第 3 篇　餐饮营销管理

第 9 章　菜单与酒单筹划 (171)
- 9.1　菜单种类与特点 (171)
- 9.2　菜单筹划与设计 (179)
- 9.3　酒单筹划与设计 (184)
- 9.4　餐饮价格制定 (191)

本章小结 (198)
　　练习题 (199)
　　主要参考文献 (205)
第 10 章　餐饮服务管理 (206)
　10.1　餐饮服务概述 (206)
　10.2　餐饮服务设备与餐具管理 (208)
　10.3　餐厅筹划与设计 (212)
　10.4　中餐服务管理 (214)
　10.5　西餐服务管理 (218)
　　本章小结 (223)
　　练习题 (223)
　　主要参考文献 (228)
第 11 章　酒水销售管理 (229)
　11.1　酒水经营概述 (229)
　11.2　酒水销售原则 (231)
　11.3　发酵酒销售与服务 (234)
　11.4　蒸馏酒销售与服务 (239)
　11.5　配制酒与鸡尾酒销售与服务 (243)
　11.6　非酒精饮料销售与服务 (248)
　　本章小结 (261)
　　练习题 (262)
　　主要参考文献 (263)
第 12 章　餐饮营销策略 (265)
　12.1　餐饮营销概述 (265)
　12.2　餐饮营销环境分析 (274)
　12.3　餐饮市场选择 (282)
　12.4　餐饮营销策略 (288)
　　本章小结 (295)
　　练习题 (295)
　　主要参考文献 (296)
练习题参考答案 (298)

第1篇

餐饮管理概论

- 饭店餐饮管理概述
- 餐饮经营组织管理
- 餐饮成本控制与管理
- 餐饮产品质量管理

第 1 章

饭店餐饮管理概述

> **本章导读**
>
> 饭店是人们住宿、用餐、进行商务与会展活动及休闲的场所,是销售住宿产品、会展产品、餐饮产品、商务产品等的综合型企业。现代饭店餐饮管理要求管理人员掌握不同饭店的餐饮经营原则和菜点制作原理,具有菜点和酒水开发和经营能力。通过本章学习可了解饭店餐饮管理的发展趋势,掌握饭店餐饮管理的基本内容及餐饮经营成功的要素等。

1.1 饭店餐饮管理内容与要素

1.1.1 饭店餐饮管理含义

饭店是人们住宿、用餐、进行商务与会展活动及休闲的场所,是销售住宿产品、会展产品、餐饮产品、商务产品等的综合型企业。饭店应当具有设备完善的建筑物并具有不同种类和规格的客房和餐饮设施、各种会议室及康乐设施并可满足不同主题的餐饮产品。根据市场需求,不同种类的饭店,其餐饮经营组织、内容和方法不同。

现代饭店餐饮管理是指菜点和酒水的生产和营销管理。多年来人们一直认为在餐饮经营中,顾客购买的是餐饮服务产品,因此许多管理人员只抓餐饮服务质量,而忽视菜点生产和酒水经营,造成了餐饮产品质量不能满足顾客的期望,影响了经营效果。现代饭店餐饮管理要求管理人员必须掌握菜点制作原理,具有菜点和酒水开发和经营能力。由于餐饮经营不同于工业,其特点是生产和销售在同一地方,这样饭店必须吸引顾客到餐厅购买餐饮产品,因此餐厅坐落位置、交通的便利程度、餐厅外观和装饰、餐厅内部的环境特色和服务质量、菜点和酒水价格等只有符合目标顾客的需求,才能对顾客有吸引力。当今,许多大型饭店在营销部内成立了餐饮营销部以加强餐饮产品的营销,并取得了一定的效果。

1.1.2 饭店餐饮管理内容

1. 菜单与酒单筹划和设计

当今菜单和酒单已经成为饭店销售餐饮的主要工具和管理工具。一份合格的菜单和酒单应反映餐厅和酒吧的经营目标和特色，衬托餐厅的环境和气氛，为饭店带来收入和利润，为顾客留下美好的印象。因此，菜单和酒单的筹划和设计已成为现代饭店餐饮管理的关键内容。

2. 厨房生产管理

通常，餐饮管理的首要内容是厨房生产管理。菜点是餐饮产品的核心内容，其开发与设计、生产与安全、质量与成本是餐饮管理的基础内容。此外，厨房的组织管理、生产设备布局、厨师与工作人员培训等都是厨房管理不可忽视的因素。

3. 餐厅服务管理

服务是重要的餐饮产品，尽管是无形产品，然而很容易被顾客识别或体验。一般而言，顾客到餐厅用餐除了享受美味佳肴，还为了享受优质的服务，因此服务也有质量标准。此外，餐饮服务还是餐饮推销的过程。服务质量关系到菜点和酒水的销售量，关系到饭店和餐厅的经营收入，关系到饭店和餐厅的生存和发展。服务管理是餐饮管理的主要内容之一。此外，餐厅设计、服务设施与设备布局、布件与艺术品等装饰、风格、温度和色调等因素直接影响餐饮产品的质量和销售量，因此，餐厅服务是餐饮管理不可忽视的内容。

4. 餐次筹划与安排

餐次筹划与安排是饭店餐饮管理的基础工作之一。所谓餐次，是指饭店各餐厅每天销售的餐数。根据统计，许多饭店每天经营4～6个餐次。包括早餐、早午餐（常从早上10点至12点）、午餐、下午茶、正餐和夜餐。在饭店餐次筹划与安排中，各餐厅的餐次安排、菜单筹划、服务设计及价格设计管理等工作是饭店餐饮成功的关键。

5. 酒水经营管理

酒水是不可轻视的餐饮产品，酒水产品每年不仅为饭店带来很高的收入和利润，还为饭店带来了声誉。在餐饮经营中酒的品种非常多，不同种类的酒有着不同的饮用温度、饮用时间及服务方法。水是餐饮经营中的术语，它是指不含乙醇的任何饮品，包括各种果汁、软饮料、茶和咖啡等。酒单设计和筹划、酒水开发、酒水生产和配制及酒水服务等都是餐饮管理的重要内容。

6. 餐饮成本控制

餐饮成本控制是餐饮经营管理的基本内容之一。由于餐饮成本制约着餐饮价格，而菜点和酒水价格又影响餐饮需求及饭店经营效果，因此餐饮成本管理是餐饮经营成功的关键。在餐饮经营中，应保持合理的或有竞争力的成本费用。同时，在餐饮价格保持不变的前提下，适当提高食品原料成本的比例，使餐饮及其价格更有效地反映其价值。

7. 人力资源管理

现代餐饮人力资源管理应通过餐饮市场和餐饮产品确定人事，重视餐饮职工的构成，重视选拔生产、服务和管理人才，重视职工关系与培训管理工作，并用一切科学管理和激励职工的手段发挥职工的积极性、主动性和创造性。现代饭店业与餐饮业人力资源管理不仅应强调顾客第一，还必须强调职工第一。

8. 餐饮质量管理

现代餐饮产品质量建立在满足顾客的需求上，使菜点、酒水、设施、服务和环境总体具有满足目标顾客需求的质量水平。现代餐饮产品质量不仅代表着饭店经营管理水平，而且还反映饭店的形象和特色，因此是饭店经营管理的重要内容。随着饭店业的竞争，餐饮产品质量管理水平不断提高，全体职工的产品质量意识不断加强，管理人员不仅注重餐饮产品的适用性，而且关注产品形成的全过程质量管理并制定了食品原料标准、生产质量标准、服务质量标准等并严格执行。此外，全体职工在餐饮产品质量管理的理念是以预防为主，防检结合，运用多种方法提高产品质量。

9. 餐饮营销管理

现代饭店餐饮营销管理不同于传统的销售管理，它包括营销计划、产品生产与开发、餐饮销售和服务等全过程管理。现代饭店餐饮市场营销必须具备创新意识并付诸行动。由于饭店餐饮产品市场需求不断地变化和发展，竞争对手不断地出现，市场上的新品种不断地增多，因此饭店餐饮经营要求管理人员不断地创造更加满足各细分市场的和有特色的产品。同时，采用个性化的经营战略以展示本饭店餐饮产品的功能和特色，使餐饮经营走向成功之路。

10. 企业伦理管理

企业伦理管理是关于饭店及其职工在餐饮经营行为的职业道德管理，是正确处理企业与社会及相关利益者关系的规范管理，是在饭店长期经营实践中积累并涵盖企业内外道德关系而形成的伦理理念、道德意识、道德规范、道德精神和道德传统及其道德实践的总和。其中，"伦"是指人、群体和社会及他们之间的关系；而"理"是指道理、规范和原则等。企业伦理管理应渗透于饭店餐饮经营活动的全过程和各环节，外现于餐饮产品及服务，对内贯穿于餐饮的营销目标、经营理念、规章制度和产品质量中。

11. 知识资本管理

当今，饭店或餐饮企业不仅是劳动密集型企业，更是知识型企业和创意型企业。知识资本管理已成为饭店提高竞争力的有效途径。同时，知识经济时代对饭店的餐饮经营提出了新的要求，特别是基于知识资本管理使餐饮经营获得持续的竞争力等。在这种背景下，餐饮经营和发展的一种崭新的思路是知识资本管理，其职能是将各种无形的经营要素，经过适当的组合与转化，生产出市场需要的餐饮产品和服务以满足顾客的消费需求。因此，饭店业通过对人才和技术的培养、知识的创造和积累、原料和生产设施等的开发和使用及创新生产方法和服务途径等实现其市场竞争力。

1.1.3 餐饮经营成功要素

1. 优秀的营销环境

环境是指事物外界的情况和条件。任何饭店和餐饮企业都生存在一定的环境中。这种环境实质是一种社会的生态环境，而优秀的营销环境是指饭店坐落地点必须适合企业的餐饮销售。因此，饭店必须在交通方便的地方并且与它的周围环境相协调。同时，其建筑特色、停车场、餐厅外观、内部气氛与情调、餐厅装饰与家具等都应符合目标顾客的需求以利于餐饮营销。根据成功的饭店管理经验，优秀的餐饮经营环境是其经营成功的一半。

2. 优秀的餐饮服务

优秀的餐饮服务是指顾客受到亲切、热情和真诚的接待，得到顾客理想的接待程序和方法。餐饮服务要达到优秀，首先是管理人员以身作则，管理人员重视服务态度、礼节礼貌、服务程序和方法，管理人员对职工亲切友善，对顾客热情和亲切。同时，管理人员应加强餐饮服务技术的培训和质量的评估，使职工能发自内心为顾客服务，并用礼貌语言和职业语言，使顾客感到宾至如归。

3. 优秀的菜点和酒水

菜点和酒水是餐饮产品的核心。优秀的菜点和酒水的质量标准首先是安全、卫生，有营养，热菜是热的，冷菜是凉爽的。然后，菜点和酒水的数量和重量、气味和味道、颜色和造型、装饰和包装都应达到目标顾客的期望，达到饭店的产品标准。

4. 优秀的质量评价

优秀的质量评价来自顾客的满意。许多饭店消费水平很高，生意很好，回头客多，并且新的顾客不断出现。顾客认为，尽管这家饭店菜点和酒水的价格高一些，但是根据菜点和酒水的质量和服务水平，其价格并不高；而有些饭店菜点和酒水的价格比较经济，但是其经营效果很不理想，其原因是产品价格与产品质量不符，顾客对这家饭店餐饮质量不满意，不再光临这家饭店。此外，饭店餐饮受到好的评价还来自方便的停车场、理想的用餐环境及诚心诚意的餐饮服务等。

5. 优秀的经营管理

优秀的餐饮经营管理包括许多方面，首先是人力资源的开发和培养，餐饮经营需要各种人才，餐饮的成功和发展依靠人才。因此开发人才，培养人才，组织和管理好人才是饭店餐饮经营管理最基本的工作。其次，餐饮成本和质量管理是餐饮经营的根本，餐饮成本控制是饭店质量的保证、品牌的保证和盈利的基本保证。餐饮产品质量代表饭店的信誉、形象和特色，全面质量管理是饭店餐饮成功的必要手段。

1.2 饭店餐饮管理发展趋势

1.2.1 餐饮经营规模的发展

近年来，根据学者对饭店餐饮经营规模的研究，现代饭店餐饮经营规模在不断地扩大。传统上，一个中等规模的三星级或四星级商务饭店的餐饮设施常包括一个中餐厅、一个咖啡厅和一个宴会厅及酒吧等；而现在，同等规模和级别商务饭店餐饮设施通常设立2个不同风味的中餐厅、一个咖啡厅和数个不同大小的多功能厅或宴会厅等。同时，酒水经营设施更加实用化，包括大厅酒吧、主酒吧或音乐酒吧及客房小酒吧等。其原因是满足市场对各种餐饮产品的需求。

1.2.2 餐饮产品种类的发展

当代饭店或餐饮企业的餐饮经营要求菜点和酒水制作与服务更加特色化和风格化。因此，现代饭店的餐饮管理工作比传统的运营管理更加具体与明确。同时，企业为了适应不同目标市场的需求，管理人员加大对市场的调查和分析并注重餐饮产品及其文化内涵的开发、创新和营销并连续不断地创作出受顾客欢迎的休闲餐饮、商务餐饮、主题餐饮等产品。当然，一些著名的经典餐饮和风味餐饮，在调整了那些不适合现代人们健康的原料、调料和工艺后，经过改进，使其更受顾客的青睐。

1.2.3 餐饮经营理念的发展

当今，饭店餐饮经营已脱离了仅以提供菜肴和酒水为目的的传统经营方式，除了提供高质量和有特色的餐饮外，还要为顾客提供满意的服务、优秀的用餐环境并使顾客感受到不同的餐饮文化内涵。例如，饭店西餐厅的外观和内部装饰以欧式风格为主，注重摆设艺术品和装饰品；绘画、雕刻和著名的酒水、特色面包和著名的奶酪等来体现欧洲餐饮文化。中餐厅以中国宫殿式或中国花园为背景，餐厅陈设中国传统的字画和艺术品，使顾客领略到中国传统的餐饮文化。同时，现代餐厅已不仅仅是供应餐饮的场所，更是一个包括休闲、宴会、交际等多元化的场所。因此，现代的餐厅不论在空间、家具、照明、色彩和装饰灯的设计，还是在音乐、室内温度和风格等安排上都考虑到餐厅的特色和应用效果。当今，顾客对餐饮产品的价格愈加敏感，因此餐饮成本控制是餐饮管理的关键之一。许多饭店关注餐饮成本的竞争力及本企业实际成本的执行情况。综上所述，现代饭店餐饮管理人员不仅需要较高的学历和丰富的工作经验，而且应当具有较高的个人素质、职业道德水平和一定的才能与应变能力。

1.2.4 餐饮管理专家的预测

根据世界餐饮管理专家和学者的预测，未来的风味餐厅的理想地点不仅是城市的商务区，更是空气好、比较安静和交通便利的旅游目的地和城乡接合部。此外，饭店的菜单将朝向专业化、特色化、主题化和有限的精品化方向发展，这样可以突出饭店及不同餐厅的经营特色，减少不必要的人工成本和经营费用，使餐饮价格更具有竞争力。一些企业家认为，未来的饭店餐饮经营方向将朝着两大方向发展：一是体现专业化的经典餐饮产品和休闲餐饮产品的经营企业；二是适合日常大众消费的快餐厅和普通的中餐、西餐和会议团队用餐。由于这两类企业的产品特色分明，实用性强，因此会受到餐饮市场的欢迎。

1.3 饭店餐饮经营原则

1.3.1 商务饭店

商务饭店（Commercial Hotel）是为了满足商务、事务、会展、旅游和休闲顾客而设计的，通常是坐落在商务区域，交通便利，设施齐全（见图 1.1）。除了饭店所要求的各种客房、会议室、通信设备、商务中心和健身场所等，还要具备宴会厅、风味餐厅、咖啡厅和酒吧等。由于商务饭店是商务顾客和旅游观光者停留的理想地方，其顾客来自全国各地和世界各国。因此，餐饮经营对饭店的整体经营起着重要的作用。当然，不同规模和级别的商务饭店，其餐饮设施的种类和规模也不同。例如，高星级的商务饭店可能有扒房（传统西餐厅）、风味中餐厅和不同类型的酒吧，包括大厅酒吧、主酒吧和商务楼层酒吧等；而经济型和三星级商务饭店应当具备咖啡厅、多功能和大众化的中餐厅等。

图 1.1 商务饭店

1.3.2 度假饭店

度假饭店（Resort Hotel）一般都坐落在交通方便的风景名胜区或名山及秀水附近。其主要的客源为度假、休闲和会议团队。度假饭店除了应具备舒适的房间、适合休闲的设施，如良好的沙滩、游泳池、游乐设施和运动场所等，广泛而有特色的菜点和酒水也是该类饭店经营成功的关键。目前，许多度假饭店除了经营适合各地游客需求的餐饮外，还开发了当地的传统菜肴和民族菜肴以满足顾客对地区和民族餐饮文化和餐饮旅游的需求。

1.3.3 长住饭店

长住饭店（Residential Hotel）是适应长期住宿顾客需求而开设的饭店。通常，坐落在交通方便的城市或郊区。其房间的特点为套房，包括客厅、卧室、厨房、卫生间和洗衣房等。其房间设施比商务饭店齐全，包括各种炉灶、冷藏箱、洗衣机和烘干机等。长住饭店的套房包括各种类型。例如，单人套房、越层套房、家庭套房和豪华套房等。长住饭店的经营策略、计价方法和服务方式都比较灵活，房间价格可根据天、周、月、季度或年为计算单位。清扫客房可以是每天、隔天或顾客自己清扫，房间用品可以由饭店提供，也可自己准备。长住饭店除了提供以上各项服务和健身中心等设施外，其餐饮经营与客房销售紧密相关。根据调查，入住长住饭店的顾客基本是带有家属或不带家属的企业家、工程师、会计师和教授等，这些人员工作繁忙，不可能在公寓中自己烧饭，通常在公寓楼中的餐厅用餐。因此，长住饭店的餐饮经营不可忽视。许多长住饭店为顾客提供免费的早餐和自助晚餐。一些长住饭店把餐饮设施外包给专业餐饮企业以增加经营特色和提高客房入住率。

1.3.4 汽车饭店

汽车饭店（Motel）通常坐落在城郊、高速公路和飞机场附近，其目标市场为长途驾车的旅客，是以提供住宿产品为主要业务的中型和小型饭店。传统的汽车饭店客房数常在 50 间以下。它仅提供简单的预订和住宿服务，房间价格实惠。现代汽车饭店的房间数可以在 200 间以上，除了经营住宿产品外，还提供大众化的餐饮服务，提供免费的大陆式早餐，一些汽车饭店的餐饮服务完全可与三星级商务饭店媲美。

1.3.5 会议饭店

会议饭店（Convention Hotel）是以接待会议顾客为主要客源的饭店，也接待一些展览活动人员及旅游团体等。会议饭店通常建立在风景名胜区或旅游区，有些会议饭店建立在交通方便的城乡接合部。会议饭店通常是中型或大型饭店，房间从300间到3 000间不等，一些会议饭店的客房数达到3 000间以上。根据统计，世界上客房数最多的会议饭店达5 000间客房。会议饭店的会议室种类齐全，可满足各种展览、会议和商务谈判的需要。会议饭店常配备健身和娱乐设施。例如，高尔夫球场、保龄球馆和游泳池等。一些会议饭店称为会议中心，平均每20个房间有一个会议室。当今，会议饭店非常重视餐饮经营管理，大型会议饭店配备多个宴会厅或多功能厅，可以同时接待各种主题宴会、自助宴会和鸡尾酒会等。会议饭店常配备著名国家的风味餐厅、咖啡厅和带有各国小吃的食街，讲究餐厅装饰和餐饮文化以满足各国来宾的需求（见图1.2）。

图1.2　会议饭店

1.3.6 机场饭店

机场饭店（Airport Hotel）通常建立在飞机场附近，其经营设施和服务与中等规模的三星级或四星级商业饭店很相似，它的主要客源是转机与被延误飞行的旅客及机组人员。通常机场饭店的规模为小型至大型，客房从100间至600间，现代大型机场饭店客房数可在600间以上。饭店餐饮设施常有咖啡厅、中餐厅、大型或中型规模的多功能厅以及酒吧和各种小吃店。经济、实惠、快速和卫生的餐饮特色及安静的休息场所是机场饭店的经营目标。当今，机场饭店的目标顾客已扩展到国际会展团队、商务团队和休闲顾客。因此，多功能和多种类的餐饮产品是现代机场饭店餐饮经营发展的新趋势。

1.3.7 休闲饭店

休闲饭店（Lodge）通常是小型饭店，常坐落在旅游区和度假区，客房数常在100间以下，其主要客源是度假和休闲顾客，主题娱乐活动及特色餐饮是休闲饭店的成功关键。休闲饭店的主题娱乐活动包括高尔夫球、网球、滑雪、骑马、钓鱼等，其客房设施与长住饭店很相似。然而，休闲饭店顾客常在饭店住宿1天至7天。休闲饭店餐饮经营特色对客房入住率有直接影响。因此，休闲饭店的餐饮既要有地方特色，满足休闲顾客的需求，还要兼顾不同顾客的饮食习惯。所以，餐饮经营对休闲饭店管理是严峻的挑战，要求管理人员紧跟度假旅游者对餐饮需求的变化，全面掌握餐饮原料和菜点的制作工艺。

1.3.8 经济型饭店

经济型饭店（Bed-and-breakfast）通常坐落在城市中心区或城郊，其规模从30间至300余间客房。经济型饭店主要经营住宿业务。同时，为了方便顾客，提供简易的和大众化的餐饮服务。经济型饭店特点是，节省顾客的住宿与餐饮费用，并使顾客领略到当地的历史文化和餐饮习俗，尽管这种饭店服务比较简单，但是餐饮经营也不可忽视，因为优秀而实惠的餐饮服务可增加经济型饭店的客房入住率，提高饭店声誉。此外，近年来，在欧洲一些国家出现的经济型饭店拥有近600间客房。餐饮设施包括多功能厅、咖啡厅和大厅酒吧等，并且还提供国际会议服务。

1.3.9 培训中心

培训中心（Training Center）相当于一个中型或小型的商务饭店，通常有100间至300间客房。大型培训中心的客房数可达600间。其住宿设施和商务饭店很相似。此外，培训中心具备多个教室，可同时为多个企业的职工进行培训。培训中心常坐落在风景区或离企业总部不远的区域。其餐饮特色通常为实惠而有特色，并适合不同顾客的餐饮习惯，以生产与服务具有营养的各种菜肴与面点为主。培训中心常配备不同规模的多功能厅、咖啡厅、中餐厅和酒吧等。

本章小结

现代饭店餐饮管理是指菜点和酒水的生产和营销管理。多年来人们一直认为在餐饮经营中，顾客购买的是餐饮服务产品。因此，许多管理人员只抓餐饮服务质量，而忽视菜点的生产和酒水经营，造成餐饮产品质量不能满足顾客的期望，影响了经营效果。现代饭店餐饮管理内容包括菜单与酒单筹划和设计、厨房生产管理、餐厅服务管理、餐次筹划与安排、酒水经营管理、餐饮成本控制、人力资源管理、餐饮质量管理、餐饮营销管理和餐饮个性化经营。

现代饭店餐饮经营成功的要素包括优秀的营销环境、优秀的餐饮服务、优秀的菜点和酒水、优秀的质量评价和优秀的经营管理。此外，不同种类的饭店和餐饮企业，根据其市场定位，餐饮经营原则与方法不同。

练 习 题

1. 名词解释
饭店　　餐次

2. 多项选择

（1）饭店是销售（　　）等综合型企业。
　A. 住宿产品　　　B. 商务产品　　　C. 会展产品　　　D. 餐饮产品

（2）餐饮经营成功的要素包括（　　）。
　A. 优秀的营销环境　　　　　　　　B. 优秀的餐饮服务
　C. 优秀的菜点和酒水　　　　　　　D. 优秀的质量评价

（3）商务饭店（　　）。
　A. 为了满足商务、事务、会展、旅游和休闲顾客而设计
　B. 通常坐落在商务区域并交通便利
　C. 只强调饭店的房务和会展功能
　D. 应具备各种餐厅、咖啡厅和酒吧

（4）当今，饭店餐饮经营（　　）。
　A. 已脱离了传统的仅以提供餐饮服务为目的的经营方式
　B. 必须提供高质量的和有特色的餐饮
　C. 为顾客提供满意的服务和优秀的用餐环境
　D. 使顾客感受到不同的民俗和文化

3. 判断对错

（1）优秀的菜点和酒水的质量标准首先是安全、卫生，有营养，热菜是热的，冷菜是凉爽的。　　　　　　　　　　　　　　　　　　　　　　　　　　　　　（　　）

（2）优秀的餐饮服务是指顾客受到亲切、热情和真诚的接待，得到顾客理想的服务程序和方法。　　　　　　　　　　　　　　　　　　　　　　　　　　　（　　）

（3）餐次筹划与安排是饭店餐饮管理的基础工作之一。餐次是指饭店中的各餐厅每天销售的餐数。　　　　　　　　　　　　　　　　　　　　　　　　　（　　）

（4）现代餐饮人力资源管理仅强调顾客第一，而忽视职工第一。　　　（　　）

（5）现代饭店餐饮经营要求菜点及酒水制作和服务更具有特色化和风格化。（　　）

4. 思考题

（1）论述饭店餐饮管理的内容。
（2）论述餐饮经营成功的要素。
（3）论述饭店餐饮管理的发展趋势。
（4）论述不同饭店的餐饮经营原则。

主要参考文献

[1] 格里芬. 管理学 [M]. 刘伟，译. 9版精要. 北京：中国市场出版社，2020.
[2] 姚丽娜. 新编现代企业管理 [M]. 北京：北京大学出版社，2012.
[3] 戴德锋，窦德强，熊雯. 管理学 [M]. 北京：北京邮电大学出版社，2016.
[4] 李启明. 现代企业管理 [M]. 4版. 北京：高等教育出版社，2011.
[5] 谢品，肖霖岳. 现代企业管理 [M]. 成都：电子科技大学出版社，2017.
[6] 卢进勇，刘恩专. 跨国公司经营与管理 [M]. 北京：机械工业出版社，2013.

[7] 克拉耶夫斯基,里茨曼. 运营管理流程与价值链[M]. 刘晋,向左春,译. 7版. 北京:人民邮电出版社,2007.

[8] 曾国军. 旅游企业战略管理[M]. 北京:中国旅游出版社,2017.

[9] 胡春森,董倩文. 企业文化[M]. 武汉:华中科技大学出版社,2018.

[10] 王天佑,张威. 饭店管理概论[M]. 3版. 北京:北京交通大学出版社,2015.

[11] 李建华,刘霞. 现代企业文化理论与实务[M]. 北京:机械工业出版社,2012.

[12] 杨劲松. 酒店战略管理[M]. 北京:机械工业出版社,2020.

[13] 陆力斌. 生产与运营管理[M]. 北京:高等教育出版社,2013.

[14] 赖利. 管理者的核心技能[M]. 徐中,梁红梅,译. 北京:机械工业出版社,2014.

[15] 布鲁斯,汉佩尔,拉蒙特. 经理人绩效管理指南[M]. 陈秋苹,译. 北京:电子工业出版社,2012.

[16] 科特. 总经理[M]. 耿帅,译. 北京:机械工业出版社,2013.

[17] 鲁,拜厄斯. 管理学技能与应用[M]. 刘松柏,译. 13版. 北京:北京大学出版社,2013.

[18] 王天佑. 宴会运营管理[M]. 北京:清华大学出版社,2019.

[19] WOOD R C. Strategic questions in food and beverage management [M]. MA:Elsevier Ltd.,2000.

[20] RUSSELL R S. Operations management [M]. 4th ed. New Jersey:Prentice Hall, Inc,2003.

[21] KOTAS R,JAYAWARDENA C. Food & beverage management [M]. London:Hodder & Stoughton,2004.

[22] WALKER J R. The restaurant from concept to operation [M]. 5th ed. New Jersey:John Wiley & Sons,Inc.,2008.

[23] DOPSON L R,HAYES D K,MILLER J E. Food & beverage cost control [M]. 4th ed. New Jersey:John Wiley & Sons,Inc.,2008.

[24] BARROWS C W,POWERS T,REYNOLDS D. Introduction to management in the hospitality industry [M]. 9th ed. New Jersey:John & Sons Inc.,2009.

[25] JACK NINEMEIER. DAVID HAYES. Restaurant operations management:principles and practices [M]. Essex:Pearson Education,2005.

[26] OKUMUS F,ALINAY L,CHATHOTH P. Strategic management for hospitality and tourism [M]. Ma:Elsevier Ltd.,2010.

[27] REID R D,BOJANIC D C. Hospitality marketing management [M]. 5th ed. New Jersey:John Wiley & Sons,Inc.,2009.

[28] DAVIS B,LOCKWOOD A,ALCOTT P. Food and beverage management [M]. 5th edition. New York:Routledge Taylor & Francis Groups,2012.

[29] WOOD R C. Hosoitality management:a brief introduction [M]. London:Saga Publications Ltd.,2015.

第 2 章

餐饮经营组织管理

> **本章导读**
>
> 任何饭店的餐饮经营组织都是为了实现特定的经营目标，在分工合作的基础上构成职工组合。餐饮经营组织以专业化分工为基础，由下属各职能部门及各专业技术和服务人员组成，各管理人员和技术人员有不同的责任和权利。通过本章学习可了解饭店餐饮经营组织的含义，熟悉餐饮经营组织原则，掌握饭店餐饮部组织、餐厅组织和厨房组织结构的设计，明确饭店餐饮经营管理人员职责。

2.1 餐饮经营组织概述

2.1.1 餐饮组织含义

饭店餐饮经营组织作为专业职工的组合，是为了实现既定的经营目标，有意识地协调餐饮经营活动组成的群体。餐饮经营组织可分为静态组织和动态组织，静态组织是指餐饮经营组织结构，反映组织中的部门、职务、工作及它们之间的特定工作关系；动态组织是指组织应不断地调整结构以适应外部市场变化和企业自身的发展。优秀的餐饮经营组织使餐饮经营稳定化、工作规范化和制度化，使分散的和孤立的工作职务凝聚成高效的组织和强大的经营力量，使餐饮部内部的二级部门和各种职务有明确的责任，减少工作中的推诿、摩擦和无人负责现象，提高经营效益，理顺部门与岗位之间的关系。

2.1.2 餐饮组织要素

1. 目标与战略

饭店餐饮组织或称为饭店餐饮经营组织必须有特定的经营目标和经营战略，不同类型的饭店，其餐饮经营目标不同。例如，商务饭店的餐饮经营目标是以商务和事务旅行者及会议团队为主要经营目标，其设施配备和服务特色与经营目标相协调。实际上，饭店餐饮经营战略涉及饭店整体业务经营目标，是饭店整体经营决策的一个分支，通常由4个要素组成：经营范围、资源配置、竞争优势和协同作用。因此，饭店餐饮经营组织应与饭店整体经营目标和战略一致。饭店餐饮总监或餐饮部经理的一项重要管理工作就是运用组织目标凝聚饭店餐饮部全体职工。

2. 人员与职务

饭店餐饮部的职工是构成餐饮经营组织的基本要素，包括管理人员、技术人员和服务人员。在餐饮经营中，人员的素质和能力是导致经营成功或失败的关键。餐饮部的职务和人员应合理配置，各职务的工作范围应明确，各职务工作人员素质与能力应与职务需要相协调。

3. 权利与职责

职责是餐饮组织中各职务的工作职责，它表示餐饮组织中上下级关系，作为上级职能部门或职务，具有对下级职能部门和职务进行业务指导的责任；作为下级职能部门或职务具有对上级管理部门和管理人员汇报工作、接受业务指导和监督的责任。而权利是经上级领导，经正式授权的职权，这种职权不是个人的职权，而是职位的权利。餐饮部的各种职务应有适当的权利和职责以保证其在工作中发挥作用。

4. 合作与协调

餐饮组织的本质在于部门和职务的合作与协调，通过各职能部门和职务将饭店餐饮部组成完整而系统的经营整体。由于餐饮经营的特点，餐饮产品的构成非一个职能部门可以完成。因此，为了完成饭店既定的餐饮经营目标，采购员、厨师、服务员和管理人员必须合作与协调。此外，餐饮部还应与财务部、工程部、房务部、会展部、营销部及饭店外部的卫生防疫部门，消防部门和供应商等合作与协调。

5. 资源与环境

饭店的餐饮经营活动需要各种资源作支撑。因此，饭店餐饮经营组织不仅是职工的集合，还是各种资源的集合及职工与其他资源的有效集合。同时饭店餐饮组织的成功经营受外部环境影响和控制。综上所述，外部环境及其资源是饭店经营组织生存与发展的基础。

2.1.3 餐饮组织功能

饭店餐饮组织是为了达到既定的经营目标，在分工协作的基础上构成的职工集合。该组织以专业化经营为基础，由各下属职能部门、业务管理层和所有职工组成。在饭店餐饮部中，各层管理人员有不同的责任和权利。餐饮部是饭店餐饮经营成功的基础，是实现餐饮经营目标，制定经营战略，保证产品质量，开拓目标市场，稳定营业收入和利润及发展职工职业规划的核心力量。饭店餐饮组织功能主要包括以下4个方面。

1. 凝聚功能

科学的餐饮组织应有明确的经营目标和工作任务，从而将餐饮部全体职工凝聚成一个经营整体。如果该组织群体工作和谐，人际关系良好，该组织将产生强大的凝聚力。良好的餐饮组织成员应互相尊重，互相支持，互相信任，互相关心，对企业有归属感、责任感和向心力。同时，餐饮部凝聚力还取决于部门管理成员的经营导向及职业道德素质，包括公正廉洁、严于律己和关心职工等。

2. 协调功能

结构合理的餐饮组织可正确处理部门内的分工和协作，处理好本部门与其他部门和相关组织的协作关系。为了达到部门既定的经营效益和产品质量，餐饮部下属二级部门应有明确的工作职责和范围并处理好与顾客、供应商、会展组织机构、旅行社及其他中间商的关系。

3. 制约功能

在饭店餐饮部，每个下属部门、每个职工都被指派承担经营中的部分工作和承担一定的责任。通常，根据各饭店餐饮部的业务范围、管理模式和经营特点，授予每个职工不同的权力以保证经营和谐统一。

4. 激励功能

饭店餐饮组织应高度重视职工素质和业务能力，肯定职工的工作成果，培养职工的责任感，增强职工的荣誉感和信心，使用各种激励手段激发职工的工作热情，使管理人员和被管理者和谐工作，从而不断地开拓和创新。通过调整组织结构，提高职工的工作绩效，提高职工的工资，使职工感受到被上级管理人员认可的喜悦，并通过管理人员的帮助，为职工确定职业发展目标，使职工努力工作。

2.1.4 饭店餐饮部组织原则

1. 经营任务与目标原则

饭店餐饮部的根本目的是实现饭店餐饮经营目标，完成饭店对餐饮经营既定的工作任务。因此，该部门组织的层次、幅度、任务、责任和权力等都要以经营目标和工作任务为基础。当经营目标发生变化时，部门结构应及时做出相应的调整。

2. 分工与协作原则

现代饭店餐饮经营专业性强，应根据不同职务的专业性质、工作类型设置二级部门和各工作职务，做到合理分工。例如，一些大型商务饭店餐饮部设立餐饮营销部、中餐部、西餐部、宴会部和餐饮后勤部等二级部门。这些部门都有自己的具体专业工作，专业性很强。同时，各部门应加强协作和配合，部门和职务的设置应利于横向协作和纵向管理。

3. 组织统一指挥原则

饭店餐饮部应保证管理的集中统一，实行餐饮总监（大型饭店）或餐饮部经理（中型或中小型饭店）负责制，避免多头管理和无人负责。同时，餐饮部应实施直线职能参谋制管理，餐饮部直线指挥人员（餐饮总监、行政总厨、餐饮部经理、业务主管）可向下级发出指令，实行一级管理一级，避免越权指挥；而参谋部门（饭店的营销部、采购部、财务部）可通过直线指挥人员协调管理餐饮部一线业务部门。

4. 有效的管理幅度

由于饭店餐饮管理人员的时间、业务知识和工作经验都有一定的局限性，因此餐饮部的职能分工应注意有效的管理幅度。例如，可在大型饭店餐饮部设立宴会部、中餐部、西餐部、酒水部、厨房部、餐饮后勤部等6个二级部门。这些二级部门的管理人员通常是业务主管级别。由于各饭店的餐饮经营设施和规模不同，产品特色不同，管理模式不同，因此各饭店的餐饮部组织结构及职务安排也不完全相同。

5. 责权利一致原则

科学的餐饮经营组织应建立岗位责任制，明确工作人员层次、职务（岗位）责任及他们的权利以保证餐饮部各分部门工作有序。同时，授予管理人员的责任和权利应当适合，有较大的责任就应当有较大的权利，责任制的落实必须与相应的经济利益协调，使管理人员尽职尽责。此外，餐饮部下属的各部门和各职务的职权及职责应制度化，不要随意因人事变动而变动。

6. 集权与分权相结合原则

饭店餐饮部经营管理权必须集中，这样有利于统一指挥，有利于人力、原料、资金、能源和设备的合理配置和使用。此外，为了调动餐饮管理人员的积极性与主动性，方便下属部门的管理，餐饮部应授予各二级部门一定的权力。当然，集权和分权的程度应考虑饭店和餐饮部的经营规模、经营特点、专业的复杂程度及管理人员的素质和业务能力等。

7. 稳定性和适应性原则

饭店餐饮部组织结构应根据饭店的等级、经营规模、饭店类型和具体经营目标而定，以保持餐饮部经营的稳定性。当然，为了适应饭店内外环境的变化，餐饮部组织应有一定的弹性，各二级部门及其职务应随餐饮市场的变化和企业餐饮经营战略变化而变化。

8. 组织的精简原则

现代饭店餐饮经营组织的设计与工作职务的安排应在完成其经营目标的前提下，力求体现精干和简单的原则。餐饮部组织形式应有利于提高餐饮经营效益，降低人力成本，利于饭店竞争。

2.2 餐饮部组织设计

2.2.1 餐饮部组织结构设计

饭店餐饮部的组织分类可分为小型饭店餐饮部、中型饭店餐饮部和大型饭店餐饮部。其结构设计包括纵向结构设计和横向结构设计。纵向结构设计受下属部门管理幅度制约，管理幅度与管理层次相互联系，两者成反比例关系，即管理幅度越大，管理层次越少；管理幅度越小，管理层次越多。横向设计又称为部门之间的协作关系设计。餐饮经营组织的纵向设计和横向设计综合形成了完整的餐饮部组织设计。不同类型和不同规模的饭店，餐饮部组织结构不同，设计的依据主要是饭店的等级、餐饮经营规模、餐饮经营特色和饭店管理模式等。

1. 小型饭店餐饮部组织

通常小型饭店餐饮部组织结构比较简单，分工不细，一人常兼多职。见图 2.1。

2. 中型饭店餐饮部组织

中型饭店餐饮部通常是 4 级管理制，分工明细。所谓 4 级管理制，包括餐饮部经理、餐饮部下

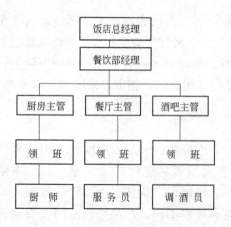

图 2.1 小型饭店餐饮经营组织图

属的二级部门及其现场管理人员、领班和普通职工（餐厅服务员、厨工）等管理体系。见图 2.2。

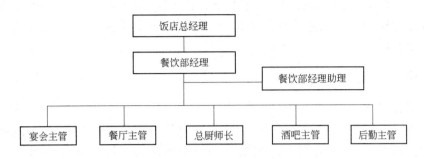

图 2.2　中型饭店餐饮经营组织图

3. 大型饭店餐饮部组织

大型饭店餐饮部组织结构层次分明，职务分工明细。在大型饭店中，由于餐饮部工作量大，专业性强，餐饮经营组织常设立中餐部、西餐部、宴会部、酒水部、厨房部、客房送餐部、管事部（管理餐饮后勤的部门）、餐饮营销部、餐饮成本控制和餐饮部办公室等二级部门管理体系。同时，大型饭店的餐饮经营工作的负责人升为总监级。见图 2.3。

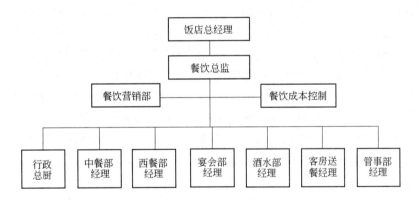

图 2.3　大型饭店餐饮经营组织图

2.2.2　餐厅组织结构设计

餐厅组织是由餐厅经理或餐厅主管、领班、服务员和传菜员（实习生）等组成（见图 2.4）。其组织层次和形式受餐厅规模和经营品种影响。规模较大的餐厅，组织层次多。例如，宴会厅组织层次比零点（散客）餐厅层次多，高级餐厅组织层次比大众餐厅层次多，相同餐位的扒房或传统西餐厅需要的服务员比咖啡厅多。由于扒房是高级餐厅，采用服务方式是传统式，需要迎宾员、业务主管、服务领班、服务员和传菜员等。而咖啡厅属于大众餐厅，不需要那些传统的服务程序，仅设立餐厅主管、领班和服务员。此外，餐厅组织受经营品种影响，经营的菜点和酒

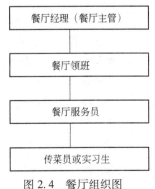

图 2.4　餐厅组织图

水种类愈多,服务愈复杂,其组织层次愈多。同时,餐厅组织还受营业时间影响,营业时间愈长,餐厅组织层次愈多。通常,咖啡厅服务班次比中餐厅服务班次多,其组织层次多于中餐厅。此外,餐厅组织受营业量和营业收入的影响,营业量大而营业收入高,需要的服务人员和管理人员数量也多。在餐饮业务旺季,餐厅营业时间长,用餐顾客多。因此,需要的服务人员和管理人员比淡季多。因此,在业务旺季,餐厅常需要较多的实习生。

2.2.3 厨房组织结构设计

1. 厨房组织特点

现代厨房组织在餐饮经营中占有重要的作用。其组织形式主要根据餐厅的规模、菜单内容、厨房布局、厨房生产量等制定。现代厨房组织是围绕菜点生产这一目标建立起来的组织机构并在组织中为全体厨师和辅助人员制定职务,明确职责,交流信息并协调工作,以便在既定的生产目标中获得最大的生产效率。现代厨房组织作为一种管理机构是一个人工系统,有不同的组织层次和相应的责任,各岗位厨师和辅助人员为实现共同的经营目标而分工合作。厨房组织管理的关键是将厨师、职务、设备、时间和空间等要素合理组合,使厨师与生产、厨师与设备在时间和空间及速度和方向等方面工作协调并一致。

2. 厨房组织发展

随着饭店业和餐饮业的发展,厨房组织也在不断地完善和发展。根据历史记载,公元初期,由于烹调技术的发展,厨房工作出现了初步分工。公元200年,厨房组织随着专业化得到进一步分工。16世纪,烹调技术发生了很大的变化,菜点制作专业化,厨房生产由专业人员负责,厨房组织朝着专业分工的趋势发展。18世纪末至19世纪初期,厨房组织形成了部门分工制。从而,出现了传统式的厨房组织。20世纪50年代后,由于餐饮市场出现了经加工的食品原料,如经宰杀和洗涤及按不同部位分成块的家禽和肉类及调制的少司(调味酱)等,同时受经济因素及公众口味发展的影响,人们希望简化菜单,减少菜肴道数,更由于食品加工机械和烹调设备的现代化及大型冷冻、冷藏和生产设备进入了厨房,厨房生产环节不断减少。从而减少或合并了某些厨房加工部门,形成了现代厨房组织结构。

3. 大型传统式厨房组织

大型传统式厨房组织将厨房分为若干专业生产部门。由于大型厨房不仅为零点(散客)餐厅制作菜点,还负责宴会菜点的生产,因此菜点种类较多而且生产量大,其下属专业加工部门比中型或小型厨房设置多,厨房内部加工和生产分工较细。有时,大型传统厨房中的某一生产部门相当于一个小型厨房的人员编制。这类厨房常设一名行政总厨师长,全面负责厨房生产管理工作,另设两名副总厨师长做助手,厨房中的下属部门生产管理由厨房领班或某一生产部门主管负责。见图2.5。

4. 中型传统式厨房组织

中型传统式厨房的特点是,厨房按菜点生产需要,分为若干部门。每个部门由一名领班厨师负责管理。厨房全部生产管理工作由一名半脱产厨师长负责。见图2.6和图2.7。

5. 小型传统式厨房组织

小型传统式厨房全部生产管理工作由一名不脱产的厨师长负责。该厨房配有若干名厨师和厨工一起完成菜点生产工作。见图2.8。

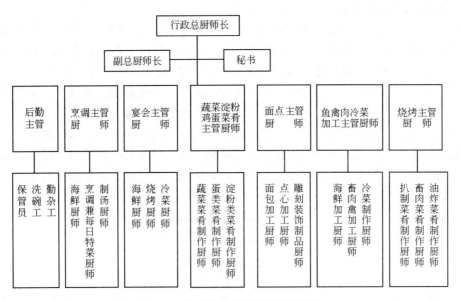

图 2.5 大型传统式西厨房组织结构

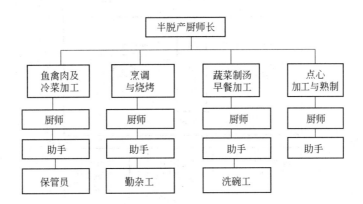

图 2.6 中型传统式西厨房组织

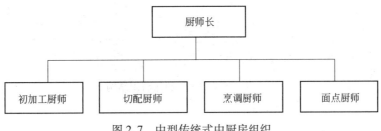

图 2.7 中型传统式中厨房组织

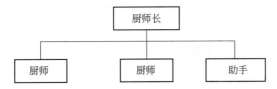

图 2.8 小型传统式中厨房或西厨房组织

6. 现代式大型厨房组织

现代式大型厨房组织是在传统式的厨房组织基础上发展起来的，其组织特点是由主厨房和分厨房两部分组成（见图2.9）。主厨房是一个以生产和加工半成品为主的厨房或称为配送中心，兼宴会厨房和面点生产厨房。分厨房称为餐厅厨房，是将半成品加工为成品的厨房。通常，一个饭店设立1个主厨房，每个餐厅应配备1个分厨房。这样，一个饭店的大型厨房组织常由一个主厨房和若干个分厨房组成。饭店主厨房可分为若干生产部门，每个部门各自负责某一类菜点的加工或生产。分厨房通常不再设立部门，1个厨师可能要完成几项菜点加工和熟制工作。现代式厨房组织比传统式降低了人工成本和经营费用，减少了厨房占地面积并节约了能源。通常设1名行政总厨师长负责饭店厨房全面管理工作，设2名或更多副厨师长负责各分厨房的管理。

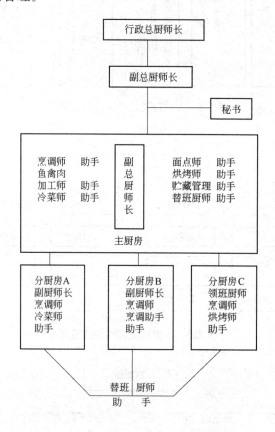

图2.9　现代式大型厨房组织结构

2.3　餐饮部工作人员职责

2.3.1　餐饮部经理或总监工作职责

1. 餐饮部经理或总监任职条件

饭店餐饮部经理常作为中型饭店餐饮经营的管理者，餐饮总监是大型饭店餐饮经营的管理者。这样，在不同规模的饭店，餐饮总监或餐饮部经理都是负责饭店餐饮整体经营的管理者。不论是餐饮部经理或餐饮总监都应具有饭店管理或餐饮管理专业大学毕业文化程度，具有餐饮部基层管理工作5年以上经验，具备良好的品德，作风正派，严于律己，责任心强。同时，应热爱餐饮经营管理，有事业心，有良好的体质和心理素质，对业务精益求精，有敏锐的观察力，掌握沟通技巧，善于学习，有开拓创新精神。精通中餐和西餐菜点制作，熟悉中餐和西餐菜点的特点与产品质量标准，熟悉食品原料的产地和季节特点，熟悉各国酒水种类、特点及质量标准，熟悉各种酒水营销方法与技巧，熟悉各种餐饮服务方法，具备餐厅服务设备筹划与布局能力及餐饮服务设计能力。熟悉财务知识，善于餐饮成本控制，熟悉食品营养搭配知识，熟悉食品卫生与预防食物中毒知识，了解美学和餐厅装饰设计。此外应具备宴会设计能力；了解各国饮食习惯、宗教信仰、民俗礼仪；熟悉饭店管理理论、餐饮管理理论、营销学和管理学并具有良好的工作计划能力、组织活动能力、激励职工能力、产品创新与开发能力、信息沟通能力、职工培训能力及处理顾客投诉和解决问题的能力。

2. 餐饮部经理或总监工作职责

在饭店总经理或副总经理的指导下，餐饮部经理或总监负责餐饮部行政管理工作，制订并实施餐饮经营计划、各项管理制度，考核本部门各级管理人员的经营业绩并实施激励和培训，审批本部门使用的一切物资与用品；参加饭店总监或部门经理工作会议，定期召开本部门例会，检查本部门的二级部门经营情况、产品质量，制订和调整各项经营管理计划。同时，应熟悉目标市场需求，与厨师长一起筹划和设计菜单，及时开发符合需求的餐饮产品，与总厨师长一起健全厨房组织，完善厨房设备布局，控制菜点质量；加强餐饮原料采购、验收和储存管理，严格控制餐饮成本及各项费用；加强餐厅服务管理，提高服务质量；加强宴会组织管理，提高宴会服务质量；加强酒吧经营管理，提高酒水经营收入，制订餐饮推销计划，扩大餐饮销售渠道，提高餐饮销售收入，保证餐饮利润，亲自组织和指挥大型宴会和重要的接待活动。此外，应加强管事部（餐饮后勤部）的管理，做好餐饮采购、保管、清洁卫生等工作，协助工程部管理餐饮设施的保养工作。发挥本部门全体职工的积极性，安排好本部门的培训计划，实施有效的激励手段。

2.3.2 餐厅工作人员职责

1. 餐厅经理职责

餐厅经理也称作餐厅业务主管，具有饭店管理或旅游管理专业大学文化程度，在餐厅工作3年以上，熟悉餐饮服务方法、程序和标准，熟知菜单和酒单，具有餐厅服务表演能力；熟悉财务知识，善于沟通，有较强的语言能力，可使用英语推销菜点与酒水，善于餐厅管理，具有处理顾客投诉和解决实际问题的能力。作为餐厅经理应指导和监督餐厅每天的业务活动，保证餐厅的服务质量，巡视和检查营业区域，确保服务工作高效率。检查餐厅的物品、摆台和卫生，组织和安排服务员现场服务，监督和制定服务排班表，选择和培训新职工，评估职工的业绩，执行饭店和餐饮部各项规章制度，安排顾客预订的宴会，欢迎顾客，为顾客引座。需要时，向顾客介绍餐厅的菜点和酒水，与厨房沟通与合作，共同提供优质的餐饮产品，及时并满意地处理顾客投诉。同时，出席餐饮部召开的业务会议，研究和统计菜点销售情况，保管好每天服务记录，编制餐厅服务程序。根据顾客预订及顾客人数制订出一周的工作计划，签发设备维修与保养单，填写服务用品和餐具申请单，观察与记录职工服务情况，提出职工升职、降职和辞退的建议。营业前应检查餐厅灯饰、家具、摆台和器皿的清洁与卫生，检查餐厅温度，为餐厅选择背景音乐，检查服务员仪表仪容。营业中应妥善处理醉酒者，照顾残疾顾客，及时发现顾客的欺骗行为和不诚实的服务员，保持餐厅愉快的气氛。营业后应检查餐厅安全，预防火灾，并用书面形式为下一班留下信息。此外，按工作程序处理现金与单据，提出需要维修的设施和家具的报告，查看下一天的服务计划和菜单，把顾客的批评和建议转告餐饮部。

2. 餐厅领班职责

饭店管理专业或旅游专业大专以上文化程度，在餐厅工作1年以上。熟悉餐饮服务方法、程序和标准，熟知菜单和酒单的全部内容，具有餐厅服务表演能力。熟悉财务知识，如结账和使用票据等。善于沟通，有较强的语言能力，具有英语服务能力及处理顾客投诉和解决服务中出现的问题的能力。善于服务推销和服务管理。认真完成餐厅规定的各项服务工作，检查职工的仪表仪容，保证服务规范，对负责的服务区域保证服务质量，正确使用订单，按餐厅标准进行布置和摆台。了解当日业务情况，必要时向服务员详细布置当班工作，检查服务柜中的用品和调味品的准备情况。开餐时，监督和亲自参与餐饮服务，与厨房协调，保证按时上菜。接受顾客投诉，并向餐厅经理汇报。为顾客点菜，推销餐厅的特色产品，亲自为重要的顾客服务。下班前，为下一班布置好餐台。核对账单，负责培训新职工与实习生。结束时，认真填写领班记录。营业前应检查餐桌的餐台摆放质量，确保花瓶中的花朵新鲜，水新鲜，植物清洁，灯罩、台布、餐巾、餐具、玻璃杯、调味品、蜡烛和地毯等清洁卫生。保证服务区域存有足够的餐具、用品和调料，保证菜单清洁和完整。检查桌椅是否有松动并及时处理。召开餐前会，传达服务员当班事宜。如当天的特色菜肴、菜单的变化及服务可能遇到的问题和需要修改的事宜。营业中协助餐厅经理或业务主管迎接顾客，给顾客安排合适的桌椅，递送菜单，接受点菜并介绍菜肴风味。督促服务员为顾客上菜、添加酒水，协助服务员服务，注意服务区域的安全与卫生，及时处理顾客投诉。营业后监督服务员做好结束工作，为下一餐摆台，清理餐桌与装满调味瓶，撤换用过的桌布，检查工作台卫生和重新装满各种服务物品，检查废物堆中的烟头，关灯，关空调，关电器，锁门。

3. 餐厅迎宾员职责

具有中等饭店服务专业学历。熟悉菜单和酒单的全部内容，熟悉餐饮服务程序和标准。具有较好的语言能力和英语会话能力及与顾客沟通能力，具有微笑服务、礼貌服务和交际能力。接受顾客电话预订，安排顾客的餐台，欢迎顾客，陪同顾客前往安排好的餐台，为顾客拉椅，铺好餐巾，向顾客介绍餐厅饮品和特色菜点。顾客用餐后，主动与顾客道别，征求顾客的意见，欢迎顾客再次光临。

4. 餐厅服务员职责

餐厅服务员必须具有健康的身体，热爱本职工作，性格开朗，乐于主动为顾客服务，并具有从顾客的愉快中使自己愉快的心理素质，善于克制自己的情绪，在餐饮服务中保持礼貌和冷静，尽量缓和矛盾，以饱满的热情为顾客服务。保持整洁的仪表和仪容。中等服务专业以上学历，熟悉菜单与酒单，掌握餐饮服务的各种方法和程序，具有大方、礼貌、得体地为顾客进行餐饮服务的能力，在餐厅服务中可使用英语，服务中守时，有礼貌，服从领班的指导。负责擦净餐具、服务用具及其他卫生工作，负责餐厅棉织品送洗和记录工作。负责餐桌摆台，保证餐具清洁，负责装满调味瓶与补充工作台餐具等工作。按餐厅规定的服务程序和标准，为顾客提供周到的服务，将用过的餐具送到洗涤间分类摆放，及时补充应有的餐具，做好营业中的翻台（重新摆台）工作，做好餐厅营业结束工作。

2.3.3 厨房工作人员职责

由于各饭店餐饮经营目标不同，厨房类型不同，生产方式不同，因此不同的饭店，其厨房职务安排也不同。现代厨房根据饭店规模和餐饮经营模式常设立行政总厨师长1名，副总厨师长1~2名，厨房主管、厨师领班、各专业厨师、后勤主管及辅助人员（勤杂工）等数名。

1. 行政总厨师长岗位职责

行政总厨师长是大型饭店菜单的设计者、菜肴生产的组织者和管理者。一般而言，行政总厨师长必须有良好的个人素质，作风正派，严于律己，有较强的事业心，热爱本职工作，责任心强，有开拓餐饮市场和产品创新的能力。具有酒店管理及相关专业硕士学历，在厨房工作约10年的经历并至少在厨房两个部门担任过厨师主管并获得高级中餐或西餐烹调技师资格。当然，行政总厨师长必须熟悉中国和其他各国菜点的特点与质量标准、各种菜点生产方法及现代化生产设备，善于厨房管理，有号召力，善于与职工及部门间的沟通，有较强的经营意识，善于餐饮成本控制。同时，了解各国饮食习惯和宗教信仰，具有良好的营养卫生和美学知识，可根据顾客需求与市场变化筹划菜单。行政总厨师长通常向饭店总经理或餐饮总监负责，负责厨房的各项行政工作和生产管理工作，制订并实施厨房的生产计划。此外，定期召开厨房工作会议，研究和解决菜点生产和管理的一系列问题，参加上级召开的工作会议，监督和带领厨房全体工作人员完成饭店交付的工作任务，检查厨房的卫生与安全工作。当然，还必须与厨师一起进行菜点开发和创新，设计出新潮而有特色并受顾客喜爱的零点菜单、宴会菜单及自助餐菜单；加强食品原料采购、原料验收和原料储存管理，保证菜点食品原料质量，保证菜点价格的竞争力，对厨房生产进行科学管理，健全厨房组织与岗位责任制，严格菜点成本和质量管理；对于重要的中餐或西餐宴会，亲自在厨房现场指挥并严格执行国家和地区的卫生法规，防止食物中毒。

根据餐饮部有关菜点销售情况和食品成本报表，及时调整菜单。通过餐厅销售情况，了解每天畅销的菜点、滞销的菜肴，找出原因，总结经验。修改菜单，以适应目标顾客需求。与成本控制员一起修订菜点价格。检查菜点的制作方法，并提出改进措施。根据采购部的有关食品原料价格变化，适时地调整菜点价格。对提高价格的食品原料，在上调菜点价格时应谨慎，尽量不用提价方法或适量提价，保证饭店获得合理的利润。审阅仓库的食品原料库存表，根据积压的原材料，制定相应的菜单并通知宴会营销人员。根据积压的食品原料的品种、数量，设计出畅销的菜点，把设计出的新菜单交与厨房试制后并请有关人员品尝和鉴定。把设计好的菜品或点心，通过鉴定后，与成本控制员、餐厅经理一起制定出价格。根据人力资源部对厨房人力成本情况，及时调整厨房工作人员。根据营业情况，调整厨房工作人员，把调整后的厨房工作人员情况报上级主管部门批准。根据人力资源部或培训部的计划，结合厨房业务情况，制订厨房培训计划。审阅厨房清洁用品及费用情况并及时做出调整。与工程部人员一起制订厨房设备的保养及维修计划，对于维修次数较多的厨房设备找出原因，厨师是否认真按操作规则工作，生产量是否超过负荷，机器是否年久等，防止安全事故发生。根据宴会预订的用餐人数、宴会规格及时安排厨房生产，按照宴会要求及厨房生产能力，把宴会业务下达到各部门，并及时安排生产。随时征求餐厅服务人员关于菜点质量等建议，虚心接受服务人员对菜点数量、口味、颜色、火候和装饰等建议。认真找出顾客投诉原因及菜点质量问题并提出具体改进措施。定时召开厨房工作会议，向厨师通报业务情况，进行业务、安全和卫生的培训，传达厨房近期的工作安排，解决厨房的生产问题。

2. 厨师主管岗位职责

具有大学本科学历，烹饪专业或餐饮管理专业毕业。在厨房至少工作5年并担任烹饪师3年以上经历。有高超的烹饪技术、深厚的菜点生产知识，具有菜单筹划能力，热爱本职工作，善于沟通。每天查看宴会订单，根据业务情况，做好准备工作。根据宴会预订，签发领料单或申请购买原料。审阅前一天的菜点销售情况，准备充足的原料，对滞销菜点要找出原因并做出相应的调整，及时了解设备的使用情况，通知工程部及时维修有故障的设备，以免耽误生产。按照标准食谱规定的食品原料标准和生产标准，进行加工和制作。参加行政总厨师长召开的例会，将厨房生产中出现的问题及时反映给行政总厨师长并提出改进意见。

3. 厨师岗位职责

烹饪专业毕业，大学专科及以上学历，厨房工作3年以上，精通各种菜点制作，熟练掌握烹调技巧。具有刻苦钻研烹饪技术的精神，工作勤奋。按标准食谱规定的标准，制作成符合企业质量标准的菜点。维护和保养厨房设备，每天检查所使用的设备和工具，保证设备和工具的安全和卫生。遵守国家和地区的卫生法规，保证食品卫生，防止食物中毒。根据厨房的培训计划培训厨工。保持自己工作区域卫生，下班前将自己工作区域收拾干净。按时完成厨师长下达的生产任务。不同的厨师生产任务不同。

① 西餐烹调师。负责制作各种少司和热菜，负责各种热菜的装饰和装盘，负责每天特色菜肴的制作。

② 西餐鱼禽肉冷菜加工厨师。负责鱼禽肉的清洗、整理和切配，负责制作冷开胃菜、三明治和沙拉。

③ 西餐制汤厨师。负责制作各种原汤、汤及汤的装饰品。包括清汤、奶油汤和菜泥汤等。

④ 西餐制鱼厨师。在大型饭店常设这一职务，在小型饭店或咖啡厅这一职务由烹调师兼任。负责制作各种海鲜菜肴及少司（调味汁）。

⑤ 西餐扒菜厨师（烧烤类菜肴厨师）。在大型饭店或扒房（传统西餐厅）常设有这一职务，在小型饭店或咖啡厅这一职务由烹调师兼任。负责扒制各种畜肉、海鲜等菜肴及其少司制作，负责制作各种煎炸方法生产的菜肴。

⑥ 西餐蔬菜、鸡蛋、淀粉类菜肴厨师。在大型饭店设有这一职务，在小型饭店或咖啡厅这一职务由烹调师兼任。负责制作主菜中的配菜、各种蔬菜菜肴、鸡蛋类菜肴、淀粉类菜肴。

⑦ 面包与西点厨师。负责制作各种面包、冷热甜点心、宴会装饰品，如巧克力雕、糖花篮等。

⑧ 中餐初加工厨师。负责发制干货，如鱼翅和海参等，负责海鲜、畜肉、禽肉和蔬菜加工及整理。

⑨ 中餐冷菜厨师。负责制作各种冷菜，切配各种冷菜，负责雕刻和制作各种冷菜的装饰品。

⑩ 中餐切配厨师。负责切配各种海鲜、畜肉和禽类原料,切配各种蔬菜和调料。
⑪ 中餐烹调厨师。负责制作各种中式菜肴及各种汤。
⑫ 中餐面点厨师。负责制作各种中式点心和小吃。

4. 厨房后勤主任职责

工商管理、饭店管理或餐饮管理大学本科学历,有餐饮后勤管理3年经验。负责厨房仓库管理、厨房卫生管理,厨房设备保养和维修工作。

5. 厨房辅助工职责

饭店管理或餐饮管理中专文化程度,负责厨房器皿和食品的保管,负责厨房器皿和用具清洁,负责厨房卫生及食品搬运工作。

2.4 餐饮组织创新与调整

随着国际饭店业和餐饮业的竞争及饭店自身经营目标的发展,新的商业模式出现,餐饮经营组织应不断地创新和调整。餐饮经营组织创新是指在餐饮经营中,管理人员对餐饮经营组织目前创造价值的方法和运作程序进行评估和整合,使其丢弃落后的经营方法和机制,通过技术创新,设备及人员结构的创新,创新组织结构。餐饮组织调整是指饭店为了生存和发展,对不利于餐饮经营的组织结构和部门及岗位进行调整。包括对部门的职权关系、集权程度和岗位职责等的调整。

目前,一些大型饭店在原有的营销部基础上,成立了餐饮营销部。为了适应餐饮经营的需要,计算机点菜系统、餐饮销售分析系统被普遍采用;同时,采用了透明厨房、冷藏展示台、酒架、各种服务车、自动烹调炉和多功能切割设施以提高餐饮销售率。此外,一些饭店,餐饮部普遍购买半成品原料以减少食品原料初加工的环节。从而,降低人工成本。由于顾客餐饮消费理念的不断发展和变化,餐饮市场对大众化西餐、中式快餐、休闲餐饮、主题宴会等需求量持续增加。因此,饭店餐饮经营组织应适时调整,不断地提高自身的核心竞争力。餐饮经营组织创新与调整的原因主要包括饭店外部环境的变化和饭店内部因素的变化。

2.4.1 饭店外部环境

饭店外部环境是指能对饭店餐饮经营效果产生影响的外部力量,通常不受饭店决策者直接控制。包括国内外经济、产业结构、政府经济政策、科学技术、顾客消费习惯等的变化。这些因素都可能成为餐饮经营组织变革的原因。根据餐饮经营实践,饭店必须不断从外部获取资源,又将餐饮产品送入外部。这样,当饭店外部环境发生变化时,餐饮经营赖以生存的各种基础条件会受到影响。因此,餐饮经营组织只有进行相应的调整,才能取得理想的经营效果和发展。外部环境的变化对饭店组织调整的影响主要包括以下6个方面。

1. 顾客因素

顾客是购买餐饮产品的主体,饭店为满足顾客需求而生存和发展。随着国际旅游业与休闲业发展和餐饮市场竞争的加剧,餐饮需求在不断变化,包括日常餐饮、旅游餐饮、节假日餐饮、主题餐饮等。因此,饭店必须不断地发现和满足顾客的需求,开拓和创新餐饮产品,满足顾客潜在的餐饮需求并通过建立、保持与顾客的良好关系,实现顾客满意,增加顾客对企业的忠诚度。

2. 竞争因素

在餐饮市场竞争日趋激烈的今天，所有饭店都面临饭店业和餐饮业竞争对手的挑战，竞争对手在新产品开发、价格制定、营销渠道选择、促销策略等方面的变化会对餐饮经营产生重要的影响。

3. 科技因素

当今，科学技术在不断地向前发展，知识和技术作为最重要的经营要素极大地改变餐饮经营模式。知识经济时代和现代科技的发展，以计算机和网络技术为典型使餐饮生产技术、营销技术和服务技术不断地提高。与此同时，技术领先的饭店比同类企业更具竞争力。可见，科学技术的发展要求餐饮经营组织进行相应的调整。

4. 经济因素

随着全球经济一体化，不仅国内的利率、通货膨胀、经济周期等因素会影响饭店餐饮经营和发展，国际经济形势的变化也会对本国饭店业运营产生重大影响。中国加入 WTO 后，机遇与挑战并存，国内饭店业在进军国际大市场的同时，不仅要在国际市场上与外国同行展开竞争，而且在国内市场也面临国际竞争者的挑战。这一切都对饭店餐饮经营组织创新提出了要求。

5. 法律因素

饭店业餐饮经营行为必须符合各国和地区的法律和法规，从事跨国餐饮经营的饭店还必须遵守东道国的法律。这些法律和法规对饭店职工的聘用、食品安全与质量、餐饮营销与广告发布、污染防治等方面都作出了规定。同时，几乎所有国家对饭店业和餐饮业经营，都有严格的法律规定。随着各国经济和市场的发展，各国原有法律和法规还会进行修订和补充。这样，无论是新法规的出现，还是原有法律的修订都会对饭店餐饮经营产生影响，导致餐饮经营组织的调整。

6. 政治因素

政治因素的变化对于从事跨国餐饮业务的饭店集团尤为重要。一方面，东道国的政治局势将直接影响跨国饭店集团的日常经营。因此，跨国集团在选择合作伙伴时，常把东道国的政治条件作为一个重要的影响因素。另一方面，国家和地区之间在贸易政策上的调整也对从事跨国经营的餐饮业务产生影响。

2.4.2 饭店内部因素

1. 经营目标

每个饭店都有自己的经营目标，在饭店发展的不同时期，饭店经营目标各不相同。饭店餐饮组织结构是为饭店经营目标而服务的，当饭店经营目标发生变化时，餐饮经营组织结构应随之进行调整。

2. 经营规模

随着饭店经营的发展和变化，其餐饮经营规模也不断变化和调整。通常，在饭店发展初期，餐饮经营规模可能较小且产品单一。因而，餐饮经营组织常采用集权式的直线职能制管理。随着餐饮产品的种类增加，经营数量的扩展，餐饮经营规模的扩大，餐饮经营组织也必须适应其发展而进行相应的组织调整，而采用职能参谋式或扁平式组织结构。

3. 技术因素

随着餐饮生产和营销技术及管理模式的发展和变化，餐饮经营组织结构会发生变革。例如，当饭店开发新的菜肴或引进新的生产设备时，可能需要调整厨房组织结构及职务，其中涉及技术的因素。包括食品原料初加工方法的调整、菜肴生产方法与程序的调整、新产品质量标准的调整、质量管理和控制方法的调整、厨师知识与技术的调整等。当餐饮技术变得更加复杂时，对厨房专业化和协作水平提出了更高的要求，会产生相应的组织结构调整。同时，管理技术的发展和信息技术的应用，使饭店餐饮管理水平不断提高，组织结构呈现扁平化，使部门与职务精简而重新界定职权范围。

4. 职工构成

餐饮部职工结构包括年龄结构、知识结构、技术能力及价值观等因素。饭店职工素质和业务能力的提高常引发组织中职务数量和种类的变化。当部门增加新职工或原有职工离职时，常促使餐饮部组织进行调整。现代饭店在人才竞争的背景下，职工的变动常引起组织的创新与调整。

5. 经营状况

餐饮经营状况是影响餐饮经营组织调整的主要因素之一。当餐饮经营绩效下降、市场占有率和产品质量降低、经营缺乏活力时，餐饮经营组织必须调整。根据饭店管理经验，当出现以下情况时，餐饮经营组织应当调整：决策迟缓、指挥不灵、信息流通不畅、机构臃肿、职责重叠、人事纠纷增多、管理效率下降、职工士气低落、不满情绪增加、职工离职增加、旷工和病事假增加等。

2.4.3　餐饮组织创新与调整内容

1. 组织结构创新与调整

组织结构创新与调整是指通过改变职务结构及职权关系提高餐饮部工作绩效。组织结构的改变通常涉及职务或岗位的再设计，使得一些职务的工作内容和职责发生变化。组织结构创新与调整还包括上下级关系的改变。例如，在饭店创业阶段，餐饮部经理常直接管理各类经营细节工作，下属二级部门业务主管人员没有自主权和决策权。但是，饭店餐饮经营到一定的规模或服务于较大的市场时，业务主管人员必须扩大自主经营权。

2. 人员创新与调整

人员创新与调整是指餐饮经营目标发生变化时，饭店对职工的态度、技能及知识的要求也随之变化。饭店常在企业内外选择满足饭店餐饮市场发展需要的职工，向现有职工提供适当的培训，提高职工的知识和技能水平，淘汰或调整一些不能胜任的餐饮管理和技术人员。当然，人员调整的最终目标在于提高餐饮经营能力，使职工能够胜任饭店餐饮经营目标。

3. 环境与文化创新与调整

饭店工作环境直接影响职工的餐饮工作效率。所谓环境创新与调整是指通过优化餐饮工作场所的空间结构、设备布局及减少噪声等措施提高工作效率，从而优化组织结构。同时，通过创新企业文化，调整和改变职工的经营意识和社会责任来优化餐饮部二级职能部门和职务，调整或创新原来的工作流程，更新生产和服务设施，采用新工艺和新方法生产菜点和销售餐饮等提高餐饮经营效益和产品质量。

2.4.4 餐饮组织调整方式

1. 改良式

采取逐步过渡的办法,将原有的餐饮组织结构作部分调整,其优点是能根据饭店当前的餐饮经营需要,局部地调整组织结构,不打破传统的经营理念和方法。然而,这种方式的缺点是缺乏总体组织调整的规划。

2. 重组式

重组式方法是放弃原有的餐饮经营组织,建立新的组织结构。这种方法适用于那些经营失败并且人员老化的饭店餐饮部。当然,采取这种方式应当谨慎,必须保证新建立的组织的有效性,否则容易使职工产生不安全感,造成士气低落,影响经营,甚至引起对饭店的强烈不满。

3. 计划式

计划式方法是经过科学而周密的筹划,制订出理想的餐饮部组织调整方案。然后有计划、有步骤地实施部门与人员的调整。其特点是考虑餐饮经营可持续发展的需要,使职工有思想准备,效果比较理想。

本章小结

饭店餐饮经营组织作为专业职工的组合,是为了实现既定的经营目标,有意识地协调餐饮经营活动组成的群体。饭店餐饮组织必须有特定的经营目标和经营战略,不同类型的饭店,其餐饮经营目标不同。饭店餐饮部的职工是构成餐饮组织的基本要素,包括管理人员、技术人员和服务人员。在餐饮经营中,人员的素质和能力是导致经营成功或失败的关键。餐饮部的职务和人员应合理配置,各职务的工作范围应明确。饭店餐饮部组织的层次、幅度、任务、责任和权力等都要以经营目标和工作任务为基础。当经营目标发生变化时,餐饮运营组织结构应及时做出相应的调整。

饭店餐饮部的组织结构可分为小型饭店餐饮部、中型饭店餐饮部和大型饭店餐饮部。其结构设计包括纵向结构设计和横向结构设计。纵向结构设计受下属部门管理幅度制约,横向设计又称为部门之间的协作关系设计。餐饮经营组织的纵向设计和横向设计综合形成了完整的餐饮运营组织设计。不同类型和不同规模的饭店,餐饮部组织结构不同,设计的依据主要是饭店的等级、餐饮经营规模、餐饮经营特色和饭店管理模式等。

练习题

1. 名词解释

餐饮经营组织　　餐饮总监　　行政总厨师长

2. 多项选择

(1) 下列关于厨房组织结构设计正确的陈述是(　　)。

A. 厨房组织管理的关键是将厨师、职务、设备、时间和空间等要素合理地组合
B. 18世纪末至19世纪初，厨房组织形成了部门分工制
C. 公元初期，由于烹调技术的发展，厨房工作出现了初步分工
D. 小型传统式厨房的生产管理由一名脱产厨师长负责

（2）饭店餐饮组织的功能主要包括（　　）。

A. 凝聚功能　　　B. 协调功能　　　C. 制约功能　　　D. 激励功能

（3）餐饮组织要素是（　　）。

A. 目标与战略　　B. 人员与职务　　C. 权利和职责　　D. 合作与协调

（4）现代厨房组织在餐饮经营中占有重要角色，其组织形式主要根据（　　）。

A. 企业规模　　　　　　　　　B. 菜单内容
C. 餐厅设计与布局　　　　　　D. 厨房生产量

3. 判断对错

（1）饭店餐饮管理幅度越大，管理层次越多；管理幅度越小，管理层次越少。（　　）

（2）中型饭店餐饮部通常是四级管理制并分工明细。四级管理制包括餐饮部经理或部门业务主管、领班和普通职工。（　　）

（3）相同餐位的扒房需要的服务员比咖啡厅少。（　　）

（4）由于大型厨房不仅为零点餐厅制作菜肴，还负责宴会菜肴生产。因此，其下属专业加工部门比中型或小型厨房设置多，厨房内部加工和生产分工较细。（　　）

（5）尽管各饭店餐饮经营目标不同，厨房类型不同，生产方式不同，职务安排基本相同。（　　）

4. 思考题

（1）简述不同规模饭店的餐饮部的组织特点。

（2）简述餐饮总监的岗位职责。

（3）论述饭店餐饮部组织原则。

5. 画图题

某城市正在筹建四星级商务饭店，该饭店有标准客房210间，商务套间6套，豪华套间2套；餐饮设施包括1个扒房（传统西餐厅），1个咖啡厅，1个广东风味中餐厅，1个浙江风味中餐厅，1个能容纳300人同时用餐的多功能厅，大厅酒吧和主酒吧各1个。同时，该饭店还提供客房送餐服务。请设计该饭店的餐饮经营组织结构，画出组织结构图，并写出各职能部门的主要职责。

主要参考文献

[1] 黑尔里格尔，斯洛克姆，伍德曼. 组织行为学［M］. 北京：中国社会科学出版社，2001.
[2] 苏新宁，任皓，吴春玉，等. 组织的知识管理［M］. 北京：国防工业出版社，2004.
[3] 卡明斯，沃里. 组织发展与变革［M］. 李剑锋，等译. 7版. 北京：清华大学出版社，2003.
[4] 侯光明. 组织系统科学概论［M］. 北京：科学出版社，2006.
[5] 吉布森，伊瓦塞维奇，唐纳利. 组织学：行为、结构和过程［M］. 王德禄，王坤，译. 14版. 北京：电子工业出版社，2015.

［6］彭加平，曾伟，周裕全. 新编现代企业管理［M］. 2 版. 北京：北京理工大学出版社，2013.

［7］王长城，关培兰. 员工关系管理［M］. 武汉：武汉大学出版社，2010.

［8］焦晓波. 现代企业管理理论与务实［M］. 合肥：合肥工业大学出版社，2009.

［9］格里芬. 管理学［M］. 刘伟，译. 9 版. 北京：中国市场出版社，2011.

［10］魏江. 管理沟通：成功管理的基石［M］. 4 版. 北京：机械工业出版社，2019.

［11］奥罗克. 管理沟通：以案例分析为视角［M］. 康青，译. 5 版. 北京：中国人民大学出版社，2011.

［12］赵恩超，燕波涛. 组织行为学［M］. 北京：机械工业出版社，2010.

［13］周荣辅，王玖河. 现代企业管理［M］. 北京：机械工业出版社，2012.

［14］赖利. 管理者的核心技能［M］. 徐中，梁红梅，译. 北京：机械工业出版社，2014.

［15］布鲁斯，汉佩尔，拉蒙特，等. 经理人绩效管理指南［M］. 陈秋萍，译. 北京：电子工业出版社，2012.

［16］莫登. 管理学原理［M］. 崔人元，冯岩，涂婷，译. 北京：中国社会科学出版社，2006.

［17］麦克沙恩. 管理学［M］. 李维安，周建，译. 北京：机械工业出版社，2009.

［18］鲁，拜厄斯. 管理学技能与应用［M］. 刘松柏，译. 13 版. 北京：北京大学出版社，2013.

［19］傅国华. 分层次管理［M］. 北京：经济科学出版社，2013.

［20］马洪立，李元宝，杨文革，等. 现代职业生涯管理学［M］. 3 版. 北京：北京师范大学出版集团，2012.

［21］陈春花，曹州涛，宋一晓，等. 组织行为学［M］. 4 版. 北京：机械工业出版社，2019.

［22］吉布森，伊万塞维奇，多奈里，等. 组织行为学：行为、结构及过程［M］. 12 版. 南京：南京大学出版社，2009.

［23］BOTTGER P. Leading in the top team［M］. Cambridge：Cambridge University Press，2008.

［24］SCHEIN E H. Organization culture and leadership［M］. 5th ed. CA：John Wiley & Sons, Inc.，2016.

［25］RAO M. Knowledge management tools and techniques［M］. MA：Elsevier Ltd.，2009.

［26］BARAN. Customer relationship management［M］. Mason：Thomson Higher Education，2008.

［27］WALKER J R. The restaurant from concept to operation［M］. 5th ed. New Jersey：John Wiley & Sons, Inc.，2008.

［28］BARROWS C W, POWERS T, REYNOLDS D. Introduction to management in the hospitality industry［M］. 9th ed. New Jersey：John & Sons Inc.，2009.

［29］OKUMUS F, ALTINAY L, CHATHOTH P. Strategic management for hospitality and tourism［M］. Ma：Elsevier Ltd，2010.

［30］JVANCEVICH J, MATTESON M. Organizational behavior and management［M］. 11th ed. New York：McGraw Hill Higher Education，2017.

［31］DAVIS B, LOCKWOOD A, ALCOTT P. Food and beverage management［M］. 5th ed. New York：Routledge Taylor & Francis Groups，2012.

［32］WALKER J R. Introduction to hospitality management［M］. 4th ed. NJ：Pearson Education Inc.，2013.

第 3 章

餐饮成本控制与管理

本章导读

成本控制是饭店餐饮管理的核心内容之一。科学的成本控制可提高饭店的竞争力，扩大餐饮销售量。通过本章学习，可了解餐饮成本控制的含义及其形成过程、餐饮成本控制意义与控制要素。掌握食品原料成本控制、人工成本控制、经营费用控制的方法和理论。了解餐饮成本类型及特点，掌握食品净料率和熟制率核算，熟悉原料采购控制、食品储存控制、食品定期盘存、库存原料计价方法和原料发放等管理。掌握餐饮生产预测和计划、菜肴份额控制及厨房节能措施。

3.1 餐饮成本控制

3.1.1 餐饮成本控制概述

控制是指将预定的目标或标准与反馈的实践结果进行比较，检测偏差程度，评价其是否符合原定目标和要求，发现问题并及时采取措施进行管理。餐饮成本控制是指在餐饮经营中，管理人员按照饭店规定的成本标准，对餐饮各成本因素进行监督和调节，及时揭示偏差，采取措施加以纠正，将餐饮实际成本控制在计划范围之内，保证实现企业成本目标及顾客对餐饮产品的预期质量标准。餐饮成本控制含义有广义和狭义之分。广义的餐饮成本控制包括运营前控制、运营中控制和运营后控制；狭义的餐饮成本控制仅指餐饮运营中的控制，包括餐饮生产和销售过程中的成本控制。

3.1.2 餐饮成本控制形成过程

餐饮成本控制贯穿于它形成的全过程，凡是在餐饮经营成本形成过程中影响成本的因素，都是餐饮成本控制的内容。餐饮成本形成的过程包括食品原料采购、食品原料储存和发放、菜肴加工与烹调、餐饮销售与服务等环节。由于餐饮成本控制环节多，控制程序各异，控制方法多样，因此每一控制点都应有具体的控制措施和方法，否则这些控制点便成了泄漏点。

3.1.3　餐饮成本控制意义

科学的餐饮成本控制可以提高餐饮经营管理水平，提高顾客满意度，减少物质和劳动消耗，使企业获得较大的经济效益，提高饭店竞争力。因此，餐饮成本控制关系到餐饮的质量和价格、营业收入和利润、顾客的利益和需求。成功的餐饮成本控制对市场有吸引力，可从竞争对手的手中夺取市场，扩大餐饮销售量，获得成本竞争优势。通常，饭店采用以较低的成本优势并保持或提高原有的产品质量标准为前提，使企业与顾客达成双方都满意的价格协议，达到巩固和扩大市场占有率的目的。同时，饭店采用较低的餐饮成本可防止潜在的进入者进入饭店所选定的餐饮细分市场，维持企业现有的市场地位。综上所述，餐饮成本控制在经营管理中有着举足轻重的作用。

3.1.4　餐饮成本控制要素

餐饮成本控制是餐饮成本管理人员根据成本预测、决策和计划，确定餐饮成本控制目标，并通过一定的成本控制方法，使餐饮实际成本达到预期的成本目标。实际上，餐饮成本控制是一个系统工程，其构成要素包括以下6个方面。

1. 控制目标

所谓控制目标，是指饭店以最理想的餐饮成本达到预先规定的餐饮质量。餐饮成本控制必须以控制目标为依据。控制目标不是凭空想象的，而是管理者在成本控制前期所进行的成本预测、成本决策和成本计划并通过科学的方法制定的。同时，餐饮成本控制目标必须是可衡量的并用一定的文字或数字表达出来。

2. 控制主体

控制主体是指饭店餐饮成本控制的责任人集合。由于餐饮经营中，成本发生在每一个经营环节，而影响餐饮成本的各要素和各动因又分散在餐饮生产和服务的各环节中。因此在餐饮成本控制中，控制的主体不仅包括饭店财务人员、食品采购员和餐饮总监（或餐饮部经理），还必须包括厨师、收银员和服务员等基层工作人员。

3. 控制客体

控制客体是指餐饮经营过程中所发生的各项成本和费用。根据餐饮成本统计，餐饮控制的客体主要包括食品成本、人工成本及数十项的经营费用等。

4. 成本信息

一个有效的餐饮成本控制系统可及时收集、整理、传递、总结和反馈有关餐饮成本的信息。因此，做好餐饮成本控制工作的首要任务就是做好成本信息的收集、传递、总结和反馈并保证信息的准确性，不准确的信息不仅不能实施有效的成本控制，而且还可能得出相反或错误的结论，从而影响餐饮成本控制的效果。

5. 控制系统

餐饮成本控制系统（见图3.1）常由7个环节和3个阶段构成。7个环节包括成本决策、成本计划、成本实施、成本核算、成本考核、成本分析和纠正偏差，3个阶段包括运营前控制、运营中控制和运营后控制。在餐饮成本控制体系中，运营前控制、运营中控制和运营后控制是一个连续而统一的系统，它们紧密衔接、互相配合、互相促进，在空间上并存，在时间上连续，共同推动餐饮成本管理的完善和深入，构成了结构严密、体系完整的成本控制系统。没有运营前控制，餐饮整体控制系统就会缺乏科学性和可靠性；运营中控制是餐饮成本控制的实施过程；但作为饭店餐饮成本管理而言，如果没有运营后控制，就不能及时地发现偏差，从而不能确定成本控制的责任及做好成本控制业绩的评价，也不能从前一期的成本控制中获得有价值的经验，为下一期餐饮成本控制提供依据和参考。

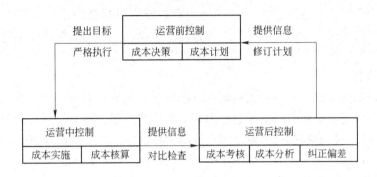

图 3.1　餐饮成本控制系统图

① 运营前控制。运营前控制包括餐饮成本决策和餐饮成本计划，是在餐饮产品投产前进行的产品成本预测和规划，通过成本决策，选择最佳餐饮成本方案，规划未来的餐饮目标成本，编制成本预算，计划餐饮产品成本以便更好地进行餐饮成本控制。成本决策是指根据餐饮经营成本的预测结果和其他相关因素，在多个备选方案中选择最优方案，确定餐饮目标成本；而餐饮成本计划是根据成本决策所确定的餐饮目标成本，具体规定餐饮经营各环节和各方面在计划期内应达到的成本水平。

② 运营中控制。运营中控制包括餐饮成本实施和餐饮成本核算，是在餐饮成本发生过程中进行的成本控制，要求餐饮实际成本尽量达到计划成本或目标成本，如果实际成本与目标成本发生差异，应及时反馈给有关职能部门，以便及时纠正偏差。其中，成本核算是指对餐饮经营中的实际发生成本进行计算，并进行相应的账务处理。

③ 运营后控制。运营后控制包括餐饮成本考核、餐饮成本分析和纠正偏差，是将所揭示的餐饮成本差异进行汇总和分析，查明差异产生的原因，确定责任归属，采取措施，及时纠正及作为评定和考核部门或个人的业绩，为下一期成本控制提供依据和参考。其中，餐饮成本考核是指对餐饮成本计划执行的效果和各责任人履行职责进行考核。餐饮成本分析是指根据餐饮成本资料和相关资料对实际餐饮成本发生的情况和原因进行分析；而纠正偏差即采取措施，纠正不正确的餐饮实际成本及错误的执行方法等。

6. 控制方法

控制方法是指根据所要达到的餐饮成本目标采用的手段和方法。根据餐饮成本管理策略，不同的餐饮成本控制环节有不同的控制方法或手段。在原料采购阶段，应通过比较供应商的信誉度、原料质量和价格等因素确定原料采购的种类和数量并以最理想的采购成本为基础；在原料储存阶段，建立最佳库存量和储存管理制度；在餐饮生产阶段，制定标准食谱和酒谱，根据食谱和酒谱控制餐饮生产成本；在餐饮服务阶段，及时获取顾客满意度的信息，用理想的或较低的服务成本达到顾客期望的服务质量水平。

3.1.5 餐饮成本控制途径

餐饮成本控制是基于提高产品质量和顾客满意度为前提，对餐饮产品的功能和各质量因素进行价值分析，以理想的成本实现产品必要的质量指标和水平，提高饭店餐饮产品的竞争力和经济效益。在提高产品价值的前提下，聘用理想的管理人员和技术人员；采用适宜的食品成本，改进菜肴结构和生产工艺，合理使用食品原料，提高边角料利用率；合理使用能源；加强食品原料采购、验收、储存和发放管理。从而，在较低的餐饮成本前提下，提高产品价值和功能。餐饮成本控制的途径主要包括以下三个方面。

1. 食品成本控制

食品成本属于变动成本，包括主料成本、配料成本和调料成本。食品成本通常由食品原料的采购成本和使用成本两个因素决定，因此食品成本控制包括食品原料采购控制和食品原料使用控制。食品原料采购控制是食品成本控制的首要环节。食品原料应达到饭店餐饮部规定的质量标准，价廉物美，应本着同价论质、同质论价、同价同质论采购费用的原则，合理选择。严格控制因生产急需而购买高价食品原料，控制食品原料采购的运杂费。因此，食品采购员应就近取材，减少中间环节，优选运输方式和运输路线，提高装载技术，避免不必要的包装，降低食品原料采购运杂费，控制运输途中的食品原料消耗。同时饭店应规定食品原料运输损耗率，严格控制食品原料的保管费用，健全食品原料入库手续，设计科学的储备量，防止积压、损坏、霉烂和变质，避免或减少损失。

在食品成本控制中，食品原料的使用控制是食品成本控制的另一个关键环节。厨房应根据食品原料的实际消耗品种和数量填写领料单，厨师长应控制原料的使用情况，及时发现原材料超量或超规格等不合理的使用情况，成本管理人员应及时分析食品原料使用方面问题的原因，采取有效措施，予以纠正。为了掌握食品原料的使用情况，厨房应实施日报和月报食品成本制度，并要求厨房按工作班次填报。

2. 人工成本控制

人工成本控制是指对工资总额、职工数量和工资率等的控制。所谓职工数量，是指负责餐饮经营的全体职工数量，实际上是对工作时间的控制。根据管理实践，做好用工数量控制在于尽量减少缺勤工时、停工工时、非生产（服务）工时等，提高职工出勤率、劳动生产率及工时利用率，严格执行职务（岗位）定额。工资率是指餐饮经营的全体职工工资总额除以经营的工时总额。为了控制好人工成本，餐饮管理人员应控制餐饮部全体职工的工资总额，并逐日按照每人每班的工作情况，进行实际工作时间与标准工作时间的比较和分析，并做出总结和报告。现代餐饮管理从实际经营出发，充分挖掘职工潜力，合理地进行定员编制，控制职工业务素质、控制非生产和经营用工，防止人浮于事，以合理的定员为依据控制所有参与经营的职工总数，使工资总额稳定在合理的水平上，提高经营效率。此外，实施人本管理，建立良好的企业文化，制定合理的薪酬制度，正确处理经营效果与职工工资的关系，充分调动职工的积极性和创造性。同时，应加强职工的业务和技术培训，提高其业务素质和技术水平，制定考评制度和职工激励策略。

3. 经营费用控制

在餐饮经营中，除了食品成本和人工成本外，其他的成本称为经营费用。包括能源费，设备折旧费与保养维修费，餐具、用具和低值易耗品费，排污费、绿化费及因销售发生的各项费用等，这些费用都是餐饮经营必要的成本。这些费用控制主要依靠餐饮部的日常严格管理才能实现。

3.2　餐饮成本核算

餐饮成本核算是餐饮成本管理的基础，是对餐饮经营过程中实际发生的各种成本进行计算。通过成本核算，管理人员可及时发现餐饮经营中的成本执行情况以提高餐饮经营管理水平。

3.2.1　餐饮成本内涵

餐饮成本是指制作和销售餐饮所支出的各项费用。餐饮成本构成主要包括3个方面：食品原料成本、人工成本和经营费用。在餐饮成本中，变动成本占主要部分。例如，食品成本常占餐饮总成本的25%～35%。当然食品成本率的高低取决于饭店和餐厅的级别和经营策略。通常，饭店级别愈高，人工成本和各项经营费用占餐饮总成本比例愈高，而食品成本率相对较低，食品成本率愈低的餐饮产品，市场竞争力愈差。在餐饮成本中，可控成本常占餐饮总成本的主要部分。例如，食品成本，燃料与能源成本，餐具、用具与低值易耗品等都是可控成本。这些成本可通过餐饮管理人员在生产和服务中的严格管理进行控制。不仅如此，餐饮成本还是餐饮产品价格的主要影响因素，是饭店餐饮经营中进行市场分析和战略决策的依据，是餐饮经营业绩评价的重要指标。

餐饮成本＝食品原料成本＋人工成本＋经营费用

3.2.2　餐饮成本分类

根据餐饮成本的构成，餐饮成本可分为食品成本、人工成本和经营费用；根据餐饮成本的习性，餐饮成本可分为固定成本、变动成本和混合成本；根据餐饮部对成本控制的程度，餐饮成本可分为可控成本、不可控成本；根据餐饮成本是否发生，可以分为标准成本和实际成本。标准成本是在餐饮实际成本发生前的计划成本或预计成本，而实际成本是在餐饮成本发生后的实际支出。

1. 食品成本

食品成本是指制作餐饮的各种食品原料成本。它包括主料成本、配料成本和调料成本。其中，主料成本是指菜点和饮料中的主要食品原料成本。这里的菜点是指菜肴和面点。不同菜点和饮料的主料不同，其成本也不同。例如，某些菜点中的主料可以是一种食品原料或两种及更多种类。通常主料在菜点中含量最多，起主要支撑作用，菜点中的色、香、味、形和特色常以主料特点为基础，菜点常根据主料名称、主料产地和特点等命名。一些菜肴的主料成本比例最高。例如，红烧比目鱼中的比目鱼成本，扒西冷牛排（Grilled Sirloin Steak）中的牛排成本，它们都是主料成本。

配料是菜肴或饮料中的辅助原料，在菜肴或饮料中起衬托主料的作用。例如，扒西冷牛排中的蔬菜、马铃薯或米饭,红烧目鱼中的笋片和木耳。配料成本是不可忽视的成本,它在食品成本中占有一定的比例。有时,其成本超过主料成本。例如,宫保鸡丁中的腰果成本常超过鸡丁成本。

调料成本是指菜点中的调味品成本,调味品在餐饮中起着重要的作用,它关系到菜点和饮料的味道和特色。如食油、调味酒、奶酪、香料、酱油、各种少司(调味酱)等在菜点中起着关键作用。调料成本是餐饮成本中的一项重要的开支,其重要性不仅表现在菜点中的调味作用。有时,调料成本超过主料或配料成本。

2. 人工成本

人工成本是指参与餐饮生产与销售的全部人员的工资和费用。包括餐饮部经理、厨师长的工资和支出,餐饮部业务主管、领班、服务员、厨师、采购员、后勤人员和辅助人员等的工资及所有支出。

3. 经营费用

经营费用是指餐饮经营中,除食品原料成本和人工成本以外的那些成本,是餐饮生产经营过程中发生的管理费用、财务费用和销售费用等。包括房屋租金、生产和服务设施的折旧费、燃料和能源费、餐具和用具及其他低值易耗品费、采购费、绿化费、清洁费、广告费、公关费和管理费等。

4. 固定成本

固定成本是指在一定的经营时期和一定的业务量范围,总成本不随餐饮营业额或生产量发生变动而变动的那些成本。包括管理人员和技术人员的工资与支出、设施与设备的折旧费、大修理费和管理费等。但是固定成本并非绝对不变,当餐饮经营超出企业现有经营能力时,就需购置新设备,招聘新职工,这时固定成本会随餐饮生产量的增加而增加。正因为固定成本在一定的经营范围内,成本总量对营业额或生产量的变化保持不变,因此当餐饮销售量增加时,单位菜点或饮料所承担的固定成本会相对减少。固定成本总额与单位固定成本变化见图3.2。

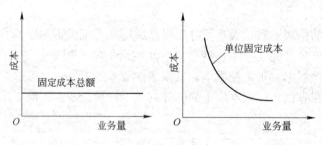

图3.2 固定成本总额与单位固定成本变化图

5. 变动成本

变动成本是指在一定的经营时期和一定的业务量范围,成本总额随着餐饮营业额或生产量成正比例变化的餐饮成本,当菜点或饮料销售量提高时,变动成本总量与销售量或营业额成正比例。例如,销售1份鱼香肉丝的食品成本为24.1元,如果平均每餐销售20份鱼香肉丝,食品原料的成本是482元。变动成本常包括食品原料成本、临时职工或小时工的工资、能源与燃料费、餐具和餐巾及低值易耗品费等。因此,当某一饭店餐饮业务量增加时,变动成本总额会增加，而单位餐饮产品的变动成本保持不变。变动成本总额与单位变动成本变化见图3.3。

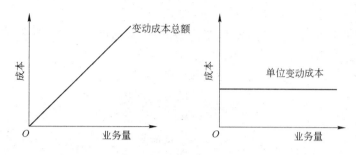

图3.3　变动成本总额与单位变动成本变化图

6. 混合成本

在餐饮成本管理中，管理人员的工资和支出，能源费和大修理费等常被称为混合成本。它包括变动成本和固定成本两个部分，常称为半变动成本。混合成本虽然受到餐饮生产量的影响，但是其变动幅度与生产量变动没有严格的比例关系。混合成本的特点兼有变动成本和固定成本的双重习性。根据餐饮成本的属性，从根本上说，只有固定成本和变动成本两类。然而，正因为混合成本的这一特点，作为科学的餐饮成本管理，我们可以通过细节管理更好地控制混合成本的支出。

7. 可控成本

可控成本是指餐饮管理人员在短期内可以改变或控制的那些成本。包括食品原料成本、燃料和能源成本、临时工作人员成本、广告与公关费用等。通常，管理人员通过调整每份菜肴的重量、原料规格及比例等改变菜点的食品成本。通过加强食品原料采购、保管、生产管理可降低餐饮成本或费用。

8. 不可控成本

不可控成本是指餐饮管理人员短期内无法改变的那些成本。例如，房租、设备折旧费、大修理费、贷款利息及管理人员和技术人员的工资等。有效地控制餐饮经营中的不可控成本，必须不断地开发新市场，开发顾客欢迎的新产品，减少单位产品中不可控成本的比例，精减人员，做好设施的保养和维修工作。

9. 标准成本

标准成本是指饭店精心设计并应该达到的企业计划成本，常根据过去的各成本因素，结合当年预计的食品原料成本、人工成本和经营费用等变化，制定出有竞争力的各种目标成本。当然，标准成本是饭店在一定时期内及正常的生产和经营情况下所应达到的成本目标，也是衡量和控制餐饮实际成本的理想成本。

10. 实际成本

实际成本是在餐饮经营报告期内，实际发生的各项食品成本、人工成本和经营费用。这些成本因素是饭店及其餐饮部进行成本控制的基础。

3.2.3 食品原料成本核算

1. 食品成本率核算

食品成本率是指单位菜点食品成本与菜点销售收入的比。同时,还指饭店或餐厅在某一会计周期内总食品成本与营业收入的比。

$$菜点价格 = 食品成本 + 菜点毛利$$

$$菜点成本率 = \frac{单位菜点食品成本}{单位菜点营业收入} \times 100\%$$

$$食品成本率 = \frac{食品总成本}{食品营业总收入} \times 100\%$$

$$毛利率 = \frac{营业收入 - 食品原料成本}{营业收入} \times 100\%$$

2. 食品原料净料率核算

食品原料净料率是指食品原料经过一系列加工后得到的净料重量与它在加工前的毛料重量比。在餐饮生产中,水果需要去皮和切割;畜肉和家禽常需要剔骨,去皮和切割;海鲜类原料需要去内脏,去皮和去骨;蔬菜需要去掉外皮或根茎等。在菜肴制作中,合理的原料加工方法会增加原料的净料率,提高菜肴的出品率,减少食品原料的浪费。从而,可有效地控制食品成本。目前,所有饭店餐饮部都制定出本企业的食品原料净料率。例如,某饭店制定的芹菜和卷心菜净料率分别是70%与80%,马铃薯和胡萝卜的净料率是85%,虾仁净料率是40%以上(每只虾的重量不同,其净料率不同),猪腿肉精肉率在23%以上,一般猪肉精肉率约占54%等。净料率计算公式为

$$净料率 = \frac{净料重量}{毛料重量} \times 100\%$$

$$折损率 = \frac{折损重量}{毛料重量} \times 100\%$$

$$净料总成本 = 毛料总成本$$

$$单位净料成本 = \frac{毛料总值}{净料重量}$$

3. 食品原料熟制率核算

食品原料熟制率是指食品原料经烹调后得到的菜肴净重量与它在烹调前的重量比。通常烹调时间愈长,食品原料中的水分蒸发愈多,食品原料熟制率愈低。此外,菜肴在烹制中使用的火候也影响菜肴的熟制率。许多饭店制定了食品熟制率。例如,油炸虾的熟制率约是65%,酱牛肉熟制率约是55%等。控制食品原料熟制率的关键是加强对厨师的技术培训,使他们熟练地掌握烹调技术并重视原料的熟制率。食品原料熟制率核算为

$$食品熟制率 = \frac{成熟后的菜点重量}{加工前的原料重量} \times 100\%$$

$$食品原料折损率 = 1 - 食品原料熟制率$$

3.2.4 酒水成本核算

1. 零杯酒成本核算

在餐饮经营中，烈性酒和利口酒（餐后酒）常以零杯方式销售，每杯烈性酒和利口酒（Liqueur）的容量常为1盎司（oz）。因此计算每杯酒的成本，需要先计算出每瓶酒可以销售的杯数，然后将每瓶酒的成本除以销售杯数就可以得到每杯酒的成本。

$$每杯酒成本 = \frac{每瓶酒成本}{\frac{每瓶酒容量 - 每瓶酒标准流失量}{每杯酒容量}}$$

例3-1 某品牌金酒，每瓶成本180元，容量是32盎司。饭店规定在零杯销售时，每瓶酒的流失量控制在1盎司内，每杯金酒容量为1盎司。计算1杯金酒的成本。

$$每杯金酒成本 = \frac{180}{(32-1)/1} = 5.81(元)$$

2. 鸡尾酒成本核算

鸡尾酒是由多种原料或酒水配制而成的，计算鸡尾酒的成本不仅要计算它的基酒（主要酒）成本，而且要加入辅助酒、辅助原料和装饰品的成本。鸡尾酒成本核算公式为

$$每杯鸡尾酒成本 = \frac{每瓶烈性酒（基酒）成本}{\frac{每瓶酒容量 - 每瓶酒标准流失量}{每杯鸡尾酒标准容量}} + 每份鸡尾酒配料成本 + 装饰品成本$$

例3-2 计算1杯哥连士（Collins）成本（各数据见表3.1）。

表3.1 哥连士配方

原料名称	重量（数量）	成本
威士忌酒	1.5盎司（约45毫升）	某品牌威士忌酒每瓶采购价格为262元，容量32盎司，每瓶烈性酒标准流失量为1盎司
冷藏鲜柠檬汁20毫升、糖粉10克、冷藏的苏打水90毫升、冰块适量		3.60元

$$1杯哥连士成本 = \frac{262}{(32-1)/1.5} + 3.60 \approx 16.28 \approx 16.30(元)$$

3. 酒水成本率核算

酒水成本率是指单位酒水产品的原料成本与它售价的比。例如，每杯咖啡或葡萄酒的成本率。酒水成本率的计算公式为

$$酒水成本率 = \frac{酒水成本}{酒水收入} \times 100\%$$

例3-3 某饭店咖啡厅，每瓶王朝干红葡萄酒的成本是27元，售价是110元。计算整瓶王朝干红葡萄酒的成本率。

$$整瓶王朝干红葡萄酒成本率 = \frac{27}{110} \times 100\% \approx 25\%$$

4. 酒水毛利率核算

酒水毛利率指酒水毛利额与其售价的比，酒水毛利额等于酒水收入减去酒水原料成本。

其计算公式为

$$酒水毛利率 = \frac{酒水收入 - 酒水原料成本}{酒水收入} \times 100\%$$

例 3-4 1 杯名为古典的鸡尾酒（Old-fashioned）售价是 46 元，其食品原料成本是 11.7 元，那么它的毛利额为 34.3 元。毛利额不是纯利润，它是未减去经营中的人工成本、设备折旧费、能源费用和管理费等各项开支的剩余额。古典的毛利率为

$$古典毛利率 = \frac{46 - 11.7}{46} \times 100\% \approx 75\%$$

例 3-5 某咖啡厅每杯红茶的售价是 30 元，每杯红茶的茶叶成本为 3 元，糖与鲜牛奶的成本是 2.60 元，计算每杯红茶的毛利率。

$$每杯红茶毛利率 = \frac{30 - 5.6}{30} \times 100\% = 81\%$$

例 3-6 某五星级饭店意大利餐厅，一瓶售价为 880 元的法国某品牌红葡萄酒，其成本是 197 元，计算这瓶红葡萄酒的毛利率。

$$红葡萄酒毛利率 = \frac{880 - 197}{880} \times 100\% \approx 78\%$$

3.2.5 人工成本核算

1. 工作效率核算

饭店餐饮部工作效率核算主要考察本部门的职工工作效率和人工成本率。核算方法如下。

（1）职工工作效率

$$职工工作效率 = \frac{营业收入 - 食品原料成本}{职工人数}$$

（2）人工成本率

$$人工成本率 = \frac{工资总额}{营业收入} \times 100\%$$

例 3-7 某饭店餐饮部有职工 102 名，其中包括实习生 34 人。2019 年销售总额为 6 800 万元，原料成本额为 1 620 万元，计算该饭店餐饮部工作效率。上述饭店餐饮部每月职工工资总额及费用为 87 万元，分析该部门的人工成本率。

$$年职工工作效率 = \frac{6\ 800 - 1\ 620}{102} \approx 50.784 (万元)$$

$$人工成本率 = \frac{87 \times 12}{6\ 800} \times 100\% \approx 15.35\%$$

2. 人工成本率比较

在饭店餐饮经营中，人工成本率是动态变化的，有多种因素影响人工成本率。包括职工的流动、营业额的变化、职工的工资和福利变动等。此外，经营不同的餐饮产品，人工成本率也不同，通常，经营技术含量高或新开发的餐饮产品，人工成本率相对较高。因此通过不同会计期、不同餐厅或不同餐次人工成本率比较，可找出人工成本差异原因，并提出改进措

施。一般而言，在同样的工资总额前提下，营业收入愈高，人工成本率愈低。人工成本率见表 3.2 和表 3.3。

表 3.2　某餐厅不同会计期人工成本率比较

日　期	本期（2019 年 10 月）	上期（2019 年 9 月）
营业收入总额/万元	360	285
人工总成本/万元	51.2	51.2
人工成本率	14.22%	17.96%

表 3.3　不同餐厅人工成本率比较
（某三星级商务饭店 2019 年餐饮部各餐厅人工成本概况）

餐厅名称	新园咖啡厅	广东餐厅	四川餐厅
销售收入/万元	1 382.40	1 101.60	594
顾客人数/人次	115 200	61 200	54 000
消费水平/元	120	180	110
人工成本/万元	210.12	180.66	83.75
人工成本率	15.20%	16.40%	14.10%
餐饮部平均人工成本率	15.23%		

3.2.6　经营费用核算

经营费用包括管理费、能源费、设备折旧费及保养和维修费，餐具、用具与低值易耗品费，排污费，绿化费及因销售发生的各项费用。经营费用率是餐饮经营费用总额与餐饮营业收入总额的比。

$$经营费用率 = \frac{经营费用总额}{营业收入总额} \times 100\%$$

3.3　食品采购管理

食品采购管理是餐饮成本控制的首要环节，它直接影响餐饮经营效益，影响餐饮成本的形成。所谓食品采购即食品原料采购，是指根据饭店经营需求，采购人员以饭店规定的价格范围购得符合企业质量标准的食品原料。通常，食品原料应符合菜肴与面点规格和特色需要的质量标准。在采购时，采购员应本着同价论质、同质论价、同价同质论费用的原则，科学采购；严格控制因急需而购买高价食品原料，从管理制度上规定食品原料的采购价格并控制食品原料采购的运杂费。一般而言，采购员应就近取材，减少中转环节，优选运输方式和运输路线，提高装载技术，避免不必要的包装，降低食品原料采购费用，控制运输途中的原料消耗。同时，饭店应合理规定食品原料的运输损耗率。当今，饭店食品采购中的日常原材料均采用供应商为饭店配送的方式。从而，节省了饭店的采购费用和储存费用。

3.3.1 食品采购员素质控制

食品采购员是负责采购食品原料的工作人员，在我国许多饭店都设专职食品采购员。合格的食品采购员应认识到采购食品原料的关键是为了生产和销售，所采购的原料应符合企业的实际需要。采购员应熟悉采购业务，熟悉各类食品原料名称、规格、质量和产地，重视食品原料价格和供应渠道，善于市场调查和研究，关心各种食品原料储存情况，具备良好的英语阅读能力，能阅读进口食品原料说明书。例如，各种奶酪、香料和酒水等。此外，食品采购员应严守财经纪律，遵守职业道德，不以职务之便假公济私。

3.3.2 食品采购部门的确定

在餐饮成本控制中，饭店确定食品原料的采购部门非常重要。根据需要，不同等级、不同规模和不同管理模式的饭店，其负责食品采购的部门也不同。

1. 餐饮部负责食品采购

在中小型饭店，食品采购工作常由餐饮部负责，餐饮部负责食品采购工作有利于采购员、保管员和厨师之间的沟通。同时，餐饮部熟悉食品原料的质量标准，方便原料购买，可节省采购时间与费用。缺点是餐饮部作为原料的使用部门负责食品原料验收，不利于成本控制。

2. 餐饮部和财务部合作管理

某些饭店食品采购员由餐饮部选派，并受财务部管理。这种管理方法的优点是，财务部负责食品采购工作，易于成本监督和控制；而餐饮部选派的采购员熟悉食品采购业务。

3. 采购部负责食品采购

一些大型饭店食品原料采购工作由采购部统一采购和管理。这种管理模式利于饭店管理人员控制食品成本，也可获得优惠的价格。但是，餐饮部与采购部的沟通常出现问题。

3.3.3 食品原料质量和规格控制

食品原料质量是指食品的新鲜度、成熟度、纯度、质地、颜色等标准。食品原料规格是指原料种类、等级、部位、大小、重量、份额和包装等。食品原料质量和规格常根据某一饭店菜单需要而做出具体的规定。由于食品原料品种与规格繁多，其市场形态也各不相同（新鲜、罐装、脱水、冷冻），因此饭店必须按照自己的经营范围和经营目标，制定食品原料规格以达到预期的使用目的，依此作为供应商供货的依据。为了使制定的食品原料规格符合市场供应又能满足企业需求，食品原料标准应写明原料名称、质量标准、规格要求，产地与品种、类型与式样、等级、商标、部位、大小、稠密度、比重、净重、含水量、包装物、容器、可食量、添加剂含量及成熟程度等标准，文字应简明。

3.3.4 食品原料采购数量控制

食品原料采购数量是食品原料采购控制的重要环节，由于采购数量直接影响餐饮成本的构成和成本数额。因此，应根据饭店经营策略制定合理的采购数量。通常，食品原料采购数量受许多因素影响。这些因素包括菜肴销售量、食品原料特点、饭店储存条件、市场需求情况和企业库存量标准等。当饭店餐饮销售量增加时，食品原料采购量必然增加。此外，各种食品原料都有自己的特点，保质期也不相同，水果、蔬菜、鸡蛋和奶制品储存期很短，各种粮食、香料和干货储存期较长，某些冷冻食品可以储存数天至数月。同时，还应根据货源情况决定各种食品采购量，旺季食品原料价格比淡季低且容易购买。此外，考虑到现代饭店的准时生产方式（just in time，JIT），应尽量减少食品原料的库存量。

1. 鲜活原料采购量

许多饭店对鲜活原料的采购策略是，每天购进新鲜的奶制品、蔬菜、水果及水产品，这样可保持食品的新鲜度，减少损耗。采购方法是根据实际原料的使用量采购，要求采购员每日检查库存余量或根据厨房及仓库的订单进行采购。每日库存量的检查可采用实物清点与观察估计相结合的方法。对价格高的原料要实际清点，对价格低的原料只要估计数。为了方便采购，采购员将每日要采购的鲜活原料制成采购单，采购单上列出原料名称、规格、采购量和价格范围，传给供应商。在鲜活原料中，一些本身价值不高且消耗量比较稳定的原料，没有必要每天填写采购单，可采用长期订货法与供应商签订合同，以比较固定的市场价格，由固定的供应商每天送货。

$$鲜活原料采购量 = 当日需要量 - 上日剩余量$$

2. 干货及冷冻原料采购量

干货原料属于不容易变质的食品原料，它包括干海货（海参、鱼翅）、粮食、香料、调味品和罐头食品等；冷冻原料包括各种海产品、肉类等。许多饭店为减少采购成本，将干货原料采购量规定为每周或每月的使用量，将冷冻原料采购量规定为1~2周的使用量。干货原料和冷冻原料1次采购数量和定期采购时间均以饭店经营情况和采购策略而定。通常，采用最低储存量采购法。最低储存量采购法是指，采购员对达到或接近最低储存量的原料进行采购。使用这种方法，要求仓库管理员掌握每种食品原料的数量、单价和金额。干货及冷冻原料仓库应有一套有效的检查制度，及时发现那些已经达到或接近最低储存量的原料，并发出采购通知单和确定采购数量。

$$最低储存量 = 日需要量 \times 发货天数 + 保险储存量$$
$$采购量 = 标准储存量 - 最低储存量 + 日需要量 \times 送货天数$$
$$标准储存量 = 日需要量 \times 采购间隔天数 + 保险储存量$$

① **最低储存量**。饭店业根据需求，对干货和冷冻食品原料有一定的标准储存量，当某种食品原料使用后，其数量降至必须采购时而又能维持至新原料到来的时候，这个数量称为最低储存量。

② **保险储存量**。保险储存量是防止市场供货和采购运输出现问题时，预留的原料数量。饭店确定某种原料的保险储存量时，通常考虑其市场供应情况和采购运输方便程度。

③ **日需要量**。餐厅或厨房每天对某种食品原料需求的平均数量。

3.3.5 食品采购程序控制

饭店必须为食品原料采购工作规定工作程序，从而使采购员、采购部门及有关人员明确自己的职责。不同的饭店食品原料采购程序不同，这主要根据饭店规模和管理模式而定。

1. 大型或中型饭店采购程序

在大型或中型饭店，当保管员发现库存的某种原料达到采购点或最低储存量时，要立即填写采购单交与采购员或采购部门，采购员或采购部门根据仓库申请，填写订购单并向供应商订货。同时，将订货单中的一联交与仓库保管员（或验收员），以备验货时使用。当保管员接到货物时，应将货物、采购单和发货票一起进行核对，经检查合格后，将干货和冷冻原料送至仓库储存，将蔬菜和水果等鲜活原料发送至厨房，并办理出库手续。保管员在验货时应做好收货记录，并在发货票盖上验收章并将发货票交与采购员或采购部门，采购员或采购部门在发货票上签字与盖章后交与财务部，发货票经财务负责人审核并签字后向供应商付款。所谓大型饭店，常指300间客房以上的饭店；而中型饭店的客房数常在100间以上，300间以下。食品原料采购程序见图3.4。

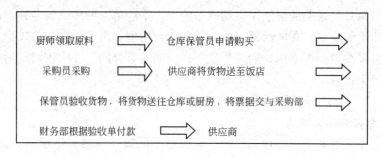

图3.4　食品原料采购程序图

2. 小型饭店采购程序

小型饭店采购程序简单，采购员仅根据厨师长的安排和计划进行采购。所谓小型饭店常指100间客房以内的饭店。

3.3.6　食品验收控制

食品验收控制是指保管员（验收员）根据饭店制定的验收程序与食品质量标准检验供应商发送或采购员购来的食品原料质量、数量、规格、单价和总额，并将检验合格的各种原料送到仓库或厨房并记录检验结果。

1. 选择优秀的验收员

食品原料验收应由专职验收员负责，验收员既要掌握财务知识，又要有丰富的食品原料知识；验收员应是诚实、细心、秉公办事的人。在中小型饭店，验收员可由仓库保管员兼任，餐厅经理或厨师长不适合做兼职的食品原料验收员。

2. 严格验收程序

在食品原料验收中，为了达到验收效果，验收员必须按照饭店制定的程序进行检验。通常验收员根据食品订购单核对供应商送来或采购员采购的货物，防止接收饭店未订购的货物。验收员应根据订单的食品原料质量和规格标准接收货物，防止接收质量或规格与订单不符的任何原料。验收员应认真对发货票上的货物名称、数量、产地、规格、单价和总额与本企业订购单及收到的原料进行核对，防止向供应商支付过高的货款。在货物包装或肉类食品原料标签上注明收货日期、重量和单价等有关数据以方便计算食品成本和执行先入库先使用的原则。食品原料验收合格后，验收员应在发货票盖上验收合格章（见图3.5），并将验收的内容和结果记录在每日验收报告单上。将验收合格的货物送至仓库或厨房。

3. 食品原料验收日报表

验收员每日应当填写食品原料验收日报表（见表3.4），该表内容应包括发货票号、供应商名称、货物名称、数量、单价、总金额、接收部门、储存地点及验收人等。

```
验收日期      _____
数量或重量核对 _____
价格核对      _____
付款总额核对  _____
批准付款      _____
批准付款日期  _____
```

图 3.5　食品原料验收合格章

表 3.4　食品原料验收日报表

食品原料验收日报表							
发票号码	供应商	品名	数量	单价	金额	发送	储存

日期_____ 验收员_____

3.4　食品储存管理

食品储存管理是指仓库管理人员通过科学的管理方法，保证各种食品原料数量和质量，减少自然损耗，防止原料流失，及时接收，储存和发放各种食品原料以满足餐饮经营需要等工作。同时，制定有效的防火、防盗、防潮和防虫害等措施，掌握各种食品原料日常使用量及其发展趋势，合理控制食品原料的库存量，减少资金占用和加速资金周转，建立完备的货物验收、领用、发放、盘点和卫生制度。此外，应科学地存放食品原料，使其整齐清洁，存放有序，便于收发和盘点。此外，食品仓库前台应设立货物验收台以减少食品入库和发放时间。

3.4.1　食品仓库种类

根据业务需要，饭店食品仓库常包括干货库、冷藏库和冷冻库。干货库存放各种罐头食品、干海鲜、干果、粮食、香料及其他干性食品原料；冷藏库存放蔬菜、水果、鸡蛋、黄油、牛奶及需要保鲜或当天使用的畜肉、家禽和海鲜等；冷冻库将近期使用的畜肉、禽肉和其他需要冷冻的食品，通过冷冻储存起来。此外，各食品仓库应有照明和通风装置，规定各自的温度和湿度及其他管理规范等。然而，由于饭店种类与规模不同，其餐饮经营的种类和方式不同。所以，饭店食品仓库的种类和规模不尽相同。

3.4.2　干货食品管理

干货食品应避免接触地面和库内墙面。非食物不能储存在干货库内，所有食品原料都应存放在有盖子和有标记的容器内。货架和地面应整齐和干净，应明示各种货物入库日期、按入库日期顺序进行发放原料，执行"先入库先发放"原则。同时，把厨房常用的原料存放在离仓库出口较近的地方，将带有包装或较重的货物放在货架下部。干货库温度应保持在10～24℃，湿度保持在50%～60%之间以保持食品营养素、味道和质地。非工作时间要锁门。

3.4.3 冷藏食品管理

熟制品应放在干净、有标记、带盖的容器内，不要接触水和冰；经常检查冷藏库的温度。啤酒与白葡萄酒温度应保持在10℃，新鲜水果和蔬菜应保持在7℃，奶制品与熟制品应保持在4℃，畜肉、鱼类及各种海鲜应保持在0℃；熟制品与非熟制品应存放在不同的货架上；冷藏库要通风，将湿度控制在80%～90%范围内；不要将食品原料接触地面；经常打扫冷藏设备；标明各种货物进货日期，按进货日期顺序发放原料，遵循"先入库的原料先使用"原则；每日记录水果和蔬菜的损失情况；将气味浓的食品原料单独存放；经常保养和检修冷藏设备；非工作时间应锁门。

3.4.4 冷冻食品管理

冷冻食品原料的储存应低于-18℃（见表3.5），要经常检查冷冻库的温度，在各种食品容器上加盖子或用保鲜纸将食物包裹好。应密封冷冻库，减少冷气损失。根据需要设置备用的冷冻设备。标明各种货物的进货日期，按进货日期顺序发放原料，遵循"先入库的原料先使用"原则。保持货架与地面卫生，经常保养和检修冷冻库。非工作时间应锁门。

表3.5　冷藏与冷冻食品原料储存温度

啤酒与白葡萄酒温度	10℃
干货原料	10～24℃
蔬菜与水果	7℃
奶制品与熟制品	4℃
新鲜海鲜与畜肉	0℃
冷冻畜肉与海鲜	-18℃
冷冻家禽	-23℃
冰激凌	-29℃

3.4.5 食品储存记录制度

在食品储存管理中除了保持食品质量和数量外，还应执行食品原料的储存记录制度。通常当某一货物入库时，应记录它的名称、规格、单价、供应商名称、进货日期、订购单编号。当某一原料被领用后，要记录领用部门、领用人原料名称、领用数量、结存数量，甚至包括原料单价和总额等。实施原料的储存记录的目的是可随时了解存货数量、金额，了解货架上食品原料与记录之间的差异情况。这样，有助于控制采购食品原料的数量和质量。

3.4.6 原料发放控制

原料发放控制是食品原料储存控制中的最后一项工作。它是指仓库管理员根据厨师长（厨师领班）签发的领料单中的原料品种、数量和规格发放给厨房的过程。食品原料发放控制工作的关键环节是工作认真，发放的原料应根据领料单中的品名、数量和规格的标准执行。通常仓库管理员使用两种发放原料的方法：直接发放法和储存后发放法。

1. 直接发放控制

食品原料直接发放控制是指，验收员把刚验收过的新鲜蔬菜、水果、牛奶、面包和水产品等直接发放给厨房，由厨师长验收并签字。由于饭店常使用新鲜的蔬菜、水果和其他鲜活原料，而且这些原料每天使用。因此，饭店每天将采购的鲜活食品以直接发放的形式向厨房发放。

2. 储存后发放控制

干货、冷冻食品原料及酒水没有必要每天采购，可根据饭店管理的采购策略，一次购买数天的使用量，将它们储存在仓库中，待需要时，根据领料单的品种、数量和规格发放至厨房。值得关注的是，一些饭店向酒吧发放高成本的烈性酒和利口酒时，领料员必须将领料单和空瓶一起送到仓库。同时，酒瓶上必须贴有仓库的编码以防止调酒员销售自己带入酒吧的酒水。

3. 食品原料领料单

厨房向仓库领用任何食品原料必须填写领料单。领料单既是厨房与仓库的沟通媒介，又是餐饮成本控制的一项重要工具。通常，食品原料领料单一式三联。厨师长根据厨房生产需要填写后，一联交与仓库作为发放原料凭证，一联由厨房保存，用以核对领到的食品原料，第三联交与财务部工作人员。领料单的内容应包括领用部门、原料品种、数量、规格、单价和总额、领料日期和领料人等内容。厨房领用各种食品原料必须经厨师长或厨师领班在领料单上签字才能生效，尤其是较为贵重的食品原料，而领取日常食品原料只需领班或厨师签字。领料单不仅作为领料凭证，还是食品成本控制的资料。

4. 库存原料计价方法

由于食品原料采购渠道、时间及其他原因，某种相同原料购入的单价不一定完全相同。这样，饭店在发放食品原料时，需要采用某一计价方法。为了提高工作效率，管理人员常选用一种适合本企业的计价方法以保证食品成本核算的精确性、一致性和可比性。常采用的计价方法如下。

（1）先进先出法

先进先出法是指先购买的食品原料先使用，由此将每次购进的食品单价作为食品发放的计价依据。这种计价方法需要分辨每一批购进的食品原料。先进先出法是饭店最基本的原料计价方法。由于饭店业与工业不同，每次购买的原材料数量有限并且食品原料单价差别小。这样，除了价格较高的燕窝和海参等干制品和进口的各种酒以外，其他原材料在仓库的储存周期很短。

(2) 平均单价法

平均单价法是在盘存周期，如 1 个月为 1 个周期，将不同时间购买的同一种食品原料的单价，平均后作为计价基础。然后，乘以 1 个周期领用的总数量，计算出各类食品原料的发放总额的方法。计算方法为

$$食品原料单位成本 = \frac{期初结存金额 + 本期收入金额}{期初结存数量 + 本期收入数量}$$

例 3-8 某饭店在 2019 年 9 月购进数次海虾，由于采购时间不同，购入的单价也不同（见表 3.6），分别使用先进先出法、平均单价法计算 2019 年 9 月该饭店海虾的仓库储存额。

表 3.6 例 3-8 资料 单位：元

2019年9月日期	凭证编号	摘要	收入 数量	收入 单价	收入 金额	发出 数量	发出 单价	发出 金额	结存 数量	结存 单价	结存 金额
1		月初原存							41	45	1 845
2		购入	160	43	6 880				41	45	8 725
									160	43	
4		发出				41	45	2 490	145	43	6 235
						15	43				
8		发出				62	43	2 666	83	43	3 569
11		发出				59	43	2 537	24	43	1 032
12		购入	155	49	7 595				24	43	8 627
									155	49	
15		发出				24	43	2 845	118	49	5 782
						37	49				
18		发出				63	49	3 087	55	49	2 695
21		发出				55	49	2 695	0		0
21		购入	163	47	7 661				163	47	7 661
24		发出				58	47	2 726	105	47	4 935
27		发出				56	47	2 632	49	47	2 303
31		本月发生额及月末结存	478		22 136	470			49	47	2 303

（1）以先进先出法计算，海虾月末结存额：47.00×49 = 2 303(元)

（2）以平均单价法计算，海虾单位成本 $= \dfrac{1\,845 + 6\,880 + 7\,595 + 7\,661}{41 + 160 + 155 + 163} \approx 46.21(元)$

海虾月末结存额：46.21×49 = 2 264.29(元)

3.4.7 食品定期盘存制度

食品原料定期盘存制度是指饭店按照一定的时间周期，如一个月，通过对各种原料的清点，称重或其他计量方法确定存货数量。采用这种方法可定期了解餐饮经营中的实际食品成本，掌握实际食品成本率，通过与饭店的标准成本率比较，找出成本差异及其原因，采取措施，从而有效地控制食品成本。食品仓库的定期盘存工作通常由财务部工作人员与餐饮部成本控制员一起负责，食品仓库管理人员参与完成这项工作。盘存工作的关键是真实和精确。尽管饭店采用科学的储存方法，保证各种食品原料的数量和质量，减少自然损耗，防止原料流失。然而，由于各种原因，食品原料自然损耗不可避免。某些食品原料通过储存后，由于水分蒸发，会损失重量；一些原料属于易变质的原料，如果使用不及时也会造成损失。因此，饭店通过食品定期盘存制度可了解食品仓库的实际库存额与账面库存额之间的差异，从而了解库存食品原料的短缺率，及时采取措施，减少库存食品的损失。食品原料短缺额可通过账面食品原料库存额与食品仓库的实际库存额进行比较后得出。

月末账面库存食品原料总额＝月初库存额＋本月采购额－本月发料额

库存短缺额＝账面库存额－实际库存额

$$库存短缺率 = \frac{库存短缺额}{仓库发放原料总额} \times 100\%$$

3.4.8 食品原料库存额控制

饭店要进行正常的餐饮经营活动，必然要保持一定数量的库存食品原料。对饭店而言，在不耽误正常经营的基础上，食品原料库存额愈少愈好，以便减少因存货而占压的资金。食品原料储存需要饭店付出成本，称为储存成本。储存成本主要包括固定成本和变动成本两部分，固定成本包括食品原料占用资金所付出的利息、储存设备折旧费和大修理费、管理人员工资和支出等；变动成本包括储存设备消耗的能源费和人工费等。此外，食品原料占用空间的机会成本也是饭店管理人员应考虑的因素。

3.4.9 库存食品原料周转率控制

库存食品原料周转率是指库存食品原料发出额与月食品原料平均库存额的比率。这一周转率说明一定时期内食品原料存货周转次数，用来测定食品原料存货的变现速度，衡量饭店销售餐饮能力及存货是否过量等。同时，库存食品原料周转率反映了饭店销售效率和存货使用效率。在正常情况下，如果餐饮经营顺利，存货周转率比较高，利润率也就相应高。但是，库存食品周转率过高，可能说明饭店在库存食品原料管理存在一些问题。例如，存货水平低，甚至食品原料经常短缺或采购次数过于频繁等。相反，存货周转率过低，常常因为库存管理不利、存货积压、资金沉淀、销售不利等因素造成。目前，库存食品原料周转率没有统一的标准，应根据各饭店的地理位置、饭店类型、经营管理模式和交通情况等而定。

$$库存食品原料周转率 = \frac{食品原料发出额}{食品原料平均库存额}$$

$$= \frac{月初库存额+本月采购总额-月末库存额}{(月初库存额+月末库存额)/2}$$

3.5 生产成本控制

生产成本控制是餐饮成本控制的关键环节之一，包括食品原料使用控制和能源使用控制。由于餐饮生产环节多，生产成本控制环节多，因此厨房管理人员对生产工作应细心组织，精心策划，合理使用原材料，避免食品原料和能源的浪费。从而，有效地控制餐饮成本。

3.5.1 厨房生产预测和计划

厨房生产预测和计划是餐饮成本控制的有效方法，是指厨师长等管理人员参考过去一年或某一阶段的菜点销售记录和近期的订单，计划当年或近期某一阶段各类菜点生产量。由于厨房生产成本主要的问题是产品过量生产，这种现象会加大食品成本。因此，预防菜点过量生产可控制无效的食品成本，杜绝或减少食品成本的浪费现象。厨房生产预测的目的是要将菜点生产数字精确到接近实际的销售数字，避免剩余。饭店应根据宴会记录和零点餐厅销售的情况，了解和预测顾客对各种菜肴和点心的需求并根据预测的品种与数量计划下一阶段各类菜点的生产量。厨房生产计划常分为年度计划、季度计划、月计划，甚至每天的生产计划。同时，菜点销售量常受许多因素影响，如天气、节假日、周末与平时、口味变化等。当天气炎热时，清淡的菜点、冷食品、沙拉销售量会增加；当天气寒冷时，热汤、热菜、火锅销售量会增加。节日和周末，多种菜肴和面点销售量会增加。另外，社会经济因素的变化也是影响餐饮销售量的重要原因。因此，为了提高预测数字的准确性，过去的销售量只能作为参考，管理人员必须考虑当时的经济和市场需求情况及多种因素。

3.5.2 厨房生产成本控制

一般而言，厨房生产成本控制包括原料使用控制、原料折损率控制（参照3.2节）、菜肴份额控制和厨房能源控制。

1. 原料使用控制

厨房领取食品原料时，应根据实际需要的品种、数量和规格填写领料单。厨师长应控制食品原料的使用情况，采取有效措施及时纠正超量或不合理的原材料使用。为了不断掌握食品原料使用情况和控制食品成本，厨房常实施日报和月报食品成本制度。一些饭店要求厨房按工作班次填写餐饮成本，通过这一措施对食品成本进行有效的控制。

2. 菜肴份额控制

菜肴份额是指每份菜肴的配料标准和重量标准。厨房应根据顾客对菜肴原料的配料和重量需求，制定出每份菜肴各种原料配料和重量的搭配标准量并在生产中严格执行，避免食品原料浪费。当然，菜肴份额控制还指科学地设计每份菜肴的主料和配料及其重量，以满足不同顾客的营养和价格需求。通常，饭店应制定本企业的标准食谱（见表3.7），规定每份菜肴的配料和重量标准。

表 3.7 标准食谱

编号：M216

菜肴名称：　　　　　　　　蟹黄鱼翅（Stewed Crab Eggs and Shark Fins）

食 品 原 料	制 作 方 法
主料：发制的通天鱼翅 400 克，熟蟹黄 150 克	1. 将鱼翅用温水洗净，放入大碗，加高汤（250 克）、葱段、姜片、黄酒（25 克）上笼屉蒸软，约 2~3 小时取出
配料：油菜心 250 克，净笋 100 克	2. 蟹黄切成片，油菜心洗净，切成 6 cm 条，冬笋切成长 5 cm、宽 1.7 cm、厚 0.17 cm 片
调料：葱段 50 克，姜片 25 克，水淀粉 50 克，高汤 500 克，白糖 10 克，酱油 25 克，精盐 1 克，黄酒 50 克，植物油 500 克（使用 100 克）	3. 炒锅内放植物油，旺火烧至五成热，将油菜心过油，捞出待用
	4. 炒锅内留 50 克植物油，中火，烧至六成热，加葱段、姜片炸出香味，捞出葱姜，加高汤 250 克，方笋片、油菜心、酱油、精盐、白糖、黄酒 25 克，烧开，撇去浮沫，捞出笋片和油菜心，放盘内。再将鱼翅、蟹黄放入锅内，原汤烧沸，用水淀粉勾芡，放在笋片和油菜上即成
特点：软烂，滑润，汤汁淡红，咸鲜醇厚	
容器：12 寸圆平盘，加装饰品，上桌时盖上热菜盖子	

3. 厨房能源控制

当今能源费用占餐饮生产成本的比例愈来愈高，厨房应制定合理的能源使用措施。通常这些措施如下。

① 控制预热烹调设备的时间，应在开餐前 15~30 分钟进行。某些烹调设备，如烹调灶、扒炉和热汤池柜等设备不工作时，应立即关闭，避免无故消耗能源。定时清除扒炉下深色的或破碎的石头。油炸食品时，应先将食品外围的冰霜或水分去掉以减少油温下降速度。带有隔热装置的烹调设备，不仅对厨师健康有益，还节约了能源，提高了食物的烹调效率，节约了 25% 的烹调时间。

② 在烤制带有锡箔纸包裹的马铃薯时，最好将锡箔纸与马铃薯之间留有缝隙，这样可以加快马铃薯的熟制时间，也节约了热源。根据实验，连续充分地使用烤箱可以节约许多热源。通常，将食物摆放在烤箱时，应使被烤原料保持一定的距离，间隔距离通常在 3~5 cm。这样可保持热空气流通以加快菜肴的烹调速度。

③ 用煮的方法制作菜肴时，不要放过多的液体或水；否则，浪费热源。通常，烤箱在工作时，每打开 1 秒，其温度会下降 1 华氏度。厨房中使用的各种烹调锅都应当比燃烧器的尺寸略大些，这样可充分利用热源。此外，在冷藏箱存放或拿取原料时，应集中时间，减少打开冷藏箱的次数；厨师不需要水时，一定要将水龙头关闭好。

3.5.3 酒水生产成本控制

在酒水经营中，酒水成本控制很重要，它关系到餐饮经营的成功与失败。酒水生产成本控制是指饭店制定各种酒水产品的标准配方、标准量器、标准生产程序与标准成本，并且严格执行这些标准以保证酒水质量和成本，增加企业的信誉度，为饭店赢得理想的利润。

1. 标准配方

为了保证各种酒、咖啡和茶等质量标准和控制酒水成本，饭店应建立酒水标准配方。在酒水标准配方中规定酒水名称、类别、标准容量、标准成本、售价、各种配料名称、规格及标准酒杯和制定日期等（见第4章）。

2. 标准量器

在酒水生产中，调酒师应使用量杯或其他量酒器皿测量酒水数量以控制酒水成本，特别是对那些价格较高的烈性酒的控制非常必要。

3. 标准配制程序

饭店应制定酒水标准配制程序以控制酒水产品的质量，从而控制酒水成本。例如，酒杯的降温程序、鸡尾酒装饰程序、鸡尾酒配制程序、使用冰块数量、鸡尾酒配制时间及操作姿势等。

4. 标准成本

标准成本是酒水成本控制的核心。饭店必须规定各种酒水标准成本。如果酒水没有统一的成本标准，随时随人更改，不仅酒水成本无法控制，酒水产品的质量也无法保证。

3.6 餐饮成本分析

3.6.1 餐饮成本分析含义与作用

餐饮成本分析是餐饮成本控制的重要组成部分，其目的是在保证餐饮产品销售的基础上，使成本达到理想的水平。所谓餐饮产品成本分析，是指按照一定的原则，采用一定的方法，利用成本计划、成本核算和其他有关的资料，分析成本目标的执行情况，查明成本偏差的原因，寻求成本控制的有效途径，达到最大的经济效益。餐饮产品成本的形成是多种因素的综合效果。其中，少数因素常起着关键作用，因此应在全面分析成本的基础上，重点分析其中的关键因素，做到全面分析和重点分析相结合。餐饮成本分析不仅要对餐饮前期与后期的成本数据进行对比分析，还应加强企业之间的成本数据对比分析，以便揭露矛盾，寻找差距，发现问题，挖掘潜力及指明方向。

3.6.2 影响餐饮成本的因素

实施餐饮成本分析，首先要明确影响餐饮产品成本的因素。通常包括固有因素、宏观因素和微观因素等。饭店餐饮的产品成本的提高或降低常受以上各因素的共同影响。

1. 固有因素

固有因素是指饭店建造时，基础环境和条件对餐饮成本的影响因素。主要包括饭店地理位置、地区食品原料状况、地区能源状况、交通的便利性、饭店种类与级别、饭店餐饮经营设施等。

2. 宏观因素

主要包括国家与地区宏观经济政策、目标顾客的餐饮需求、饭店坐落区域价格水平、企业竞争状况等。因此，宏观因素是指影响饭店餐饮经营及其效果的企业外部因素。

3. 微观因素

微观因素是指直接影响饭店餐饮成本构成的各项因素。主要包括企业人力资源水平、餐饮生产和服务技术、食品原料与燃料的利用情况、餐饮生产效率、饭店餐饮成本管理水平、饭店文化与伦理管理、企业设备的保养与维修及饭店内部组织协调水平等。

3.6.3 餐饮成本分析方法

饭店常使用的餐饮成本分析方法主要包括对比分析法和比率分析法。这些方法可从同一问题的不同角度分析餐饮成本执行情况。

1. 对比分析法

对比分析法是餐饮成本分析最基本的方法。它通过成本指标数量上的比较，揭示成本指标的数量关系和数量差异。对比分析法可将餐饮实际成本指标与计划成本指标进行对比，将本期成本指标与历史同期成本指标进行对比，将本企业成本指标与行业成本指标进行对比，以便了解成本之间的差距与不足，进一步查明原因，挖掘潜力并指明方向。采用对比分析法应注意指标的可比性，要求所对比的指标在同一饭店的前后各期内容一致，同类型和同级别饭店的同一时期所包含的内容一致。根据对比分析法的目的和要求，对比分析法主要有三种形式。

① 将计划成本指标与标准成本指标进行对比，可以揭示实际成本指标与计划成本指标之间的差异，了解该项指标完成的情况。

② 将本期实际成本指标与上期成本指标或历史最佳水平进行比较，可确定不同时期有关指标的变动情况，了解餐饮成本发展趋势和成本管理的改进情况。

③ 将本饭店指标与国内外同行业成本指标进行对比，可以发现本企业与先进企业之间的成本差距，从而推动本企业成本管理意识与方法。

2. 比率分析法

比率分析法是通过计算成本指标的比率，揭示和对比餐饮成本变动程度。比率分析法主要包括相关比率分析法、构成比率分析法和趋势比率分析法。采用比率分析法，比率中的指标应有相关性，采用的指标应有对比的标准。

（1）相关比率分析法

该方法是指将性质不同但又相关的指标进行对比，求出比率，反映其中的联系。例如，将餐饮毛利额与餐饮销售收入进行对比，反映餐饮毛利率。

（2）构成比率分析法

这种分析法是将某项经济指标的组成部分与总体指标进行对比，反映部分与总体的关系。例如，将食品成本、人工成本、经营费用分别与餐饮成本总额进行对比，可反映出其中的食品成本率、人工成本率和经营费用率。

（3）趋势比率分析法

趋势比率分析法是将两期或连续数期餐饮成本报告中的相同指标或比率进行对比，从中发现它们数额和幅度的增减及变动方向的方法。采用这一方法可提示餐饮成本执行情况的变化，并可分析引起变化的原因及预测未来的发展趋势。

本章小结

餐饮成本控制是指在餐饮经营中，管理人员按照饭店规定的成本标准，对餐饮各成本因素进行监督和调节，及时揭示偏差，采取措施加以纠正并将餐饮实际成本控制在计划范围之内，保证实现企业成本目标。科学的餐饮成本控制可以提高餐饮经营管理水平，减少物质和劳动消耗，使企业获得较大的经济效益，提高饭店竞争力。餐饮成本是指制作和销售餐饮所支出的各项费用。餐饮成本构成主要包括三个方面：食品原料成本、人工成本和经营费用。

食品原料采购管理是餐饮成本控制的首要环节，它直接影响餐饮经营效益，影响餐饮成本的形成。所谓食品原料采购是指根据饭店经营需求，采购人员以饭店规定的价格范围购得符合企业质量标准的食品原料。食品储存是指仓库管理人员通过科学的管理方法，保证各种食品原料的数量和质量，减少自然损耗，防止原料流失并及时接收，储存和发放各种食品原料以满足餐饮经营需要等工作。生产成本控制是餐饮成本控制的关键环节之一，包括食品原料使用控制和能源使用控制。由于餐饮生产环节多，生产成本控制环节多，因此厨房管理人员对生产工作应细心组织，精心策划，合理使用原材料，避免食品原料和能源浪费，从而有效地控制餐饮生产成本。餐饮产品成本分析是餐饮成本控制的重要组成部分，其目的是在保证餐饮产品销售的基础上，使成本达到理想的水平。所谓餐饮生产成本分析，是指按照一定的原则，采用一定的方法，利用成本计划、成本核算和其他相关资料，分析成本目标的执行情况，查明成本偏差的原因，寻求成本控制的有效途径以达到最大的经济效益。

练习题

1. 名词解释

餐饮成本控制　　固定成本　　变动成本　　可控成本　　标准成本

2. 多项选择

（1）餐饮成本控制系统由以下（　　）等阶段构成。

A. 运营前控制　　B. 运营中控制　　C. 运营后控制　　D. 顾客投诉控制

（2）正确的食品原料净料率及净成本核算相关公式是（　　）。

A. 净料率 = $\dfrac{净料重量}{毛料重量} \times 100\%$　　B. 折损率 = $\dfrac{折损重量}{毛料重量} \times 100\%$

C. 净料总成本 < 毛料总成本　　D. 单位净料成本 = $\dfrac{毛料总值}{净料重量}$

（3）科学的餐饮成本控制可以（　　）。

A. 提高餐饮经营管理水平　　B. 减少物质和劳动消耗

C. 使企业获得较大的经济效益　　D. 提高饭店的竞争力

（4）食品原料质量是指食品的新鲜度和（　　）等标准。
A. 成熟度　　　B. 纯度　　　C. 重量　　　D. 质地

3. 判断对错

（1）餐饮成本控制的含义有广义和狭义之分。广义的餐饮成本控制包括运营前控制、运营中控制和运营后控制。（　　）

（2）企业应在提高产品价值的前提下，采用适宜的食品成本，改进菜肴的结构和生产工艺，合理使用食品原料，提高边角料的利用率并合理使用能源，加强食品原料采购、验收、贮存和发放管理等。从而，在较高的餐饮成本前提下，提高产品价值和功能。（　　）

（3）食品成本属于固定成本，包括主料成本、配料成本和调料成本。餐饮食品成本通常由食品原料的采购成本和使用成本两个因素决定。（　　）

（4）通常食品的烹调时间越长，食品原料中的水分蒸发越多，食品原料熟制率越低。（　　）

（5）在餐饮成本控制中，饭店确定食品原料的采购部门非常重要。根据需要，不同等级、不同规模和不同管理模式的饭店，负责食品采购部门都应当相同。（　　）

4. 思考题

（1）简述餐饮成本控制的意义。
（2）简述餐饮成本控制程序。
（3）简述对比分析法和比率分析法的特点。
（4）简述常用的库存原料计价方法。
（5）论述餐饮生产控制。
（6）调查一家饭店并了解食品原料的净料率和熟制率。

主要参考文献

［1］李连燕. 成本会计［M］. 北京：经济科学出版社，2009.
［2］李惠. 成本会计教程［M］. 上海：立信会计出版社，2004.
［3］戴德锋，窦德强，熊雯. 管理学［M］. 北京：北京邮电大学出版社，2016.
［4］李启明. 现代企业管理［M］. 4版. 北京：高等教育出版社，2011.
［5］马桂顺. 旅游企业会计［M］. 大连：东北财经大学出版社，2017.
［6］刘希成，张晓红，范积朋. 餐饮旅游企业会计实务示范手册［M］. 广州：广东经济出版社，2014.
［7］胡北忠. 成本会计学［M］. 北京：科学出版社，2017.
［8］亨格瑞，森登，斯特尔顿. 管理会计教程［M］. 潘飞，沈红波，译. 15版. 北京：机械工业出版社，2012.
［9］李章红. 旅游企业财务会计理论研究［M］. 北京：经济日报出版社，2018.
［10］孙茂竹，王艳茹，李朝晖. 成本管理会计［M］. 3版. 大连：东北财经大学出版社，2017.
［11］陈昌龙. 管理会计［M］. 4版. 上海：立信会计出版社，2016.
［12］武生均. 成本管理学［M］. 北京：科学出版社，2010.

［13］李恒兴，鲍钰. 采购管理［M］. 北京：北京理工大学出版社，2007.

［14］本顿. 采购和供应管理［M］. 穆东，译. 大连：东北财经大学出版社，2009.

［15］任月君. 成本会计学［M］. 上海：上海财经大学出版社，2013.

［16］胥兴军，杨洛新. 成本会计学［M］. 2版. 武汉：武汉理工大学出版社，2013.

［17］冯巧根. 成本与管理会计［M］. 北京：中国人民大学出版社，2012.

［18］加里森，诺琳，布鲁尔. 管理会计［M］. 5版. 大连：东北财经大学出版社，2016.

［19］DOPSON L R, HAYES D K. Food & beverage cost control［M］. 7th ed. New Jersey：John Wiley & Sons, Inc., 2007.

［20］RATNATUNGA J. Strategic management accounting［M］. 4th ed. Melbourne：Quill Press, 2020.

［21］HANSEN D R, MOVEN M M, GUAN L M. Cost management accounting and control［M］. 6th ed. Mason：South-western Cengage Learning, 2009.

［22］FEINSTEIN A H, STEFANELLI J M. Purchasing selection and procurement for the hospitality industry［M］. 9th ed. New Jersey：John Wiley & Sons, Inc., 2017.

［23］WARREN C S, TAYLER W B. Managerial accounting［M］. 15th ed. Boston：Cengage, 2018.

［24］BRAGG S M. The controller's function：the work of the managerial accountant［M］. 4th ed. New Jersey：John wiley & Sons Inc., 2012.

［25］ALCOTT P, DAVIS B, LOCKWOOD A. Food and beverage management［M］. 5th ed. New York：Routledge Taylor & Francis Groups, 2012.

［26］WALKER J R. Introduction to hospitality management［M］. 4th ed. NJ：Pearson Education Inc., 2013.

第 4 章

餐饮产品质量管理

> **本章导读**
>
> 餐饮产品质量是指餐饮产品本质和数量上规定性的概念。质是产品所固有的、特点方面的规定性；量则是关于产品的范围和程度的规定性。餐饮产品质量不仅指菜点和酒水质量，还指生产和服务过程中的质量和用餐环境质量。通过本章学习可掌握餐饮产品及其组成、影响餐饮产品质量的因素、餐饮产品质量管理发展、餐饮全面质量管理和餐饮产品质量保证与控制。

4.1 餐饮产品质量概述

4.1.1 餐饮产品及其组成

现代餐饮产品由满足顾客某种需求的物质实体和非物质形态的服务构成。物质实体包括设施、家具、餐具、菜肴和酒水等，称作有形产品；非物质形态服务包括服务效率、服务方法、礼节礼貌、餐饮温度、服务环境和餐饮文化及企业声誉等，称作无形产品。有形产品从产品外观可以看到；无形产品从外观看不到，然而顾客可以感受到。对于餐饮产品的价值而言，有形产品和无形产品同等重要，互相不能代替。现代餐饮产品主要由三个部分组成：核心产品、实际产品和外部产品。核心产品是指产品功能和效用；实际产品包括营养、卫生、安全、文化、特色、味道、质地、颜色、温度、成熟度、数量、外观、餐具和设施等；外部产品是指饭店的级别、用餐环境的舒适度、企业的地理位置、企业的声誉、餐饮服务程序与方法和礼节礼貌等，从而组成完整的餐饮产品（见图 4.1）。

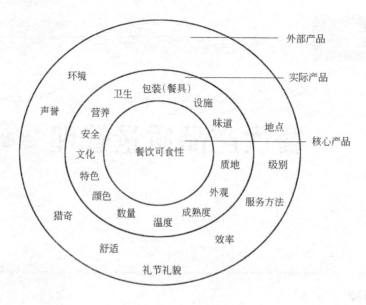

图 4.1 完整的餐饮产品

4.1.2 餐饮产品质量特点

1. 餐饮产品质量含义

餐饮产品质量是指餐饮产品本质和数量上规定性的概念。质是产品所固有的、特点方面的规定性;量则是关于产品的范围和程度的规定性。例如,西餐中的水波鸡蛋(Poached Eggs)的质量因素包括鸡蛋新鲜度、营养成分、成熟度、个数和大小等,其中,新鲜度、营养成分和成熟度是指菜肴的本质规定性,个数和大小是指产品数量上的规定性。同时,餐饮产品质量必须满足顾客的需求。

2. 餐饮产品质量特点

由于科学技术的进步,社会经济的发展,旅游业、饭店业和餐饮业的发展,人们生活水平得以提高,顾客对餐饮产品质量需求和期望不断地提高。由于不同顾客对餐饮产品的质量要求不同,因此,餐饮产品质量具有相对性、时间性、动态性和空间性等特点。相对性是指质量适应顾客需求的程度因人而异,餐饮相对于味道、数量或技术工艺可能被评价为优质或一般;时间性是指不同的时间或时段,顾客对餐饮产品质量要求不同,如人们对早餐和午餐的质量特点要求不同。空间性是指顾客对餐饮产品质量要求因地域环境而异。例如,我国东部地区与西部地区、经济发达地区与欠发达地区等的生活方式及风俗习惯不同,对餐饮产品的质量要求不同。

3. 餐饮产品质量观念

餐饮产品质量观念可分为狭义质量观和广义质量观。

(1)餐饮产品狭义质量观念

狭义质量观,一般从局部因素考虑产品质量,对产品质量形成过程,对顾客的定义,对质量问题产生的原因,对餐饮质量达到的目标,对餐饮产品质量管理的认识及对餐饮产品的质量评价与广义质量观有着不同的观念。狭义质量观包括符合型质量观和适用型质量观。符合型质量观是指餐饮产品符合政府主管部门和饭店的质量标准,这是饭店管理人员传统的质量观。这种质量标准是在一定时期内,根据市场需求和社会技术水平而定义的,具有明显的时间特征。随着时间推移,技术进步和消费观念的变化,原来质量合格的产品,可能已不被市场所接受或不被顾客需求。适用型质量观是指餐饮产品适合顾客要求的程度,是从需求角度定义产品质量。这一发展表明饭店已认识到餐饮细分市场,认识到不同顾客对餐饮产品需求不同。

(2) 餐饮产品广义质量观念

广义餐饮产品质量内涵不仅包括餐饮本身质量,还包括工作过程质量和用餐环境质量,是多项维度的质量概念。工作过程质量包括食品采购过程质量、厨房生产过程质量和餐厅服务过程质量。广义餐饮产品质量观认为,其中任何一个工作过程都是影响餐饮产品质量的关键因素或环节。此外,顾客的含义不仅包括购买餐饮产品的顾客,还包括饭店餐饮工作人员及与餐饮经营相关的行政管理部门和供应商及社会公众等。同时,广义质量观认为,餐饮产品质量问题不仅是食品原料问题、生产和服务技术问题,还应包括设施问题、营销问题、人员素质及其他相关问题。狭义质量观与广义质量观对比见表4.1。

表4.1 狭义质量观与广义质量观对比

比较主题	狭义质量观	广义质量观
产品质量	单项维度概念。仅由菜点、酒水或服务质量构成	多项维度概念。由环境、设施、菜点、酒水和服务质量等构成
过程	直接与产品生产有关的过程	不仅包括直接与产品生产有关的过程,还包括间接过程,如食品原料采购,工作人员的招聘和培训,餐饮产品的市场调查与预测等
顾客	购买产品的顾客	不仅包括购买餐饮产品的顾客,还包括餐饮经营人员、饭店管理人员、相关政府管理部门、供应商、其他相关组织、潜在的顾客及社会公众
质量问题原因	原料问题、技术问题	不仅包括原料问题和技术问题,还包括企业伦理问题、营销问题、人员素质问题和管理问题
质量目标	基于餐饮部门	基于饭店整体战略目标和质量目标及各相关部门
质量管理	由饭店餐饮部负责,基于国家、地区、行业和企业的规范、程序和标准。质量管理部门是餐饮部	由饭店总经理负责,基于国家、地区、行业和企业规范、程序和标准,并根据市场变化和需求,持续开发与创新,动态管理。质量的管理部门是饭店质量管理小组
质量评价	餐饮部或质检部负责	饭店负责

4.1.3 影响餐饮产品质量因素

餐饮产品质量不仅指菜点和酒水质量,还指生产和服务过程质量和用餐环境质量。餐饮生产和服务过程由若干个工作程序组成,其中每一个工作程序都影响餐饮产品质量。

① 影响餐饮产品质量的生产因素,包括食品原料采购、保管、初加工、切配和烹调等。

② 影响餐饮产品质量的服务因素，包括预订、摆台、迎宾、引座、点菜、斟酒水、上菜、巡台和结账等。

现代餐饮产品质量建立在满足顾客的需求上，使产品性能和特征的总体具有满足特定顾客的需求能力。餐饮产品质量高低的实质是产品满足顾客需要的程度，顾客的需要是确定餐饮产品质量的标准。现代餐饮产品质量的表达常使用抽象语言，用需求、性能和特色将顾客与饭店联系在一起。餐饮产品质量不仅代表企业经营管理水平，而且还反映饭店的信誉和形象。因此，餐饮产品的质量是饭店餐饮经营管理的关键和核心。

4.1.4 餐饮产品质量管理发展

当代饭店餐饮经营理念的特点是重视产品开发与创新，重视餐饮文化建设，提供有文化内涵和特色的优质餐饮产品。随着我国加入WTO，著名的国际饭店集团和餐饮集团不断进入我国，它们为我们带来了新的餐饮生产技术、服务技术、营销技术和管理技术及质量标准，为国内餐饮管理和市场需求带来一定的影响。目前，顾客对国内餐饮产品质量的要求不断提高。许多饭店管理人员认为，当今国内饭店应把餐饮产品质量管理作为一种投资，使产品质量不断地提高和升华。在当前激烈的市场竞争中，我国饭店的餐饮产品质量不应停留在原有的位置上，不能只停留在八大名菜系的理念上，不可仅停留在重视烹调技术质量或服务质量的方面上，而应当加强餐饮产品的全面质量管理。综上所述，我国饭店业餐饮产品质量管理的发展可以分为以下3个阶段。

1. 质量检验阶段

我国饭店业餐饮产品质量管理发展首先经历了质量检验阶段。质量检验阶段是质量管理的早期阶段。大约在20世纪80年代前期，餐饮产品质量管理工作仅限于饭店餐饮部内部的质量管理，这一阶段重视服务技术和烹调技术的质量，餐饮产品标准化程度差，管理手段主要依靠餐厅经理和厨师长把关。

2. 质量统计管理阶段

20世纪80年代后期，我国饭店业进入了质量统计管理时期。那时，在餐桌上到处可看到顾客意见单。大型餐厅由餐厅经理负责接待顾客投诉。同时，一些饭店还成立了质检部或有专人负责餐饮质量检验工作，对不合格和存在问题的餐饮质量进行统计和记录。管理人员及时了解出现质量问题的原因，及时制定解决策略，从而不断完善餐饮产品的质量。这一阶段的质量管理实际上是由餐饮技术管理发展到产品质量标准管理。

3. 全面质量管理阶段

20世纪90年代我国饭店业餐饮产品质量管理进入了全面质量管理阶段。这一阶段，全体职工的质量意识极强并以满足顾客需求为前提，注重产品的适用性和产品形成的全过程质量管理，制定工作标准和产品质量标准，严格执行标准。餐饮部及全体工作人员参与质量管理并以预防为主，防检结合，运用多种方法提高工作质量，保证产品质量及注重质量管理的经济效益。在市场经济日趋发达和经济全球化的今天，任何饭店都感受到提高餐饮产品质量的重要性。因此，餐饮产品质量已成为现代饭店市场竞争及创造名牌企业的基础。

4. 现代餐饮产品质量理念

当今，顾客是餐饮产品质量的鉴定人。顾客满意与不满意的信息对饭店十分重要，因为理解这些信息有助于饭店对餐饮质量的改进和提高。因此，饭店必须致力于创造满意的顾客。现代餐饮产品质量标准以顾客满意的质量或是适度的质量为前提。饭店与消费者对餐饮产品质量的要求由原来的尽可能完美发展到适度质量要求。超过顾客需求的质量水平不被顾客认可，造成不必要的浪费；而过低则达不到顾客对质量的需求。同时，餐饮产品质量还存在着时间性。当自然环境与社会环境随着时间而发生变化时，顾客的价值观与需求也随之变化。这样，当前能够满足顾客质量水平的餐饮产品，经过一段时间后可能被顾客认为是不符合质量标准的产品。

4.2 餐饮全面质量管理

餐饮质量管理是指用经济、技术和其他有效的手段对餐饮产品进行设计、生产和服务，以达到顾客最满意的产品质量的经营活动。餐饮质量管理是饭店经营管理的一个重要组成部分，其首要任务是制定餐饮产品质量方针和质量目标，并使之贯彻和实现。

4.2.1 餐饮全面质量管理概述

1. 餐饮全面质量管理含义

餐饮全面质量管理是以餐饮质量为中心，以全员参与为基础，从市场调查、经营决策到产品的设计、生产和服务等全过程进行有效的控制，把专业技术、管理技术和质检技术有效地结合，建立起一套科学的、严密的质量管理体系，以优质的工作、科学的方法生产出顾客需求的餐饮产品，使本饭店职工和全社会获得利益而达到长期经营成功的管理途径。

2. 餐饮全面质量管理内容

餐饮全面质量管理包括饭店内部管理和国家及地区的外部影响。企业内部管理包括制定产品质量政策，确定产品质量水平，制定质量保证措施和制定质量控制措施并实施产品质量控制等。餐饮产品质量外部因素的影响，包括国家主管部门和地区对餐饮产品的质量政策、质量审核和质量监督及颁发经营许可证等。饭店要想保证餐饮产品的质量，就必须把餐饮生产和服务的各阶段工作有机地结合，更好地维护顾客的利益，取得顾客对饭店的信誉。在这个基础上，基于餐饮产品质量形成的过程，餐饮产品全面质量管理内容包括以下几个方面。

（1）市场调查

饭店应通过市场调查了解顾客对产品的食品原料、工艺、口味、营养、餐饮服务及用餐环境等的要求。在市场调查的基础上，认真分析，选择合适的产品类型。因此，只有高质量的市场调查研究，才可能有高质量的产品开发与设计及生产顾客满意的餐饮产品。

（2）产品设计

设计是餐饮产品质量形成的起点，顾客对产品质量的需求首先是通过设计来满足的。在餐饮产品设计阶段，技术人员要根据市场调查的信息，针对顾客的需求，确定适宜的质量标准，严格按照科学的程序进行设计和研制，确保餐饮产品质量水平。

（3）食品采购

新鲜和符合质量标准的食品原材料是保证餐饮产品质量的基础，所有餐饮产品的味道首先来自原料的新鲜度和本身的特色，然后来自调味品的质量。对于餐饮服务而言，用餐环境和服务设施是餐饮服务质量的基础。因此，饭店必须根据本企业的餐饮质量目标和标准选择原材料、生产设施、服务设施、餐具和酒具等。

（4）餐饮生产

生产过程是餐饮产品形成的关键过程，也是实现产品质量的具体过程。餐饮产品生产过程包括两部分：餐饮制作过程和餐饮服务过程。在餐饮生产过程中，必须制定和执行生产和服务规范，严格和有效地控制产品形成的各因素和各环节的质量标准。

（5）餐饮服务

餐饮服务也可称为餐饮销售，是餐饮产品质量形成的最后一个程序。作为饭店餐饮销售人员或称为服务人员，尽管表面不与餐饮质量相联系，然而顾客对餐饮质量需求和顾客满意度等信息都是通过销售人员的反馈而获得的，从而使饭店及时改进及调整菜点和酒水的质量及特色。当然，餐饮服务质量主要受餐饮服务人员服务质量的影响。因此，餐饮服务是餐饮质量管理不可忽视的环节。

（6）产品检验

产品检验是保证餐饮产品质量的必要手段，是对产品质量进行有效控制的重要措施，可防止不合格的餐饮产品流入下一道工序或传递给顾客。餐饮产品的质检首先是工作人员对上一道工作质量的检查，然后对本职务工作质量进行检查。同时，本部门管理人员负责本部门所有工作质量的检查，然后由饭店质检部对餐饮产品进行质量检查。此外，饭店常聘用外部专家和技术人员对餐饮产品进行匿名检查。

4.2.2 餐饮全面质量管理特点

所谓全面质量管理，是指以保证产品质量为中心，对所有影响产品质量的因素进行管理。餐饮全面质量管理涉及餐饮部全体职工的工作质量，饭店与供应商的协调，顾客对餐饮质量的反馈、政府和社会对产品质量的引导等。综上所述，餐饮全面质量管理特点包括以下几个方面。

1. 从追求狭隘质量到追求完整质量

传统的餐饮质量观认为只要产品符合饭店规定的产品质量标准即为合格产品，产品质量标准越高表明餐饮质量越好。现代质量观将餐饮环境、生产设施、菜点酒水、餐饮服务等质量进行有机结合，是完整的餐饮质量观。现代餐饮质量不是简单地以烹调技术和服务技术指标来评价产品质量水平，而是当产品所有各方面都符合顾客需要时才可称作合格产品。同时，餐饮产品质量必须考虑到所有受益者的期望和需要，损害其中任何一方利益，饭店的长久发展都会受到影响。同时，现代质量观体现了顾客至上的理念，体现了所有部门在质量经营中的责任。综上所述，现代饭店餐饮全面质量管理包括产品生产中的各因素和各环节管理，从而形成一个综合的产品质量管理体系。因此，餐饮全面质量管理必须调动全体职工关心产品质量，并对自己担负的工作高度负责。此外，饭店应做好质量培训工作，使用有效的激励手段，做好餐饮质量管理的基础工作。

2. 从追求高指标到追求高使用价值

传统的质量观念认为，产品质量指标是评价餐饮产品质量水平的主要依据，因此一些饭店在没有对顾客需求进行详细调查和产品定位的前提下，主观确定产品的各项质量指标，片面地认为质量标准越高越好，造成产品质量定义不明确或由于不能满足顾客需求而经营不善。由于质量标准过高而导致成本和价格上升，失去竞争力或者技术力量和设施质量不能保证产品质量，最终无法有效经营。现代质量观念认为，产品质量由消费者定义，并非质量标准越高越受顾客欢迎，应保持适宜的使用价值，能充分满足目标顾客的需求。实践证明，多数顾客在购买餐饮产品时，考虑的是价值和功能。从社会角度看，功能的剩余必然带来资源浪费，所以适用的质量标准是最佳的，满足顾客实际需求的质量是最好的质量。在市场经济下，饭店的生存和发展离不开顾客，尽管面对着相同的市场和环境，但因企业自身的资源和素质各不相同，在角色扮演中也不应相同。因此，每个饭店都应明确本身的餐饮消费群体、竞争对手及其资源，准确定位，确定本企业餐饮产品质量标准以利营销。

3. 从强调产品质量到完善保证能力

传统的质量观念认为，餐饮产品通过检验，符合饭店规定的标准就是合格的产品质量。因此采取措施，增加检验环节、督促职工认真工作等。但实践证明这种方法不能保证质量问题不再发生，质量波动依然较大，费用高。现代质量管理策略是，企业在准确定义质量水平的基础上必须完善质量保证能力，这是保持竞争力的关键。全面质量管理观认为，影响餐饮产品质量的因素很多，并且在不断地变化，必须建立完善的质量保证体系，对各种与餐饮产品质量相关的因素进行系统的和有效的控制。全面质量管理观认为系统工程是全面质量管理的理论基础之一，在管理中应遵循管理原因保证结果的指导思想，抓好生产质量，保证服务质量；抓好工作质量，保证产品质量；做好开业前准备，保证营业高峰时的质量。

4. 从对顾客负责到对全社会负责

传统的质量观念认为，餐饮服务对象只是购买餐饮的顾客，饭店的任务是满足顾客的需求，为企业带来利润。因此，一些饭店不顾及生产过程对社会的影响及本身可持续发展等问题。餐饮全面质量管理强调饭店必须注重生态质量、环境质量和社会效益。饭店作为社会经济的细胞，要对全社会有所贡献，不仅要为社会创造物质财富，解决就业问题，对社区生活和社会公益事业提供支持，而且应确保在经营过程中不对环境造成危害，不造成资源的浪费。现代质量观重视社会环境的作用，积极保护自己的品牌、商誉及搞好公共关系。

5. 从追究职工责任到追究管理者责任

传统的质量观念认为，质量事故主要是由职工造成的，责任主要由职工来承担。因此在餐饮经营中，一旦发生质量问题就将责任归咎于厨师、餐厅领班和服务员。全面质量观认为，产品质量问题必须追究管理者的责任，职工作为企业人力资源的一部分，其责任与操作规范应当由标准文件加以规定，管理人员应对职工进行必要的培训。在确定质量问题的责任或根本原因时，要明确管理者有没有对整个质量体系进行策划和控制。根据调查，一些饭店餐饮质量体系存在严重缺陷，没有严格的原料和工艺标准，工作随意性强，直接导致质量失控。在这样一种环境下，职工不可能有效地控制餐饮质量。因此，管理者是否明确岗位职责和操作规范，提供充分的设备、资金、技术、工具和环境等是质量保证的关键。根据调查，80%以上的质量事故由饭店与餐饮部管理者造成，另外20%的责任事故也与以上管理者有间接关系。

6. 从产品检验到提倡零缺陷服务

传统的质量观强调产品必须通过质量检验。现代质量观强调预防为主，追求零缺陷和一次成功。零缺陷反映了在市场经济下的正确质量经营理念，饭店要以顾客满意为核心，顾客至上，尽量使顾客100%的满意。而100%满意意味着没有质量缺陷，这种质量观的转变是市场竞争的需要，是经济全球化时代的要求。此外，餐饮全面质量管理是以饭店获得更多的经济效益为目的，失去了经济效益而造成亏损的质量管理没有任何意义。

7. 从岗位管理到企业全员和全过程管理

传统的质量观认为质量是生产出来的，是检查出来的，是厨房或餐厅职工工作结果的反映。因此，餐饮质量反映制作和服务过程中的工作质量。目前，餐饮管理人员逐步认识到产品质量在设计阶段已经开始，其重要性甚至超过了菜点、酒水的生产和服务过程。许多质量缺陷在设计阶段已经存在，而且影响经营的全过程。此外，在食品采购甚至其他环节也会出现质量事故。因此，质量问题不是某个部门或某个岗位的问题，它涉及饭店所有的相关部门，涉及生产全过程及全体有关人员。作为饭店餐饮管理人员必须树立服务意识。这种意识表现在三个方面：第一，上一道工序为下一道工序服务；第二，管理部门为业务部门服务，为服务人员服务；第三，餐饮部要为顾客服务。由于餐饮产品生产和服务是按照一定程序进行的，下一道生产和服务程序的质量要受到上一道生产和服务程序的影响。所以，全面质量管理要求前一道的产品生产质量必须满足下一道质量标准的要求，每项工作程序都必须为下一项工作程序打基础。从而，对餐饮产品质量坚持高标准和严要求。此外，全面质量管理观认为，餐饮经营策略要符合产品形成的规律和市场竞争的规律，在餐饮产品生产和服务的数量和质量关系中，质量永远第一；在产品质量控制和质量预防的关系中，预防永远第一；在近期和长期的经营关系中，长期经营永远第一。

4.2.3 餐饮全面质量管理工作

1. 严格餐饮产品工艺纪律

餐饮产品质量与餐饮管理人员、厨师技艺、设施和设备、服务程序和食品原料的质量紧密相关。在餐饮产品质量因素中，人的因素第一。因此，在全面质量管理中，首先应招聘和选拔优秀的管理人员、厨师和服务员；聘用有专业知识、业务专长和管理能力，工作认真负责的部门经理和业务主管并制定严格的制作和服务工艺纪律，这是保证餐饮产品质量的前提。

2. 掌握餐饮产品质量动态

餐饮产品全面质量管理的重要环节之一是及时掌握本饭店、本部门和本职务餐饮质量动态及国际、国内尤其是本地区市场的餐饮产品质量发展与变化，将不合格的、落后于市场质量的餐饮产品消灭在萌芽中。

3. 执行餐饮产品质量检验

餐饮产品全面质量管理应严格控制生产和服务设施质量，保证食品原料的质量，制定食品采购标准，严格控制餐饮生产工艺标准，制定标准食谱和标准酒谱。饭店应成立质检部，控制好本饭店餐饮产品质量。

4. 掌握餐饮产品工序质量

餐饮产品全面质量管理必须做好餐饮生产和服务工序质量管理，保证产品每个生产和服务环节的质量，及时发现不合格的工序质量，及时纠正。

5. 加强对不合格产品的管理

餐饮产品全面质量管理必须加强对不符合饭店质量标准的餐饮产品管理，找出原因和责任人，采取措施，及时改正。

6. 做好餐饮生产与服务协调工作

餐饮产品全面质量管理应组织与协调各生产和服务阶段的职工，贯彻和执行饭店制定的餐饮产品质量标准，使之完成各自的质量责任。

7. 组织全体职工参与质量管理

餐饮产品全面质量管理必须得到餐饮部及相关部门全体职工的支持和参与。因此，动员与组织部门全体职工积极参与质量管理很有必要，其中包括质量培训和技术培训。

8. 不断提高和改进产品质量

餐饮产品质量随社会经济发展而提高，随饭店经营目标的调整而变化，高质量的餐饮产品从来不是经久不变的。饭店必须以提高和改进餐饮产品质量为基础。因此，餐饮产品全面质量管理是长期的、持久的，应作为饭店经营的战略之一。

4.2.4 全面质量管理基础工作

1. 标准化工作

为保证餐饮产品的质量达到饭店规定的标准，并保证产品质量具有稳定性，餐饮管理人员必须努力使餐饮产品中的各质量因素达到目标顾客理想的标准。同时，对产品和服务的细节制定标准并严格执行。主要内容如下。

（1）设施质量标准化

厨房布局、生产设施、餐厅布局、服务设施、家具和用具、餐具与酒具等达到目标顾客的需求和企业既定的标准。

（2）食谱和酒谱标准化

标准食谱和标准酒谱是对本饭店所销售的各种菜点和酒水所规定的质量标准文件。一份高质量的食谱或酒谱中，菜点和酒水名称必须真实，名称必须符合原料的品种和质量标准，符合该产品的工艺标准，符合该产品的味道和特色。英语或法语名称必须准确无误。此外，菜点和酒水的温度控制是保证菜点和酒水质量的重要手段，热菜肴和热汤、咖啡和茶水应在80 ℃以上，白葡萄酒的温度在8～12 ℃，香槟酒和葡萄酒的温度在4～8 ℃，红葡萄酒的温度常在16～24 ℃。标准酒谱和标准食谱分别见表4.2和表4.3。

（3）服务质量标准化

餐饮部应制定服务质量标准化文件，内容包括各服务种类、服务名称、服务内容、服务程序和服务标准等。服务标准文件不仅可以控制各项服务程序，还可以控制服务质量（见表4.4）。此外，饭店应建立用餐环境的标准。包括空间标准、清洁标准、照明标准和温度标准。餐厅的标准温度，通常控制在23～26 ℃，并可根据顾客需求进行调节。

表4.2 标准酒谱

Margarita（玛格丽特）生产标准	
用料标准	特吉拉酒40毫升，无色橙味利口酒15毫升，青柠檬汁15毫升，鲜柠檬1块，细盐适量，冰块4～5块
制作程序与标准	1. 用柠檬擦湿杯口，将杯口放在细盐上转动，蘸上细盐，成为白色环形。注意不要擦湿杯子内侧，不要使细盐进入鸡尾酒杯中 2. 将冰块、特吉拉酒、无色橙味酒和青柠檬汁放入摇酒器内，用力摇动7圈，直至摇匀 3. 过滤，将摇酒器中的酒倒入玛格丽特杯或鸡尾酒杯内

表 4.3　标准食谱

菜肴名称：厨师沙拉（Chef's Salad）
生产份数：25
菜肴重量：

食品原料品种	数　量	制作程序与标准
1. 3种以上的沙拉生菜（洗涤，去掉老叶和根茎，撕成3 cm的正方块，沥去水分，放在无毒塑料袋，放入冷藏箱中，待用） 2. 煮熟的火鸡肉（切成条） 3. 熟的意大利火腿肉（Pullman ham）（切成条） 4. 瑞士奶酪（Swiss cheese）（切成条） 5. 樱桃西红柿 6. 煮熟去皮的鸡蛋块（每个鸡蛋纵向切成4块） 7. 小红圆形水萝卜（Radishes） 8. 胡萝卜条 9. 切成圈形的绿色甜柿椒（将青椒去籽，去蒂，横向切成圈）	2.8千克 700克 700克 700克 50个 100块 25个 230克 25个	1. 根据点菜单，将沙拉生菜放入冷的沙拉盘中，每份约110克。 2. 将火鸡肉、火腿肉、奶酪各自摆放整齐，分开，放在生菜上。 3. 将其他原料整齐地放在沙拉上。 4. 用食品塑料薄膜分别将沙拉覆盖，放在冷藏箱内或凉爽的备餐间。 5. 上桌时，将沙拉酱放在另一个容器内，与沙拉同时上桌

表 4.4　服务标准文件

某饭店扒房（Grill Room）散客点菜服务标准

当顾客购买了开胃酒或开胃饮料后，餐厅领班应及时将菜单递给顾客。有时顾客喜欢在餐厅的外部酒吧喝饮料和谈话并在酒吧点菜。这样，在顾客的菜肴即将上桌时，服务员应通知顾客进餐厅用餐。

服务程序	服　务　标　准
1. 递送菜单	在顾客右边，将菜单打开，用双手将菜单递给顾客，先递给女士，再递给男士。并说："请您看菜单"，每人一个菜单。
2. 介绍菜肴	介绍菜点，使用选择疑问句。"我们餐厅有新鲜的龙虾、螃蟹、三文鱼，还有特色菜肴，请问您选择什么？"帮助顾客在菜单上寻找理想的菜肴。
3. 请顾客浏览菜单	给顾客几分钟时间浏览菜单，然后为顾客点菜。一些顾客不想自己看菜单，希望立刻点菜，这时应立即为顾客服务。
4. 帮助顾客点菜	点菜时，服务员应注意对顾客的称呼。应说："××先生，现在，我可以为您点菜吗？"
5. 推销菜肴	推销菜肴时，服务员应按照西餐的用餐文化和习俗，先为顾客点开胃菜，说："××菜肴，这个菜刚在上星期推出，味道××，顾客反映良好。"然后推销主菜，"您可以从这几个主菜中选一个菜，A菜特点是××，B菜的特点是××"。
6. 推销酒水	根据顾客点菜的结构和颜色，推销餐前酒、餐酒（白色菜肴推销白色葡萄酒，红色菜肴建议红色葡萄酒，也可根据顾客的爱好将菜肴与酒水完美地搭配）。
7. 重复点菜单	将顾客点的菜肴和酒水重复说一遍，请顾客确认，防止差错。在重复顾客所点酒水时，注意酒的品牌、产地和级别，然后对顾客表示感谢。
8. 推销甜点和餐后酒	当顾客用完主菜后，收拾餐桌，为顾客介绍和推销甜点、甜点酒和餐后酒或饮料。

2. 计量工作

计量工作是餐饮产品质量管理的基础，因为所有菜点和酒水都应达到标准食谱和酒谱规定的重量和容量标准。因此，餐饮质量管理之一是完善各种量具，包括各种温度计、重量量具和容量量具。在菜点与酒水生产和销售中，菜点主料和配料可通过称重控制重量标准；调料可通过量杯和量匙控制重量和容量标准；酒水可通过量杯等控制容量标准。餐饮生产常使用的量具有秤磅（Scale）、测量杯（Measuring Cup）、测量匙（Measuring Spoon）等。常使用的重量单位有公制（Metric Measure）和英制（English Measure）两种。公制计量单位包括：克（Gram）、千克（Kilogram）、毫升（Milliliter）、升（Liter）；英制计量单位包括：盎司（Ounce）、磅（Pound）、茶匙（Teaspoon）、餐匙（Tablespoon）、杯（Cup）、品脱（Pint）、夸脱（Quart）、加仑（Gallon）等。根据需要，厨房常使用一些专业的温度计，如肉类温度计（Meat Thermometer）、油温温度计（Fat Thermometer）和快速测温计（Instant Read Thermometer）等。

3. 质量培训

餐饮产品质量受餐饮生产和服务设施、菜点和酒水制作技术、服务中的方法与技巧、礼节礼貌、语言表达能力等的影响和制约。因此，饭店必须重视职工培训及培训管理。餐饮培训中，理论应联系实际。通常培训内容有入店培训、技术培训、礼节礼貌培训、外语培训、专项业务培训和质量标准培训。餐饮培训工作应认真规划、精心组织。饭店培训部或人力资源部应协调餐饮部，对餐饮部整体培训需求进行调查分析，根据培训目标和任务、培训对象、职务范围及职工素质等因素制订培训计划和实施方案，避免盲目和随意，使培训内容与职位需求相一致。在培训中应使用案例教学、演示教学等培养职工实践管理能力，坚持专业知识和技能培训与企业文化相结合原则，使职工成为有理想、有职业道德、有文化的餐饮专业工作者。坚持部门整体和重点培训相结合原则：部门整体培训是指对餐饮部全体职工按管理职能和职务特点进行有计划的培训，这是全面提高职工业务素质和技能的有效策略。但是，饭店还应根据市场需求的变化、餐饮发展趋势和餐饮经营需求，集中力量有重点地培训相应的技术和管理人员。

4. 信息管理

信息管理是餐饮产品质量管理的基础内容之一。饭店应不断地调查和分析国际和国内餐饮产品发展趋势及市场需求，及时掌握餐饮产品质量动态和本饭店产品质量水平。由于现代传播媒介和信息技术的发展，要求饭店提高质量信息处理能力，保证餐饮产品的开拓与创新。随着餐饮市场细分化，新的产品不断增加，这需要饭店经常对自己的餐饮产品种类、特色和质量标准进行决策。由于现代餐饮产品生命周期不断缩短，顾客消费心理和消费需求不断变化，这就要求饭店必须获得及时、准确和适用的餐饮产品质量信息；而过时的产品质量信息，如呆板的正宗菜肴、失实的产品质量、个人的偏见和过去经验、不适用本地区的餐饮质量标准等都会导致饭店的餐饮经营失败。一般而言，收集餐饮质量信息的方法可通过定期到同行业经营现场考察，及时了解同行业餐饮产品质量水平；也可通过报纸、专业杂志及互联网等获得最新的餐饮质量信息。当然，也可聘请专家进行讲演和评估等。

5. 质量责任制度

完善质量责任制度是餐饮产品的质量保证工作的前提，餐饮质量责任必须落实到饭店餐饮管理的相关人员、餐饮部及下属的各职能部门。当出现质量问题时，饭店管理人员可分析餐饮质量问题产生的原因，找出质量责任人并对责任人进行培训或处罚。饭店管理人员应定时对餐饮部职工质量工作做出评估，奖优罚劣。饭店餐饮质量责任人及其职责主要包括：

① 餐饮部经理对饭店餐饮产品质量管理负完全责任；
② 采购部经理对餐饮生产和服务设施及用品、酒水与食品原料采购质量负有责任；
③ 食品保管员对酒水与食品原料保管质量负有责任；
④ 厨师长对菜点生产质量负有责任；
⑤ 餐厅和酒吧经理对菜点和酒水服务质量负有责任；
⑥ 工程部经理对餐饮生产设施和设备的正常运行及保养质量负有责任；
⑦ 保安部经理对用餐顾客和餐饮部职工的财产安全质量负有责任。

6. 质量检验

质量检验是餐饮产品质量管理不可缺少的手段。餐饮产品质量检验强调产品生产和服务中各阶段和各环节的质量检验。餐饮部管理人员应控制好餐饮生产和服务各环节的质量。通常餐饮产品需要通过三个阶段的质量检验：设施、用品和原料的采购质量检验，菜点和酒水的生产质量检验，餐饮服务及用餐环境的质量检验。

4.3 餐饮产品质量保证

4.3.1 餐饮产品质量保证体系类型

为了加强全面质量管理，饭店必须建立餐饮产品质量保证体系。餐饮产品质量保证体系是指饭店餐饮部以保证餐饮产品质量为目标，运用系统的方法，依靠组织机构，把各环节的质量管理严密地组织起来，形成一个有明确任务、职责、权限且互相协调、互相促进的质量管理体系。餐饮产品质量保证体系可分为以下类型。

1. 根据产品生产过程分类

根据餐饮产品的生产过程，可分为餐饮产品设计过程的质量保证体系、餐饮产品生产过程的质量保证体系和餐饮产品服务过程的质量保证体系。

2. 根据管理层次和工作范围分类

有效的餐饮产品质量保证体系必须进行系统化管理。因此，班组先保证自己产品质量，部门有自己的质量保证管理系统。这样，根据管理层次和工作范围，可分为职务质量保证体系、班组质量保证体系和部门质量保证体系。

4.3.2 餐饮产品质量保证体系运转方法

质量保证体系作为餐饮产品全面质量管理的一个工作体系，是一个动态体系，包括计划阶段（Plan）、实施阶段（Do）、检查阶段（Check）和处理阶段（Action）。这4个阶段的管理工作程序简称PDCA循环，它反映了质量保证体系运转中应遵循的科学程序，由美国质量管理专家戴明（W. E. Deming）首先使用，称为戴明循环。根据餐饮产品质量管理体系运转原理，PDCA循环每运动一周，餐饮产品质量就会提高一步，如此循环，餐饮产品质量将持续地改进和提高（见图4.2～图4.4）。PDCA循环的4个工作程序中包括8个步骤。

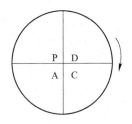 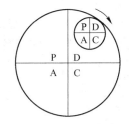 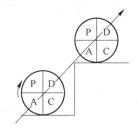

图 4.2　PDCA 循环　　　图 4.3　逐级质量保证体系　　　图 4.4　质量循环上升

1. 计划阶段（Plan）

该阶段制定质量目标、活动计划、管理措施和实施方案。包括：

① 分析现状，找出存在的质量问题；

② 分析产生质量问题的原因；

③ 从各种原因中找出主要原因；

④ 针对主要原因制定措施和计划，确定质量目标。

2. 实施阶段（Do）

即组织实施制定的质量计划和改进措施。

3. 检查阶段（Check）

把实际工作结果与预期目标对比，检查执行情况和问题。

4. 处理阶段（Action）

① 总结经验，巩固成绩，指出目前质量存在的问题；

② 将未解决的质量问题转入下一个循环解决。

4.3.3　餐饮产品质量保证体系内容

建立和健全质量保证体系是保证餐饮产品全面质量取得长期稳定和扩大成果的关键。其内容包括以下 6 个方面。

1. 成立一个综合的部门质量管理机构

设立餐饮部内部的兼职质检员，在部门经理领导下行使质量管理职能。包括统一组织、计划、协调餐饮质量保证体系的活动，检查和监督各职务工作质量。组织部门外的质量信息反馈，掌握质量保证体系活动的动态。

2. 制定明确的质量计划和严格的质量责任制

质量计划包括质量目标计划、质量指标计划和质量改进措施计划。质量目标计划，也称质量发展计划，是指导和组织餐饮产品质量保证体系的战略目标，是向全体职工提出的长远质量奋斗方向，如产品的更新换代、产品质量升级等计划目标。质量指标计划是根据质量发展的目标，分别按产品制定的年度和季度计划质量目标。质量改进措施计划是实现质量指标的物质技术组织基础，它按项目制定，每一项目又包括若干个工作内容，计划规定每一项目完成的时间进度、负责执行的下属部门或执行者、估计费用及预期效果等。质量责任制是明确规定各岗位和每一职工在质量实施方面的职责、具体任务和权限，使质量工作事事有人管，人人有专责，把与餐饮产品质量有关的各项工作和全体职工的积极性结合起来，形成一个严格的质量管理责任系统。

3. 实现质量管理标准化和程序化

质量管理标准化是指把重复出现的质量管理工作，按其客观性质分类归纳并制定标准，纳入规章制度，形成规范，作为全体职工处理同类质量问题的共同准则。管理程序化是把质量管理过程所经过的各环节、岗位、工作步骤等如实记录下来，不断地进行分析和改进，使餐饮产品全面质量管理更为科学化。

4. 建立一套高效的质量信息反馈系统

质量信息反馈系统是指质量保证体系的各环节和各工序之间，按照工艺顺序方向输送质量信息，作为质量管理的依据。质量信息反馈按其来源及信息流动方向，可分为饭店内部信息反馈和外部信息反馈。

5. 开展质量管理小组活动

质量管理小组是由班组职工组织起来的，围绕班组质量目标、质量关键或薄弱环节，运用质量管理的理论和方法，开展现场质量管理的一种质量保证基层组织。它是餐饮部职工参加质量活动的有效形式，是质量保证体系的群众基础。

6. 保证合作单位的质量措施

要提高餐饮产品质量，除保证餐饮部内的各二级部门各环节和各工序的质量外，还要保证饭店内部与外部合作单位的产品质量。例如，供货商的产品质量保证。

4.3.4 餐饮产品质量控制与分析

通常，饭店和餐饮部对餐饮产品质量的工作控制与分析方法有排列图法、因果分析法和层次分析法。

1. 排列图法

（1）排列图的概念

排列图全称为主次因素排列图，又称帕累托图（Pareto diagram）。该方法是寻找和总结影响餐饮产品质量各种因素中主要因素的一种有效方法。排列图最早由意大利经济学家帕累托（Pareto）用来分析社会财富分布状况。他发现社会大部分财富掌握在少数人手里，即所谓"关键的少数和次要的多数"的关系。后来，美国质量管理学家朱兰把这一原理应用到质量管理中，作为改善质量活动、寻找主要质量问题的一种工具。

（2）排列图格式

排列图是由两个纵坐标、一个横坐标、几个直方图和一条曲线组成的。排列图的横坐标表示影响产品质量的因素或项目，按其影响程度的大小，从左到右依次排列。排列图左边的纵坐标表示发生质量问题的频数（次数、件数），右边的纵坐标表示频率，即百分比。直方图的高度表示某因素或项目的影响大小，从高到低，从左到右，顺序排列。这样，将各影响因素或项目发生的累积百分比连接起来，从左到右逐渐上升，形成一条曲线，称为帕累托曲线。帕累托曲线所对应的累积百分数划分为三个区域：累积百分数从0～80%为A区，累积百分数从80%～90%为B区，累积百分数从90%～100%为C区。

（3）排列图制作步骤

① 制作排列图，首先应确定要调查的主要质量问题、不合格的项目或频数、计划调查期间（从××月××日至××月××日）、收集数据方法（顾客投诉单、质检部记录、顾客意见单），制成数据记录表，表中有各项不合格项目、累计不合格数、各项质量问题百分比及累

计百分比。

② 在排列图中，将影响饭店餐饮产品质量的因素分为 A、B、C 三类。A 类因素所占频数应高于 50%，如果项目少时，应该等于 70% 或 80%；否则，就失去了寻找主要问题的意义。

③ 不重要的项目较多时，为了避免横坐标过长，可将它们合并，列入其他项目中。

例如，某饭店在 2019 年 12 月，根据质检部报告和顾客意见单及顾客投诉记录总结出：A 类问题，主要是西餐质量问题（意大利餐厅与咖啡厅），频数（件数）39，占质量总问题的 73%；B 类问题是宴会质量问题（多功能厅），频数 9，占质量总问题的 17%；C 类问题是翠园浙江餐厅和大厅酒吧的质量问题，频数 5，占总质量问题的 10%，具体见表 4.5 和图 4.5。因此，该饭店解决西餐质量问题是餐饮质量管理的首要工作，然后是解决宴会质量问题。解决这些问题可通过专业知识和技能培训，指定相应的职能部门以加强某方面的管理，更换或增加适合的技术和管理人员等。

表 4.5　某饭店餐饮部 2019 年 12 月不合格产品统计表

项目（1）	不合格件数（2）	累计件数（3）	比例/%（4）	累计比例/%（5）
威尼斯意大利餐厅	22	22	41%	41%
新园咖啡厅	17	39	32%	73%
多功能厅	9	48	17%	90%
翠园浙江餐厅	3	51	6%	96%
大厅酒吧	2	53	4%	100%
合　　计	53		100 %	

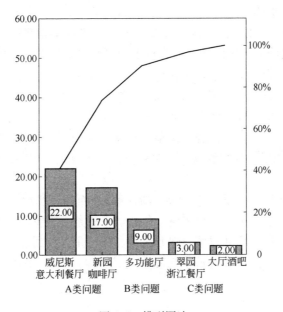

图 4.5　排列图法

2. 因果分析法

因果分析法是餐饮质量分析常用的方法。使用这一方法，先找出那些较大的影响餐饮产品质量的原因，再从大原因中找出中原因，从中原因中找出小原因，直至找出具体解决问题的方法。应用因果分析法分析餐饮产品质量时，应采用民主方法，广泛听取餐饮部一线职工的意见，记录和整理大家的意见。根据统计，在餐饮经营中，产生质量问题主要的原因来自6个方面：人员（职工素质）、设备（生产设施）、环境（餐厅环境）、技术（生产技术）、原料（食品原料）和服务（餐饮服务）。每一个方面可细化为中原因和小原因，见图4.6。通过逐步分析，可发现具体质量问题的原因并采取适当的改进措施。

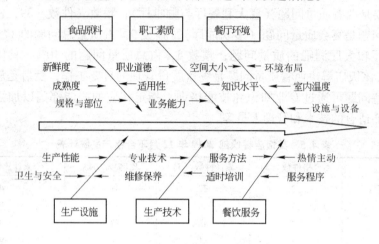

图4.6　因果分析法

3. 层次分析法

层次分析法是把收集的数据，按照不同目的和要求分类，把性质和条件相同的数据归在一起进行分析，通过分析可使杂乱无章的数据和错综复杂的因素系统化和条理化，以便找出主要质量问题，采取措施，解决问题。通常按下列原则将数据进行分层分析。

① 根据人员分层：新职工、老职工；男职工、女职工；不同技术等级的职工。
② 根据职务分层：餐饮部经理、厨师长、采购员、厨师、餐厅经理、服务员。
③ 根据管理层次分层：部门经理、业务主管、领班、职工。
④ 根据原材料分层：海鲜、畜肉、蔬菜、粮食（可根据不同的供应商）。
⑤ 根据经营单位分层：意大利餐厅、咖啡厅、浙江餐厅、广东餐厅、多功能厅、大厅酒吧、鸡尾酒吧。
⑥ 根据菜点风格分层：中餐（广东菜、浙江菜）、西餐（扒房）、大众西餐（咖啡厅）。
⑦ 根据不同餐次分层：早餐、早午餐、午餐、下午茶、晚餐和宵夜。
⑧ 根据菜点种类分层：冷开胃菜、热开胃菜、汤、主菜和甜点。
⑨ 其他分层方法：不同季节（淡季与旺季）、散客与团队、节假日餐饮、旅游餐饮、日常餐饮、商务餐饮等。

本章小结

现代餐饮产品由满足顾客某种需求的物质实体和非物质形态的服务构成。物质实体包括设施、家具、餐具、菜点和酒水等，称作有形产品；非物质形态服务包括服务效率、服务方法、礼节礼貌、餐饮温度、服务环境、餐饮文化和企业声誉等，称作无形产品。有形产品从产品外观可以看到；无形产品从外观看不到，然而顾客可以感受到。对于餐饮产品的价值而言，有形产品和无形产品同等重要，互相不能代替。现代餐饮产品质量建立在满足顾客的需求上，使产品的性能和特征的总体具有满足特定顾客的需求能力。餐饮产品质量高低的实质是产品满足顾客需要的程度，顾客的需要是确定餐饮产品质量的标准。

餐饮全面质量管理以餐饮质量为中心，以全员参与为基础，从市场调查、经营决策到产品的设计、生产和服务等全过程进行有效的质量控制，把专业技术、管理技术和质检技术有效地结合，建立起一套科学的、严密的质量管理体系，以优质的工作、科学的方法生产出顾客需求的餐饮产品，使本饭店职工和全社会获得利益而达到长期经营成功的管理途径。

练 习 题

1. 名词解释

餐饮产品　　质量保证体系　　符合型质量观　　适用型质量观

2. 多项选择

（1）现代餐饮产品由满足顾客某种需求的物质实体和非物质形态服务构成。物质实体包括（　　）等，称作有形产品。

　A. 服务　　　B. 家具　　　C. 餐具　　　D. 菜点和酒水

（2）由于不同顾客对餐饮产品的质量需求不同，餐饮质量具有（　　）等特点。

　A. 相对性　　B. 时间性　　C. 动态性　　D. 空间性

（3）影响餐饮产品质量的生产因素包括（　　）等。

　A. 食品原料采购　　　　　　B. 食品原料保管
　C. 食品初加工　　　　　　　D. 食品切配与烹调

（4）企业内部的餐饮质量管理包括（　　）并实施产品质量控制等。

　A. 制定产品质量政策　　　　B. 确定产品价格水平
　C. 制定质量保证措施　　　　D. 制定质量控制措施

3. 判断对错

（1）随着社会经济及旅游业、饭店业和餐饮业的发展，人们生活水平的提高，顾客对餐饮产品质量需求和期望也不断提高。　　　　　　　　　　　　　　　　　　　　（　　）

（2）符合型餐饮产品质量观是指餐饮产品符合政府主管部门和饭店规定的质量标准，这是饭店管理人员传统的质量观。　　　　　　　　　　　　　　　　　　　　　（　　）

（3）餐饮产品质量高低的实质是产品满足顾客需要的程度。因此，企业的标准是确定餐饮产品质量的标准。　　　　　　　　　　　　　　　　　　　　　　　　　（　　）

（4）原料采购是餐饮产品质量形成的起点，顾客对餐饮产品质量的需求首先通过菜点声誉来满足。　　　　　　　　　　　　　　　　　　　　　　　　　　　　　（　　）

(5) 餐饮产品的质检首先是工作人员对本职务工作质量的检查，然后对上一道工序质量的检查。（　　）

4. 思考题
（1）简述餐饮产品的质量特点。
（2）简述影响餐饮产品质量的因素。
（3）简述餐饮产品全面质量管理内容。
（4）论述全面质量管理基础工作。
（5）论述饭店餐饮产品质量的保证体系。

5. 分析题
用排列图法和因果分析法分析某一饭店餐饮产品的质量问题。

主要参考文献

[1] 朱兰. 朱兰质量手册 [M]. 5版. 北京：中国人民大学出版社，2003.
[2] 邱礼平. 食品原材料质量控制与管理 [M]. 北京：化学工业出版社，2009.
[3] 刘雄，陈宗道. 食品质量与安全 [M]. 北京：化学工业出版社，2009.
[4] 陆力斌. 生产与运营管理 [M]. 北京：高等教育出版社，2013.
[5] 刘宇. 现代质量管理学 [M]. 北京：社会科学文献出版社，2009.
[6] 特罗特. 创新管理与新产品开发 [M]. 吴东，严琳，译. 北京：中国市场出版社，2012.
[7] 秦现生，梁工谦，同淑. 质量管理学 [M]. 2版. 北京：科学出版社，2008.
[8] 李适时，蒲长城. 中华人民共和国产品质量法释义 [M]. 北京：中国法制出版社，2000.
[9] 韩福荣. 现代质量管理学 [M]. 北京：机械工业出版社，2016.
[10] 陈国华. 现场管理 [M]. 2版. 北京：北京大学出版社，2018.
[11] 王景峰. 质量管理流程设计与工作标准 [M]. 2版. 北京：人民邮电出版社，2012.
[12] 郭彬. 创造价值的质量管理 [M]. 北京：机械工业出版社，2014.
[13] 赖朝安. 新产品开发 [M]. 北京：清华大学出版社，2014.
[14] 克劳福德，贝尼迪托. 新产品管理 [M]. 王彬，徐瑾，翟琳阳，译. 9版. 大连：东北财经大学出版社，2012.
[15] 温卫娟，郑秀恋. 采购管理 [M]. 北京：清华大学出版社，2012.
[16] 埃文斯，林赛. 质量管理与质量控制 [M]. 焦叔斌，译. 7版. 北京：中国人民大学出版社，2010.
[17] COOPER R G, COLLINS C. Winning at new products: creating value through innovation [M]. 4th ed. New York: Basic Books, 2011.
[18] GITLOW H S. Quality management [M]. 3rd ed. New York: McGraw-Hill Inc., 2005.
[19] BARAN R J, GALKA R J. Customer relationship management: the foundation of contemporary marketing strategy [M]. 2nd ed. New York: Routledge Taylor & Francis Groups, 2016.
[20] DAVIS B, LOCKWOOD A, ALCOTT P, et al. Food and beverage management [M]. 5th ed.

New York: Routledge Taylor & Francis Groups, 2012.

[21] WALKER J R. Introduction to hospitality management [M]. 4th ed. NJ: Pearson Education Inc., 2013.

[22] LUNBERY D E, WALKER J R. The restaurant: from concept to operation [M]. 6th ed. New Jersey: John wiley & Sons, Inc., 2011.

[23] BARROWS C W, POWERS T, REYNOLDS D. Introduction to management in the hospitality industry [M]. 9th ed. New Jersey: John Wiley & Sons Inc., 2009.

[24] JENNINGS M M. Business ethics [M]. 6th ed. Mason: Thomas Higher Education, 2006.

第2篇

餐饮生产管理

- 中餐菜系与生产原理
- 西餐菜系与生产原理
- 厨房规划与布局
- 卫生与安全管理

第2篇

养殖场厂房设计

第 5 章

中餐菜系与生产原理

> **本章导读**
>
> 中餐有着悠久的历史和文化,中餐的菜系和经典的菜点及各地区的民族食俗是我国宝贵的旅游资源。中餐生产原理是饭店管理、餐饮管理和旅游管理人员必须具备的基本知识。通过本章学习可了解中餐的发展、我国各地区食俗、中餐著名菜系及其特点与中餐生产原理等。

5.1 中餐概述

5.1.1 中餐特点

中餐是中国菜和中国面点的总称,是世界华人习惯食用的菜肴和点心的总称,是饭店业的主要餐饮产品之一。中餐有着悠久的历史和文化,中国烹饪技术驰名世界。现代中餐经过长期的发展,融汇了我国各民族及各地区的饮食文化和烹调工艺及西餐的一些食品原料与先进工艺形成了现代的中餐特色。这些特色表现在:食品原料丰富,生产工艺精细,烹调方法独特,讲究营养和健康。

5.1.2 中餐发展

1. 中餐起源

根据考证,中餐起源于 1 万年以前。从考古中发现,距今约 1 万年,我国古代人已开始使用陶制餐具和调味品(盐、酒和酱)。从黄河中游地区出土的工具和家畜骨头等显示,公元前 6000 年至公元前 5600 年,该地区已饲养家畜并开始农耕。从浙江省余姚市河姆渡遗址考察发现,公元前 5000 年至公元前 3400 年,该地区已经种植水稻,采集并栽培菱、枣、桃和薏米,饲养家畜。从陕西省西安市的半坡遗址、山西省芮城县西王村遗址、河南省洛阳市王湾遗址等发现，公元前 5000 年至公元前 3000 年黄河中游地区已使用石斧、石锄和石铲等农具，种植粟、芥菜和白菜等。从浙江省嘉兴市马家浜遗址发现，公元前 4300 年至公元前 3200 年该地区已种植水稻，饲养水牛。从浙江省杭州市余杭区良渚遗址发现，公元前 3100 年至公元前 2200 年，该地区已种植水稻和粳米，还采集和种植花生、胡麻、蚕豆、菱、瓜、桃和枣等植物食品。

2. 先秦时期

我国自夏代已经进入青铜器时代，生产力有了很大的发展。那时，由于食品原料的发展，人们开始用铜制炊具和刀具，将食品原料切成较小的形状，开始用动物油烹制肉类及蔬菜。根据考古，夏朝宫廷已有专管膳食的职务（庖正），建立了膳食管理组织并分工明确，初步建立了宴会制度和进餐制度。先秦时期，我国农业、畜牧业、狩猎和渔业都有很大的发展，为中餐发展提供了丰富的动植物资源。包括蔬菜、畜肉、禽肉和水产品等。这一时期，人们重视食品原料的整理、清洗和切配技术。由于夏商时期出现了青铜灶具和餐具，促进了中餐烹调方法不断地创新，当时人们已经掌握了煮、煎、炸、烤、炙、蒸、煨、焖和烧等方法。根据《吕氏春秋·本味篇》记载，"调和之事，必以甘、酸、苦、辛、咸"。其含义是，菜肴味道的调制，一定要注意咸、酸、苦、辣、甜的合理配合。由于掌握了烹调技法，先秦时代的中餐宴席已初具规模。从陕西省宝鸡市茹家庄西周墓发现，公元前 1076 年至公元前 771 年，人们已将煤作为热源，用于菜肴的烹制。

3. 秦汉魏晋南北朝

中国饮食发展的第二个阶段是秦汉魏晋南北朝时期。从公元前 221 年秦王吞并六国，至公元 589 年隋朝统一南北止，约 800 年。这一时期是我国封建社会的早期，农业、手工业、商业有了很大的发展，外交事务日益频繁。张骞通西域后，引进新的蔬菜品种，包括茄子、大蒜、西瓜、扁豆和刀豆等。这一时期，豆制品，包括豆腐干、腐竹和豆腐乳等在中餐得到广泛应用。与此同时，植物油开始用于烹调。厨房根据专业技术进行分工。从江陵凤凰山 167 号墓出土物品发现了装有菜籽油的瓦罐，显示汉代已使用植物油进行烹调。约公元 534 年，北魏贾思勰撰写的《齐民要术》记载了酱黄瓜、豉酱和咸蛋等腌渍食品并叙述了古菜谱、古代烹调方法和调味品。

4. 隋唐时期

中国饮食发展的第三个阶段是隋唐五代宋金元时期。从公元 589 年隋朝统一全国至 1368 年元朝灭亡，共 779 年。这一时期是中餐发展史上的黄金时期。隋唐时期，从西域和南洋引进一批新的蔬菜种子，包括菠菜、莴苣、胡萝卜、丝瓜和菜豆等。这一时期中餐烹调工艺有了很大的发展，并逐渐走向精细。热菜的工艺进入成熟期。同时，中餐冷菜制作技术发展很快，出现了雕刻冷拼，创新了冷菜工艺。此外，在原料的选择、设备的使用及原料的初加工等方面趋向完善，并开始强调菜肴的色、香、味、形。唐代，中餐菜肴风味不断发展，不少餐馆推出了"胡食""北食""南食""川味""素食"等菜系。北食是指我国河南、山东及黄河流域菜系，南食是指江苏和浙江等淮河流域菜系，川味是指巴蜀和云贵等地区菜系，素食是指寺院菜系。南宋时期，大量人才的南流，将北方的科学、文化和技术带到了南方，也推动了江南餐饮业的发展。宋代的酒楼为了招揽顾客，讲究店堂设施和陈设，门面搭设彩棚或用彩画装饰，并实施周到的餐饮服务，顾客入座后，先饮茶一杯，并有席间服务者（见图 5.1）。公元 713 年至 741 年，唐代的《本草拾遗》中记载了湖南菜"东安子鸡"。1080 年至

1084年期间，由沈括著的《梦溪笔谈》记载了当时将芝麻油用于中餐烹调。

图 5.1　宋代的酒楼

5. 明清时期

明清时期，从1368年至1911年辛亥革命止，共543年。这一时期食品原料充裕，中餐承袭周、秦、汉、唐和宋朝的优秀传统，融汇满人的餐饮特色，宴会形式多种多样，呈现出不同的主题宴会。中餐烹饪理论硕果累累，出现了著名的烹饪评论家李渔和袁枚。明代宋诩著的《宋氏养生部》结合养生学对中餐1 300个菜品进行了论述。1792年由清代著名学者袁枚编著的《随园食单》，共计5万字，对中餐烹调原理和各种菜点进行了评述，其中收录了我国各地风味菜肴食谱326个；书中还对菜肴的选料、加工、切配、烹调及菜肴的色、香、味、形、器及餐饮服务程序都作了十分精辟的论述。这一时期，由满菜和汉菜组成的满汉全席，是中国历史上著名的宴席之一，也是清代最高级的国宴。菜单中，满菜多以面点为主，汉菜融合了我国南方与北方著名的菜肴，满汉全席包括菜肴108道（其中南菜54道、北菜54道），点心44道。

5.1.3　不同地区的餐饮习俗

1. 东北地区食俗

东北地区包括辽宁、吉林和黑龙江。该地区有着松辽大平原和渤海湾，生产山珍、海味、畜肉、粮豆和菌果，食品原料资源丰富。该地区餐饮习俗一日三餐，习食杂粮和小麦制成的馒头、米饭、蜂糕、冷面和豆粥等。蔬菜以白菜、大豆、土豆和菌类为主，近年引进南方各种蔬菜和海鲜，口味偏重。

2. 华北地区食俗

华北地区包括内蒙古、北京、天津、河北、河南、山东与山西。该地区位于黄河中下游，盛产粮食与蔬果，沿海有海鲜，并且畜产品充足，有"北方粮仓"之誉。该地区餐饮习俗一日三餐，面点有馒头、米饭、面条、烙饼、包子和饺子等。蔬菜品种多，畜肉和海鲜原料充足，烹调方法多样。

3. 西北地区食俗

西北地区包括陕西、甘肃、宁夏、青海和新疆，是我国人口密度较小的地区。主要由黄土高原和草原等构成，气候干旱，粮食和畜肉原料充裕，瓜果飘香。饮食习俗以小麦、大米、玉米和小米为主，喜爱各种蔬菜。同时，喜爱酸辛、鲜咸和酥烂香浓的菜肴。

4. 华东地区食俗

华东地区包括上海、江苏、浙江、安徽和江西，是我国人口密度较大的地区，是鱼米之乡。华东地区餐饮习俗一日三餐，喜爱米饭、瓜蔬、海鲜、水果和小吃，口味清淡，微甜。

5. 中南地区食俗

中南地区包括湖北、湖南、福建、台湾、广东、广西、海南、香港和澳门。餐饮习惯，主食以大米为主，喜爱新鲜蔬菜、畜肉和海鲜。湖北地区口味偏重，湖南地区口味酸辣，中南地区口味酸甜清淡。

6. 华西地区食俗

华西地区包括重庆、四川、贵州、云南和西藏。它位于长江上游，拥有四川盆地，云贵和西藏两大高原，喜爱使用大米和糯米为原料制成的面点，喜欢蔬菜和畜肉菜肴。菜肴口味麻辣或酸辣，注重调味。

5.2 中餐菜系

菜系是指在一定区域内，因独特的物产、气候、历史文化和饮食习俗等原因，自成体系的烹饪技术及地方特色菜点的总和。中餐菜系经不断发展，由原来的四大菜系——广东菜、山东菜、四川菜、淮扬菜，发展为八大菜系——广东菜、山东菜、四川菜、江苏菜、浙江菜、安徽菜、湖南菜、福建菜。近年来，由于我国经济的发展，食品原料不断丰富，我国菜系正向多元化方向发展，目前，北京菜、上海菜、潮州菜、宫廷菜、官府菜、寺院菜、清真菜、东北菜和云南菜及其他有特色的菜系知名度也不断扩大，并愈来愈受到人们的青睐。

5.2.1 中国著名菜系

1. 广东菜系

广东菜简称粤菜。广东菜有悠久的历史，是中餐的四大著名菜系和八大名菜系之一。广东属于亚热带海洋气候，夏长冬暖，四季常青，食品原料丰富。广东菜由广州菜、潮州菜和东江菜组成。其特点是选料精细，品种繁多，善于变化，是中餐菜系中最富于开拓和创新的菜系。广东菜讲究鲜、嫩、爽、滑，擅长煎、炸、烩、炖、煸等烹调方法，菜肴色彩鲜艳，滑而不腻，形成了中西烹饪于一体的独特风格，并在各大菜系中脱颖而出，名扬海内外。著名的广东菜有脆皮乳猪、东江盐焗鸡、冬瓜盅、蚝油牛肉、文昌鸡、梅菜扣肉等。在广东菜系中，潮州菜风格独特，是广东菜系的基础，其形成和发展源远流长。潮州菜品种繁多，别具风味，注重菜肴的原汁原味。潮州小吃的品种有230多种，以烹制海鲜为特长，更以汤菜最具特色。东江菜口味偏咸，主料突出，具有乡土风味。

2. 山东菜系

山东菜简称鲁菜，历史悠久，发源于春秋战国时代的齐国和鲁国，形成于秦汉，是中餐的四大著名菜系和八大著名菜系之一。山东是我国粮食和经济作物区，小麦产量居全国首位，玉米、谷子、大豆等种植较普遍，也是温带瓜果的重要产区，畜牧业发达，盛产海鲜。山东菜有着"北方代表菜"之称。菜肴特点是清淡，讲究菜肴的原汤原味。其代表菜肴有清汤燕窝、葱烧海参、酱爆肉丁、油爆双脆、扒原汁鲍鱼、红烧海螺和锅烧肘子等。山东菜系由济南和胶东两地的地方菜组成。济南菜包括济南、德州、泰安一带的菜肴，胶东菜包括青岛和烟台一带的菜肴，这两地菜各具不同的风味。济南菜以清、鲜、脆、嫩著称，烹调方法擅长爆、烧、炒和炸等方法，当地的传统菜以清汤、白汤而驰名，清汤色清而鲜，白汤色白而醇。胶东菜以烹制海鲜为特长，其烹饪技术起源于福山。福山菜口味以鲜为主，选料严谨，刀法细腻，花色多样。

3. 四川菜系

四川菜简称川菜，历史悠久，发源于古代的巴国和蜀国，在汉晋时期已显现其特点，至隋唐五代，川菜有较大的发展，是中餐四大著名菜系和八大著名菜系之一。四川省位于我国西南部，长江上游，简称川或蜀。四川西部为高原大陆性气候，东部盆地为亚热带季风气候，温暖湿润，春早夏长冬暖。四川粮食产量居全国前列，盛产畜肉、蔬菜和淡水水产品。四川菜系主要由成都菜和重庆菜发展而成，注重菜肴的调味，以麻辣味道而著称。川菜特点可概括为用料广泛，选料认真，切配精细，注重调味。菜肴口味为咸、鲜和微辣等。其代表菜肴有樟茶鸭子、水煮牛肉、宫保鸡丁、夫妻肺片、回锅肉和干烧鱼翅等。

4. 江苏菜系

江苏菜简称苏菜，由南京、苏州和扬州等地方菜组成，有悠久的历史，作为中餐四大名菜中的淮扬菜的一部分，也是我国八大著名菜系之一。江苏省位于我国东海岸的中部，长江下游两岸，地形以平原为主，有我国著名的淡水湖——太湖和洪泽湖，有1 000千米海岸线。其西南和北部边缘，还分布着一些低山丘陵。江苏属亚热带和暖温带地区，气候温和，雨量适中，寒暑变化明显，四季分明，是著名的鱼米之乡。江苏菜系特点是制作精细，口味适中。其代表菜肴有盐水鸭、煮干丝、清蒸鲥鱼、蟹粉狮子头、松鼠鳜鱼、松子鸡卷等。南京菜口味适中，菜式细巧，以制作禽类和蔬菜菜肴驰名。苏州菜历史悠久，较早的记载可见于南北朝，隋唐时期进一步发展，其口味趋甜，菜肴颜色协调并以制作河鲜、湖蟹和蔬菜而著称。扬州菜可上溯至先秦和南北朝，菜肴清淡适口，主料突出，刀工精细，菜肴味道醇厚。

5. 浙江菜系

浙江菜简称浙菜，是中餐的八大著名菜系之一。浙江东临大海，有千里长的海岸线，盛产海产品，如著名的舟山渔场的黄鱼、带鱼、石斑鱼、龙虾、蛤、虾和蟹等。浙北为著名的鱼米之乡。浙江菜系的特点是制作精细，保持菜肴的原汁原味，富有乡土气息。著名的浙江菜有叫花鸡、龙井虾仁、油焖春笋、生爆鳝片等。

6. 安徽菜系

安徽菜简称徽菜，是中餐的八大著名菜系之一。安徽省位于华东地区，土地肥沃，物产丰富，盛产山珍、河鲜和家禽。徽菜历史悠久，起于汉唐、盛于明清。安徽菜以烹制山珍河鲜而著名。烹调方法多用烧、焖和炖等方法。安徽菜系味道醇厚，制作精细，主要由皖南、沿江和沿淮等地方菜组成，皖南菜源于古徽州，即黄山一带；沿江菜指合肥、芜湖和安庆等地方菜；沿淮菜由蚌埠、宿县和阜阳等地方菜组成。著名的安徽菜有毛峰熏鲥鱼、葫芦鸭子等。

7. 湖南菜系

湖南菜简称湘菜，是中餐的八大著名菜系之一，历史悠久。1974年在长沙马王堆出土的西汉古墓里，发现了迄今最早的一批竹简菜单，其中记录了 103 种名贵菜品和九大类烹调方法。湖南菜讲究菜肴的口味，以香鲜酸辣为特色。著名的菜肴有腊味合蒸、东安鸡、红煨鱼翅和冰糖湘莲等。湖南菜系以长沙菜为主要代表，由湘江流域、湘西山区地方菜发展而成。长沙是古代的著名城市，湘菜烹调技术在长沙得到了发展。湘江流域菜肴特点是原料多样，制作精细，质地软嫩，以煨、炖、腊和蒸等为主要烹调方法；湘西菜擅长以烟熏腊肉为原料，有浓厚的山乡风味。

8. 福建菜系

福建菜简称闽菜，是中餐的八大著名菜系之一。福建省位于我国东南沿海，海产品丰富，福建菜系由福州菜、泉州菜和厦门菜发展而成。菜系特点是制作精细，色调美观，味道清鲜。福州菜包括福州市及福州附近 10 个县的菜，并在闽东、闽北和闽中一带广泛流传。烹调方法以干炸、爆炒、煨和蒸等为主，最讲究的是汤，菜肴中常用虾油和红糟调味。厦门菜以闽口味为主体，并兼有台湾、汕头、闽西一带风味，以烹制海鲜见长，具有鲜、淡、香、烂，略带酸甜辣的独特风味。烹调方法以炸、熘、焖、炒、炖和蒸为特色。福建菜系著名的菜肴有太极明虾、小糟鸡丁、清蒸鱼丸、佛跳墙、清汤肚片、干炸蟹盖、菊花鱿鱼等。

5.2.2 著名地方菜系

1. 北京菜系

北京菜系简称京菜，由汉、满、蒙、回等多民族菜肴及山东菜肴、宫廷菜肴和官府菜肴发展而成。北京菜的特点是取料广泛，品种繁多，以油爆、盐爆、酱爆、汤爆、水爆、糟熘、白扒、烤和涮等烹调方法为特色，口味香鲜，以咸、甜、酸、辣、酱香为特点，擅长烹制羊肉菜肴，如涮羊肉。著名的北京菜有北京烤鸭、烤肉、涮羊肉、醋椒鳜鱼、葱爆羊肉、油爆双脆、酱爆鸡丁和油爆肚仁等。

2. 上海菜系

上海位于长江三角洲，是滨海城市，气候温暖。上海菜经多年的发展已成为我国著名的地方菜系。上海菜形成的历史约有一百余年，以地方菜为基础，兼有京、鲁、苏、锡、川、广、闽、杭及西餐特色，形成兼容并蓄的菜肴风格。上海菜口味适中，保持菜肴原味。著名的上海菜有砂锅鱼头、椒盐蹄髈、红烧烤麸、菊花黄鱼羹和干贝莴笋等。

3. 湖北菜系

湖北省位于我国长江中游，洞庭湖以北，气候温和，物产富饶，是著名的鱼米之乡。湖北菜系以江汉平原为中心，由武汉、荆南、鄂东南等地方菜发展而成。其中武汉菜和荆南菜以烹制淡水鱼与畜肉而独具特点，菜肴富有浓厚的乡土气息，汁浓、口重、味纯。菜肴制作以蒸、煨和烧等方法为特色。其中，武汉菜的特点是刀工精细，讲究火候，精于颜色搭配、菜肴造型和煮汤技术。湖北代表菜有清蒸武昌鱼、清炖鲜鱼、黄州豆腐和荷包丸子等。

4. 云南菜系

云南菜系简称滇菜。根据调查，得天独厚的自然条件为云南菜系提供了丰富的食品原料。云南菜选料广泛，口味以鲜嫩清香、酸辣适中为特色，讲究菜肴的原汁原味。在滇菜的烹调技法中，可分为汉族的蒸、炸、熘、卤和炖及少数民族的烤、腌和焗等方法，具有浓郁的地方风味。著名的菜肴有汽锅鸡、大理砂锅鱼、五香乳鸽、鸡翅羊肚菌、烤羊腿和竹筒鸡等。

5. 贵州菜系

贵州菜系简称黔菜。贵州地处西南云贵高原东部，属于中亚热带湿润的季风气候，境内山川纵横，四季常青，盛产大米、玉米、麦类、洋芋、果蔬等。其特产有魔芋、竹荪、猴头菌等著名的植物原料。传统的动物原料包括威宁火腿、小香猪、三穗鸭、乌骨鸡、黑山羊等。同时，贵州还是我国的名酒和名茶之乡。贵州是多民族地区，在长期生活中，各民族人民创造了独具特色的贵州风味菜肴。此外，贵州菜富有浓厚的民族风味和地域特色，包含了珍贵的文化和艺术。

5.2.3 其他著名菜系

1. 谭家菜

谭家菜出自清末官员谭宗浚家，是著名的家庭菜，已有百余年历史。时至今日，谭家菜被完好地继承了下来，并获得了新的发展。谭家菜的特点是：讲究火候，制作精细，口味适中，保持菜肴的原汁原味，菜肴软烂，易于消化。采用的烹饪方法包括烧、烩、焖、蒸、扒、煎和烤等。谭家菜有近两百种佳肴，以烹制海鲜和名贵的干货原料菜肴而驰名中外。

2. 素菜

素菜是以蔬菜、豆制品和菌类为原料制成的菜肴。中国素菜烹制历史源远流长，形成于汉代，发展于魏晋时期和唐代。汉代张骞通西域，带回大量外地的瓜果蔬菜，魏晋南北朝时期佛教的盛行和寺院经济的发展，使素菜进一步发展。素菜味道鲜美，富有营养，容易消化。由于地域不同，我国素菜风味各异。

5.3 中餐生产原理

中餐生产有着悠久的历史，其烹调不仅是一种技术而且带有很高的艺术性。由于菜肴生产要经过多个程序。如选料、初加工、切配和烹调等；而餐饮管理与厨房生产又有着紧密的联系。因此，中餐生产原理知识是饭店管理和餐饮管理必不可少的基础知识。

5.3.1 食品原料选择

食品原料选择是中餐菜肴生产管理的首要环节，优质原料是优质菜肴的基础。在菜肴生产中，不同种类的菜肴对食品原料的性质有不同的要求。如家畜有不同的部位，各部位的肉质老嫩不同，适用于不同的菜肴。因此，饭店餐饮管理人员应掌握食品原料的知识。

1. 畜肉和禽肉

畜肉和禽肉必须经过卫生检疫后，盖有卫生检疫合格章才能作为食品原料。新鲜的猪肉为淡红色；新鲜的牛肉呈红色或暗红色，肌肉结实并夹带有少量脂肪；小牛肉为淡红色；羊肉呈淡红色，纤维细而软，带有少量脂肪。新鲜的禽肉呈清淡的黄褐色，肌肉结实，有光泽。此外，不同部位的畜肉和禽肉与菜肴质量和成本紧密相关。

2. 水产品

水产品是指各种海水和淡水动物，包括各种鱼、虾和螃蟹等。新鲜的鱼，鱼鳃色泽鲜红或粉红，鳃盖紧闭，鱼眼澄清而透明，鱼鳞完整，有光泽，鱼肉有弹性。新鲜的虾外形完整,有弯曲度,虾皮青绿色或青白色,肉质结实。新鲜的蟹,腿肉肥壮,结实,外壳呈青色,有光泽。

3. 蔬菜

蔬菜可通过多种方法制成菜肴。新鲜的蔬菜应水分充足、颜色鲜艳、表面饱满并有光泽。

4. 干货原料

干货原料是指经过加工和干制的水产品、畜肉和植物等。传统的中餐,常用的干货原料有鱼皮、鱼唇、鱼肚、海参、鱿鱼、鲍鱼、干贝、燕窝、紫菜、海带、黄花菜、木耳、莲子等。此外,蹄筋作为畜肉类干货原料也是常用的原材料。干货原料的质量标准是干爽、不霉烂、整齐、均匀、完整、无虫蛀、无杂质。

5.3.2 食品原料初步加工

食品原料的初步加工是指食品原料在切配和烹调前进行的整理、洗涤、发制和热处理等工作。食品原料初加工在中餐生产中是不容轻视的环节,合格的初步加工可综合利用食品原料,降低菜肴的食品成本,使食品原料更符合质量要求,并保持菜肴的营养成分,提高菜肴的颜色、味道和美观。

1. 蔬菜

蔬菜是中餐常用的食品原料,由于它的种类及食用部位不同,加工方法也不同。对叶菜类蔬菜的加工方法是,去掉老根、老叶和黄叶。豆类蔬菜的初加工要根据品种和食用方法剥去豆荚上的筋络或去掉豆荚。蔬菜应先洗后切,保持其营养成分。然后,将经过整理和洗涤的蔬菜沥去水分,放在冷藏箱或适当的地方待用。

2. 畜肉

中餐使用的畜肉包括猪肉、牛肉和羊肉等。畜肉的初步加工是,根据用途,按部位分类、洗涤并沥去水分。然后,将加工好的畜肉放入盘子,冷冻或冷藏储存。

3. 水产品

水产品在烹调前要做多项初加工工作,如宰杀、刮鳞、去鳃、去内脏和洗涤。根据烹调需要,一些水产品要去骨和去皮。在加工水产品时,应清除原料的黏液和血水,不要将河鱼的鱼胆刺破。注意水产品与烹调方法的协调性,如保持鲫鱼的鱼鳞,使其更加鲜美;黄鱼的内脏从口中掏出,保持其外观整齐等。

4. 禽类

目前,饭店业以使用经过整理好的禽类原料为主,禽类的初步加工主要是洗涤和分成不同的部位。

5. 干货

干货在切配和烹制前,必须经过发制(涨发)。不同的干货原料,其发制方法不同。鱼肚和蹄筋通过热油涨发,木耳和香菇用水涨发,而海参需要水煮和浸泡等处理。一些干货原料必须使用碱水发制,如干鱿鱼。干货发制的目的是吸收水分,最大限度地恢复原料的自然形状和鲜味,去掉杂质和腥味等。

5.3.3 中餐切配原理

切配是中餐生产的重要环节之一,食品原料切配质量关系到厨师的刀工技术和配菜技术。菜肴通过切配有利于菜肴的熟化和美化，使菜肴更容易入味，也便于顾客食用。在中餐生产中，大部分食品原料都要经过刀工处理，将食品原料物尽其用，并美化菜肴。配菜是根据菜肴的质量和特色要求，把不同品种的、经过刀工处理的原料合理地搭配，使它们成为一盘理想的菜肴。中餐菜肴的味道、颜色、形状、质地和营养成分与菜肴配制水平紧密相关。在配菜中，应融合各种原料本身的色、香、味、形，使之相互补充、相互衬托。中餐的配菜原理是，以一种原料为主的菜肴，应突出主料的数量和特色，以少量的辅助原料为衬托，达到菜肴的造型优雅，并突出主料的味道特点。此外，同一盘菜肴的原料形状和大小应协调，并讲究菜肴的营养功能。

5.3.4 冷菜生产原理

中餐冷菜俗称冷盘或冷荤，是中餐的开胃菜，由新鲜的蔬菜及熟制的畜肉或海鲜等制成。冷菜生产由两部分工作完成：生产和拼摆。

1. 中餐冷菜生产方法

（1）拌（Stir Cold Foods）

将生或熟制的食品原料切成丝、条、片或块等形状，放入调味品后，经搅拌而成。这种方法选用的原料包括瓜果蔬菜，或经过熟制的畜肉或海鲜等。

（2）卤（Boil with Herbs）

将动物原料经过整理，煮至七八成熟后，投入特制的卤水中，将其熟制入味的过程。卤菜的质量与卤汁质量有一定的关系，卤汁质量和特色是生产卤菜的关键。

（3）炝（Stir Poached Foods）

炝是将加工成丝、条或片的植物原料放入沸水中，烫煮片刻，捞出后，沥去水分，放调味品，搅拌而成。炝与拌的生产方法很相似。它们的区别是，拌可以用生蔬菜或水果作原料，而炝的方法常选用经过煮烫的原料。

（4）冻（Congealing）

冻的方法是将制成的琼脂液体或肉皮汤与制熟的菜肴冻结在一起的方法。例如，水晶冻鸡（Congealed Chicken）中，将煮熟的鸡肉放入蒸成液体状的猪皮中，调味后，放冷藏箱内，使其冻结。

（5）卷（Rolling）

将鸡蛋液中放入适量水淀粉，制成鸡蛋皮，在鸡蛋皮上卷入动物原料制成的馅心，卷成一定形状，通过蒸或炸的方法制成菜肴。例如，三鲜卷（Rolling Three Delicious Foods）中，将虾肉、海参和猪肉，经过调味，制成馅心，卷入鸡蛋皮内，蒸熟。

（6）腊（Drying Preserved Foods）

腊是将动物原料腌制后，进行干燥通风，然后通过蒸的方法制熟。例如，腊肉（Dried Preserved Pork）的制作方法是，将新鲜猪肉，切成条，放入调味品，经数日风干后，再经过蒸的方法制熟。

（7）熏（Smoking）

将动物原料经过腌制，通过蒸、煮或炸等处理后，放入熏锅中，熏入味的方法。例如，毛峰熏鲥鱼（Smoked Fish with Maofeng Tea）。其制作方法是，将经过初加工的鲥鱼，用调味品腌制后，放入熏锅中，通过较高的温度熏制成熟。这种生产方法的代表是安徽沿江地区菜的生产工艺，选用生熏法。此菜还可先将鲥鱼制熟后，再经烟熏的方法制成。

（8）煮（Boiling）

煮的方法较简单，将原料放在汤锅中煮熟即可。例如，白斩鸡（Boiled Chicken），将经过初加工的嫩鸡放入沸水中煮3分钟后，再用低温煮熟，将葱姜油盐及少许鸡汤制成调味汁，倒在鸡肉上。

（9）腌（Preserving）

腌是使原料排除内部的水分后，浸入调味的卤汁（放有调味品的水，煮开，晾凉）中，使原料入味的方法。例如，四川泡菜（Preserved Vegetables Sichuan Style），将蔬菜洗净，晾干，放入带有卤汁的坛内，盖上盖子，经1~2天腌制，即可食用。

2. 冷菜拼摆工艺

冷菜的拼摆是将熟制的畜肉或海鲜及蔬菜等，整齐美观地装入盘内。拼摆时，应注意颜色搭配，质地搭配，不要将带汤汁的原料拼入盘中防止味道互相影响。每盘冷菜可拼摆一种原料、两种原料或多种原料，注意冷菜的外形和颜色。

5.3.5 热菜生产原理

中餐热菜是指通过熟制，立即服务上桌，送至顾客面前，温度保持在80℃以上的菜肴。热菜生产主要包括以下程序及方法。

1. 火候控制

火候是中餐生产常用的术语，它主要指在烹调时，使用的火力大小和烹调时间的长短。在中餐生产中，厨师必须根据原料的性质和菜肴的质量要求，运用火力和烹调时间，制成符合质量要求的菜肴。正确地运用火候可以保护菜肴的营养成分，使菜肴入味。不同菜肴的制作过程需要不同的火力和烹调时间，原因是各种原料的质地、性质、产地和形状不同及烹调的目的不同。在中餐生产中，质地较老、形状较大的食品原料，应选用低温、长时间的烹调方法；质地较嫩、形状较小的食品原料，应选用高温、短时间的烹调方法；需要酥烂的菜肴，应选用低温、长时间的烹调方法；需要脆嫩的菜肴，应选用高温、短时间的烹调方法。

2. 味道设计

味道设计是中餐生产的关键环节。味道设计是指利用各种调味品的合理搭配，减少或消除菜肴的异味，增加菜肴的理想味道与特色的过程。中餐菜肴常使用三种调味方法：基本调味、正式调味和辅助调味。基本调味是在烹调前，用精盐、酱油、胡椒粉、调味酒等味道渗入在食品原料中，消除原料的腥味或确定原料的基本味。这种方法也称为烹调前的调味。正式调味是在菜肴的烹调中的调味，目的是确定菜肴的口味。辅助调味是菜肴熟制后，在餐盘中或餐盘外放某些调味品或调味酱的形式。中餐调味原则是：对鲜嫩的蔬菜、禽肉和腥味少的水产品投放少量调味品，保持其本身的鲜味；对动物内脏、牛肉和羊肉及腥味浓的水产品，增加去异味的调味品；对本身味道不明显的原料，如海参和豆腐等选用增加味道的调味品。厨房应建立菜肴调味标准并适时地对菜肴投放调料，分清菜肴的主味和辅助味。此外，可根据顾客的需求投放调味品；中餐菜肴味道常由于地点、时间和顾客需求不同而变化。

3. 上浆与挂糊

上浆和挂糊是中餐热菜生产不可缺少的程序，其含义是在原料外部挂上一层黏性的浆糊，使菜肴经过烹调后达到酥脆或软嫩的效果。上浆是在原料表面放入少量的盐、水淀粉和鸡蛋（蛋清），然后进行搅拌的过程，浆的浓度很小；而挂糊是先用淀粉、鸡蛋、面粉和水调成糊，然后包在原料的外部。上浆和挂糊对菜肴的色、香、味和形有一定的影响，可保持原料中的水分和自然鲜味，使菜肴外部达到鲜嫩或酥脆的效果。同时，还可保持菜肴的营养成分。

4. 勾芡原理

勾芡是一种烹调过程。所谓芡，是淀粉与水的混合物，勾芡是将水淀粉混合物放入菜肴中，提高菜肴汤汁的黏度而增加原料的味道。根据芡汁的浓度，芡汁可分为三种类型：厚芡是淀粉浓度最高的芡，适用于爆炒等方法制作的菜肴；薄芡是淀粉浓度适中的芡，适用"熘"的方法；米汤芡中淀粉含量最低，适用于烩菜。

5. 烹调方法

中餐热菜烹调最常用的方法约有 20 余种，根据中餐热菜的生产工艺特点，可将它们分为 8 类。

（1）炒、爆、熘

炒（Saute）、爆或熘（Fried with Sauce）三种生产方法可作为一大类，它们的共同特点是，烹调温度高，生产速度快，时间短。炒是中餐热菜最基本的烹调方法，也是在中餐生产中应用最多的方法。炒又可分为煸炒与滑炒，煸炒又可分为生炒与熟炒等方法。生炒是使用没有经过加热的或熟制的原料，原料本身不上浆，不挂糊，直接放在炒锅里加热成熟；熟炒是先将食品原料煮成半熟，然后切成片、丝、丁和条等形状，加热成熟。如炒回锅肉。滑炒是先将主料上浆，然后过油，再煸炒成熟。

爆的制作方法是将脆嫩的食品原料用沸水浸烫或上浆后，过油，然后放入调味品，煸炒成熟的过程。爆的方法又可分为油爆、芫爆、酱爆、宫爆和葱爆 5 种方法。油爆的芡汁不放酱油，菜肴为白色；芫爆在油爆的基础上放香菜；酱爆，使用面酱作为调味品，菜肴为棕色；宫爆的调味品中，放辣椒，菜肴为棕色，呈咸辣味。葱爆的生产方法与以上 4 种方法不同，它与煸炒方法很相似，用酱油、调味酒、白糖和大葱腌渍主料，放热锅煸炒成熟。熘的方法与爆很相似，只是芡汁比较多。熘的方法可分为焦熘、滑溜和软熘。

例 5-1 （熟炒方法），炒回锅肉（Fried Boiled Pork with Hot Sauce）

原料：猪腿肉 250 克，蒜苗 125 克，植物油 15 克，豆瓣辣酱 10 克，四川豆豉 5 克，酱油、调味酒少许。

制作：① 猪腿肉洗净，煮至八成熟，肉皮发软时，捞出稍晾，切成 0.3 cm 厚、2 cm 长、2 cm 宽肉片，蒜苗切成 2 cm 长的段，豆瓣辣酱、豆豉剁成泥。

② 炒锅内放入植物油，烧热，将肉片倒入，煸炒至肉片卷起，将豆瓣辣酱、豆豉泥、酱油、调味酒调好放入，放蒜苗后，煸炒约 2 分钟。

例 5-2 酱爆鸡丁（Fried Diced Chicken with Chinese Brown Sauce）

原料：鸡脯肉 150 克，面酱 25 克，鸡蛋清 10 克，白糖 20 克，水淀粉 20 克，调味酒 8 克，芝麻油 15 克，植物油 500 克（约耗 40 克）。

制法：① 鸡脯肉用凉水泡 1 小时后，去掉脂皮和白筋，切成边长 1 cm 的正方形，加入鸡蛋清和水淀粉,上浆。

② 炒锅内放 500 克植物油,在微火烧到四成热时,放浆好的鸡丁,用筷子拨散,至八成熟,倒在漏勺里。

③ 高温,炒锅内放入花生油 30 克,放面酱,炒干酱中的水分,加白糖,待糖溶化后,加入调味酒,炒成糊状,放入鸡丁,约炒 30 秒。

(2) 炸、烹

炸（Fried）是将原料放入热油中加热成熟的方法。炸的方法可细分为干炸、软炸和纸包炸。干炸是将原料经调料拌腌,再蘸上干淀粉,放油中炸熟,使菜肴干香酥脆。软炸方法是,先将原料拌腌,包上鸡蛋、面粉和水制成的软炸糊,放温油中炸至金黄色。纸包炸是将原料切成片,经调味品拌腌,然后用江米纸包好,放入温油中炸熟。烹（Fried with Sauce）是将食品原料挂糊后,放入热油中炸熟。然后,用调味品制成芡汁,浇在炸熟的菜肴上。

例 5-3 炸凤尾大虾（Deep Fried Prawn）

原料：大虾 500 克,鸡蛋 2 个,面粉 75 克,植物油 600 克,盐、胡椒粉、调味酒少许。

制法：① 大虾去头剥去壳,尾壳留下,由背上部片成两片,两片尾部相连,每片带尾,摘去黑线,洗净,控净水。

② 鸡蛋打散,放入适量清水和面粉,调成糊。

③ 将少许调味酒、盐、胡椒粉调匀后腌渍大虾。

④ 油烧至六成热后,用手捏住虾尾,蘸上糊。然后将虾放入油中,炸熟。

(3) 煎、贴、瓤

煎（Fried）、贴（Fried）、瓤（Fried with Stuffed Foods）三种烹调方法基本相同,都是使用温油将菜肴煎熟的过程。煎这一方法是将锅烧热,倒入少量的植物油,待油热后,先煎原料的一面,使其成为金黄色；再煎另一面,使原料受热均匀,色泽一致。

贴是将一种主料加工成片或茸状,调好味,贴在另一种主料上,然后用油煎熟。瓤是将一种主料加工成丝、丁或茸状,调好味,装入另一种主料中,用温油煎熟。

例 5-4 （煎的方法）,水晶虾饼（Fried Shrimp Meat Balls）

原料：虾肉 750 克,猪肥肉 150 克,荸荠 100 克,鸡蛋清 50 克,植物油 100 克,调味酒、盐、白糖、醋、鸡汤、葱、姜、水淀粉少许。

制法：① 虾肉剔去背上黑沙线,洗净,同猪肥肉合在一起剁成泥状。荸荠切碎,葱、姜切碎,泡在料酒与清水制成的汁中。

② 把葱姜汁倒入虾肉内,搅拌,加水淀粉、鸡蛋清、盐,加荸荠末,搅拌均匀。

③ 炒锅烧热,倒入植物油,把虾泥挤成丸子放入锅内,再用手勺压扁,用温油煎透。

④ 另起一炒锅,放盐、鸡汤、调味酒、白糖、醋,放入煎好的丸子、水淀粉,至此,水晶虾饼即成。

(4) 烧、焖、扒、烩

烧（Stew）是先将食品原料经过煎、炸、煮或蒸等方法处理。然后,加入适量汤汁调味品,经高温至低温加热程序,勾芡,成熟的方法。烧又可细分为红烧、干烧、白烧和葱烧。红烧是将主料经炸或煸炒等方法处理,放调味品和汤汁,加热成熟,菜肴呈红褐色。干烧与红烧的烹调方法基本相同,不同点是调味品中加入辣椒（见图 5.2）。白烧是将主料经蒸或煮等方法,放调料和汤汁（不包括酱油）,使其成熟,菜肴为白色。葱烧与红烧方法基本相同，但配以较多的葱段做配料。焖与红烧方法基本相同，这种方法是针对较大块的原料，主料先经过炸或煸炒，然后放入适量调味品和水，盖严锅盖，煮沸后使用低温加热成熟。扒是将成熟的原料切成片状，整齐地摆在炒锅内，放入调味品和汤汁，然后勾芡，将主料翻身。根据颜色和味道，扒可分为红扒、白扒和奶油扒。烩是一种汤菜，将原料切成丝、丁或片，放汤汁，调味，勾芡制成。烩菜最大的特点是汤汁多。以上4种生产方法的共同特点是，烹调时间较长，使用低温，菜肴都带有汤汁。

图5.2　干烧鲜鱼

例 5-5　葱烧海参（Stewed Sea Cucumber with Green Onions）

原料：水发海参500克，大葱100克，精盐、水淀粉各5克，鸡汤100克，白糖15克，酱油10克，调味酒10克，植物油150克。

制法：① 水发海参洗净，放入凉水锅中，用旺火烧开，约煮5分钟捞出，控干水分。大葱切成5 cm长的段。

② 炒锅内放植物油，高温，将油烧至八成热，放葱段，炸成金黄色，放海参，加鸡汤、调味酒、食盐、酱油、白糖，烧3～5分钟，勾芡即成。

（5）烤

烤（Roast）与其他烹调方法不同，它不用水和油作为传热媒介而是利用热辐射方法制成菜肴。烤可以分为暗炉烤与明炉烤。暗炉烤是将原料挂在钩子上，放进炉体内，如烤鸡、烤鸭等；明炉烤是用叉子叉好原料，在明火炉上翻烤，如烤乳猪。

（6）炖、煮、蒸

炖（Braise）、煮（Boil）、蒸（Steam）这三种方法都以水为媒介进行传热，它们的烹调时间较长。炖与烧很相似，要求菜肴原汁原味。首先，煸炒葱和姜，放入原汤或水，烧开后放主料，用低温慢炖，成熟。煮是将原料放在较多的水中烧开，然后用低温慢煮。蒸是将原料放入蒸锅内，用水蒸气将原料蒸熟的过程。

（7）拔丝、蜜汁

拔丝（Fried with Sugar）和蜜汁（Stewed with Sugar）是两种甜菜的制作方法，拔丝首先将原料挂糊（含淀粉高的食品原料不挂糊），用油炸去水分。然后，将油和糖放入另一炒锅，煸炒成糖汁，粘在主料上，食用时能拔出细的糖丝。蜜汁是通过蒸或煮的方法将主料制熟。然后，将主料放入糖、水和蜂蜜，加入其他配料，将汤汁浓缩，粘连在主料上。

例 5-6　拔丝山药（Fried Chinese Yam with Sugar）

原料：山药400克，植物油500克，白糖150克，麻仁15克。

制法：① 山药去皮，切成滚刀块。

② 用七成热的油将山药炸成金黄色，装在漏勺内，控油。

③ 使用油锅并放入少许植物油，放白糖，将糖溶化，用低温煸炒糖汁，出香味时，放山药和麻仁，煸炒，糖汁包住山药后，出锅装盘。

（8）涮锅、什锦锅

涮锅（Boil in Pot）和什锦锅都是汤菜的制作方法。涮锅简称涮，是用各类火锅（如炭锅、电锅或煤气锅）将水或汤煮沸，将食品原料放入汤水煮熟，捞出后，配以调料的一种食用方法。什锦锅是将若干成熟并切配好的食品原料整齐地放在火锅内，然后灌入调味汤，烧开后食用。

5.3.6 面点生产原理

1. 中餐面点概述

中餐面点是以小麦、大米、豆类为主要原料制作的各种小吃和点心。它是中国菜肴的重要组成部分。中餐面点有三种制作方法或风格：以广州为代表的广式面点、以苏州为代表的苏式面点和以北京为代表的京式面点。中餐面点的种类有很多，其分类方法不一：按原料分类，可分为麦类、米类和杂粮类面点；按熟制方法分类，可分为蒸、煮、煎、烙、炸和烤等面点；按形态分类，可分为饭、粥、糕、饼、团、条、块、卷、包、饺和冻儿等面点；按其口味分类，又可分为甜味、咸味、甜咸味和淡味面点等。

（1）广式面点

广式面点是指珠江三角洲及我国南部沿海地区所制作的点心，富有南国风味。广东气候炎热，长期形成"饮茶食点"的习惯，广东面点历史悠久，皮质松软和酥松，善于利用瓜果、蔬菜、豆类、杂粮和鱼虾类为原料，馅心选料讲究，保持原味，口味有清有浓，咸中带甜，甜中带咸，口味鲜嫩，多用熟馅。

（2）苏式面点

苏式面点是指长江中下游地区的江、浙、沪一带制作的点心，故称苏式面点。其特点是讲究色、香、味、形，口味鲜美，讲究用料，注重工艺，风味独特。苏式面点的坯料以大米和面粉为主，质感软嫩，造型美观，具有皮薄馅大等特点。因此，苏式面点工艺要求高。

（3）京式面点

京式面点是指黄河以北地区，包括东北、华北等地制作的点心并以北京为代表。京式面点以面粉为主要原料，工艺精湛，特别是清宫仿膳面点，更是广集天下技艺，使品种、内容和质量更加丰富和精细。

2. 中餐面点发展

中餐面点历史悠久。秦汉时期，张骞从西域带回小麦，用面粉制作成面食，当时蒸饼和胡饼（表面上带有芝麻的饼）很著名。唐宋时期，社会经济繁荣，面点品种丰富多彩并出现了发酵面团制成的面点。这一时期已经使用牛奶和鸡蛋作为配料，面点工艺采用了油炸、烘烤、蒸、煮和煸炒等方法。元明时期面点制作技术相当发达，形成有一定规模的作坊。明清时代，特别是清代，面点制作技术不断地发展，各地著名的小吃和风味点心有千种之多，甚至出现了以面点为主的宴席。现代中餐面点汇集了我国各地的中餐和西餐文化，集中了各民族的面点特色，其品种和质量持续发展，博得了各国人们的赞誉。

3. 中餐面点原料

根据中餐面点的组成，中餐面点原料可分为坯皮料、馅心料、调味料和辅助料四大类。

（1）坯皮料

坯皮料是指面点的基础原料，即面点的外皮原料。面粉是生产面点坯皮最常用的原料之一，面粉可分为普通面粉和精制面粉。精制面粉颜色白、细腻、含微量麸屑，具有优良的面筋性质；普通面粉颜色不如精制面粉白，带有麸皮，粉粒略粗，蛋白质含量高。面粉也可分为硬质粉、中质粉和软质粉。硬质粉含面筋量在13%以上，适于制作面条、花卷、油酥面点等；中质粉含面筋量在10%～13%，适于制作一般面点；软质粉含面筋量在10%以下，适于制作点心和蛋糕。大米是中餐面点不可缺少的坯皮原料，它包括粳米、籼米和糯米等，它们可直接制成面点，也可磨粉后作为面点坯皮原料。杂粮是中餐面点的常用坯皮原料之一，它包括小米、玉米和豆类。当然，小米还可制成粥，磨粉后可制成面点；玉米可制成粥和各种面点。

(2) 馅心料

馅心料是指生产面点的馅心原料。如包子、饺子及甜点的馅心。馅心原料种类繁多，包括各种畜肉、禽肉、海鲜、蛋类、蔬菜、豆类、水果、蜜饯和冻胶等。冻胶常由凝固的猪肉皮汁等制成。

(3) 调味料

调味料是指为面点馅心调味的原料，调味料的种类与烹调菜肴中的调料基本相同。

(4) 辅助料

辅助料是生产面点不可缺少的原料。它包括食用油、糖、盐、牛奶、鸡蛋和添加剂等。当然，食油、糖、盐、牛奶和鸡蛋也属于馅心料和调味料。食油可使面点具有层次，糖可以增加酵母菌繁殖需要的养分，促进面团发酵速度，增加面点的味道和营养，使面点表面光滑，质地酥松等。食盐可改变面粉中面筋的物理性质，增加其强度和弹性，并可调节面团的发酵速度。食盐在面粉中的比例愈大，面团发酵的速度愈慢；反之，面团发酵的速度愈快。通常，食盐量不得超过面粉量的3‰。乳品可提高面点的营养价值，增加面点的颜色和味道，使面点更加美观和香醇。牛奶有良好的乳化性能，可保持面团内的气体，使面点膨松和柔软。鸡蛋也具有良好的乳化作用，可改变面团的组织，使面点体积增大，膨松并增进了面点的味道和美观。添加剂主要包括酵母、发粉、色素和香精等。酵母和发粉可使面团形成多孔组织，从而使面点松软或酥松；色素常指天然色素和无毒化学色素，它们可美化和装饰面点；而香精是指天然香料或人工合成香料两种，它们必须对人体无害。常用的香精包括可可、柠檬、香草和菠萝等。香精可增加食品的味道。

4. 面团制作原理

许多面点由面团制成。由于面团有不同的种类，其特点不同。因此，不同的面团，制成的面点也不同。常用的面团包括水调面团、膨松面团、油酥面团和其他面团。

(1) 水调面团

水调面团是指面粉与水搅拌而成的面团，是不发酵的面团。面粉与30 ℃以下的水调制成的面团，称为冷水面团。冷水面团质地硬实，富有弹性，食用爽滑，适用于制作面条、春卷皮和云吞皮等；面粉与60 ℃以上的热水调制成的面团，称为热水面团。热水面团黏度大，面筋质低，柔软和可塑性高，适用于制作烧卖、春饼及苏式月饼等；当面粉与约50 ℃的水调制成面团时，它既有柔软性又有韧性。

(2) 膨松面团

膨松面团是指在面团中加入适量的酵母菌或化学膨松剂，通过化学反应，产生二氧化碳气体的面团，这种面团的组织形状为多孔，面团膨松。其中，酵母发酵法使面团膨松，成本低，发酵时间长。酵母面团发酵的因素多，技术含量高，质量不容易控制。其中，酵母数量、发酵温度和时间及面团的水分含量等都是影响面团发酵的因素。发粉发酵法是使用化学膨松剂，使面团发生化学反应，使面团内部产生孔洞。这种方法简便易行，发酵时间快。

(3) 油酥面团

油酥面团是用油脂、水和面粉调制成的面团。这种面团通常包括两部分：水油面和干油酥。水油面是用油、水和面粉搅拌而成；干油酥是食油和面粉的混合体。用油酥面团制成的点心统称油酥面点，其特点是外形膨松，色泽美观，口味酥香。在油酥面团及其制品中，按酥皮性质，可将酥皮分为软酥和硬酥，软酥有时称为酥皮，而硬酥称为单皮。软酥点心是以水油面为皮，包入干油酥，卷成多层次的油酥坯皮，然后将其加工成形，包上各种馅心制成的点心。如酥合、酥饺和苏式月饼等都是使用酥皮为坯皮。硬酥是用面粉、油脂及其他配料一起搅拌为不分层次的油酥原料，其特点是酥松。使用硬酥可制作许多中式面点。如核桃酥、杏仁酥和广式月饼等。此外，用鸡蛋、面粉、植物油和苏打粉等原料合成的鸡蛋油酥面团也常作为坯料制成各式蛋酥点心。

(4) 其他面团

这一类面团包括米粉面团、澄粉面团和豆类面团等。米粉面团是米粉与水合成的面团，是制作米粉类面点的原料。在制作米粉面团前，首先将米制成米粉，米粉有三种制作方法：将米直接磨成粉；淘米后磨粉；将浸透后的米与水一起磨成浆，经过挤压制成粉。澄粉面团是纯淀粉与水调和的面团，其色泽洁白，细腻柔软，为半透明面团。如广东虾饺的坯皮由澄面团制成。豆类面团是豆粉与水调制成的面团。如绿豆粉香味浓郁、无黏性，是制作面点的优良原料。

5. 馅心制作原理

面点馅心用料广泛，包括植物原料和动物原料，有时兼用动物原料和植物原料。馅心的味道常有咸味、甜味或甜咸味等。通常馅心与面点的质量和特色有连带关系，馅心不仅增加面点的味道和特色，而且可增加面点的营养价值。

(1) 咸味馅

咸味馅是普遍的馅心。常用的品种有畜肉馅、鸡肉馅、鱼肉馅、海鲜馅、素菜馅、菜肉馅和什锦馅。制作各种肉馅和海鲜馅时，选料要精细和新鲜并且要注重肉馅的调味，畜肉馅应兼有肥肉和瘦肉。各种肉馅和海鲜馅的调制应根据风味特点和品种需要，切成各种丁、粒或末，加入适量葱末、姜末、调味酒、酱油和芝麻油等调味品，搅拌而成。为了使畜肉馅鲜嫩，常在馅中搅入适量水或肉汤。制作素馅时，应去掉原料中的异味，将素菜切成粒或末或根据需要切成丝等形状。同时，加入需要的食油、调味品和配料，如鸡蛋、粉丝或豆腐干及面筋等。制作蔬菜与畜肉混合馅时，应首先调制好肉馅，然后加入适量的蔬菜。

(2) 甜味馅

甜味馅是中餐面点常用的馅心，主要品种有泥茸馅和蜜饯馅。泥茸馅以植物果实或种子为原料，经过加工成泥茸，再用糖和油炒制成馅。如豆沙馅以红小豆为原料，煮烂后，去皮，加入食用油和糖，经煸炒而成。枣泥馅应先去枣的核，冷水浸，去皮，蒸烂，制泥，加入适量的糖，煸炒而成。制作莲茸馅应先去莲子苦心，蒸烂，再与白糖一起炒成茸。蜜饯馅是以蜜饯水果和果仁为原料。常用的有青红丝、瓜条、葡萄干、果脯、瓜子、核桃仁和芝麻等。制馅时应先将原料切碎，加入适量的白糖和食用油，有时也使用一些蒸好的面粉搅拌在蜜饯馅中。

6. 中餐面点成形原理

所谓面点成形是将调制好的面团和坯皮，运用搓、包、卷、捏、抻、切、削、叠、擀、滚粘和镶嵌等方法，制成各种形状。其中，搓是将面点搓圆、搓匀的过程；包是将馅心包入坯皮中；卷是将面片卷成筒状，然后制成剂子，再制成面点；捏是将面团捏成各种形状；押是将面团押成条形；切是将面团切成条或其他形状；削是将面团加工成片；叠是将面团折叠成各种形状的方法；擀是将面团加工成片的方法；滚粘是制作汤圆的方法；镶嵌是在面点中嵌入各种蜜饯，拼摆成图案的过程。

7. 中餐面点熟制方法

中餐面点可通过蒸、煮、烤、烙、炸和煎等方法熟制，有些面点使用单一的烹调方法成熟，有些面点使用多种方法成熟。中餐面点熟制方法主要包括以下几个方面。

（1）蒸（Steam）

将成形的生坯放在蒸箱内蒸熟的过程称为蒸。蒸的方法适用于各种膨松面团、水调面团、米粉面团制成的面点。如花卷、烧卖、包子、蒸饺和米饭（见图5.3）等。通过蒸的方法制成的面点，形态完整，质地蓬松和柔软，馅心鲜嫩。

例 5-7　山药桃（Steamed Peach Made of Chinese Yam）

用料：山药750克，枣泥100克，绵白糖100克，糯米粉200克，湿淀粉15克，糖桂花1克，植物油1 000克（实耗40克），天然食用红色素少许。

制法：① 山药洗净，下锅煮熟，去皮，捣成泥，放盆内与糯米粉搅拌揉匀。

② 山药泥作剂子，擀成圆皮，放枣泥馅，制成12个桃子，将红色素刷于桃尖上端，然后放在漏勺中待用。

③ 炒锅放在旺火上，放植物油1 000克，八成热，用热油反复浇于桃上，使之结成软壳后，将桃子放入盘内，放蒸箱内，旺火蒸10分钟。

④ 炒锅放在高温炉上，放清水200克，放白糖，溶化后，加糖桂花，用水淀粉勾芡，将糖汁浇在桃上，即成。

（2）煮（Boil）

通过水煮方法将面点熟制的过程称为煮。如面条、汤圆、饺子和米粥等都是通过水煮的方法成熟的。水煮方法的关键点是水与被煮面点数量的比例，通常水的数量一定要在被煮物的5倍以上。此外，保持高温和沸水。

图 5.3　荷叶米饭

（3）烤（Bake）

通过烤炉的热辐射使面点成熟的方法称为烤。如各种月饼和油酥点心等都是使用烤的方法使面点成熟。

（4）烙（Griddle）

将面点放在金属盘上，通过金属传热的方法将面点熟制称为烙。如春饼和家常饼等都是通过烙的方法制成的。一些中餐面点同时使用烤和烙或先烙再烤的方法成熟。

（5）煎和炸（Fry, Deep-fry）

煎和炸是通过食用油传热的方法使面点成熟。例如，各种锅贴使用油煎方法；一些油酥点心是通过油炸成熟的。

例 5-8　酥合子（Fried Dumpling Stuffed with Sweet Assorted Foods）

用料：面粉500克，植物油750克，白糖250克，桂花酱50克，青梅、瓜条和葡萄干各 50 克。

制法：① 先把 250 克面粉与 175 克植物油搅拌成油酥面，再用 250 克面粉加入 25 克植物油，加适量水和成皮面。

② 皮面和酥面分别制成 50 克重的剂子，按扁，分别用皮面包住油酥面，擀成长片，卷起来，再擀成长片，卷起来，然后横着从中间切开，层次朝上擀成小圆饼。

③ 把青梅、瓜条剁碎，与葡萄干、白糖和桂花酱混合在一起，制成 25 个馅心备用。

④ 将 1 个馅心放在 1 个小圆饼的上面，然后用另一个小圆饼覆盖，把周边捏紧，捏出花边，制成合子。

⑤ 炒锅内放植物油，温热时，将合子生坯放入，低温慢炸，炸至金黄色，捞出，即成。

本章小结

中餐是中国菜和中国面点的总称，也是世界华人习惯食用的菜肴和点心的总称，是饭店业主要的餐饮产品之一。中餐有着悠久的历史和文化，中国烹饪驰名世界。现代中餐经过长期的发展，融汇了我国各民族及各地区的饮食文化和烹调工艺及西餐的一些食品原料和先进的工艺，形成了中餐特色。现代中餐食品原料丰富，生产工艺精细，烹调方法独特，讲究营养和健康。

菜系是指在一定区域内，因独特的物产、气候、历史文化和饮食习俗等原因，自成体系的烹饪技术及地方特色菜肴的总和。中餐菜系经过不断的发展，由原来的四大菜系：广东菜、山东菜、四川菜、淮扬菜，发展为八大菜系：广东菜、山东菜、四川菜、江苏菜、浙江菜、安徽菜、湖南菜、福建菜。近年来，由于我国经济的发展，食品原料的不断丰富，我国菜系向多元化方向发展。

食品原料选择是中餐菜点生产的首要环节，优质的食品原料是优质菜肴的基础。切配是中餐生产的重要环节之一，食品原料切配质量关系到厨师的刀工技术和配菜技术。中餐冷菜俗称冷盘或冷荤，是中餐的开胃菜，由新鲜的蔬菜及熟制的畜肉或海鲜等制成。热菜是指通过熟制，立即服务上桌，送至顾客面前，温度保持在 80 ℃ 以上的菜肴。

1. 名词解释

干货原料　　上浆　　挂糊　　勾芡　　膨松面团

2. 多项选择

（1）中餐的特色主要表现在（　　）等方面。

A. 食品原料丰富　　　　　　B. 生产工艺精细

C. 烹调方法独特　　　　　　D. 讲究营养和健康

（2）不同的干货原料，其发制方法不同，主要表现在（　　）。

A. 鱼肚和蹄筋通过蒸汽涨发　　　　B. 木耳和香菇用水涨发
C. 海参需要水煮和浸泡　　　　　　D. 干鱿鱼必须使用碱水发制

（3）中餐菜肴的（　　）和营养成分与菜肴的配制紧密相关。

A. 味道　　　　B. 颜色　　　　C. 形状　　　　D. 质地

（4）不同菜肴的制作过程需要不同的火力和烹调时间，原因在于各种原料的（　　）不同及烹调目的不同。

A. 品牌　　　　B. 性质　　　　C. 产地　　　　D. 形状

3. 判断对错

（1）现代中餐经过长期的发展，融汇了我国各民族及各地区的饮食文化和烹调工艺及西餐原料和工艺等方面的特长和优势，形成了中餐的特色。　　　　　　　　　　（　　）

（2）明清时期，中餐烹调工艺有了很大的发展并逐渐走向精细。热菜的工艺进入了成熟期。同时，冷菜制作技术的发展也很快，出现了雕刻冷拼，创新了冷菜工艺。（　　）

（3）菜系是指在一定区域内，因独特的物产、气候、历史文化和饮食习俗等原因，自成体系的烹饪技术及地方特色菜点的总和。　　　　　　　　　　　　　　　　（　　）

（4）中餐菜系经不断的发展，由原来的四大菜系发展为八大菜系。这些菜系包括北京菜、广东菜、山东菜、四川菜、江苏菜、浙江菜、安徽菜、湖南菜。　　　　（　　）

（5）厚芡是淀粉浓度最高的芡，适用于爆炒等方法制作的菜肴；薄芡是淀粉浓度适中的芡，适用"熘"的方法；米汤芡中淀粉含量最低，适用于烩菜。　　　　　（　　）

4. 思考题

（1）简述中餐菜系的各自的特点。
（2）简述中餐热菜生产中的火候控制。
（3）简述中餐的上浆与挂糊的作用。
（4）简述中餐热菜的不同工艺及各自特点。
（5）论述中餐面点的熟制方法及各自特点。

主要参考文献

[1] 胡朴安. 中华全国风俗志［M］. 上海：上海科学技术文献出版社，2011.
[2] 王子辉. 隋唐五代烹饪史纲［M］. 西安：陕西科学技术出版社，1991.
[3] 赵荣光. 中国饮食文化史论［M］. 哈尔滨：黑龙江科学技术出版社，1990.
[4] 赵荣光. 中国饮食文化研究［M］. 香港：东方美食出版社，2003.
[5] 黎虎. 汉唐饮食文化史［M］. 北京：北京师范大学出版社，1998.
[6] 中国烹饪百科全书编委会. 中国烹饪百科全书［M］. 北京：中国大百科全书出版社，1995.
[7] 张佳程. 食品质地学［M］. 北京：中国轻工业出版社，2010.
[8] 汤高奇，石明生. 食品安全与质量控制［M］. 北京：中国农业大学出版社，2013.
[9] 刘少伟. 食品安全保障实务研究［M］. 上海：华东理工大学出版社，2019.
[10] 曹小红. 食品安全与卫生［M］. 北京：科学出版社，2013.
[11] 李聪. 冷盘与雕刻制作技艺［M］. 上海：上海交通大学出版社，2014.

[12] 杨柳. 虾蟹菜典［M］. 青岛：青岛出版社，2013.
[13] 王天佑. 餐饮概论［M］. 2版. 北京：北京交通大学出版社，2016.
[14] 王天佑. 宴会运营管理［M］. 北京：清华大学出版社，2019.
[15] 周洁. 食品营养与安全［M］. 北京：北京理工大学出版社，2018.
[16] FEINTEIN A H, STEFANELLI J M. Purchasing for chefs: a concise guide［M］. 2th ed. New Jersey: John Wiley & Sons, 2009.
[17] NORTHEY M, MCKIBBIN J. Quantity food production operations and indian cuisine［M］. New Delhi: Oxford University Press, 2011.
[18] WALKER J R. The restaurant from concept to operation［M］. 5th ed. New Jersey: John Wiley & Sons, Inc., 2008.
[19] JENNINGS M M. Business ethics［M］. 5th ed. Mason: Thomas Higher Education, 2006.
[20] KOTAS R, JAYAWARDENA C. Food & beverage management［M］. London: Hodder & Stoughton 2004.
[21] WALKER J R. Introduction of hospitality management［M］. 4th ed. NJ: Pearson Education Inc., 2013.
[22] BARROWS C W, POWERS T, REYNOLDS D. Introduction to management in the hospitality industry［M］. 9th ed. New Jersey: John Wiley & Sons Inc., 2009.

第 6 章

西餐菜系与生产原理

本章导读

随着我国旅游业的发展，西餐需求不断地增加，西餐营业收入持续增长，西餐经营管理已成为我国旅游与饭店管理，特别是餐饮管理的重要内容之一。本章对西餐历史与文化和生产原理进行总结和阐述。通过本章学习，学生可了解西餐历史与发展、欧美各国餐饮习俗、著名的西餐菜系、西餐生产的基本知识、世界著名的餐饮鉴赏家和烹调大师等。从而，为饭店餐饮管理奠定良好的基础。

6.1 西餐概述

6.1.1 西餐含义与特点

西餐（Western Cuisine）是我国人们对欧美各国菜肴和面点的总称，包括欧洲、北美和大洋洲等各国菜肴和面点。世界著名的西餐国家有法国、意大利、美国、英国和俄罗斯等。然而，希腊、德国、西班牙、葡萄牙、荷兰、瑞典、丹麦、匈牙利、奥地利、波兰、澳大利亚、新西兰和加拿大等各国菜点也都有自己的特色。现代西餐是根据法国、意大利、英国和俄罗斯菜点的生产工艺，结合世界各地食品原料及餐饮文化，制成的富有营养、口味适中并具有不同特色的菜点。

6.1.2 西餐发展

1. 西餐发源地

根据考古，西餐起源于古埃及。大约在公元前 5000 年，尼罗河流域的土地肥沃，盛产粮食。在尼罗河的沼泽地和支流蕴藏着丰富的水产品。例如，鳗鱼、鲤鱼和鲈鱼等。当时，埃及人已在食物制作中使用洋葱、大蒜、萝卜和石榴等原料。公元前 3000 年，埃及统一了上埃及和下埃及，建立了由法老统一的王朝。那时，法老的食物要经精心制作，贵族和牧师们的食物也很讲究。公元前2000年埃及人开始饲养野山羊和羚羊，收集野芹菜、纸莎草和莲藕，开始捕鸟和钓鱼并逐渐放弃原始游牧生活。根据文献，古埃及根据人们的职业规定社会阶层与地位，社会阶层好像金字塔一样。法老是社会的最高阶层；其次是高级牧师和贵族，这些人是政府的组织者。第三阶层是牧师（当时牧师兼教师）、工程师和医生。最底层是士兵、农民和工匠，占古埃及人的大多数。最底层的劳动大众居住在狭窄街道的村庄里，房子由晒干的泥砖和稻草建成，而上层社会居住在较大和舒适的宅院，房内有柱子和较高的房顶及木窗，宅院内有水塘和花园。当时，贵族和高级牧师的餐桌上约有40余种面点和面包供食用。许多面点和面包使用牛奶、鸡蛋和蜂蜜为原料。同时，餐桌上出现了大麦粥、鹌鹑、鸽子、鱼类、牛肉、奶酪和无花果等食品及啤酒。那时埃及人已经懂得盐的用途，普遍食用蔬菜、黄瓜、生菜和青葱等。在炎热的夏季，他们用蔬菜制成沙拉并将醋和植物油混合在一起制成调味汁。古埃及妇女负责家庭烹调，宴会制作由男厨师负责。在举办宴会时，厨师们因为手艺高超而常得到贵族的夸奖。许多出土的西餐烹调用具都证明了西餐在这一时期有过巨大的发展。

2. 西餐文明古国

古希腊位于巴尔干半岛南部、爱琴海诸岛及小亚细亚西岸一带。其餐饮和烹调技术是希腊文化和历史的重要组成部分。希腊餐饮的发展可追溯至2500年以前。那时，希腊已进入青铜时代，奶酪、葡萄酒、蜂蜜和橄榄油被称为希腊餐饮文化的四大要素。通过公元前1627年圣托里尼火山爆发后的发掘物可以证实奶酪和蜂巢的使用情况。希腊历史学者经过调查和研究，认为希腊餐饮文明已有4 000年历史，形成了自己的风格。这个结论通过霍摩（Homer）和柏拉图（Plato，古希腊哲学家）叙述的雅典（Athenaeus）奢侈的宴会菜单可以证实。希腊餐饮学者认为，希腊餐饮是欧洲餐饮的始祖，像希腊文化对地中海地区的影响一样重要。尽管希腊在历史上曾受到罗马人、土耳其人、威尼斯人、热那亚人和加泰罗尼亚人的统治长达2 000多年之久，然而希腊餐饮仍然保持着自己的风格。许多研究希腊餐饮文化的学者认为，希腊烹调技术主要来自古代东罗马帝国时代。根据希腊历史学家的考察，公元前350年，古希腊的烹调技术已经达到相当高的水平，随着亚历山大在欧洲和印度的扩张，将希腊哲学和烹饪技术带到许多国家。世界上第一本有关烹调技术的书籍由希腊的著名美食家阿切斯特亚图（Archestratos）于公元前330年编辑。该书在当时对指导希腊烹饪技术起到了决定性的作用。公元后不久，希腊成为欧洲文明的中心，雄厚的经济实力给希腊带来了丰富的农产品、纺织品、陶器、酒和食用油。那时，希腊厨房的分工已经接近今天厨房的组织结构。当时，希腊的贵族很讲究食物。希腊人认为他们是世界首先开发酸甜味菜肴的国家。尽管古希腊人当时还不了解大米、糖、玉米、马铃薯、西红柿和柠檬。然而，他们在制作禽类菜肴时，使用橄榄油、洋葱、薄荷和百里香以增加菜肴的美味，使用筛过的面粉制作面点，并且在面点的表面抹上葡萄液以增加甜味。

公元前3000年至公元前1000年，古罗马人发明了发酵技术和制作葡萄酒和啤酒的方法。同时，发酵方法导致发酵面包的产生。由于学会了利用冰和雪，人们利用冰雪储存各种食物原料。公元前31年至公元14年，称为古罗马的拉丁文学黄金时代或全盛时代（Augustan Age）。那时，人们的食物根据职务级别而定。根据谢尔顿（Shelton）的记载，古罗马人一日三餐，早餐和午餐比较清淡。根据杜邦（Dupont）记录，古罗马士兵一日三餐，主要的食物有面包、粥、奶酪和价格便宜的葡萄酒，晚餐有少量的肉类，而有身份的人可以得到丰盛的食物。根据西蒙（Simon）记录，古罗马人的早餐常是面包滴上葡萄酒和蜂蜜，有时抹上少许枣酱和橄榄油；午餐是面包、水果和奶酪及前一天晚餐的剩菜；晚餐在一天中最重要，普通大众的菜肴常用橄榄油和蔬菜制作各种菜肴，中等阶层的家庭通常准备三道菜肴：第一道菜肴称为开胃菜并使用调味酱（Mulsum）调味；第二道菜肴通常是由畜肉、家禽、野禽或水产品制成的菜肴，并以蔬菜为配菜；第三道菜肴通常是水果、干果、蜂蜜点心和葡萄酒。通常吃第三道菜肴前，将餐桌收拾干净，将前两道菜肴的餐具撤掉，摆上甜点餐具，称为第二个餐台（Second Table）。根据记载，公元100年，罗马贵族和富人的宴会包括猪肉、野禽肉、羚羊肉、野兔肉、瞪羚肉等，宴会服务由年轻的奴隶负责。奴隶将面包放在银盘中，一手托盘，一手将面包递给参加宴会的人。宴会还经常有文娱节目，包括诗歌朗诵、音乐演奏和舞蹈表演。

根据古罗马美食家阿比修斯（Apicius）对古罗马宴会菜单的整理和记录：古罗马的烹调法使用较多的调味品，菜肴的味道很浓，菜肴带有流行的少司（调味酱）。当时流行的少司有卡莱姆（Garum）。这种调味酱由海产品和盐经过发酵，熟制而成，其味道很鲜美，好像我国广东人喜爱的蚝油一样。公元200年，古罗马的文化和社会高度发达，在诗歌、戏剧、雕刻、绘画和烹调艺术等方面都创造了新的风格。当时，罗马的烹调方式汲取了希腊烹调的精华，他们举行的宴会丰富多彩，有较高的水平。当时，罗马人在制作面点方面世界领先。至今，意大利的比萨饼和面条仍名誉世界。中世纪的意大利厨房见图6.1。

图6.1 中世纪意大利厨房

3. 中世纪西餐

5世纪的雅典，在首领伯里克利（Pericles）的带领下，发展贸易和经济，重视建筑物的建设。在东罗马帝国（Byzantine），希腊烹调技术和古罗马烹调技术不断地融合。当时，在希腊市场上出现了蔬菜、粮食、香料、调味品的新品种及奶酪和黄油等。从而促使希腊厨师不断地开发和创新菜肴。例如，当时创新的开胃菜烟熏牛肉（Pastrami）很流行。8世纪意大利人在烹调时，普遍使用调味品，其中使用最多的是胡椒和藏红花，其次是欧芹（一种香菜）（Parsley）、牛至（Marjoram）、茴香（Fennel）、牛膝草（Hyssop）、薄荷（Mint）、罗勒（Basil）、大蒜（Garlic）、洋葱（Onion）和小洋葱（Shallot）等。那时，意大利人还使用未成熟的葡萄作为调味品。由于食品原料丰富，他们可以用不同的方法制作菜肴，并以慢速炖菜为特色，使菜肴味道浓郁。12世纪，希腊的食品原料不断地丰富。马铃薯、西红柿、菠菜、香蕉、咖啡和茶被广泛地使用。希腊人开发了鱼子酱（Caviar）菜肴、鲱鱼菜肴（Herring）、茄子菜肴及葡萄叶肉卷（Dolmades）等。在爱琴海（Aegean）和爱比勒斯（Epirus）地区不断地试制新的奶酪品种。在东罗马帝国时代，罗马人创造了布丁和橘子酱等，还以葡萄酒为原料，放入茴香等调味品制成利口酒Liqueur。中世纪法国菜肴的味道以咸甜味为主，调味品多，味清淡。14世纪，根据杰弗里·乔叟（Geoffrey Chaucer）所著的《坎特伯雷故事集》（*The Canterbury Tales*）叙述，英国的饭店出现了首次餐饮推销活动。15世纪欧洲文艺复兴时期开始,由于意大利和法国的厨师不断进入东欧各国,以蔬菜为主要原料或辅料的菜肴在欧洲各国不断增加。那时,使用较多的蔬菜是生菜(Lettuce)、韭菜(Leek)、西芹(Celery)和卷心菜(Cabbage)。从11世纪中期至15世纪,欧洲人的正餐常是三道菜:第一道菜包括汤、水果和蔬菜;第二道菜是主菜,以牛肉、猪肉、鱼及干果为原料制作;第三道菜是甜点,包括水果和蛋糕等。在用餐的整个过程中,不断地饮用葡萄酒和奶酪。在节日和盛大的宴请中,菜肴的品种(道数)会增加,并且讲究宴会装饰。13世纪,面条在意大利被广泛食用,酸甜味的菜肴广泛出现在意大利餐厅的食谱和法国餐厅的食谱中。

4. 近代西餐

16世纪的文艺复兴时期,许多新食品原料引入欧洲。例如,玉米、马铃薯、花生、巧克力、香草、菠萝、菜豆、辣椒和火鸡等。那时普通人仍然以黑麦面包、奶酪为主要食品,而中等阶层和富人的餐桌包括各种精制的面包、牛肉、水产品、禽类菜肴及各种甜点。当时各国贸易不断的增长,植物香料、啤酒、伏特加酒和葡萄酒在东欧各国非常流行,少司(调味酱)被广泛应用到菜肴上。

17世纪意大利的烹调方法传到法国后,烹调技术经历了又一个巨大的发展阶段,由于法国丰富的农产品,激励了厨师们制作新菜肴的尝试。烹调技术广泛地在法国各地传播,一旦制出新式菜肴,厨师便会得到人们的尊敬和重视。1688年英国伦敦出现了第一家咖啡厅,名为爱德华·劳埃德咖啡厅(Edward Lloyd's Coffee house),到18世纪初期,仅伦敦已有200余家咖啡厅。在路易十六国王的统治下,法国制定了一套用餐和宴会礼仪,该礼仪规定皇宫所有的宴会都要按照法国的宴会仪式(à la francaise)进行。仪式规定,被宴请人应按照宴会的安排坐在规定的位置,菜肴分为3次送至餐厅,所有客人的菜肴放在一起,不分餐。第一道菜是汤、冷菜、烤熟的菜肴和蔬菜;第二道菜是烧烤的热菜和其他烹调方法制成的热菜;第三道菜是甜点。每一道菜的各种菜肴应同时服务到桌。那时,巴黎成为法国烹调技术的中心。在巴洛克艺术时代(Baroque Era),英国伦敦在餐台布局、餐桌装饰物、餐具和酒具方面不断创新。

18世纪中期,欧洲流行以烤的方法制作菜肴,烤炉成为厨房普遍使用的设施,厨师们根据自己的技术和经验决定菜肴的火候和成熟度。1765年,布朗热(Boulanger)在法国巴黎开设了第一家正宗的传统餐厅,这家餐厅在各方面已经和我们现在的西餐厅很相似。18世纪,英国开始讲究正餐和宴会的礼仪。在上层社会,规定了每个参加宴会的人,从服装、装饰、用餐至离席的礼仪标准。同时,英国的下午茶开始流行,随后英国出现了各种茶食和茶点。1794年美国纽约华尔街出现了第一家咖啡厅。18世纪的英国宴会菜肴布局见图6.2。

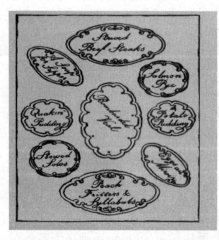

图6.2　18世纪英国宴会菜肴布局图

19世纪,法国涌现出了许多著名的西餐烹调艺术大师。如安托尼·卡露米和奥古斯特·埃斯考菲尔(见图6.3和图6.4)等。这些著名的烹调大师设计并制作了许多著名的菜肴,有些品种至今都是扒房(Grill Room)中受顾客青睐的品种。18世纪末至19世纪初,在法国大革命的影响下,为贵族烹调的厨师们纷纷走出贵族家庭,自己经营餐厅,因此法国的贵族烹调法流入民间。19世纪20年代，希腊从非洲进口香料，主要的香料有罗勒、牛至、薄荷、百里香、柠檬汁、柠檬皮和奶酪，再加上本国的传统原料橄榄油，使希腊菜肴形成自己的特色和口味。1830年，陆军上校罗伯特·吉本·约翰逊（Robert Gibbon Johnson）大胆尝试了西红柿沙拉、西红柿汤和调味酱。当时，著名的希腊厨师尼克斯·特塞莱门德（Nikos Tselemende）将法国烹调技术和希腊的传统烹调技术相结合，推进了希腊菜肴的味道和造型，创造了新派希腊菜。19世纪中期的英国维多利亚时代（Victorian Era）中层社会习惯于丰富的早餐，包括各式水果、鸡蛋、香肠、面点和冷热饮。午餐比较清淡；将正餐发展为9道及以上的菜肴，并制作精细。1860年，俄式服务方法由法国著名厨师菲力克斯·波恩·度波依斯（Félix Urbain-Dubois）引进法国的宴会服务并做了进一步的改革，将菜肴分给每个客人，实行分餐制。第一道菜肴是热开胃菜（Hot hors d'oeuvre），随后是汤（Soup）、主菜（Main Course）、沙拉（Salad）、奶酪（Cheese）和甜点（Dessert）。1936年主题餐厅在美国加州开始流行，法国豪特烹调方法受到美国人的青睐。19世纪50年代后期，由法国青年厨师保罗·博古斯（Paul Bocuse）、米歇尔·杰拉德（Michel Guérard）、琼（Jean）、皮埃尔（Pierre）和艾伦·查普尔（Alain Chapel）等为主要代表开发了法国现代烹调法。他们提出，法国的烹调不要被传统的理念和工艺所约束，要结合当代人们日常生活的需要，满足当代人营养和健康的需要。他们大胆创新菜肴原料，创新菜肴口味，创新制作工艺，创新菜肴结构，创新菜肴装饰。从而，创造了法国新派烹调法（Nouvelle Cuisine）。19世纪70年代两位法国菜肴评论家克里斯蒂安·米劳（Christian Millau）和亨利·高尔特（Henri Gault）提出，法国菜肴应当不断地创新。并在保持法国传统特色的基础上，使用清淡的调味酱。同时，应借鉴国外的烹调方法。1894年，美国第一部烹调书，由厨师查里斯·瑞奥弗（Charles Ranhofer）编著并出版，名为《美食家》。1950年西餐快餐业首先在美国发展起来，而后遍及世界各地。

图6.3 安托尼·卡露米

图6.4 奥古斯特·埃斯考菲尔

5. 现代西餐

20世纪初期，意大利南部的烹调方法首次引入美国。第二次世界大战后，意大利菜肴，尤其是意大利炖牛肉（Osso Bucco）、意大利面条和比萨饼成为美国人青睐的菜肴。随之而来的是意大利食品原料和调味品进入美国。例如，朝鲜蓟（Artichokes）、茄子（Eggplant）等。当时，由于各国移民进入美国，美国菜肴的种类和味道不断地丰富和改进。后来，由于美国人经常去邻国墨西哥享受美味佳肴，促进了美国的墨西哥菜肴发展。由于中国移民不断地进入美国，美国各地中国菜不断地影响美国菜的制作工艺和味道。1898年美国纽约市的威廉（William）和塞缪尔·蔡尔斯（Samuel Childs）等人将托盘引入餐厅服务，从而提高了餐厅的服务效率、方便了餐饮服务。20世纪70年代至80年代泰国菜和越南菜对美国烹饪有很大影响。对于部分美国人饱尝甜、酸、咸、辣的菜肴后，带有椰子味道的菜肴很受美国大众欢迎。目前，南亚风味的菜肴正流行于美国。

6. 我国西餐发展

西餐传入我国可追溯到13世纪，据说意大利旅行家马可·波罗到中国旅行，曾将某些西餐菜肴传到中国。1840年鸦片战争以后，一些西方人进入中国，将许多西餐制作方法带到中国。清朝后期，欧美人在天津、北京和上海开设了一些饭店并经营西餐，厨师长由外国人担任。1885年，广州开设了中国第一家西餐厅太平馆，标志着西餐业正式登陆中国。天津起士林西餐厅是国内较早的西餐厅，该餐厅由德国人威廉·起士林于1901年创建，曾留下许多历史名人的足迹。此后的一个多世纪中，西餐文化在我国不断地发展。至20世纪20年代，西餐在我国一些沿海城市和大城市发展较快。例如，上海的礼查饭店、慧中饭店、红房子法国餐厅，天津的利顺德大饭店、起士林饭店等。改革开放前，我国的国际交往以苏联和东欧各国为主，我国的西餐只有俄式和东欧一些菜式。改革开放后，我国对外交往扩大，中外合资饭店相继在各大城市建立，外国著名的饭店管理集团进入我国后，带来了新的西餐技术和管理方法，使我国西餐业迅速与国际接轨，并且培养了一批技术和管理人才。近年来，北京、上海、广州、深圳和天津等的西餐厅不断地增加，经营着带有世界不同餐饮文化的现代西餐。随着我国经济的发展，我国西餐的经营不断地扩大和发展，在天津、北京、上海、广州和深圳等地区的咖啡厅和西餐厅的总数已超过万家，其中包括西餐快餐。西餐菜肴种类和质量也不断地增加和提高。

6.1.3 西餐食品原料

1. 奶制品

奶制品（Milk Products）是西餐不可缺少的食品原料，奶制品包括各种牛奶、奶粉、冰激凌（Ice Cream）、奶油（Cream）、黄油（Butter）和各式酸奶酪（Yogurt）和奶酪（Cheese）等。如著名的爱达姆奶酪，见图6.5。

奶制品在西餐中用途广泛，既可以直接食用，也可以作为菜肴的原料。例如，牛奶（Milk）包括全脂牛奶、低脂牛奶和脱脂牛奶，以满足不同顾客的需求。牛奶可制成奶油、脱脂牛奶、奶粉、冰激凌和各式酸奶酪和奶酪等。

图6.5　著名的天然奶酪（爱达姆）（Edam）

2. 畜肉

畜肉（Meat）是指牛肉（Beef）、小牛肉（Veal）、羊肉（Lamb）和猪肉（Pork）。畜肉是西餐的主要食品原料之一。畜肉必须经过卫生部门检疫才能食用，经过检疫合格的畜肉必须印有检验合格章。西餐的畜肉烹调与肉质嫩度紧密联系。畜肉通常分为颈部肉（Chuck）、后背肉（Loin）、后腿肉（Round）、肚皮肉（Belly）和小腿肉（Shank）。根据质地、颜色、饲养年龄及瘦肉中脂肪的分布等畜肉可划分为不同的等级。美国将牛肉、小牛肉和羊肉分为4个级别：特级（Prime）、一级（Choice）、二级（Good）、三级（Standard 或 Utility）。美国饭店业和餐饮业对猪肉不分等级，只强调猪肉的卫生和检验。

3. 家禽

家禽（Poultry）是西餐不可缺少的食品原料，包括鸡、火鸡、鸭、鹅和鸽等。禽肉中含有较多的水分，易于烹调。禽肉的老嫩与它的饲养时间和部位相关。通常，饲养时间长的禽类及经常活动的部位肉质较老。鸡和火鸡的胸部肉含有脂肪，结缔组织较少，烹调时间较短。禽的腿部肉，包括小腿肉和大腿肉含有较多的结缔组织。所以，烹调时间较长。禽肉要经过卫生检疫才可食用，不合格的禽肉不可食用。合格禽肉的包装上常印有卫生合格章。

4. 鸡蛋

鸡蛋（Egg）是西餐常用的原料，它可作为菜肴的主料和配料。鸡蛋由三个部分构成：蛋黄、蛋清和外壳。蛋黄为黄色，浓稠液体，重量占全蛋的31%，含有丰富的脂肪和蛋白质；蛋清也称为蛋白，其成分主要是蛋白质，重量占全蛋的58%；蛋壳包裹着蛋黄和蛋清，重量占全蛋的11%。蛋壳含有许多小孔，人们不易观察到，蛋内的水分会通过小孔蒸发。在美国，根据蛋白在蛋壳内部体积的比例及蛋黄的坚固度，将鸡蛋分为特级（AA）、一级（A）、二级（B）和三级（C）。特级鸡蛋的蛋白在鸡蛋内的体积最大，蛋黄坚硬，适用于快煮或水波（Poach）、煎和煮等烹调方法制作的菜肴；一级和二级鸡蛋适用于煮、煎等方法制作的菜肴；三级鸡蛋不适于用煮和煎制作的菜肴，可另做他用。

5. 蔬菜

蔬菜（Vegetable）是西餐主要的食品原料之一。蔬菜含有各种人体必需的营养素，是人们不可缺少的食品。蔬菜有多种用途，可生食，可熟食，有很高的食用价值。蔬菜有多个种类：叶菜类、花菜类、果菜类、茎菜类和根菜类等。蔬菜的市场形态可分为鲜菜、冷冻菜、罐头菜和脱水菜。

6. 淀粉原料

淀粉原料（Starches）常作为西餐主菜的配菜或单独作为主菜原料。西餐最常用的淀粉原料是马铃薯、大米、面粉和意大利面条。马铃薯含有丰富的淀粉和营养素，包括蛋白质、矿物质、维生素B和维生素C等。它适于多种烹调方法。例如，烤或炸，制成马铃薯丸子、马铃薯面条和马铃薯饺子等。大米的种类和分类方法有很多。大米常作为肉类、海鲜和禽类菜肴的配菜，也可以制汤，还可用来制作甜点。西餐常用的大米种类有长粒米、短粒米、营养米、半成品米和即食米。面粉是制作西点和面包的主要原料。含蛋白质数量不同的面粉，其用途也不同。蛋白质含量高的品种可做面包，中低含量适宜做各种西点。此外，大麦、玉米和燕麦也常用于西餐。

7. 水果

水果（Fruit）用途甚广，习惯上水果用于甜点和沙拉。但是，水果在制作主菜中也占有重要的位置。多年来，水果在西餐中还作为调味品，解除畜肉和海鲜的腥味，减少猪肉和鸭肉的油腻等。

8. 调味品

调味品（Seasonings）是增加菜肴味道的原料，在西餐中扮演重要的角色。西餐调味品品种多。植物香料（Herb）和调味酒被认为是西餐不可缺少的调味品。香料是由植物的根、花、叶子、花苞或树皮，经干制而成。香料味浓，广泛用于西餐菜点的调味。酒是西餐常用的调味品，主要用于调味酱（少司）、汤、海鲜、畜肉和家禽菜肴。西餐常用的调味酒包括各种葡萄酒（Wine）、白兰地酒（Brandy）、朗姆酒（Rum）和利口酒（Liqueur）。

6.1.4 欧美餐饮习俗

1. 法国

法国位于西欧，餐饮在法国人生活中占有重要的地位。传统的法国人将用餐看作是休闲和享受。一餐中的菜肴可以表现艺术，甚至是爱情，用餐的人可以提出表扬或建设性的批评等。法国的正餐或宴请常需要2～3个小时，有6道菜或更多的菜点，包括开胃菜、沙拉、由海鲜或畜肉制成的主菜及奶酪、甜点、水果等。酒水包括果汁、咖啡、开胃酒、餐酒和餐后酒等。法国人喜欢与朋友坐在餐桌一起用餐和聊天，特别是谈论有关菜肴的话题。现代法国菜比传统高卢菜和法国贵族菜更朴实、新鲜，富有创造性和艺术内涵，显现大自然和地方的特色。法国菜和烹调方法不仅作为艺术和艺术品受到各国人们的欣赏，而且在法国的旅游经济中起着举足轻重的作用。法国人的早餐比较清淡。他们喜欢大陆式早餐（Continental Breakfast），包括面包、黄油、果酱和各种冷热饮料。午餐通常食用面包、汤、肉类及海鲜菜肴、蔬菜、麦片粥和水果等。法国人重视正餐（晚餐），正餐通常包括开胃菜、海鲜，以及带有蔬菜和调味汁的肉类菜肴、沙拉、甜点、面包、黄油和黑咖啡等。午餐用餐时间是中午12点至下午2点，正餐通常在晚8点或更晚的时间。

2. 意大利

意大利人通常一日三餐：早餐、午餐和正餐。早餐清淡，以卡布奇诺咖啡（Cappuccino）及面点为主；午餐常包括面条汤、奶酪、冷肉、沙拉和酒水等；正餐丰富，特别是较正式的正餐包括开胃酒、清汤或意大利烩饭（Risotto）及烩意大利面条、主菜、蔬菜或沙拉及甜点等。意大利人喜爱各种开胃菜（Antipasto）、青豆蓉汤（Crema di Piselli）、奶酪比萨饼（Cheese Pizza）、烩罗马意大利面（Fettuccine Alfredo）、焗肉酱玉米面布丁（Polanta Pasticciata）、米兰牛排（Costoletta Alla Milanese）等。意大利人正餐或正式宴请常包括5道菜肴。除了最北方的地区，意大利人首选的菜肴是意大利面条和意大利奶酪烩饭。此外，玉米粥也是人们最喜爱的食物。意大利正餐的第一道菜是开胃菜（Antipasto），以香肠、烤肉或瓢青椒等为特色的开胃菜配以意大利烤面包片（Bruschettas）——将面包片烤成金黄色，上面放少量橄榄油和大蒜末。开胃菜或汤（Primi）常作为意大利正餐的第二道菜，汤中常放有少量的意大利面条；主菜（Secondi）是以畜肉或鱼类为主要原料制成的菜肴；副菜（Contorni）是以蔬菜为原料的菜肴。甜点（Dolce）为正餐的最后一道菜肴，由甜味的面点、水果或奶制品组成。

3. 美国

美国是讲究餐饮的国家，餐饮业在美国非常发达。美国各地都有特色餐饮。由于美国是多民族国家，历史文化受各民族的影响，菜点有多种风味，其生产工艺变化和创新的速度相当快。美国菜肴的基本口味清淡，保持自然特色。由于受当地美洲人的影响，美国式西餐原料广泛使用玉米、菜豆和南瓜。例如，横穿美国大陆的玉米面面包、美国南部的烩菜豆咸饭（Hoppin'John）、西南部地区带有墨西哥风味的玉米饼（Tortillas）和烩菜豆（Pinto Beans）、东北地区的烤菜豆（Baked Beans）。在感恩节，美国人喜爱的有玉米面和大豆甜点

(Succotash)、南瓜派（Pumpkin Pie）及烤火鸡等。

美国人传统早点包括面包、黄油和果酱、鸡蛋、肉类（咸肉、火腿或香肠）、果汁、咖啡或茶等；现代美国人早点讲究营养和效率，通常吃些冷牛奶、米面锅巴及水果等。一般而言，午餐很简单，菜肴品种主要是三明治、汤和沙拉及简单的套餐。美国人对正餐比较讲究，正餐常包括 3~4 道菜肴，有冷开胃菜或沙拉、汤、主菜和甜点、面包、黄油和咖啡等。美国菜制作有多种工艺，但是扒（烧烤）最为流行。在美国，许多菜肴都可通过扒的方法制成。例如，西红柿、小南瓜、鲜芦笋，各种畜肉、家禽和海鲜等。当今，沙拉和三明治是美国人喜爱的菜肴。当代的美国沙拉选料广泛，别具一格。美国沙拉可以作为开胃菜、主菜、配菜和甜菜。各种类型的三明治是美国人早午餐（Brunch）、午餐、下午茶和夜餐的首选菜肴。

4. 英国

英国人习惯每天四餐。早餐在 7 点至 9 点，午餐在 12 点至下午 1 点半，下午茶（Afternoon Tea）常在下午 4 点至 6 点，正餐在晚上 7 点至 9 点。周日正餐在中午而不在晚上，晚上吃些清淡的菜肴。周日正餐菜肴常包括烤牛肉（Roast Beef）、约克郡布丁（Yorkshire Pudding）和两种蔬菜菜肴。英格兰早餐世界著名，主要包括面包、咸猪肉、香肠、煎鸡蛋、蘑菇菜、烤菜豆、咖啡、茶和果汁等。由于英国是工业国家，人们每天工作紧张，因此，午餐讲究营养和效率。英国人很注重正餐（晚餐），它是日常生活中重要的组成部分。他们选择较晚的用餐时间，并在用餐时间进行社交活动，促进彼此之间的友谊。

5. 俄罗斯

俄罗斯有着不同的民族文化。根据资料记载，16 世纪，意大利人将香肠、通心粉和各式面点带入俄罗斯。17 世纪，德国人将德式香肠和水果汤带入俄罗斯。18 世纪初期，法国人将少司、奶油汤和法国面点带入俄罗斯。18 世纪以后，马铃薯被俄罗斯人所青睐。由于其地理位置和气候寒冷的原因，俄罗斯菜肴油重味浓。俄罗斯人习惯于简单的大陆式早餐，喝汤时常食用黑面包、黄瓜和西红柿沙拉，喜欢食用鱼类菜肴和油酥点心。主菜常以牛肉、猪肉、羊肉、家禽和水产品为主要原料并以蔬菜、面条和燕麦食品为配菜。俄罗斯人擅长制作面点和小吃，包括各种煎饼（Blini）、肉排（Kulebyaka）、瓢馅酥点（Rastegai）、奶酪蛋糕（Cheese Cakes）、香料点心（Spice-cakes）等。在喜庆的日子，餐桌上受青睐的菜肴是各种炖肉和馅饼。俄罗斯菜使用多种植物香料和调味品，多数开胃菜放有较多的调味品，使用多种调味酱以增加开胃作用。包括辣根酱（Horseradish）、克瓦斯酱（Kvass）、蒜蓉番茄酱（Garlic and Piquant Tomato Sauces）。俄罗斯人习惯每日三餐：早餐（Zavtrak）、午餐（Obed）和晚餐（Uzhin）。俄式早餐比美式早餐更丰富，包括鸡蛋、香肠、冷肉、奶酪、土司片、麦片粥、黄油、咖啡和茶等。

午餐是一天中最重要的一餐。传统的习惯在下午 2 点进行。包括开胃菜（Zakuski）、汤（Pervoe）、主菜（Vtoroye）和甜点（Tretye）。开胃菜非常重要，常包括黑鱼子酱（Caviar）、酸黄瓜、熏鱼和各式蔬菜沙拉。下午 5 点是俄罗斯人的下午茶（Poldnik）时间，人们常食用小甜点、饼干和水果，饮用咖啡或茶。下午 7 点或更晚的时间是正餐。正餐菜肴与午餐很接近，通常比午餐简单，包括开胃菜和主菜。俄罗斯人的宴请或宴会第一道菜肴常是汤。早先的汤称为菜粥（Khlebovo），因为汤中常有燕麦片。因此，俄式汤具有开胃的特点，讲究原汤的浓度及调味技巧。其中，比较著名的汤包括酸菜汤（Schi）、罗宋汤（Borsch）、酸黄瓜汤（Sassolnik）、冷克拉斯汤（Okrochka）和什锦汤（Solyanka）。通常最后一道菜是蛋糕、水果或巧克力甜点。

6. 其他各国

（1）希腊

希腊人的早餐很清淡，午餐和晚餐包括汤、奶酪、鸡蛋、青葱和面点。希腊人喜爱下午茶。下午茶包括各式酥皮甜点（Fila Pastries）、黄油小点心、希腊浓咖啡等。晚餐（正餐）除了包括各式开胃菜、主菜和甜点外，还包括当地出产的新鲜水果。其中，主要品种有无花果、橘子、苹果和西瓜。希腊人的开胃菜常有黑鱼子、鸡肝、奶酪、热丸子和拌蔬菜等。希腊人喜爱与家人或朋友聚会并一起用餐。他们觉得与家人或朋友一起用餐是享受、休闲和乐趣。在希腊繁忙的餐厅，用餐可以体验到希腊人的餐饮社交活动。

（2）德国

德国人每日习惯三餐。早餐和晚餐比较清淡，午餐丰富。早餐食用面包、黄油、咖啡、嫩煮的鸡蛋、蜂蜜和麦片粥等。午餐包括肉类菜肴、马铃薯、汤、三明治和砂锅菜（Casserole）。德国人有喝午茶的习惯，午茶的餐饮包括香肠和啤酒。德国人正餐时间大约在晚上7点，正餐菜肴包括奶酪、冷肉类开胃菜、面包、汤和甜点等。德国人的夜餐常包括香肠、奶酪、三明治、甜点和咖啡。德国人喜爱酸甜味的菜肴。水果常用于肉类菜肴的配菜。德国菜肴常用的食品原料有各种畜肉、海鲜、家禽、鸡蛋、奶制品、水果和蔬菜等。一些菜肴以啤酒为调味品使菜肴别有风味。

（3）西班牙

西班牙人的早餐包括烤面包片、热咖啡或巧克力牛奶等。传统上，午餐时间约在下午2点多，正餐（晚餐）常在晚上10点或更晚些的时间。他们的正餐菜肴常是焖烩的肉类或海鲜、面包和甜点等。著名的西班牙传统菜肴有西班牙炒饭（Paella）、西班牙冷菜汤（Gazpacho Soup）、烤乳羊（Lechazo Asado）、扒乳羊排（Chulletillas）、炸油酥棒（Churros）等。

6.2 西餐菜系

6.2.1 法国菜系

法国各地区都有不同特色的菜系。这些菜系是由法国悠久的历史和文化、地方的食品原料和传统的餐饮习俗及富有创新精神的厨师努力创造而成。

1. 豪特菜系

豪特菜系（Haute Cuisine）。亦称为皇宫菜系，起源于法国国王宴会，受著名厨师安托尼·卡勒姆（Antoine Careme）和奥格斯特·艾斯可菲尔（Auguste Escoffier）的影响和发展而成。其特点是制作精细，味道丰富，造型美观，菜肴道数多。这种菜系采用综合的烹调方法，非单一方法。所有的菜肴原料、菜肴类别和制作程序都规定了质量和工艺程序标准。目前，法国豪华级饭店和传统餐厅仍然以这种菜系为主要特色，开发与生产经典餐饮产品。

2. 贵族菜系

贵族菜系（Cuisine Bourgeoise）以法国贵族家庭烹调法制成，相当于中国的官府菜。贵族菜系是法国传统的菜系,其制作工艺属于地方菜特点。菜肴风格是:油重,少司(Sauce)重,含有奶油成分,菜肴制作采用综合的烹调技术,比较复杂。

3. 地方菜系

地方菜系(Cuisine des Provinces)发源于各地的农民菜,使用各地方的特色食品原料,菜肴带有地方的风味特色。北方地区使用黄油,菜肴中的少司放有奶油、奶酪作为调味品和浓稠剂。例如,诺曼底地区的大片草原饲养着大批牛群,该地区盛产优质牛奶,因此北方地区菜肴充满浓郁的奶制品香味。同时,北方种植大片的苹果树,生产苹果酒和苹果白兰地酒并使用苹果酒作为菜肴的调味品而增加了北方地区菜系的风格。由于南方盛产橄榄油,所以南部地区将橄榄油作为配料并使用较多的调味品,菜肴味道浓厚。东北部受德国菜系的影响,菜肴中常放有德国的泡菜、香肠和啤酒作配料和调味品。

4. 新派菜系

新派菜系(Nouvelle Cuisine)诞生于20世纪50年代,流行于20世纪70年代。它讲究菜肴原料的新鲜度和质地,烹调时间短,少司和冷菜调味汁清淡,份额小,讲究装饰和造型。著名的新派菜系代表厨师是保罗·博古斯(Paul Bocuse)、米歇尔·杰拉德(Michel Guérard)、琼(Jean)、皮埃尔(Pierre)和艾伦·查普尔(Alain Chapel)。不仅如此,这种菜系还结合了亚洲菜的烹调特点,目前对世界餐饮产生了深远的影响。

6.2.2 意大利菜系

意大利约有20个行政区域,由于各地区饮食习惯不同,尤其是南部和北部地区明显不同。因此,每个区域有各自的地方菜系。从北部至南部,由于不同的地理环境,生长着各种不同的食品原料。北方主要种植玉米和大米,南方主要种植西红柿、柠檬、大蒜和橄榄。这些丰富的食品原料对意大利菜系起着很大的支撑作用。

1. 北部地区

意大利北部地区是意大利最繁荣的地区,主要包括威尼斯(Venice)、米兰(Milan)、皮埃蒙特(Piedmont)和伦巴第(Lombardi)等地区。威尼斯的特色菜肴有烩米饭大豆(Braised Rice and Peas)、生菜沙拉(Radicchio)、粗面粉菠菜合子(Semolina Dumplings with Spinach)、马斯卡泊尼奶酪汤(Mascarpone Cup)。米兰市是意大利文化中心,代表菜肴有米兰牛排(Costolette alla Milanese)、米兰通心粉(Minestrone alla Milanese)、米兰烩饭(Risotto alla Milanese)。米兰的北部是辽阔的大湖和旅游胜地,其西北部的利古里亚地区(Liguria)是生产香蒜酱(Pesto)和粗面粉合子(Semolina Dumplings)的著名地区。米兰东部是蜿蜒崎岖的小山和美丽的葡萄园,南部是苹果园,并且还盛产香菜子(Caraway Seeds)。这些物产对意大利北部菜系起着重要的作用。例如,意大利熏火腿、油酥饼、泡菜和意大利香醋都需要这些原料。伦巴地著名的菜肴有藏红花米饭(Rice with Saffron)、炖辣椒(Braised Peppers)。伦巴地以东,物产丰富,特别是盛产橘子、鲜花(康乃馨)和蜂蜜。伦巴地北部人习惯食用黄油、玉米菜(Polanta)、菠菜、蛋黄少司、新鲜的意大利面条和米饭等。同时,该地区烹饪技术驰名世界并以烹制小羊肉、小牛肉而著称,菜肴味道浓厚。布里安扎市(Brianza),距离米兰20千米,是伦巴地省的著名城市。该地区盛产奶制品。意大利著名的戈尔根朱勒奶酪(Gorgonzola)和贝尔培斯(Bel Paese)奶酪在该地区生产。

2. 东部地区

意大利东部地区与斯洛文尼亚接壤，东北部与奥地利接壤。因此，这些地区的菜系受这两个地区的影响。东北部港口城市的里亚斯特（Trieste）是著名的香肠、辣炖牛肉和海鲜菜肴的著名生产地。该地区著名的城市维尼托（Veneto）菜肴朴素、单纯，似乎是精心制作的农家菜肴。当地著名的菜肴有鲜豆大米奶酪浓汤（Risi e Bisi）和反映亚得里亚海风味的海鲜意面。艾米利亚-罗马涅大区（Emilia-Romagna）是意大利东部的农作物生产基地。该地区冬天潮冷、夏天炎热、多雾，是著名的食品原料生产地。这里以生产西红柿、鸡肝、腌猪肉和调味蔬菜（Soffrito）而著名。

3. 中部地区

中部地区有连绵不断的山脉和成片的高大柏树，古老的道路蜿蜒着伸向无边的橄榄树，有整齐的葡萄园、老式的农舍和别墅，以生产牛肉、羊肉和野生动物为主。同时，该地区以扒、烩和烤等烹调方法制成的畜肉菜肴而驰名。这些菜肴旁边配以新鲜的蔬菜、意大利面条、鲜蘑菇和块菌（Truffle）。这些菜肴的特点是制作简单，味道清淡，多以新鲜的蔬菜和奶酪为主并放有少量的畜肉原料。该地区的托斯卡纳（Tuscany）是意大利著名的特色菜生产地区，面包别有风味，使用很少的盐。由于这里生产著名的大豆，所以这里的豆类菜肴很有名气。其中，中部地区常用鼠尾草（Sage）为菜肴调味并配以橄榄油。佛罗伦萨牛排（Beef Steak Florentine）、烩菜豆意大利面（Beans and Pasta）、佛罗伦萨蔬菜汤（Florentine Vegetable Soup）、烤茄子合（Baked Eggplant）是该地区乌尔比诺市（Urbino）的著名的菜肴。由于这里是著名的意大利基安蒂葡萄酒（Chianti Wine）生产地。因此，使用这种葡萄酒为调味品增加了菜肴的味道。翁布里亚地区（Umbria）是著名的小麦和黑块菌生产地，菜肴制作既简单又可口。烤乳猪（Porchetta）是翁布里亚地区的名菜。牛肉对当地人起着重要的作用。在马尔凯地区（Marche）的乌尔比诺市，特色菜肴有烤瓤馅整猪（Porchetta）。该菜肴的特点是在猪内部嵌入胡椒、迷迭香（Rosemary）和大蒜。这里的烤宽面条带番茄少司（Lasagna）给各国旅游者留下了不可磨灭的印象。此外，什锦鱼汤（Brodetto）味道鲜美，该菜肴制作方法是在有藏红花的鱼汤中放各种鱼肉。

4. 南部地区

意大利南部地区是个美丽的地方，主要包括西西里（Sicily）、阿布鲁齐（Abruzzi）、莫利塞（Molise）、坎帕尼亚（Campinia）、巴斯利卡塔（Basilicata）和卡拉布利亚（Calibria）等地区。这里，人们习惯食用橄榄油、浓味的红色少司（调味酱）和干面条。该地区的风味菜肴有奶酪三明治（Deep Fried Mozzarella Sandwiches）、酱汁茄子（Marinated Eggplant）、冷茄子（Cold Eggplant）及含有马萨拉葡萄酒的意大利甜点（Zabaglione）。该地区使用多种调味香料，菜肴味道清淡。该菜系中习惯食用短小的希提空心面条（Ziti）。这种面条的特点是以番茄酱为调味品，贝类和鲜鱿鱼为配料。许多菜肴和比萨饼都配以著名的马苏里拉奶酪（Mozzarella）。靠近海边的地区以海鲜、谷类、蔬菜和水果为主要食品原料；而内陆以畜肉、谷类、蔬菜和水果为食品原料。这里的比萨饼别有风味，以木炭为燃料，开放式烤炉制熟，上面配有海鲜、畜肉和奶酪。该地区烹制的菜肴，基本使用橄榄油，而不用黄油。西西里岛由于接近埃特纳火山（Mount Etna），气候凉爽。因此，是生产和出口柑橘和柠檬的地方。由于历史上受希腊人、阿拉伯人和诺曼底人饮食习惯的影响，他们习惯食用海鲜菜肴、味道浓郁和瓤馅的面条及茄子菜肴。同时，甜点是每天不可缺少的菜肴。该地区最著名的甜点是卡萨塔冰淇淋（Cassata）和瓢馅脆酥饼（Cannoli）。这种脆酥饼里面嵌有甜奶酪和巧克力。

6.2.3 美国菜系

美国各地有各自特色的烹调方法和菜系，因为每个地区菜系都受当地民族文化和食品原料的影响。就美国整体而言，北部地区突出海鲜菜，以蒸、煮和烩为主要烹调方法。烤菜豆和玉米常作为主菜的配菜，正餐常以派（Pies）或带有鲜水果的脆皮水果甜点（Cobbler）为最后一道菜肴。在南部地区，一餐常包括咸火腿肉和咸鱼菜肴，习惯食用带有青菜的烤猪排或烤猪肉。玉米粒经常作为主菜配菜，同时常以大米和海鲜为原料，使用当地出产的干红辣椒或智利出产的辣椒做调味品，菜肴味道浓郁芳香。当地喜爱浓味鱼汤（Bouillabaisse）和瓢馅煎饼（Beignet）。南方菜系还受墨西哥菜的影响，特色菜肴有炸玉米面豆卷（Tacos）、油炸玉米面饼（Fried Tortillas），以及以畜肉和奶酪为原料的菜肴。中西部受德国人、英国人、挪威人、瑞典人、丹麦人和冰岛人的餐饮文化影响，喜爱奶制品和鸡蛋。主菜包括烤肉、焖烧牛肉，以及以各种烹调方法制成的鳜鱼和白鱼菜肴。面包以小麦或玉米为原料。

1. 加州菜系

根据历史记载，加州菜系（California Cuisine）与欧洲菜系很相似。食品原料来自世界各地，特别是半成品原料多。应该说，加州烹调风格早已不是加州自己的风格，它代表美国高水平的菜系，讲究原料的新鲜度，讲究菜肴与季节适应性，讲究菜肴适应人体营养需要。加州全年盛产新鲜水果、蔬菜和海鲜。该地区有多个民族。加州饭店业近来开发和销售健康菜系，使用新鲜食品原料，使用特色化的复合调味品。例如，新鲜青菜沙拉以鳄梨和柑橘为原料，配以亚洲人喜爱的花生酱。扒鱼排的程序是，鱼经调味后，在扒炉烤制，配以中国大白菜和美洲人喜爱的炸面包片。由于加州物产丰富且融合了多民族文化，生产技术和食品原料互相影响和借鉴，使加州菜系形成高雅、优质、营养丰富、清淡和低油脂的菜系。

2. 中西部菜系

中西部菜系（Midwestern Cuisine）来自移民饮食文化。由于该地区由北欧人组成，包括瑞典人、挪威人、英格兰的康沃尔人、波兰人和德国人。因此，菜肴清淡，不放香料。服务方式以瑞典自助餐式或家庭式为主。当地特色的菜肴有炖牛肉、各式香肠、甜煎饼及奶酪。历史上，由于德国移民，啤酒、香肠的质量和特色领先于其他地区。

3. 东北部菜系

美国东北部称为新英格兰州，主要居住着英国人，菜系反映英国人的饮食习惯。该地区盛产玉米、火鸡、蜂蜜、龙虾、贝类、各种越橘（Cranberries）（见图6.6）和海产品，习惯食用烩鸡肉蔬菜（Brunswick Stew）、什锦炖肉（Yankee Pot Roast）、波士顿烤菜豆（Boston Baked Beans）、新英格兰鲜贝汤（New England Clam Chowder）等。新英格兰州菜系最大的特点是广泛应用海鲜、奶制品、菜豆和大米。这种风味还受波多黎各、西班牙和墨西哥烹调方法的影响，经多年发展而成。

4. 南部菜系

美国南部菜系（Southern Cuisine）被认为是美国家庭式菜系，其特点是油炸食品多，菜肴带有浓郁的调味酱，每餐都带甜点。此外，该地区还突出非洲裔美国人

图6.6 越橘

的传统菜系。所有南方菜肴在美国其他地区最受欢迎的是炸鸡。除此之外，南部的快餐业发达。南部人习惯食用猪肉，尤其喜爱弗吉尼亚火腿肉、咸猪肉和培根肉（Bacon）。青菜和菜豆常作菜肴的配料。南部人早餐和正餐习惯食用小甜点和饼干，该地区东南部卡罗来纳州是生产大米的著名地区，那里有着大米烹调文化，是著名的烩菜豆米饭（Hoppin' John）生产地。该菜肴以查尔斯顿大米、菜豆和咸火腿肉为主要原料。著名的查尔斯顿蟹肉汤（Charleston Crab Soup）是著名的海鲜汤之一。卡罗来纳州人喜爱酸甜味菜肴，因此当地菜肴的少司加入少量的糖和醋作调味品。该地区喜爱烧烤菜，喜爱炭火烧烤的猪肉或猪排骨，并用青菜、菜豆和玉米饼作配菜。该地区特色甜点有核桃派（Pecan Pie）、鲜桃酥皮馅饼（Peach Cobbler）、香蕉布丁（Banana Pudding）和甜土豆派（Sweet Potato Pie）等。

5. 西南菜系

西南地区受美洲本地人、西班牙人和邻国墨西哥人的影响，菜肴种类繁多，使用当地出产的食品原料及墨西哥的香料和调味品。该地区菜系代表传统的美洲菜肴，具有墨西哥风味，特别是在菜肴中使用玉米、菜豆和辣椒作原料和调味品。该地区辣椒"Chili"、番茄"Tomato"等词来源于16世纪的墨西哥阿芝特克（Aztec）民族语言。在与墨西哥接壤地区和得克萨斯州还表现出墨西哥和美国混合的菜系特色，味道偏辣。此外，人们青睐野外烧烤菜肴。该地区还是著名的萨尔萨少司（Salsa）、烤玉米片带奶酪酱（Nachos）、瓤馅玉米饼卷（Tacos）和瓤馅面饼（Burritos）之乡。烩菜豆（Pinto Beans Stewed）是当地人们理想的菜肴。瓤馅玉米饼（Tamales）是当地人的节日食品。以猪肉和牛肉为原料的菜肴由西班牙人传入该地区

图6.7　什锦菜卷

后，经口味调整，更适合当地人的饮食习惯。新墨西哥州的辣炖猪肉（Carne Adovado）就是典型的例子。得克萨斯州牛肉与当地菜豆完美结合的辣味炖牛肉（Chili Con Carne），亚利桑那州南部墨西哥什锦菜玉米卷饼（Enchiladas）（见图6.7）是典型的西南菜系中的菜肴。

6. 新奥尔良菜系

新奥尔良位于美国南部，在密西西比河的河口。受西班牙和法国餐饮文化的影响，其烹调方法有自己的特色，是克里奥尔人烹调法（Creole）和卡津人烹调法（Cajun）完美的结合。同时，也使用美洲的调味品，体现西印度群岛的餐饮文化。这两种烹调方法都来源于法国，其中克里奥尔人烹调法源于法国豪特烹调法，而卡津人烹调法源于法国阿卡迪亚人。阿卡迪亚人口味偏辣，菜肴味道浓郁，菜肴中频繁地使用油面酱（Roux）、大米和海鲜。多年来克里奥尔人融合了西班牙、美洲人、加勒比海地区的烹调特色和路易斯安那州当地的食品原料，使菜肴制作更加精细，味道偏辣。卡津人烹调法保留了民间的特色，还常以虾和小龙虾为菜肴原料，使用较少的香料，较多使用辣味调味酱，采用慢速度"炖"的烹调方法。该地区的特色菜肴有秋葵浓汤（Gumbos）和什锦米饭（Jambalayas）。

6.2.4　英国菜系

英国有悠久的历史，许多历史学家将英国总结成为一个珍品宝库。英国到处是艺术珍品，其中包括古堡式饭店和餐厅。近年来英国餐饮文化和烹饪工艺不断地发展和提高，这种趋势对欧洲菜系产生了重要影响。

1. 英格兰菜系

英格兰位于英国中部，由多个郡组成。其中包括林肯郡（Lincolnshire）、康沃尔郡（Cornwall）和约克郡（Yorkshire）。这些地方都是具有英格兰风味菜系（England Cuisine）的地区。其中，有代表性的菜肴有各式香肠、黑布丁香肠、猪肉馅饼（Pork Pies）、英格兰传统蛋糕、果酱杏味馅饼（Bakewell Tarts）和葡萄干酥饼（Eccles Cakes）等。康沃尔郡是世界著名的奶酪生产地。其中著名的斯提尔顿奶酪（Stilton）享誉世界。该地区沿海城市有众多海鲜菜肴。其中的特产白蚝（White Oysters）是著名的水产品，以这种原料制成的菜肴，味道鲜美。约克郡是英格兰历史和传统的菜系名城，这里的传统茶社、家庭服务式餐厅比比皆是。经过长时间的发展，约克郡菜已将清淡的英格兰菜、传统的民族菜和地方特色菜融合在一起。该地区东部巴思市（Bath）的萨利伦甜饼（Sally Lunns）在18世纪已经小有名气，原因在于放有当地生产的奶油和香菜子，使其味道香郁。

2. 苏格兰菜系

苏格兰位于英格兰的北部地区。不论它的历史、文化还是各城市中的古建筑都给人们留下了深刻的印象。苏格兰是个美丽的地方，它的湖泊、海滩和高地的美景都使人流连忘返。现代的苏格兰菜系（Scottish Cuisine）融合了传统的菜肴和本地出产的新鲜海鱼、龙虾、鲜贝、蔬菜、水果和牛肉，并以高超的烹调技艺制成著名的苏格兰菜系。其中，最能代表苏格兰地区菜系风味的地方是哥拉斯哥市（Glasgow）。目前，该地区已被选为英国的第二美食城市，仅次于伦敦。近年来，苏格兰菜系不断地创新和改进。著名的苏格兰传统菜有羊杂碎肠（Haggis）、炖牛肉末土豆（Stovies）和羊肉蔬菜汤（Scots Broth）。

3. 威尔士菜系

威尔士菜系（Welsh Cuisine）是英国具有代表性的菜系。目前，一些饭店和餐厅门前都展示威尔士菜系证章，以证明该企业为正宗威尔士风味菜系。威尔士盛产奶制品，尤其是奶酪。这一地区是英国著名的卡尔菲利奶酪（Caerphilly）生产地。该地区高尔半岛（Gower）出产特色鲜贝，称作黑蛤（Cockles）。以这种鲜贝为原料制成的菜肴，味道鲜美。当地传统的菜肴多以羊肉、鳜鱼和鳟鱼为原料，菜肴中常使用韭葱（Leek）以增加香味。著名的威尔士面点有莱弗面包（Laver Bread），其中放有当地出产的干海藻和燕麦。巴拉水果面包（Bara Brith）、奶酪面包卷（Glamorgan Sausages）、炖羊肉土豆（Cawl）及威尔士奶酪酱（Welsh Rarebit）都是很有特色的菜肴和面点。

4. 爱尔兰菜系

爱尔兰民族有悠久的历史，该地区绵延的海岸线带来了丰富的海产品，当地还盛产畜肉、奶制品和蔬菜。传统的爱尔兰菜系（Irish Cuisine）以新鲜的海产品、畜肉和蔬菜为主要原料，常以煮和炖的方法制作菜肴。该菜系的特点是，在炖煮海鲜时，放入少量的海藻，增加了菜肴的味道。18世纪爱尔兰菜系的烹调技术不断地发展，菜肴中的原料和调味品种类也不断增加，糖作为调味品代替了传统的蜂蜜。由于人们对茶的青睐，逐渐替代了非用餐时间饮啤酒的习惯。当时，还开发了著名的苏打面包（Soda Bread）、奶酪面包卷（Glamorgan Sansayes）、苹果塔特（Apple Tart）、酵母水果面包（Barm-brack）、马铃薯面包（Boxty）、伦敦什锦扒（London Broil）、爱尔兰土豆泥（Colcannon）、爱尔兰炖羊肉（Irish Stew）、培根肉土豆（Potatoes and Bacon）、都柏林式炖咸肉土豆（Dublin Coddle）等。英国风味菜肴如图6.8所示。

伦敦什锦扒　　　　　　　爱尔兰炖羊肉　　　　　　　威尔士奶酪面包卷

图 6.8　英国风味菜肴

6.2.5　俄罗斯菜系

俄罗斯是具有悠久文化的历史大国，也是世界著名的西餐大国之一，对世界文化有着重要的影响。其中，包括餐饮文化。俄罗斯菜系不仅指俄罗斯民族菜肴，而且有着更广泛和深刻的含义，包括俄罗斯各民族的菜肴和临近各国风味菜肴。面包文化是俄罗斯餐饮文化的重要组成部分。俄罗斯食用多种面包，面包的原料可以使用小麦、黑麦、樱子和燕麦等。人们为了获得更多的营养，更喜爱食用黑面包。俄罗斯人认为，面包是个人财富的象征。

1. 白俄罗斯菜系

白俄罗斯菜系（Byelorussian Cuisine）广泛使用马铃薯、畜肉、鸡蛋和蘑菇为原料。该菜系以马铃薯和蘑菇菜肴为特色。炸薯片（Draniks）、土豆粥（Komoviks）和土豆沙拉是该地区的特色小吃和开胃菜。此外，白俄罗斯人喜爱各式面包、鸡蛋菜肴和各种粥。

2. 高加索菜系

高加索菜系（Caucasian Cuisine）源于车臣（Chechnya），长期受南部的格鲁吉亚（Georgia）、亚美尼亚和阿塞拜疆等国家和地区的烹饪特色影响，经不断发展和创新，逐渐形成高加索菜系。该菜系色调美观，使用较多的调味品、植物香料和干葡萄酒。肉类菜肴常以青菜作配菜，并使用石榴、梅脯和干果为装饰品。高加索菜系以野外烧烤菜肴、酸奶油和面点而驰名。

3. 乌克兰菜系

乌克兰菜系（Ukrainian Cuisine）有鲜明的特色，许多菜肴以猪肉和红菜（紫菜头）为主要原料，以制作酸甜味菜肴而著名。著名的乌克兰风味菜肴有乌克兰沙拉（Ukraine Salad）、烩奶酪和酸奶油面条（Noodles Mixed with Cottage Cheese and Sour Cream）、烩土豆鲜蘑（Potato and Mushroom）、白菜卷瓤什锦肉饭（Golubtsi）、葡萄叶馅瓤米饭和肉末（Vine Leaves Stuffed with Rice and Meat）、荞麦饭带脆猪油丁（Buckwheat Kasha with Crackling）、奶酪水果馅饺子（Vareniki）、牛肉丸子汤（Galushki）、软炸肉（Fritters）、基辅黄油鸡卷（Chicken Kiev）、肉冻（Meat Jelly）、酸菜土豆炖猪肉（kapustnyak）等，如图6.9所示。

4. 乌兹别克菜系

乌兹别克菜系（Uzbek cuisine）有悠久的历史，菜肴种类繁多，也称为中东风味菜肴。该菜系各种菜肴的变化随着当地季节变化而变化。夏季菜肴充分利用当地出产的水果和蔬菜。冬季利用蔬菜干和果脯为菜肴配料。当地人们喜爱食用羊肉、牛肉和马肉菜肴。乌兹别克菜肴味道丰富，常用的调味品有孜然、辣椒、伏牛花（Barberries）、胡荽（Coriander）和

 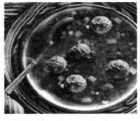 

| 荞麦饭带脆猪油丁 | 牛肉丸子汤 | 肉冻 |

图 6.9　乌克兰风味菜肴

芝麻。著名的菜肴什锦米饭（Uzbek PLov）享誉整个东欧地区。该菜肴不仅是乌兹别克人喜爱的菜肴，更是重要的节假日和宴会必不可少的菜肴。什锦米饭以大米为主要原料，配以各种香料和调味品、葡萄干、青豆和温柏果（Quince）以增加味道和美观。此外，著名的开胃菜马肉香肠（Kasy）以马肉为原料，有很高的知名度。面包是乌兹别克人的神圣食品，乌兹别克人以传统工艺制作面包，将面团贴在烤炉内的炉壁上，用自然明火将面包表面烤成金黄色。人们携带面包时，将面包放入草篮中，将草篮放在头顶上，以示对面包的尊敬。其中，有代表性的面包是扁平的圆饼式面包，称为馕（Patyr）。著名的风味汤菜有牛肉末蔬菜大米粥（Mastava）和羊肉汤（Shurpa）。著名的菜肴有乌兹别克扒羊肉（Shashlyk）和油炸甜饺（Samsa）。

5. 西伯利亚菜系

西伯利亚菜系（Siberian Cuisine）有悠久的历史。西伯利亚地区气候寒冷，菜肴油重，味道浓郁，菜肴中常显现较多的黄油。著名的西伯利亚水饺（Pelmeni）享誉东欧各国，该菜肴上桌前撒上少量醋和新磨碎的胡椒。人们在夏季喜爱由奶制品和蔬菜为原料制作的菜肴，而冬季青睐畜肉与酸菜制成的菜肴。西伯利亚菜系的菜肴种类多，制作精细。著名的菜肴有冷蔬菜汤（Okroshka）和牛奶烩鲜蘑（Gruzdianka）等。

6.2.6　其他菜系

1. 希腊菜系

希腊是个岛屿国家，其菜肴特色和烹调风格享誉世界，影响着欧洲，甚至全世界。希腊餐饮有悠久的历史，它的烹调特色受本国的食品原料及土耳其、中东和巴尔干半岛等餐饮文化影响，逐渐形成了自己的菜系。由于希腊盛产海鲜、植物香料、橄榄油、葡萄酒和柠檬等，从而为希腊菜系的制作打下良好的基础，增添了特色。希腊生产的菲达（Fresh Feta）、罗曼诺（Romano）和卡塞力（Kasseri）等具有特色的新鲜奶酪配以当日生产的新鲜面包为希腊人带来了享受。在希腊的海边城市，到处是繁忙的饭店、餐厅和游客。厨师们整天忙于烧烤、煎炸和烹制各种海鲜菜肴。由于希腊菜系使用当地的新鲜食品原料并科学地搭配香料和调味品，从而使希腊菜肴新鲜并有特色，受到世界各国的好评。

2. 德国菜系

德国菜以传统的巴伐利亚菜系而享誉世界。现代德国菜系除了传统的烹调特色外，还融合了法国、意大利和土耳其等国家的优秀烹调技艺并根据国内各地的食品原料和饮食习惯而形成了本国菜系。南部菜系以巴伐利亚（Bavaria）和斯瓦比亚地区（Swabia）的特色菜为基础并受邻国瑞士等菜系的影响而成。西部菜系受法国东部地区菜系的影响。由于德国气候和地理位置特点及受邻国烹调风格的影响，因此它的菜系形成了不同的风格。德国是畜肉消费大国，尤其是猪肉，其次是家禽，而羊肉消费量不高。同时，德国是香肠消费大国，目前，整个国家的香肠种类约有1 500种。德国盛产水产品、蔬菜、粮食和水果。德国的莱茵河（Rhine）、易北河（Elbe）和奥得河（Oder）盛产鳜鱼、梭子鱼、鲤鱼和鲈鱼。德国的海产品以鲱鱼和三文鱼而著称。除此之外，德国是世界著名的葡萄酒和啤酒生产国。德国著名的菜肴包括蔬菜沙拉（Rohkostsalatteller）、鲜蘑汤（Schwammerlsuppe）、德式香肠（Schmierwurst）、柏林式炸猪排（Fried Pork Berlin Style）、焗鱼排（Fischragout）、红酒焗火腿（Schinken in Burgunder Wein）、慕尼黑白香肠（Weisswürste）、扒香肠（Bratwurst）、纽伦堡姜味面包（Gingerbread）、哥伦少司（Green Sauce）、洋葱咸肉排（Zwiebelkuchen）、图林根小香肠（Thuringian Bratwurst）和咸肉煎饼（Speckpfannkuchen）等。

3. 西班牙菜系

西班牙菜系和烹调方法受犹太人、摩尔人（Moor）及地中海各国饮食文化的影响，其中莫尔人对西班牙的烹调特色和菜系特点起着重要的作用。历史上，从美洲大陆进口的马铃薯、西红柿、香草、巧克力、菜豆、南瓜、辣椒和植物香料对西班牙的菜肴特色和质量也起着极大的推动作用。西班牙出产优质大蒜，大蒜在西班牙菜肴制作中起着重要的调味作用。著名的大蒜菜肴有炒蒜味鲜虾（Gambas al Ajillo）、大蒜炒鲜蘑（Champignon al Ajillo）、蔬菜大蒜汤（Sopa Juliana）。西班牙菜系中的调味汁常放雪利酒（Sherry）以增加菜肴的味道。由于西班牙地理位置和气候原因，各地出产的食品原料不同，使西班牙菜系形成多种风味。西北部的加利西亚地区（Galicia）继承凯尔特人（Celtic）传统的餐饮习惯，以烹制小牛肉、肉排、鱼排和鲜贝菜肴见长；沿海东部地区的阿瑟图里亚斯地区（Asturias）以烹制菜豆、奶酪、炖菜豆猪肉（Fabada）为特色；巴斯科人（Basque）以烹制鱼汤、鳗鱼、鱿鱼和干鳕鱼见长；加泰罗尼亚地区（Cataluna）以当地盛产的海产品、新鲜的畜肉、家禽为主要原料结合蔬菜和水果制成创新的菜肴。巴伦西亚（Valencia）是著名的大米生产地，当地的藏红花炒饭（Paella）代表了西班牙的特色菜肴，在国际上有很高的知名度。安达卢西亚（Andalucia）位于西班牙南部，天气炎热、干旱，当地生产葡萄和橄榄。同时，还是著名的西班牙冷蔬菜汤（Gazpacho）的发源地。西班牙著名的菜肴如图6.10所示。

西班牙炒饭

炖菜豆猪肉

菜豆牛肉薄饼卷

图6.10　西班牙著名菜肴

6.3 西餐生产原理

6.3.1 初加工原理

1. 食品原料选择

优质的西餐首先从选择食品原料开始，食品原料必须新鲜、卫生、没有化学和生物污染，具有营养价值并在质地、颜色和味道方面达到菜单的标准。选择食品原料时，首先进行感官检查和物理检查，包括对食品原料的颜色、气味、弹性、硬度、外形、大小、重量和包装等。通过检查确定原料的新鲜度和质量水平。其次，按照加工和烹调要求选用合适的品种和部位。

2. 食品原料初加工

食品原料初加工是指食品原料的整理、洗涤、初步热处理等，是西餐生产不可缺少的环节。它与菜肴质量有紧密的联系。合理的初加工可综合利用原材料，降低成本，增加效益，并使原材料符合烹调要求，保持原料的清洁卫生和营养成分，增加菜肴的颜色和味道，突出形状。在初加工中，不同的食品原料有不同的初加工方法。当今，在旅游发达的国家，对于饭店而言，食品原料初加工工作愈来愈少，因为供应商已完成大部分初加工工作。

3. 食品原料切配

食品原料切配是将经初加工的原料切割成符合烹调要求的形状和大小，并根据菜肴的原料配方，合理地将各种原料搭配在一起，使之成为完美的菜肴。这就需要运用不同的刀具和刀法将原料切成不同的形状。西餐原料常用的切割方法如下。

① 切成块（Cut），将原料切成统一尺寸和较大的块状。
② 剁、劈（Chop），将食品原料切成不规则的块。
③ 切成末（Mince），将食品原料切成碎末状。
④ 切成片（Slice），将食品原料横向切成整齐的片状。

4. 食品原料形状

① 末（Fine Dice），3 mm 正方形的颗粒。
② 小丁（Small Dice），6 mm 正方形。
③ 中丁（Medium Dice），1 cm 正方形。
④ 大丁（Large Dice），2 cm 正方形。
⑤ 小条（Julienne），6 mm×6 mm×4 cm 长方形。
⑥ 中条（Batonnet），3 mm×3 mm×8 cm 长方形。
⑦ 大条（French Fry），(0.75～1) cm×(0.75～1) cm×(8～10) cm 长方形。
⑧ 片（Slice），各种长度，3～8 mm 厚的片状。
⑨ 楔形（Wedge），西瓜块形状。
⑩ 圆心角形（Daysanne），将圆形条顺刀切成四瓣或三瓣，然后切成片状。
⑪ 椭圆形（Tourne），任何尺寸的椭圆形。

6.3.2 配菜原则

现代西餐，讲究营养搭配，以满足不同顾客的需求。许多旅游发达的国家和地区，菜单上都注明每个菜肴中的蛋白质含量和菜肴所含热量。配菜中，厨师注意原料数量间的协调，突出主料的数量，注重原料颜色配合。一般而言，每盘菜肴应有2～3种颜色并突出主料的自然味道。同时，将相同形状的原料搭配在一起，使菜肴整齐和协调。当然，还要将不同质地的食品原料配合在一起，以达到质地互补的目的。例如，在马铃薯沙拉中放一些嫩黄瓜丁或嫩西芹丁；而在菜泥汤或奶油汤中放少量烤过的面包丁等。

6.3.3 挂糊工艺

挂糊（Coating）是将食品原料的外部包上一层糊的过程。在西菜生产中，尤其是通过油煎、油炸工艺制成的菜肴，应在原料外部包上一层面粉糊、鸡蛋糊或面包屑糊，以增加菜肴的味道、质地和颜色。

1. 面粉糊工艺（Dredging）

先在食品原料上面撒些细盐和胡椒粉进行调味，然后再粘上面粉。

2. 鸡蛋糊、牛奶糊工艺（Batters）

将原料蘸上鸡蛋液或牛奶面粉糊。挂糊前，在原料上撒些细盐和胡椒粉调味。

3. 面包糊工艺（Breading）

先在原料上撒些细盐和胡椒粉，然后蘸上面粉、鸡蛋，再蘸上面包屑。

6.3.4 开胃菜生产原理

开胃菜（Appetizers）也称为开胃品、头盆或餐前小吃，包括各种小份额的冷开胃菜、热开胃菜和开胃汤等，是西餐中的第一道菜肴。开胃菜的特点是菜肴数量少，味道清新，色泽鲜艳，常带有酸味和咸味并具有开胃作用。西餐开胃菜有多个种类，下面是基本的类型。

1. 开那批（Canape）

开那批以小块脆面包片、脆饼干等为底托，上面放有少量或小块熟制的冷肉和冷鱼、鸡蛋片、酸黄瓜、鹅肝酱或鱼子酱等。一些西餐专家将开那批称为开放形的小三明治。此外，以脆嫩的蔬菜或熟制的鸡蛋为底托的小型开胃菜也称为开那批。开那批类开胃菜的特点是，食用时直接用手拿取入口，形状美观。

例6-1 熏三文鱼开那批（Smoked Salmon Canape）（生产20块）

原料：白吐司面包片（Toast）5片，熏三文鱼片100克，鲜柠檬条20条，开那批酱（奶油、奶酪和调味品制成）200克。

制法：① 将烤成金黄色的吐司片去四边，平均切成四块，在每块面包片上均匀地抹上调味酱。

② 将熏三文鱼片摆在面包片上，每块开那批上，放两条柠檬条作装饰品。

2. 鸡尾菜（Cocktail）

鸡尾菜常以海鲜或水果为主要原料，配以酸味或浓味的调味酱制成。鸡尾菜颜色鲜艳，造型美观，常以玻璃杯盛装。

例6-2 虾仁鸡尾杯（Shrimps Cocktail）（生产10份，每份约80克）

原料：虾仁300克，碎西芹100克，热带水果丁200克，煮熟的鸡蛋黄1个，橄榄油少许，细盐、胡椒粉少许，千岛沙拉酱150克，柠檬2个。

制法：① 虾仁洗净，用水煮熟，晾凉，将少许橄榄油、细盐、胡椒粉、西芹、水果、部分千岛酱与虾仁一起搅拌，装入10个鸡尾杯中。

② 将鸡蛋黄捣碎，撒在虾仁上，再浇上另一部分千岛酱，杯边用一块鲜柠檬作装饰。

3. 迪普（Dip）

迪普类开胃菜是由英语 Dip 音译而成，它由调味酱与脆嫩的蔬菜两部分组成。食用时，将脆嫩的蔬菜蘸上调味酱，然后食用。迪普常突出主体菜的新鲜和脆嫩，配上有特色的调味酱，装在造型独特的餐盘中，具有很强的开胃作用。

4. 鱼子酱（Caviar）

鱼子酱作为开胃菜，包括黑鱼子酱、黑灰色鱼子酱和红鱼子酱等。鱼子取自鲟鱼和鳜鱼的卵。鱼子常被制成罐头，作为开胃菜。每份菜装配的鱼子酱为25~45克。食用时，将鱼子放入一个小型的玻璃餐具或银器中，再将容器放入带有碎冰块的容器内。以切碎的洋葱末和鲜柠檬汁作调味品。

5. 批（Pate）

"批"是该单词法语的音译，这种开胃菜的制法是，由熟制的肉类和肝脏经搅拌机搅碎，放入白兰地酒和调味品，搅拌成泥后放入模具，经冷冻，切成片，配上装饰菜而成。

6. 开胃汤（Appetizer Soup）

以原汤为原料，加入配料及装饰品制成，常作为开胃菜。汤有许多分类方法，通常分为三大类，它们是清汤、浓汤和特殊风味汤。

（1）清汤（Clear Soup）

清汤，顾名思义是清澈透明的液体，通常以白色牛肉原汤、棕色牛肉原汤或鸡汤为原料，经调味，配上适量的蔬菜和熟肉制品作装饰而成。清汤又可分为三种。

① 原汤清汤（Broth），由原汤直接制成的清汤，不过滤。

② 浓味清汤（Bouillon），将原汤过滤，调味后制成的清汤。

③ 特制清汤（Consomme），将原汤精加工后，制成的清汤。通常将牛肉丁与鸡蛋清、胡萝卜块、洋葱块、香料和冰块进行混合，然后放牛肉原汤，用低温炖2~3小时，使牛肉味道溶解在汤中，使汤中漂浮的小颗粒粘连在鸡蛋牛肉上，经过滤，汤变得格外清澈和香醇。这种汤成本较高，适用于扒房（高级西餐厅）。

（2）浓汤（Thick Soup）

以原汤与油面酱（Roux，用黄油煸炒的面粉制成的糊）制成的汤，通常在汤中加入奶油或菜泥而成。浓汤根据不同的工艺和配料又可分为4种：奶油汤（Cream Soup）、菜泥汤（Puree Soup）、海鲜汤（Bisque）和什锦汤（Chowder）。

（3）特殊风味汤（Special Soup）

特殊风味汤是根据各民族和各地区的饮食习惯和烹调艺术制作的汤类。在制作方法或原料方面具有民族和地区的代表性。例如，法国洋葱汤（French Onion Soup）、意大利面条汤（Minestrone）、西班牙凉菜汤（Gazpacho）和秋葵浓汤（Gumbo）等。

例 6-3 奶油鲜蘑汤（Cream of Mushroom Soup）（生产24份，每份240毫升）

原料：黄油340克，洋葱末340克，面粉250克，鲜蘑末680克，鲜蘑丁170克，白色牛肉原汤或鸡汤4.5升，奶油750克，热牛奶5升，盐和白胡椒粉少许。

制法：① 将黄油放厚底少司锅（汤汁锅）中加热，用低温使其熔化。

② 将洋葱末和鲜蘑末放在黄油中，用低温煸炒片刻，使其出味，不要使它们变成棕色。

③ 将面粉放入调味锅中，与洋葱末和680克鲜蘑末混合，煸炒数分钟，用低温炒至浅黄色。

④ 将白色牛肉原汤或鸡汤逐渐放入炒好的面粉中，用打蛋器或木铲不断搅拌，使原汤和面粉完全融合在一起，烧开，使汤变稠，不要将洋葱和鲜蘑煮过火。

⑤ 撇去浮沫。将汤放入电磨中碾一下，然后过滤。

⑥ 将热牛奶（或奶油）放入过滤好的汤中，保持热度，不要煮沸，用盐和白胡椒粉调味。营业前将奶油放在汤中，搅拌均匀。

⑦ 用原汤将170克鲜蘑丁略煮后，放在汤中，作装饰品（见图6.11）。

图6.11 奶油鲜蘑汤

例6-4 法国洋葱汤（French Onion Soup Gratinee）（生产24份，每份180毫升）

用料：黄油120克，洋葱片2.5千克，盐、胡椒各少许，雪利酒150毫升，白色牛肉原汤或棕色牛肉原汤6.5升，法国面包适量，瑞士奶酪680克。

制法：① 将黄油放入汤锅内，用小火熔化，加洋葱，煸炒至金黄色或棕色，用低温煸炒30分钟，使洋葱颜色均匀，不可用旺火。

② 将原汤放在煸炒好的洋葱中，烧开，用低温炖约20分钟，直至将洋葱味道全部炖出。

③ 用盐和胡椒调味，加雪利酒并保持热度。

④ 将法国面包切成1 cm厚，将面包放入烤箱中烤成金黄色。

⑤ 将汤放在砂锅中，上面放面包1片，面包上面放切碎的奶酪，然后放在焗炉内，将奶酪烤成金黄色时，即可上桌。

7. 沙拉（Salad）

沙拉是一种冷菜，主要作为西餐的开胃菜，也可作为主菜和辅助菜。沙拉常由4个部分组成：底菜、主体菜、配菜和调味酱。不同种类的沙拉，其特点也不同。

（1）蔬菜沙拉（Leafy Green Salads）

蔬菜沙拉使用新鲜的生菜或卷心菜、胡萝卜、西芹、黄瓜、青椒、鲜蘑、洋葱、水萝卜、西红柿和小南瓜等为原料配上沙拉酱而成（见图6.12）。

图6.12 法式青菜罗勒橘子沙拉

（2）组合沙拉（Combination Salads）

由两种或多种不同类型的原料制成的沙拉。例如，以蔬菜和熟肉制成的沙拉；以熟制的海鲜、水果和蔬菜为原料组合的沙拉等。组合沙拉常作为开胃菜或主菜。

（3）熟制的沙拉（Cooked Salads）

熟制的沙拉以熟制的原料制成。例如，意大利面条沙拉、马铃薯沙拉、火腿沙拉和鸡肉沙拉等。这种沙拉常选用质地脆嫩的蔬菜作为配料。如西芹、洋葱或泡菜。熟制的沙拉常选用马铃薯、火腿、米饭、禽肉、意大利面条、海鲜、鸡蛋、虾肉和蟹肉等作为主要原料。

(4) 水果沙拉 (Fruit Salads)

当今，以水果为主要原料制成的沙拉愈加受到人们的欢迎。水果沙拉应选用新鲜、高质量的水果，并且切成美观和方便食用的形状。常用的水果原料有苹果、杏、鳄梨、香蕉、草莓、菠萝、西柚、葡萄、橙子、梨、桃、猕猴桃、杧果、各种甜瓜和西瓜等。

(5) 胶冻沙拉 (Gelatin Salads)

胶冻沙拉常受到人们的欢迎。其中，水果胶冻沙拉 (Fruit Gelatin Salad) 由琼脂与某种水果味道的液体制成的胶冻体组成，特点是甜味大，有自己独特的味道和颜色。肉冻胶体沙拉 (Aspic)，由肉类或海鲜的原汤、琼脂、西红柿、香料及其他调味品制成。蔬菜胶体沙拉与肉冻胶体沙拉的原料几乎相同，只不过将其中的原汤变成清水。

例 6-5 德国蔬菜沙拉 (Rohkostsalatteller)（生产 16 份，每份 150 克）

原料：白醋 (White Vinegar) 240 毫升，酸奶油 500 克，盐 20 克，糖粉 2 克，青葱末 (Chives) 7 克，胡萝卜 450 克，辣根 (Horseradish) 25 克，黄瓜 625 克，水 90 毫升，鲜莳萝末 2 克，白胡椒少许，西芹嫩茎 575 克，柠檬汁 50 毫升，浓奶油 150 毫升，盐、白胡椒少许，波士顿绿叶生菜（撕成 3 cm 长的片）900 克，西红柿块 16 块。

制法：① 用白醋 180 毫升，酸奶油 320 克，盐 10 克，糖粉 2 克，青葱末混合在一起制成酸奶油沙拉酱，放在一边。

② 胡萝卜去皮切丝，与辣根放在一起，放入 180 克的酸奶油沙拉酱搅拌制成胡萝卜沙拉，待用。

③ 将黄瓜去皮，切成薄片，用少许粗盐腌制 1 小时，然后将黄瓜挤出少许汁后，与白醋 60 毫升及水、糖、莳萝和白胡椒混合在一起，制成黄瓜沙拉。

④ 将芹菜茎切成粗丝，与柠檬汁混合在一起，加入奶油 150 毫升及盐、白胡椒粉制成芹菜沙拉。

⑤ 将酸奶油沙拉酱与生菜混合在一起，放在沙拉盘中央。在生菜的周围放胡萝卜沙拉、黄瓜沙拉和西芹沙拉。生菜上面放一块西红柿。

8. 沙拉酱

沙拉酱 (Salad Dressing) 是为沙拉调味的汁酱。沙拉酱在沙拉中起着重要的作用，可美化沙拉的外观，增加沙拉的味道。根据沙拉酱的特点，可将沙拉酱分为法国沙拉酱 (French Dressing)、马乃司沙拉酱 (Mayonnaise) 和熟制的沙拉酱 (Cold Sauces)。

(1) 法国沙拉酱

法国沙拉酱又名法国少司 (Vinaigrette) 或醋油少司 (Vinegar-and-Oil Dressing)，由植物油、酸性物质和调味品配制而成。传统的法国沙拉酱的主要的特点是酸咸味，微辣，乳白色，稠度底，呈液体状态。当今的法国沙拉酱泛指以传统法国调味酱为基础原料制成的各种味道、各种颜色和各种名称的沙拉酱。传统的法国沙拉酱常由橄榄油（蔬菜油、玉米油、花生油或核桃油）、白醋 (White Vinegar)、柠檬汁 (Lemon Juice) 及调味品（精盐和胡椒粉）制成。其配方是，酸性原料与植物油的重量比常是 1∶3。这种沙拉酱放置一段时间后，油和醋会呈分离状态，使用时必须摇动。

(2) 马乃司沙拉酱

马乃司沙拉酱也称作蛋黄沙拉酱，是一种浅黄色的、较浓稠的沙拉酱，其名称是根据法语 Mayonnaise 音译而成。它由植物油、鸡蛋黄、酸性原料和调味品配制而成。人们常把马乃司沙拉酱称为蛋黄少司或马乃斯等。通常马乃司沙拉酱还作为配制千岛沙拉酱（Thousand Island Dressing）、布鲁奶酪沙拉酱（Blue Cheese Dressing）和俄罗斯沙拉酱（Russian Dressing）的原料。

例 6-6 马乃司沙拉酱（Mayonnaise）（生产2升）

原料：新鲜鸡蛋黄10个，精盐10克，植物油1.7升，白醋70毫升，芥末粉4克，柠檬汁60毫升。

制法：① 将鸡蛋黄放入电动搅拌机内，一边搅拌，一边滴入植物油，开始一滴一滴地放入，然后逐渐加快，使蛋黄变成较稠的蛋黄溶液。

② 加入精盐和芥末粉，然后慢慢加醋和柠檬汁，并注意其味道和稠度。

9. 其他开胃菜（Others）

开胃菜有很多种类，除了以上品种，还有各种生食和熟制的开胃菜。这些开胃菜包括生蚝、肉丸、奶酪块、火腿、熏鸡蛋、炸薯片、锅巴片、胡萝卜卷、西芹心、酸黄瓜、橄榄等。

6.3.5 主菜生产原理

主菜（Main Course）也称为大菜，常以畜肉和海鲜为主要原料，配以淀粉原料（米饭、意大利面条或马铃薯）和蔬菜及少司（调味酱）制成。主菜在西餐生产中有着悠久的历史，主菜有多种生产方法，不同的方法使主菜具有不同的特色。同样，不同的食品原料适用于不同方法生产的主菜。通常，主菜生产方法可分为两大类：水热法和干热法。水热法是以水、汤汁和蒸汽为传热媒介，将菜肴加热成熟的方法。干热法是通过空气、金属、食油传热或热辐射的方法将菜肴加热成熟的方法。结缔组织多的畜肉适用水热法，水热法可煮烂其坚硬的结缔组织；而结缔组织少的畜肉，其肉质嫩，适用于干热法。

1. 水热法（Moisture Method）

（1）煮（Boil）

在西餐生产中，食品原料在100 ℃的水或汤汁中加热成熟的方法称为煮。煮可分为冷水煮和沸水煮，冷水煮是将主料放入冷水中，然后煮沸成熟；沸水煮是水沸后，再放食品原料，煮熟。煮鸡蛋和制汤都是使用冷水煮方法；煮畜肉、鱼、蔬菜和面条通常选用沸水煮。

（2）水波（Poach）

水波是使用少量的水，水温度在75～95 ℃，将原料煮熟。这种方法适用于鲜嫩的原料，如鱼片、海鲜、鸡蛋和蔬菜等。水波鸡蛋见图6.13。

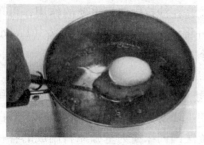

图 6.13 水波鸡蛋

（3）炖（Simmer）

炖与煮的生产原理很相似，将原料放入汤汁中，加热成熟。炖的温度比煮的温度低，比水波温度高，在90～100 ℃。在西餐菜单中，炖常代替煮。

（4）蒸（Steam）

蒸是通过蒸汽将食品加热成熟。该方法生产速度快。在常压下，100 ℃的水蒸气释放的热量比100 ℃的水多。使用压力蒸箱时，箱内的温度常超过100 ℃。蒸的方法广泛用于鱼、贝、蔬菜、畜肉、禽类和淀粉类菜肴。其优点是营养素损失少，保持菜肴原汁原味。

（5）焖（Braise）

焖，先将食品原料煎成金黄色，然后在少量汤汁中加热成熟。制作肉类菜肴时，先将原料撒上盐和胡椒粉，煎成浅金黄色后，再放入汤汁中，使用低温加热成熟。

（6）烩（Stew）

烩与焖的工艺基本相同，在西餐生产中，英语 Stew 常代替 Braise。

2. 干热法（Dry Method）

（1）烤（Roast）

烤是将食品原料放入烤炉内，借助四周热辐射和热空气对流，使菜肴成熟的方法。现代西厨房，常将大块畜肉或整只家禽放在烤箱内烤熟。

（2）纸包烤（en Papillote）

食品原料外边包着烹调纸或锡纸，通过热辐射将纸包内的原料烤熟的过程，如烤土豆。

（3）焗（Broil 或 Bake）

焗（见图 6.14），实际也是烤。但又与烤不同，焗是直接受上方热辐射成熟的方法。焗的特点是温度高，菜肴生产速度快，适用质地纤细的畜肉、家禽、海鲜及蔬菜等原料。在焗炉中可以通过调节炉架和温度，将菜肴制成理想的成熟度和颜色。

（4）炸（Deep Fry）

炸是将食品原料完全浸入热油中加热成熟的方法。使用这种方法，应掌握炸锅中的油与食品

图 6.14 焗（Broil）

原料的数量比例，控制油温和烹调时间。易熟的食品需要较短的时间，通常 1~2 分钟内；而体积较大、不易熟的食品原料，常在热油中炸至六七成熟时，逐步降低温度，需要较长时间，使原料达到外焦里嫩的要求。挂糊油炸的菜肴还经常被人们称为面糊炸（Orly）——将食品原料切成片，挂上鸡蛋和面包糊，然后过油炸熟。

（5）压力油炸（Pressure Frying）

压力油炸是指将食品原料放入特殊的并带有锅盖的油炸炉内加热成熟的方法。这种油炸炉在烹调时，炉内压力增加，食品成熟速度快，达到理想的外观和质地。

（6）煸炒（Saute）

煸炒也称为嫩煎，先将平底锅预热，放少量的植物油或黄油，放食品原料。然后，通过平底锅热传导将菜肴制熟。在西餐生产中，煸炒和煎可以互相代替。

（7）煎（Pan-fry）

煎，即在平底锅中放入食油，加热后，将原料放入，加热成熟。黄油煎（A la Meuniere），即先在食品原料两边用盐和胡椒粉调味，蘸上面粉，放入热黄油中煎成浅金黄色。上桌时浇上柠檬汁和融化的黄油，撒上香菜末。

（8）扒（Grill）

扒，也称为烧烤，是一种传统的烹调方法。传说，扒源于美洲印第安人。15 世纪由西班牙探险队将这种方法带到欧洲，两个世纪后这一烹调方法受到欧洲各国人们的青睐。19

世纪，扒的烹调方法又返回发源地并在北美洲广泛流传。这种工艺的特点是，原料直接受热辐射成熟。扒，这一烹调方法需要在扒炉上进行。扒炉的结构是，炉上端有若干根铁条，铁条直径约 2 cm，铁条间隙 1.5～2 cm，排列在一起。扒炉的燃料或热源有三种：煤气、电和木炭。烹制时，先在铁条上喷上或刷上食油，然后将食品原料也喷上植物油并撒上少许盐和胡椒粉调味，先烤原料的一面，再烤原料另一面。扒熟后的菜肴表面呈现一排焦黄色花纹。扒牛排（见图 6.15）时，可移动原料的位置来控制烹调温度。

图 6.15 扒牛排

例 6-7 扒牛排马德拉少司（Grilled Sirloin Steak with Madeira Sauce）（按需要生产，每份约 170 克牛肉）

原料：牛里脊排（Sirloin Steak）数块（根据需要），每块约 170 克，植物油、马德拉少司（Madeira Sauce）（由棕色少司、马德拉葡萄酒与调味品制成），棕色少司适量，淀粉类和蔬菜配菜适量。

制法：① 整理好牛排，将牛排蘸上植物油后，放在预热的扒炉上，当牛排约有 1/4 的成熟度时，将牛排调整角度，使牛排的外观烙上菱形的烙印（约调整 60°）。

② 当牛排半熟时，将牛排翻面，使另一面受热，然后直至全部扒熟。

③ 将牛排放在热主菜盘中，放淀粉类配菜和蔬菜。上桌时将马德拉少司放在少司容器内（见图 6.16）。

例 6-8 西班牙什锦饭（Spain Paella）（生产 16 份，每份约 300 克）

图 6.16 扒牛排马德拉少司

原料：肉鸡 2 只（每只重 1.2 千克），香肠 225 克，瘦猪肉丁 900 克，去皮并且整理过的大虾仁 16 个，鱿鱼丝 900 克，红辣椒（切成块）100 克，青辣椒（切成块）100 克，植物油适量，小蛤 16 个，生蚝 16 个，水 250 毫升，鸡汤适量，藏红花 1 克，洋葱丁 350 克，大蒜末少许，西红柿丁 900 克，迷迭香 2 克，短粒米 900 克，胡椒 4 克，熟豌豆 110 克，柠檬块 16 块。

制法：① 把每只鸡切成 8 块，放入平底锅，用橄榄油煎成金黄色，拿出放一边，待用。

② 在平底锅内放一些油，把香肠和猪肉、虾、鱿鱼、辣椒分别煸炒后，放在不同的容器里。

③ 把蛤和蚝放在锅里，用水煮，直到它们的壳全打开为止，从水中捞出后，放一边，待用。将煮蛤和蚝的水过滤后，加上鸡汤至 2 升，放藏红花。

④ 用较大容量的深底锅，煸炒洋葱丁和大蒜，放西红柿和迷迭香，用小火炖，使其蒸发水分，并将番茄煮成酱。

⑤ 将米、鸡块、香肠、猪肉丁、鱿鱼丝和辣椒块放在煮好的西红柿酱中，搅拌均匀。

⑥ 把鸡汤倒入米饭锅里，加入盐和胡椒调味，盖上锅盖，煮沸，放入烤箱中，温度为 175 ℃，大约烤 20 分钟。

⑦ 把锅从烤箱里移出,检查米饭的柔软程度,必要时再加入一些水。

⑧ 在米饭上撒上熟豌豆,将虾仁、蛤、蚝放在米饭上,盖上盖子,低温焖10分钟。

⑨ 每份约220克米饭和蔬菜。1个虾、1个蛤、1个蚝、1块鸡肉、至少1块瘦肉、少许香肠和鱿鱼。每份米饭放一片柠檬角为装饰品。

例6-9 奶油火腿意大利面(Pasta alla Carbonara)(生产6份,每份约180克)

原料:黄油60克,熟火腿丝340克,鲜蘑片110克,盐、胡椒粉少许,鸡蛋1个,浓牛奶600毫升,实心长圆形意大利面条450克,香菜末少许。

制法:① 将黄油放入平底锅,加热,煸炒火腿丝,加鲜蘑片,继续煸炒,用盐和胡椒粉调味。

② 将生鸡蛋液与牛奶搅拌,加热,煮沸后,放煸炒好的火腿丝和鲜蘑片,制成少司。

③ 将意大利面条煮熟,沥去水分,放餐盘内,上面浇上奶油火腿少司,撒上香菜末。

6.3.6 面包生产原理

面包(Bread)是以面粉、油脂、糖、发酵剂、鸡蛋、水或牛奶、盐及调味品等为原料,经烘烤制成的食品。面包含有丰富的营养素,是西餐的主要组成部分。面包的用途广泛,是早餐、午餐和正餐的主要食品之一。

1. 面包种类与特点

面包有许多种类,分类方法也各有不同。按照面包的制作工艺,面包分为两大类:酵母面包和快速面包。按照面包的特点,面包可分为软质面包、硬质面包和油酥面包。

(1) 酵母面包(Yeast Bread)

酵母面包是以酵母作为发酵剂制成的面包。这种面包质地松软,带有浓郁的香气,制作工艺复杂,需要特别精心。酵母面包有多个种类:白面包(White Bread)、全麦面包(Whole Wheat Bread)、圆形黑麦面包(Round Rye Bread)、意大利面包(Italian Bread)、辫花香料面包(Braided Herb Bread)、老式面包(Old-fashioned Roll)、各种正餐面包(Dinner Rolls)、各种甜面包(Sweet Rolls)、比塔面包(Pita)、丹麦面包(Danish Pastry)和博丽傲面包(Brioche)。

(2) 快速面包(Quick Bread)

快速面包是以发粉或苏打作为膨松剂制成的面包。这种面包制作程序简单,速度快,不需要高超的技术。快速面包尽管简便易行,然而有特色的快速面包可为企业带来很高的声誉。快速面包主要用于早餐。常用的品种有长方形面包(Loaf)、玉米面包(Corn Bread)、爱尔兰苏打面包(Irish Soda Bread)、摩芬面包(Muffin)、松饼式面包(Popover)、面包圈(Doughnut)、华夫饼(Waffle)和咖啡面包(Coffee Bread)等。

(3) 软质面包(Soft Roll)

软质面包是松软并富有弹性的面包。例如,吐司面包(Toast)、各种甜面包(Sweet Roll)等。软质面包由含有较高的油脂和鸡蛋的面团制成。

(4) 硬质面包(Hard Roll)

硬质面包是韧性大、耐咀嚼,表皮干脆,质地松爽的面包。例如,法式面包(French Bread)和意大利面包(Italian Bread)都是著名的硬质面包。硬质面包中,油脂少,鸡蛋含量低。

（5）油酥面包（Pastry）

顾名思义，油酥面包有多个层次，由于加入较多的黄油，经折叠、擀压、造型和烘烤等程序制成的层次分明并质地酥松的面包。例如，丹麦面包（Danish Pastry）、牛角面包（Croissant）。

2. 面包生产原理

制作面包，最基本的工作是准确地使用各种原料，稍有大意，将会影响面包的质量。因此，应选用合适的原料，不要随便选择代用品。在生产面包的过程中，如何使面团产生气体也是关键。面包师们常使用酵母、苏打粉、发粉或利用和面技术将空气卷入面团，使面团松软。面包只有富有弹性时才会受到人们的青睐。通常，面包的弹性来自面包中的面筋质（面筋质由面粉中的蛋白质形成），面包中的面筋质愈高，其弹性愈大，反之弹性愈小。此外，面团含水量与面包的柔软度相关，不同品种的面包，其面团需要的水分也不同。

（1）酵母面包工艺

酵母面包是以酵母作为发酵剂，这种面包质地松软，带有浓郁的香气。其生产工艺复杂，要经过和面、揉面、醒面、成形、再醒面、烘烤、冷却和储存等程序。其中任何一个程序的工作质量都会影响面包的质量。酵母面包应当质地柔软、鲜嫩，结构均匀，质地蓬松，外观整齐，表皮颜色均匀，没有裂痕和气泡，味道鲜美，没有酵母味。

酵母面包如图 6.17 所示。

各式法国面包（French Bread）　　荷兰吐司片（Holland Toast）　　牛角包（Croissant）

图 6.17　各种酵母面包

例 6—10　法国面包（French Bread）

原料：面包粉 1 500 克，水 870 克，酵母 45 克，盐 30 克。

制法：① 将酵母用温水浸泡，加面粉和水，搅拌 3 分钟，待 2 分钟后再搅拌 3 分钟，使用中等速度。

② 在 27 ℃的发酵箱内发酵 1.5 小时。用手压发酵的面团后，再发酵 1 个小时。

③ 将面团经过揉搓后，分成面坯（法国面包重量为 340 克，圆面包为 500 克，小面包为 450 克，经揉搓面团后再分成 10~12 个小面坯）。

④ 烘烤，炉温 200 ℃，前 10 分钟使用蒸汽，然后关掉蒸汽，继续烘烤，直至成熟。

例 6—11　丹麦面包（Danish Pastry）

原料：牛奶 400 克，酵母 75 克，黄油 625 克，白糖 150 克，盐 12 克，鸡蛋 200 克，小豆蔻 2 克，面包粉 900 克，蛋糕面粉 100 克。

制法：① 用直接发酵法和面，先使牛奶微温，然后用牛奶将酵母溶化。

② 用木铲将 125 克黄油、糖、盐、香料进行搅拌，直至光滑为止。

③ 用打蛋器将鸡蛋打散，将面粉、牛奶、黄油混合物和鸡蛋混合在一起，使用和面机和面，搅拌时间约 4 分钟，用中快速度。

④ 将面团放入冷藏箱，20～30 分钟，使其松弛，擀成 1 或 2 cm 厚的面片，在面片上涂抹黄油，折叠成三层。

⑤ 将叠好的面片放入冷藏箱 20 分钟，使其面筋松弛，在常温下醒发片刻后，重新擀成片状，叠成三层，再一次冷藏和折叠。

⑥ 将面片擀成长方形片，宽度为 40 cm，长度根据生产数量而定，厚度约 0.5 cm，涂上黄油，根据需要制成不同形状，如玩具风车和佛手等。

⑦ 在 32 ℃ 的温箱内醒发，表面刷上鸡蛋液，在 190 ℃ 的烤箱内烘烤成熟。

（2）快速面包工艺

快速面包的生产工艺分为油酥和面法（Biscuit Method）和摩芬和面法（Muffin Method）。各种快速面包如图 6.18 所示。

南瓜苹果姜味面包
(Pumpkin Apple Ginger Bread)

香蕉干果仁面包
(Banana Nut Bread)

玉米面松糕式面包
(Corn Muffins)

图 6.18　各种快速面包

① 油酥和面法。先将固体油脂（黄油或人造黄油）切成小粒，将面粉、盐和发粉过筛后，与粒状油脂进行搅拌。当油脂与面粉均匀地搅在一起，出现米粒状的颗粒后加入液体，使它们形成柔韧的面团。最后，将面团放在面板上，用手揉搓 1～2 分钟，以增加面包的层次，使其酥松。

② 摩芬和面法。首先，将干性原料搅拌均匀，然后加入适量的液体搅拌而成。注意控制面团搅拌的时间，搅拌时间过长会产生过多的面筋，使面包增加不必要的韧性，使面团内部网状多，面包表面会出现尖顶现象。面团搅拌时间过短，面包质地发硬，不松软，面包过分酥脆。优质的快速面包大小要统一，边缘应整齐，顶部呈圆形，成品体积应是面坯的两倍，表面呈浅褐色，颜色均匀，没有斑点，味道鲜美，没有苦味，质地柔软和膨松。

例 6-12　油酥面包（Biscuit）

原料：面包粉 500 克，蛋糕粉 500 克，发粉 60 克，白糖 15 克，盐 15 克，黄油或其他油脂（或各占一半）310 克，牛奶或酸奶 750 克，鸡蛋液（作为涂抹液）适量。

制法：① 使用油酥和面法，将和好的面团经揉好后，分为 4 个面团，擀成 1 cm 厚的面片，切成理想的形状。

② 将造型的面包坯放在垫有烤盘纸的烤盘上，上面刷上鸡蛋液，放入烤炉内烘烤。

③ 将烤炉内温度调至220 ℃，烤至表面金黄色，高度是原来面坯的两倍时为止。

例6-13 橘子桃仁面包（Orange Nut Bread）

用料：白糖350克，天然橘子香料30克，低筋面粉700克，脱脂奶粉60克，发粉30克，小苏打10克，食盐10克，核桃仁350克，鸡蛋140克，橘子汁175克，水450克，黄油或氢化蔬菜油70克。

制法：① 用摩芬和面法将面粉和其他原料搅拌成稠面糊。

② 将摩芬（Muffin）模具擦干、刷油，将和好的面糊放入摩芬模具中。

③ 将烤箱温度调至190 ℃，预热后，将放有面团的模具放入烤箱内，大约烤30分钟后，待面包烤至金黄色成为膨松体即可。

6.3.7 甜点生产原理

甜点（Dessert）也称为甜品、点心或甜菜，由糖、鸡蛋、牛奶、黄油、面粉、淀粉和水果等为主要原料制成。它是欧美人宴会和正餐的最后一道菜肴，是西餐不可缺少的组成部分，英国人习惯将甜点称为甜食（Sweet）。

各种甜点见图6.19。

南瓜布丁
（Quick Pumpkin Pudding）

鲜桃卡斯德派
（Peach Custard Pie）

巧克力曲奇
（Chocolate Chip Cookies）

图6.19 各种甜点

1. 蛋糕生产工艺

蛋糕（Cake）是由鸡蛋、白糖、油脂和面粉等原料经过烘烤制成的甜点。蛋糕营养丰富，味道甜，质地松软，含有较高的脂肪和糖。根据蛋糕特点，蛋糕可分为油蛋糕（Butter Cake）、清蛋糕（Foam Cake）和装饰蛋糕（Decorated Cake）。油蛋糕也称为黄油蛋糕，是高脂肪蛋糕。它由面粉、白糖、鸡蛋、油脂和发酵剂制成。清蛋糕称为低脂肪蛋糕或膨松蛋糕，使用少量的油脂或不直接使用油脂。由于清蛋糕中含有抽打过的鸡蛋，因此它既膨松又柔软。装饰蛋糕是使用奶油、巧克力、水果等原料为蛋糕涂抹、填馅和装饰制成的蛋糕。

2. 派生产工艺

派（Pie）是馅饼，是欧美人喜爱的甜点，由英语Pie音译而成。派是由水果、奶油、鸡蛋、淀粉及香料等制作的馅心，外面包上双面或单面的油酥面皮制成的甜点。派的特点是酥脆，略带咸味，馅心有各种水果和香料的味道。派是西餐宴会、自助餐、零点餐厅和欧美人家庭中常食用的甜点。制作派的关键技术是和面方法。有两种和面方法：薄片油酥法

（Flaky Method）和颗粒油酥法（Mealy Method）。

3. 酥点生产工艺

油酥面点（Pastries）是以面粉、油脂、鸡蛋和水为主要原料，经烘烤制成的酥皮点心或油酥点心，简称酥点。其中比较著名的传统品种有拿破仑（Napoleon）和长松饼（Eclair）。欧美人把这些小型的油酥点心称为法国酥点（French Pastries），而法国人称它们为小点心（Les Petits Gateaux）。在欧洲，每个国家都有自己的油酥面点，这些油酥面点的特色表现在味道和工艺方面。在欧洲北部凉爽的地方，人们喜欢食用以巧克力和抽打过的奶油制作的油酥面点；在法国或意大利南部，人们喜欢食用带有蜜饯水果、杏酱或其他甜味原料装饰的油酥面点；在德国、瑞典和奥地利，人们喜欢食用由杏仁、巧克力和新鲜水果制成的油酥面点。

4. 布丁生产工艺

布丁（Pudding）是以淀粉、油脂、糖、牛奶和鸡蛋为主要原料，搅拌成糊状，经过水煮、蒸或烤等方法制成的甜点。欧美人在冬天喜欢食用热布丁，在夏天喜欢食用冷布丁。布丁的种类及分类方法有很多。布丁可分为热布丁（Hot Puddings）、冷布丁（Cold Puddings）、巧克力布丁（Chocolate Puddings）、奶油布丁（Cream Pudding）、玉米粉牛奶布丁（Blanc Mange）、英式白布丁（Blanc Mange English Style）、圣诞布丁（Christmas Pudding）和面包布丁（Bread Pudding）等。

5. 茶点生产工艺

茶点（Cookie）是由面粉、油脂、白糖或红糖、鸡蛋及调味品经过烘烤制成的各式各样扁平的饼干和小点心。它们种类繁多，口味各异，有各种形状。有些茶点上面或两片之间还有涂抹的果酱或巧克力。欧洲人特别是英国人将这种小型的甜点称为饼干（Biscuit）。这种小点心或饼干主要用于咖啡厅的下午茶，因此称为茶点。茶点常伴随着咖啡、茶、冰激凌和果汁牛奶一起食用。茶点种类繁多，各有特色，体现在形状、颜色、味道和质地等方面，这些特点的形成来自原料的配制与和面的方法。茶点的生产工艺与蛋糕很相似，主要通过和面、装盘、烘烤和冷却等程序。茶点成形技术不仅与其质量紧密联系，还影响茶点的种类与造型。茶点的成形主要通过滴落法、挤压法、擀切法、成形法、冷藏法、长条法和薄片法。

6. 冷冻甜点生产工艺

冷冻甜点是以奶油、鸡蛋和其他配料，经冷冻成形的点心。其种类和分类方法很多，比较常见的品种有百味廉（Bavarian Cream）、戚风（Chiffon）、慕斯（Mousse）、冰激凌（Ice Cream）、派菲（Parfait）、圣代（Sundae）、美尔巴桃（Peach Melba）、海仑梨（Pear Helene）、库波（Coupe）、帮伯（Bombe）、烤阿拉斯加甜点（Baked Alaska）和舒伯特（Sherbet）等。

7. 水果

水果（Fruit）已经成为当代西餐中不可缺少的甜点。水果可以不经过烹调，或烹调后与其他原料一起制作成人们喜爱的甜点。

本章小结

西餐（Western Cuisine）是我国人们对欧美各国菜肴的总称，主要指欧洲、北美和大洋洲的各国菜肴。世界著名的西餐国家有法国、意大利、美国、英国和俄罗斯等。根据考古，西餐起源于古埃及。优质的西餐菜肴首先从选择食品原料开始，食品原料必须新鲜、卫生、没有化学和生物污染，具有营养价值并在质地、颜色和味道方面达到生产需要的标准。初加工是指食品原料的初步加工，包括整理、洗涤、初步热处理等环节。食品原料切配是将经初加工的原料切割成符合烹调要求的形状和大小，并根据菜肴原料配方，合理地将各种原料搭配在一起，使之成为完美的菜肴。

开胃菜（Appetizer）也称为开胃品、头盆或餐前小吃。它包括各种小份额的冷开胃菜、热开胃菜和开胃汤等，是西餐中的第一道菜肴。主菜（Main Course）也称为大菜，常以含有蛋白质高的畜肉和海鲜为主要原料，配以淀粉原料（米饭、意大利面条或马铃薯）和蔬菜及调味汁（少司，Sauce）组成。面包（Bread）是以面粉、油脂、糖、发酵剂、鸡蛋、水或牛奶、盐、调味品等为原料，经烘烤制成的食品。面包含有丰富的营养素，是西餐的主要组成部分。甜点（Dessert）也称为甜品、点心或甜菜，由糖、鸡蛋、牛奶、黄油、面粉、淀粉和水果等为主要原料制成。它是欧美宴会和正餐的最后一道菜肴，是西餐不可缺少的组成部分。

练习题

1. 名词解释

Appetizer　　Canape　　Cocktail　　Main Course

2. 多项选择

（1）豪特菜系（Haute Cuisine）称为法国皇宫菜系，其特点是（　　）。

A. 制作精细　　　　　　　　B. 味道丰富

C. 造型美观　　　　　　　　D. 菜肴道数多

（2）在配菜中，西餐厨师应（　　）。

A. 关注食品原料数量间的协调

B. 突出主料自然味道

C. 将相同形状的原料搭配在一起

D. 将不同质地食品原料配合在一起

（3）沙拉（Salad）是一种冷菜，主要作为西餐的开胃菜，在午餐还可作为主菜和辅助菜。沙拉常由（　　）等4个部分组成。

A. 底菜　　　　　　　　　　B. 装饰菜

C. 配菜　　　　　　　　　　D. 调味酱

（4）马乃司是一种浅黄色的、较浓稠的沙拉酱，其名称是根据法语Mayonnaise的音译而成。它由（　　）配制而成。

A. 植物油　　　　　　　　　B. 鸡蛋黄

C. 黄油　　　　　　　　　　D. 调味品

3. 判断对错

（1）根据考古，西餐源于法国。17世纪意大利的烹调方法传到法国后，法国的烹调技术经历了又一个巨大的发展。由于法国丰富的农产品，激励了厨师们制作新菜肴的尝试。（　）

（2）由于意大利东部地区与波斯尼亚等地区接壤，东北部与奥地利接壤，因此意大利东部的菜系受以上两个地区的影响。（　）

（3）美国各地有各自的特色烹调方法和菜系，因为每个地区菜系都受当地民俗文化和食品原料的影响。就美国整体而言，南部地区突出海鲜菜并以蒸、煮和烩等为主要烹调方法。（　）

（4）开胃菜也称作开胃品、头盆或餐前小吃。其特点是菜肴数量多，味道清新，色泽鲜艳，常带有酸味和咸味并具有开胃作用。（　）

（5）水波（Poach）是使用少量的水，水温度在75 ℃至95 ℃之间，将原料煮熟的过程。（　）

4. 思考题

（1）简述西餐的起源。
（2）简述现代西餐的形成。
（3）简述我国西餐的发展。
（4）论述法国菜系的种类及其特点。
（5）简述汤的种类和各自的特点。
（6）简述沙拉的种类和各自的特点。
（7）论述西餐主菜的干热法和水热法的生产特点。
（8）论述酵母面包和快速面包的不同生产特点。

主要参考文献

[1] 王觉非. 近代英国史［M］. 南京：南京大学出版社，1997.
[2] 王锦瑭. 美国社会文化［M］. 武汉：武汉大学出版社，1996.
[3] 勃里格斯. 英国社会史［M］. 陈叔平，刘成，译. 北京：中国人民大学出版社，1991.
[4] 刘祖熙. 斯拉夫文化［M］. 杭州：浙江人民出版社，1993.
[5] 张泽乾. 法国文化史［M］. 武汉：长江文艺出版社，1997.
[6] 黄绍湘. 美国史纲［M］. 重庆：重庆出版社，1987.
[7] 王天佑. 西餐概论［M］. 6版. 北京：旅游教育出版社，2020.
[8] 刘少伟. 食品安全保障实务研究［M］. 上海：华东理工大学出版社，2019.
[9] 曹小红. 食品安全与卫生［M］. 北京：科学出版社，2013.
[10] 李聪. 冷盘与雕刻制作技艺［M］. 上海：上海交通大学出版社，2014.
[11] 王天佑. 餐饮概论［M］. 2版. 北京：北京交通大学出版社，2016.
[12] 王天佑. 宴会运营管理［M］. 北京：清华大学出版社，2019.
[13] 周洁. 食品营养与安全［M］. 北京：北京理工大学出版社，2018.
[14] 邱礼平. 食品原料质量控制与管理［M］. 北京：化学工业出版社，2009.

[15] 刘雄, 陈宗道. 食品质量与安全 [M]. 北京: 化学工业出版社, 2009.
[16] 张佳程. 食品质地学 [M]. 北京: 中国轻工业出版社, 2010.
[17] 莱特, 朱莉. 法国蓝带西餐烹饪宝典 [M]. 丛龙岩, 译. 北京: 中国轻工业出版社, 2013.
[18] NORTHEY M, MCKIBBIN J. Quantity food production operations and indian cuisine [M]. New Delhi: Oxford University Press, 2011.
[19] RUBASH J. The master dictionary of food and wines [M]. New Jersey: John Wiley & Sons, Inc., 1996.
[20] CONWAY L G. The new professional chef [M]. New York: Van Nostrand Reinhold, 1991.
[21] PAULI E. Classical cooking the modern way [M]. 2nd ed. New York: John Wiley & Sons Inc, 1999.
[22] MONTAGNE P. The encyclopedia of food, wine & cookery [M]. New York: Crown Publishers, 1961.
[23] PARASECOLI F. Food culture in Italy [M]. London: Greenwood Publishing Croup Inc., 2004.
[24] MASON L. Food culture in great Britain [M]. London:. Greenwood Publishing Croup Inc., 2004.
[25] CONSINE G D. Foods and foods production Encyclopedia [M]. New York: Van Nostrand Reinhold, 1982.
[26] KATZ S H, WEAVER W. Encyclopedia of food and culture [M]. New York: Charles Scribners & Sons, 2002.
[27] DAVIS B, LOCKWOOD A, ALCOTT P. Food and beverage management [M]. 5th ed. New York: Routledge Taylor & Francis Groups, 2012.

第 7 章

厨房规划与布局

> **本章导读**
>
> 厨房是菜肴生产的加工厂或生产车间,其工作环境质量与餐饮产品质量和生产效率紧密相关。因此,厨房规划与布局是餐饮管理的重要内容。本章主要对厨房规划与布局、厨房热能选择、生产设备选购进行论述。通过本章学习,可掌握厨房规划与设计原则,了解厨房热能及选择原理,掌握厨房生产设备的生产性能及其特点、厨房设备选购和保养知识等。

7.1 厨房规划管理

7.1.1 厨房规划筹划

厨房规划是确定厨房的规模、形状、建筑风格、装修标准及其部门之间位置等的管理工作。厨房规划是一项复杂工作,它涉及许多方面,占用较多资金。因此,餐饮部管理人员和厨房规划人员应留有充分的时间,考虑各方面因素,认真筹划并应根据生产实际需要,以方便厨房进货、验收、生产及保证安全和卫生等方面为原则,并为业务发展及可能安装新设备等留有余地。此外,厨房规划应聘请专业设计部门和厨房管理人员、建筑、消防、卫生、环保和公用设施等各部门的专业管理人员参加。现代厨房规划运用人机工程学以改善厨房的工作环境,保证厨师健康,降低厨房人力成本,提高饭店竞争力,增加餐饮营业收入及利于招聘和吸收优秀的厨师。

7.1.2 厨房规划原则

1. 保证生产畅通和连续

厨房生产通常从领料开始,经初加工、切配和烹调,将食物原料制成菜点。因此菜肴生产要经多个生产程序才能完成,每个加工点都应按生产程序合理地进行规划以减少生产中的流动距离和加工时间等。同时，应充分利用厨房空间和设备，提高工作效率，保证生产畅通和连续。

2. 各生产部门应在同一层楼

厨房各部门应在同一层楼以方便生产和管理，提高生产效率，保证菜肴质量。如果厨房确实受到地点的限制，各生产部门无法在同一层楼时，可将初加工厨房、面点厨房和烹调厨房分开。但是，应尽量在各楼层的同一方向。这样，可节省管道的安装费用，便于电梯运送食品原料。

3. 厨房应尽量靠近餐厅

菜点质量与菜肴的温度相关，热菜在80℃以上，冷菜约在10℃时，其味道和质地最理想。因此，当厨房距离餐厅较远时，菜肴温度会受到影响。同时，厨房与餐厅之间每天进出大量的菜肴和餐具，厨房靠近餐厅可缩小其间的距离，提高工作效率。

4. 部门与工作点应紧凑

厨房各部门及部门内的工作点应紧凑，每个工作点内的设备和设施的排列应以方便厨师工作、安全及提高工作效率为原则。

5. 人行道和货物通道分开

厨师在工作中常接触炉灶和滚烫的液体、生产设备和刀具等，如果发生碰撞，后果不堪设想。因此，为了工作安全，保证生产，厨房必须设有分开的人行道和货物通道。

6. 创造安全和卫生的环境

创造良好的工作环境是厨房规划的目的。因此，厨房规划人员应关注通风、温度和照明，降低噪声，保持干净的墙壁、地面和天花板。此外，厨房应购买带有防护装置的生产设备，有充足的冷热水和方便的卫生设施，并有预防和扑灭火灾的装置。现代化的西餐厨房如图7.1所示。

图7.1 现代化的西餐厨房

7.1.3 厨房选址

由于厨房的生产特点和生产需要，厨房应选择地基平、位置偏高的地方。这样，对进入厨房货物的装卸及污水排放都有益处。厨房每天要购进大量的食品原料，为了方便运输，减少食品污染，厨房的位置应靠近便于运输的道路和储藏室。为了合理地节省成本，厨房应接近自来水、排水、供电和煤气等管道设施。厨房应选择自然光线和通风好的位置，厨房的玻璃能透进一些早晨温和的阳光对厨房生产有益无害。但是，如果整日照射强光会使厨房增加不必要的热量，从而影响厨师的身体健康，影响厨房生产。通常，厨房设在饭店的第一层楼或第二层及顶层。厨房在底层可方便货物运输，节省电梯和管道的安装及维修费，便于垃圾处理等。一些饭店在其顶层建立有特色的餐厅和厨房，一方面向顾客展示其城市美景，另一方面可将厨房的气味直接散发至外部空间。

7.1.4　厨房面积

确定厨房面积是厨房规划中较为困难的问题，因为影响厨房面积的因素有许多，包括餐厅类型、厨房功能、用餐人数和厨房设备等。现代厨房规划正朝着科学、新颖和结构紧凑的方向发展。不同类型的厨房，其功能不同，面积必然不同。通常，菜单品种愈丰富，菜肴加工愈精细，厨房所需的设备愈多，厨房需要的面积就愈大；反之，菜单简单，菜肴制作简单，厨房需要的面积就小。同时，餐厅用餐人数愈多，用餐时间愈集中，厨房面积需求就愈大。此外，厨房使用的设备对厨房面积有直接影响，如果使用组合式或多功能设备，可节约厨房面积。厨房面积还受其形状和建筑设施的影响，形状不规则和不实用，必然浪费厨房面积。例如，柱子和管道等都会影响厨房面积。

7.1.5　厨房高度

厨房高度影响厨房的工作效率。厨房高度小会使职工感到压抑，影响生产效率和质量；厨房过高会造成空间和经济的损失。传统上厨房高度为 3.6~4.0 m。当今，由于厨房空气调节系统的发展，厨房高度通常不低于 2.8 m。当然，不包括天花板内的管道层的高度。由于厨房的建造、装饰和清洁费用与厨房高度成正比。因此厨房高度愈大，它所需要的建筑费、维修费和清洁费就愈多。

7.1.6　地面、墙壁和天花板

厨房是生产菜点的车间，厨房地面经常会出现油污及汤汁等。为了职工的安全和厨房卫生，厨房地面应选用防滑、耐磨、不吸油和水、便于清扫的材料。最常见的厨房地面材料是陶瓷防滑地砖，这种材料表面粗糙，可避免厨师在用力搬运物体时摔倒。其缺点是不方便清洁。其他品种有水磨石地面等，这种材料易于清洁，有一定的弹性。但是，防滑性能较差。

厨房空气湿度大，因此其墙壁和天花板应选用耐潮、不吸油和水、便于清洁的材料。同时，墙壁和天花板力求平整，没有裂缝，没有凹凸，没有暴露的管道。常见的厨房墙壁材料为白色瓷砖，并且将所有的墙面全部粘上瓷砖，厨房天花板常用可移动的轻型不锈钢板制成。这样，厨房墙壁和天花板可定时清洗。

7.1.7　通风、照明和温度

厨房除自然通风外，还应安装排风和空气调节设备。如排风罩、换气扇、空调器等，以保证生产时能及时排除被污染的空气，保持厨房空气清洁。通常，在有蒸汽的生产区域，应及时排出潮湿的空气，避免因潮湿空气滞留而造成的滴水现象，避免厨师在蒸汽弥漫的环境中工作。厨房应采用通风措施，严格控制蒸煮工序，减少水蒸气的产生与散发，使用隔热的烹调设备，减少热辐射，选择透气并且吸水力强的棉布为工服材料。

照明是厨房规划的重要内容，良好的厨房光线是保证菜肴质量的基础，还可避免和减少厨房工伤事故。厨房应采用照明系统来补充自然光线的不足，保证厨房有适度的光线。通常工作台照明度应达到 300～400 勒克斯（lx），有机械设备的地方应达到 150～200 勒克斯（lx）。

厨房温度是影响生产效率和产品质量的重要因素之一。一般而言，厨师在高温的厨房工作会加速体力消耗；而厨房温度过低，会使厨师们手脚麻木，影响工作效率。厨房温度一般为 17～20 ℃ 为宜。

7.1.8 控制厨房噪声

噪声会分散厨师的注意力，使工作出现差错。因此，厨房规划中应采取措施消除或控制生产中的噪声，应使其控制在 40 dB 左右。但是，由于厨房排风系统和机械设备等工作原因，噪声不可避免。所以在厨房规划中，首先应选用优质和低噪声的设备。然后，采取其他措施控制噪声，以减少安全事故的发生。包括采用隔离噪声区、隔声屏障和消声材料，播放轻音乐等措施。

7.1.9 冷热水和排水系统

为了保证厨房生产和卫生的需要，厨房必须具有冷热水和排水设施。它们的位置应方便食品的初加工和烹调。在各加工区域的水池和烹调灶的附近应有冷热水开关，在烹调区应有排水沟，在每个加工间有地漏。供水和排水设施都应满足最大的需求量。排水沟应有一定的深度，避免污水外流。排水沟盖应选用坚固的材料并且易于清洁。

7.2 厨房布局管理

厨房布局是具体确定厨房部门、生产设施和设备位置等的管理工作。厨房由若干生产部门和辅助部门构成，这些部门又由数个不同的生产加工点组成。合理的厨房布局应充分利用厨房的空间和设施，减少厨师生产菜肴的时间和操纵设备的次数，减少厨师在工作中的流动距离，易于厨房生产管理，利于菜肴质量控制，利于厨房成本控制。

7.2.1 厨房部门布局

1. 卸货台和验货口

在许多旅游发达的国家，厨房为了方便卸货，在其外部并距离食品原料仓库较近和交通方便的地方建立卸货台，卸货台要远离饭店入口处。验货口是厨房生产线的起点，为了便于管理，厨房通常只设一个验货口，所有进入饭店的食品原料必须经过验货口的验收。在大中型饭店，食品原料验收工作由财务部门或采购部管理；而在小型饭店，这些工作常由厨房负责。验货口的空间大小应以方便验收为宜，同时在验货口设有卸货台和各种量器。根据美国餐饮管理协会提供的数据，每日 300 人次的用餐单位，卸货台的面积不得小于 6 m²；每日 1 000 人次的用餐单位，卸货台面积不小于 17 m²；常见的卸货台高度为 1.27 m，卸货台用砖和水泥制成，台子的表面铺防滑地砖，台子上面设有防雨装置，台子的边角可用三角铁加固。

2. 干货与粮食仓库

厨房常设有一个小型的干货和粮食仓库。干货仓库常建立在面点间附近的地方。干货仓库内的环境应凉爽、干燥、无虫害，最理想的干货仓库内没有错综复杂的上下水管道，仓库内根据需要，应有数个透气的不锈钢橱架。

3. 冷藏库和冷冻库

储存新鲜的食品原料常用冷藏或冷冻的方法。为了保证菜肴的质量，新鲜的蔬菜和水果等原料需要冷藏储存；而海鲜、禽肉、牛羊肉则需要冷冻储存。现代厨房使用组合式冷库，该冷库常分为内间仓库和外间仓库。内间仓库温度低，作为冷冻库；外间仓库温度较高，作为冷藏库。为了食品卫生和使用方便，一些大型厨房将冷藏库和冷冻库分开或根据原料的种类，分设若干个冷藏库和冷冻库并将各类食品原料、半成品和成品存于不同的冷藏库和冷冻库。

4. 职工入口

许多饭店在厨房前设有工作人员入口处，并在入口处设立打卡机和职工上下班时间的记录卡。在厨房入口处的墙壁上常有厨房告示牌，厨房的近期工作安排和职工的值班表常贴在告示牌上。

5. 厨房办公室

通常，厨房设立办公室，办公室常设在生产厨房的中部，容易观察厨房全部生产工作又能监督厨房入口处的地方。办公室墙壁的上半部用玻璃制成，易于观察。厨房办公室内设有计算机、办公家具等办公用品。

6. 加工间、烹调间和点心间

加工间、烹调间和点心间是厨房的生产区域，是厨房的工作中心。该区域也是生产设备的主要布局区。根据菜肴生产程序，加工间应靠近烹调间，食品原料在加工间完成初加工，流向烹调间进行切配和烹调。然后，将烹制好的菜肴送到餐厅。这样，既符合卫生标准又不会出现回流现象。

7. 备餐间与洗碗间

备餐间坐落于餐厅与厨房之间，是连接餐厅与厨房的区域。通常备餐间安装洗碗机、制冰机、餐具柜及客房送餐设备等。餐厅常用的面包、黄油、果酱、果汁和茶叶等也常在这里存放。一些厨房备餐间还兼有制作各种沙拉和三明治的功能。

8. 人行道与工作通道

科学的厨房布局应有合理的厨房通道。厨房通道包括人行道与工作通道。为了避免互相干扰，提高工作效率，人行通道应尽量避开工作通道。同时，人行道和工作通道的宽度既要方便工作，又要注意空间的利用率。通常主通道的宽度不小于 1.5 m，两人能互相穿过的人行道宽度不小于 0.75 m，一辆厨房小车（宽度 0.6 m）与另一人互相能穿过的通道宽度不应小于 1 m，工作台与加工设备之间的最小距离是 0.9 m，烹调设备与工作台之间的最小宽度是 1.2 m。

7.2.2 厨房设备布局

厨房设备的布局方法很多，常用的方法有直线排列法、L 形排列法、带式排列法和海湾式排列法。

1. 直线排列法

将生产设备按照菜肴加工程序，从左至右以直线排列的方法称作直线排列法。同时，烹调设备的上方安装排风设施和照明设备。这种排列方法适用于各类厨房，尤其适用于较大型的生产厨房。

2. L 形排列法

L 形布局是将厨房设备按英语字母"L"的倒向排列。这种排列方法主要用于面积有限、不适于按照直线排列的厨房。其特点是将烹调灶具和各种蒸锅及煮锅分开，将烤炉、烹调灶、炸炉排列在一条直线上，其右方摆放煮锅和蒸锅，方便菜肴烹调。它适用于小型传统餐厅的食品生产。

3. 带式排列法

根据菜肴生产程序将厨房分成不同的生产区域，每个区域负责一种食品加工和烹调，各区域用隔层分开以减少噪声，方便管理。每个区域设备都用直线法排列。这样，厨房中的各种生产设备的布局像几条平行的带子。带式排列法（见图7.2）最大的优点是易于保持清洁，减少厨师在工作中的流动距离。

4. 海湾式排列法

根据菜肴的生产需要，在厨房内设立几个加工区域。每个区域是1个专业生产部门。如西厨房的初加工、三明治、冷菜、制汤、烧烤和面点等生产区域。每个区域的生产设备按英语字母"U"形状排列。厨房出现了几个"U"形区域，即出现了几个海湾。海湾式排列法（见图7.3）的优点是生产设备相对集中，缺点是设备使用率低。

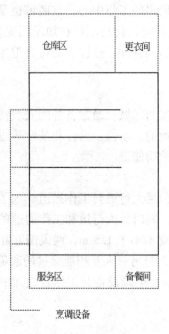

图 7.2 带式排列法

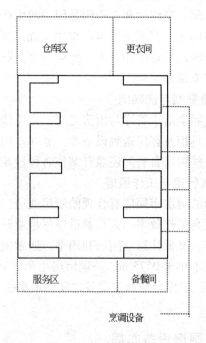

图 7.3 海湾式排列法

7.3 厨房热能选择

热能在厨房生产中起着重要的作用,它直接影响菜肴的质量、特色、质地和成熟度并影响餐饮的生产成本。合理地选择热能是厨房生产的重要管理工作之一。

7.3.1 热能在烹调中的作用

菜肴和点心由不同的食品原料构成,而食品原料含有蛋白质、脂肪、碳水化合物、水和其他矿物质等。这样,食品原料受热时,会发生质地、颜色和味道等方面的变化,从而影响菜点的质量。

1. 热能对蛋白质原料的影响

畜肉、海鲜、禽肉和鸡蛋是含有丰富蛋白质的食品原料。蛋白质原料受热后会收缩和凝固。受热越多,失去的水分就越多,使菜肴变得越坚硬。经过试验,含有蛋白质的食品原料在85℃的温度下,蛋白质会凝结。因此,含有结缔组织多的蛋白质原料不适宜高温烹制,应用低温烹调并使用低温煮或炖的方法,使菜肴的质地达到理想的程度。根据试验,在烹调蛋白质食品中,放一些柠檬汁、番茄酱或醋会加速蛋白质的凝结,帮助溶解结缔组织。例如,在水波鸡蛋(Poached Eggs)中放少量的醋会加速鸡蛋的凝固。在炖牛肉中放一些番茄酱会使牛肉酥烂。

2. 热能对碳水化合物原料的影响

含有碳水化合物的食品原料主要有粮食、水果和干果等。这些原料受热后会有两种主要的变化:焦糖化和胶体化。因此,在使用嫩煎方法制作菜肴时,菜肴表面变成金黄色说明部分原料焦糖化。在制作调味汁时,汁中的淀粉受热后,调味汁稠度增加,这就是汤汁胶体化的过程。

3. 热能对纤维素原料的影响

纤维素是指水果和蔬菜中的结构和纤维。含有纤维素的蔬菜和水果受热后,其纤维素会受到损失。通常在烹调水果和蔬菜中放一些糖可保护其中的纤维素,使水果或蔬菜外形整齐。

4. 热能对油脂的影响

油脂在烹调中有着非常重要的作用。一些动物原料,如畜肉、海鲜和奶制品含有较多的油脂,而某些植物原料也含有一定的油脂。大多数油脂在室温下呈液体状态,某些油脂呈固体状态。一些油脂在烹调中,受热后会产生烟雾,称它为烟点,高质量的油脂烟点高。

5. 热能对矿物质、维生素和色素的影响

矿物质和维生素是菜肴的基本营养素,色素和气味组成菜点的外观和口味。适当地选择制作方法,使用适当的烹调温度,可减少菜点营养素的流失,保持菜点的美观。

7.3.2 热能传递原理

菜肴只有加热才能成熟,而热量从热源传递给菜肴以不同的方式进行,包括传导、对流和辐射等。根据菜肴成熟的原理,热传递速度越快,菜肴所需要的烹调时间越短。此外,菜肴生产常使用两种或两种以上的传热方法使其成熟。了解热能传递原理,可充分利用厨房设备和烹调热源。

1. 传导传热

传导传热是通过振荡碰撞方法将热量由高温物体传递给低温物体或由物体的高温部分传递给低温部分。当两个固体相互接触时，热量会从高温固体传到另一个低温固体。在菜肴生产中，热源将热量传递给炒锅等容器，然后炒锅再将热量传递至菜肴，使菜肴成熟。例如，厨师使用烹调锅生产菜肴，食品原料通过热传导方式加工成为菜肴。实验表明，传导传热对菜肴的色、香、味、形起着关键作用。热量从食品表面传递到食品内部的速度不仅取决于传递介质，还取决于食品原料本身的特点。当食品原料质地嫩、形状薄、内部水分多时，其传导的速度快。相反，原料质地老，形状大，内部水分少，传导的速度慢。例如，一块1 500克的牛肉，在沸水中约煮一个半小时后，其内部温度仅约70 ℃。

2. 对流传热

对流传热比传导传热过程复杂，传导传热是对相互接触的固体而言，而对流传热是依靠水、食油、空气和蒸汽等流体的流动进行。对流是一种间接传热方法。在菜肴生产中，热源先将容器内的空气、食油或液体等介质加热，再将热量传送至食品表层，然后逐渐深入到食物内部组织。例如，在油炸菜肴的过程中，食油受热后以对流传热方式将热量传至食物原料中，使菜肴成熟，其中包括传导传热的作用。

3. 辐射传热

辐射传热与以上两种传热方式不同，辐射传热既不需要固体接触，也不需要固体之间的液体流体。在辐射传热中不需要传热介质，而是通过电磁波、光波等形式进行。因此，在辐射传热中，物体表面的热反射和吸收性能很重要，供热物体或热源与受热物体的相对形状及它们之间的距离和温度也很重要。在厨房生产中，使用烤和扒的方法生产菜肴，都是通过热辐射的方法。此外，使用微波炉生产菜肴的过程也是热辐射的过程。

7.3.3 水、蒸汽和食用油的传热特点

在厨房生产中，除了常以金属烹调锅作为传热介质外，还有水、蒸汽和食用油。水是生产菜和面点常用的传热介质。水受热后，其温度升高速度快，通过对流作用将热量传递给菜点。水的沸点是100 ℃，如果将盛水容器密封，使锅内压力增加，水的沸点会增加至102 ℃。这样，压力锅中的食物成熟速度比一般煮锅的成熟速度快，使用压力锅可节约能源。水蒸气是汽化的水。将水蒸气作为传热介质是生产菜点常用的方法。在常压下，蒸汽的温度为100 ℃，而压力蒸箱的蒸汽温度常高于100 ℃。因此，在这种温度下，菜点的成熟速度常超过普通蒸箱，因而可节约能源。以食用油为传热介质，食用油通过对流方式将热量传递给食物，由于油的沸点比水高。因此油作为传热媒介，菜肴成熟速度快。同时，食用油可用于多种烹调方法。现代压力油炸炉已被广泛应用，压力油炸炉不仅烹调速度快，节约能源而且产品质量优于普通炸炉。

7.3.4 厨房热能选择

厨房生产常用的热能有电、天然气、煤气和蒸汽。电是一种高效热能，它广泛用于厨房生产。电作为热能，其特点是效率高，使用简便，安全，清洁和卫生。同时，电不产生任何气体与灰尘，不消耗厨房中的氧气。因此，将电作为厨房的热能常以干净和效率高而闻名。

电的应用很广泛，许多厨房设备都以电为动力。例如，扒炉、烤炉、炸炉、煮锅、西餐灶等。除此之外，电还用于冷藏设备和加工设备。但是，厨房选用电作为热能，必须装有配套设备，其基本建设费用较高。

天然气和煤气是方便型的厨房燃料，起燃速度快，火势容易控制，无烟无尘。当今，许多烹调设备都以天然气或煤气为燃料。例如，烤箱、中餐灶、西餐灶、扒炉和炸炉等。但是以天然气或煤气为热能，必须经常打扫炉灶中的燃烧器，保持其清洁。否则，天然气或煤气在燃烧中部分能源会损失。蒸汽是气状的水，常由管道输送至生产设备中。在厨房，蒸箱和大型煮锅常用蒸汽为热能。然而，蒸汽只适用于部分烹调方法，如蒸和煮的方法。

综上所述，热能选择与厨房生产中的许多因素有联系，必须全面考虑，包括适用性、安全性、方便性、成本和经营效益。厨房热能选择原则是：考虑菜点生产效率，体现菜点质量和特色。根据调查，厨房热能选择常受到企业所在地的能源种类、价格及地方管理法规的限制，也受厨房管理人员的使用习惯影响，一些厨师根据他们的经验选择不同的能源以保证菜点质量。此外，热能选择要考虑成本，包括设备成本、安装成本、市政设施费、使用费、保养费及保险费等。厨房常选择两种以上的热能，使能源达到优势互补。

7.4 厨房设备选购

7.4.1 厨房设备概述

厨房设备主要是指厨房生产菜肴和面点的各种炉灶、保温设备、冷藏设备和切割设备等。由于菜点的形状、口味、颜色、质地和火候等各质量指标受生产设备的影响，因此厨房设备对菜点质量起着关键作用。现代厨房设备经过多年的实践和改进，已具有经济实用、生产效率高、操作方便、外观美观、安全和卫生等特点。当今，厨房设备的选择趋向于组合式及自动化程度高的发展方向。

7.4.2 厨房烹调设备

1. 焗炉（Broiler）

焗炉是开放式的烤炉，火源在炉的上方或顶端，内部有铁架，可通过提升或降低铁架的高度来控制菜肴受热程度。这种烤炉使用的能源有电和煤气两种。由于焗炉的铁架可以调节，因此被烹制的菜肴不仅颜色美观，而且成熟速度快。焗炉有大型和小型之分。小型焗炉常称为单面烤炉（Salamander）。

2. 扒炉（Grill）

扒炉也是一种烤炉，其特点是火源在下方，炉上方是铁条。食品原料放在铁条上，通过下面的火源将原料烤熟。现代扒炉使用电或煤气进行工作，而传统的扒炉以木炭为燃料，经木炭烤出的食品带有烟熏味。欧美人喜爱扒制的菜肴，经过改进的扒炉在以电或煤气为能源的基础上，增加了烧木炭的装置以增加菜肴的香味。

3. 平板炉（Griddle）

平板炉与扒炉很相似，它的热源也在炉面的下方，热源上方是一块方形的铁板。这种炉灶外观很像一个较大的平底煎盘。食品原料放在铁板上，通过铁板和食用油传热的方法将菜肴制熟。平板炉工作效率较高,卫生、方便、实用。许多西餐菜肴使用平板炉进行烹制。

4. 烤箱(Ovens)

烤箱是厨房的主要烹调设备之一。其用途广泛,可生产各式点心和面包,可烹制各式菜肴。它常以煤气、电为热源。烤箱的种类繁多,根据烤箱的用途,烤箱可分为面点烤箱和菜肴烤箱。面点烤箱与菜肴烤箱高度不同,面点烤箱内,每层的高度为 11.6~23.2 cm,而菜肴烤箱内的每层高度常为 30~78 cm。按烤箱的工作方式,烤箱可分为常规式、对流式、旋转式和微波式 4 种。

① 常规式烤箱(Conventional Oven)。热源来自烤箱底部或四周,通过热辐射将食品烤熟。这类烤箱可以有数个层次。一些烤箱位于西餐灶的下部,与西餐灶成一体。

② 对流式烤箱(Convection Oven)。其内部装有风扇,通过风扇转动,使烤箱内的空气不断流动,从而使食品原料受热均匀。对流式烤箱的工作速度比常规式烤箱提高了 1/3,其工作温度也比常规式温度约高 24 ℃。

③ 旋转式烤箱(Revolving Oven)。带有旋转烤架的常规式烤箱,通常在烤箱的外部有门,当烤架旋转时门自动打开,工作人员可接触炉中的烤架,输送被烹调的食物,取出烤熟的菜肴。旋转式烤箱有多个型号,它适用于不同的生产量和生产目的。

④ 微波式烤箱(Microwave Oven)。一种特殊的烤箱,与其他烤箱不同的是,食品原料不直接受外部辐射成熟,而是在烤箱内微波的作用下,食物内部的水分子和油脂分子改变了排列方向,产生了很高的热量,使食品成熟。这种烤箱称为微波式烤箱。微波式烤箱的烹调存在一定的局限性。首先微波式烤箱内烘烤的食物不像普通烤箱那样有漂亮的颜色,其次微波式烤箱只限于烘烤少量食物。此外,放在微波式烤箱内的容器只能是玻璃、瓷器和纸制品,任何金属器皿都会反射电磁波,从而破坏磁控管的正常工作。一些新型微波式烤箱安装了烧烤装置,这样菜肴可同时通过微波烹调和热辐射烤制。

5. 炸炉(Fryer)

炸炉是用于油炸菜肴的烹调设备,有三种类型:常规型、压力型和自动型。

① 常规型炸炉(Conventional Fryer)。上部为方形炸锅,下部是加热器,炉顶部为开放型,炸炉配有时间和温度控制器。

② 压力型炸炉(Pressure Fryer)。顶部有锅盖,油炸食品时,炉上部的锅盖密封,使炸锅内产生水蒸气,锅内的气压增高,使锅内食品成熟。压力型炸炉生产的菜肴外部酥脆、内部软烂,生产效率高。

③ 自动型炸炉(Automatic Fryer)。炸炉上的炸锅底部有金属网,金属网与时间控制器连接,当菜肴炸至规定的时间,炸锅中的金属网会自动抬起,脱离热油。

6. 西餐灶(Range)

西餐灶(见图 7.4)是带有数个热源或燃烧器的炉灶。这种炉灶常用于西餐厅或咖啡厅零点(散客)业务,也用于中餐厨房的汤菜生产,类似日常的家庭煤气灶。每个燃烧器的温度可以单独控制,通常各燃烧器可单独烹调不同的菜肴。根据生产需求,燃烧器可有 2 个、4 个或 6 个等。燃烧器有开放式和覆盖式两种,开放式的燃烧器可以直接被看到,而覆盖式的燃烧器被圆形金属盘覆盖。

7. 中餐烹调灶

中餐烹调灶是中餐厨房的主要烹调设备，其用途广泛，适用于炒、爆、煎、炸和烧等任何烹调方法。中餐灶有主燃烧器（主灶）和副燃烧器（副灶），主灶火力足，是主要的工作炉口，副灶中的燃烧器少，火力小，是辅助炉口。根据厂方设计或用户需求，每个中餐灶主灶可以有 1 个、2 个或 3 个，它们使用的能源有天然气或煤气等。为方便工作，在烹调灶的后部常设有煮原汤的小炉口和下水通道。中餐烹调灶有广东式和北方式之分。

图 7.4　西餐灶

8. 组合式烹调灶（Combined Range）

组合式烹调灶由扒炉、平板炉、炸炉、烤炉和烤箱等组成。其用途很广泛，适用于许多烹调方法，如煎、焖、煮、炸、扒和烤等。厂商可根据各饭店生产需求而单独设计，其组合方式多种多样，主要用于西餐。

9. 翻斗式烹调炉（Tilting Skillet）

翻转式烹调炉是一种非常实用与方便的生产设备，它常用于大型厨房。由两部分组成，上半部是方形锅，下半部是煤气炉。由于上面的锅可以向外倾斜，故称为翻斗式烹调炉，有时人们也称它为翻转式烹调锅。它适用于多种烹调方法，如煎、炒、炖和煮等，常用于大型宴会和自助餐。

10. 倾斜式煮锅（Boiling Pan）

倾斜式煮锅常以蒸汽为热能，适用于煮、烧和炖等方法制作菜肴与制汤。倾斜式煮锅中的锅可以倾斜，厨师可通过调节蒸汽的流动和温度来控制锅内的温度。煮锅外壁包着封闭的金属外套，蒸汽不直接与锅内部接触，而被注入煮锅的外套与煮锅之间的缝隙中，通过金属锅壁传热方法煮汤或烹制其他菜肴。常用的蒸汽煮锅的容量为 10~50 L，其特点是受热面积大，受热均匀，工作效率高。

11. 蒸箱（Steam Cooker）

蒸箱是厨房常用的烹调设备。许多菜肴都是通过蒸箱加热的方法得以成熟。通过蒸的方法制作的菜肴，可保持原料的原味，营养损失少。常用的蒸箱有高压蒸箱和低压蒸箱。蒸汽开关由控制器控制。这种蒸箱的门不可随时打开，必须等到箱内无压时才能打开。压力蒸箱工作效率高，还适用于融化冷冻食品原料。蒸箱内常分为数个层次，适用于大批量的食品生产。

7.4.3　厨房加工设备

1. 多功能搅拌机（Mixer）

多功能搅拌机（见图 7.5）具有多种加工功能。例如，和面，搅拌鸡蛋和奶油、搅拌肉馅等，是厨房最基本的加工设备。多功能搅拌机包括两部分：第一部分是装载原料的金属桶，第二部分是机身。机身由电机、变速器和升降启动装置组成，机身的上部还装有搅拌桶和搅拌工具。通常，搅拌机配有三种搅拌工具：打浆板，用于搅拌糊状物质；打蛋器，抽打鸡蛋和奶油的金属丝；和面杆，由较结实的钢棒制成。搅拌机装有速度控制器，速度可以在 100~500 转/min 范围进行调节。一些多功能搅拌机还带有切碎蔬菜的工具。

图 7.5　多功能搅拌机

2. 切片机（Slicer）

切片机用途广泛，可切奶酪、蔬菜、水果、香肠和火腿肉等。用切片机切割的食品厚度均匀，形状整齐。常用的切片机有手动式、半自动式和全自动式三种类型。手动式切片机适用于小型厨房；半自动式切片机上的刀片由电机操纵，装食品的托架由手工操作，其工作速度为每分钟30～50片；而全自动切片机的刀片和托架全是电动的，操作人员可根据具体需求调节它的切割速度。通常有些食物需要慢速切割，包括温度较高的食品或质地柔软的食品；某些质地结实的固体食品或不易破碎的食品适于快速切割。通过调节装置可控制食品的厚度。

3. 绞肉机（Meat Grinder）

绞肉机是绞肉的设备，也可以加工其他含有水分的食品原料。它由机筒、螺旋状推进器、带孔的圆形钢盘和刀具组成。食品原料进入机筒后，被推进器推入带孔的圆形钢盘处。在这里，经过旋转的刀具将肉类原料切碎，然后通过钢盘洞孔的挤压，使原料成为颗粒状，被切割的食品原料形状与盘孔的大小相同。

4. 锯骨机（Meat Band Saw）

一些厨房还设有锯骨机，锯骨机的用途是切割带骨的大块肉类，它通过电力使钢锯条移动，将带有骨头的畜肉切断。

5. 万能去皮机（Peeling Machine）

万能去皮机是切削带皮蔬菜的设备，还可以洗刷贝类原料。它由两部分组成，上部是桶状容器，下部为支架。桶状容器用于盛装被加工的原料，该机器装有时间控制器和用玻璃制成的观测窗。机器配有各种供洗刷和切割的刀具和工具：普通刷盘、马铃薯去皮刀、切割刀、洋葱去皮刀、洗刷贝类原料的刷子等。

6. 切割机（Food Cutter）

切割机是切割蔬菜、水果、面包及肉类的机器。这种机器包括两个部分：盛装原料的容器、可旋转的刀具。根据需要，该机器可安装不同的刀具：切片刀、切块刀、切丝刀等。

7. 擀面机（Dough Rolling Machine）

擀面机用于面包房。它由支架、传送带和压面装置组成，可将面团压成面片。面片的厚度由调节器控制。

7.4.4　厨房储存设备

厨房生产离不开食品原料储存设备。厨房储存设备主要包括原料冷藏设备、保温设备和各种货架等。

1. 冷藏设备（Cooler and Freezer）

为了方便食品原料储存，厨房除了安装较大的冷库外，还根据具体需要配置一些冷藏箱和冷冻箱。通常，冷藏箱和冷冻箱为连体，箱体分为两部分，一部分温度为3～10℃，作为冷藏箱或保鲜柜；另一部分的温度约为-18℃，作为冷冻箱。饭店常选用单独功能的冷藏箱或冷冻箱，因为它们比连体式冷藏箱更实用。冷藏设备的种类繁多，最常用的种类有立式双门、立式4门冷藏箱或冷冻箱、卧式冷藏工作柜、三明治柜等。卧式冷藏工作柜既是冷藏箱又是工作台，箱体内可冷藏食品，装有温度调节和自动除霜系统。其高度以工作台高度为准，并可调节，台面很结实，配有3 mm厚的防锈钢板。三明治冷柜是厨房不可缺少的储存设备，这种冷柜的箱体顶部有6～12个不锈钢容器，容器沉在箱体内，容器内装有各种食品。

2. 食品保温设备（Hot-food Equipment）

保温设备是现代厨房必备的设备。它的种类很多，不同型号和式样的保温设备具有不同的功能。如面包房使用的发酵箱，咖啡厅使用的热汤池、保温灯及保温车等。

① 发酵箱（Fermentation Tank）。供面团发酵的装置，利用电源将水槽内的水加温，使箱中的面团在一定的温度和湿度下充分发酵。

② 热汤池（Steam Table）。通过水温传导保持食品热度的柜子。西餐厨房利用这一装置为各种汤、热菜调味汁和带有汤汁的菜肴保温，其工作原理与发酵箱相似，也是利用电、煤气或蒸汽将水加温。在该设施的热水池中存放着数个装有食品的容器。

③ 保温灯（Heat Lamp）。用热辐射方法保持餐碟或烤肉温度的装置，外观似普通的灯，产生较高的温度，菜肴在这种灯的照耀下保持一定的温度。

④ 保温车（Heat Trolley）。通过电加热为食品保温的橱柜，橱柜下面有脚轮，可以移动，故称为保温车，橱柜内存有被保温的菜肴。

3. 各种货架

厨房中有各种各样的货架，货架的材料选用不锈钢板和钢管制成，货架是厨房不可缺少的储存设备。

7.4.5 厨房设备选购

厨房设备的选购是厨房生产管理的首要工作，优质的厨房设备不仅能生产高质量的菜点，而且生产效率高，安全，卫生，易于操作，节省人力和能源。

1. 选购的计划性

现代厨房设备不仅价格高，而且消耗大量能源。因此，饭店应有计划地购买厨房设备。通常购买设备的目的主要包括生产市场急需的菜肴和面点、提高菜肴质量、提高生产效率、降低能源消耗等。按照饭店对厨房设备的需求情况，厨房设备的购置计划可分为两种。

① 必要的生产设备。这种设备是指保证厨房正常生产的设备，它们既能保证菜点的生产质量，又能保证生产数量或生产目前市场需要的新产品。这些设备为饭店带来收入和利润，是企业不可缺少的生产设备，是必须购买的设备。

② 适用的生产设备。这种设备对厨房生产有一定价值。但是不一定急需购买。因此，不是必须购买的设备。

2. 生产的实用性

厨房设备购置的最基本原因是满足菜单的菜点生产需要。在经营中，生产任何菜点必须具备相应的生产设备，如制作西餐的扒菜必须有扒炉，生产中餐必须有中餐灶等。由于各种餐厅经营的菜点各不相同，因此需求的设备也不相同。但是，饭店对厨房设备的选购原则基本相同。这一原则是购买实用、符合菜单需求、结实和便于操作的生产设备。

3. 购置效益分析

在选购厨房设备时，一定要进行效益分析。首先，对选购设备的经济效益作出评估。然后，对购买设备的成本进行分析。同时，计算设备成本不应只局限于设备本身的成本，还应包括安装费用、使用费用、维修费和保险费等。由于厨房生产设备在原材料、型号、生产地、使用性能及其他方面各不相同，它们的价值也不同。因此购买设备前，应充分了解其性能并对不同式样的设备进行比较。一些价格较低的设备需要经常维护和保养，使用成本高。价格较高的设备结实，耐用，节省人力和能源，使用成本低。不仅如此，有些设备需要配有辅助设施或市政管道设施，其安装费用高。所以，饭店在选购厨房生产设备前应认真作出评估。饭店常采用下面的公式对厨房设备进行评估。

$$H = \frac{L(A+B)}{C+L(D+E+F)-G}$$

式中：H——设备的经济效益值；

　　　L——规定的使用年限；

　　　A——设备每年节省的人工费；

　　　B——设备每年节省的能源费；

　　　C——设备价格和安装费；

　　　D——设备每年使用费用；

　　　E——设备每年维修费；

　　　F——如果将 C 存入银行或移作他用，每年得到的利息；

　　　G——设备报废后产生的经济价值。

按照以上公式，饭店在分析要购买的厨房设备时，应认真对待 H 的值。当 $H=1$ 时，说明设备节省的人工和能源费等于设备的全部投资费用；$H \geq 1$ 时，说明设备节省的人工和能源费超过设备的全部投资费用；$H \geq 1.5$ 时，说明设备值得购买。

4. 生产性能评估

厨房设备生产性能直接影响菜点质量和生产效率。因此在购买设备前，厨房管理人员应根据厨房的具体需求对要购买的设备进行生产性能评估。通常厨房管理人员通过设备对菜单的菜点生产的适应性及生产效率等因素的分析来确定其设备性能要求。此外，选购设备时，还应考虑饭店未来菜单的变化和设备使用的能源情况，对于投资较大的设备更应慎重考虑。

5. 安全与卫生要求

安全与卫生是选择厨房设备的主要因素之一。合格的厨房设备，必须配有安全装置，电器设备应采用安全电压，避免发生安全事故。设备中的利刃和转动部件应配有防护装置，边角应去掉锋利的边际和毛刺，应由无毒并易于清洁的材料制成。设备的整体结构应平整，光滑，不出现裂缝和孔洞，避免虫害滋生。合格的厨房设备不论其结构简单还是复杂，都应具有易于清洁的特点。各种冷藏和冷冻设备应保证所需要的储存温度，设备结构设计应便于拆卸和装配，以便定时清洗。

6. 尺寸和外观的标准

厨房设备的大小应与厨房空间布局相符，否则不仅影响生产，还影响厨房的美观，容易造成安全事故。现代厨房设备既是厨房生产工具，又是餐饮营销工具。对于开放式厨房，其设备的外观尤其重要，设备应采用不锈钢板和无缝钢管等材料制成，应具有美观，耐用，构造简单，充分利用空间，没有噪声，具有多种加工和生产功能等特点。

7.4.6 厨房设备保养

在厨房设备管理中，除了正确的选购外，保养也是重要的管理内容。厨房设备保养工作主要包括制订保养计划和实施保养措施。

1. 制订保养计划

① 对各种厨房设备制订出具体的保养计划、清洁时间和清洁方法。

② 设备的各连接处、插头、插座等要牢牢固定。

③ 定时测量烤箱内的温度，清洗烤箱内壁，清洗对流式烤箱中的电风扇叶。定时检查烤箱门及箱体的封闭情况和保温性能。

④ 定时清洁灶具和燃烧器的污垢，检查燃烧器指示灯及安全控制装置，保持开关的灵敏度。

⑤ 定时检查炸炉的箱体是否漏油，按时为恒温器上润滑油，保持其灵敏度。

⑥ 保持平板炉恒温器的灵敏度，将常明火焰保持在最小位置，定时检查和清洁燃烧器。

⑦ 定时检查和清洁煮锅中的燃烧器，检查空气与天然气（煤气）混合装置，保证它们正常工作。检查炉中的陶瓷或金属的热辐射装置的损坏情况并及时更换。

⑧ 及时更换冷藏设备的传动带，观察它们的工作周期和温度，及时调整自动除霜装置，检查门上的各种装置，定时上润滑油，保证其正常工作。定时检查压缩机，看其是否漏气，保证制冷效率，定时清洁冷凝器，定期检修电动机。

⑨ 定期检查和清洁洗碗机的喷嘴、箱体和热管，保证其自动冲洗装置的灵敏度，随时检查并调整其工作温度。

⑩ 对厨房热水管进行隔热保温处理以增加其供热能力。

⑪ 定时检查、清洗和更换排气装置和空调中的过滤器，定时检查和维修厨房的门窗，保证其严密，保证室内温度。

2. 实施保养措施

（1）烹调设备的保养措施

每天清洗对流式烤箱内部的烘烤间，经常检查炉门是否关闭严实，检查所有线路是否畅通。每半年对烤箱内的鼓风装置和电动机上 1 次润滑油，每天清洗多层电烤箱的箱体，每 3 个月检修 1 次电线和各层箱体的门。每天使用中性清洁剂将微波炉中的溢出物清洗干净，每周清洗微波炉的空气过滤器，经常检查和清洁微波炉中的排气管，用软刷子将排气管阻塞物刷掉，保持其畅通。经常检查微波炉的门，保持炉门的紧密性，开关的连接性。每半年为微波炉的鼓风装置和电机上油，保证其工作效率。每天对西餐灶顶部的加热铁盘进行清洗，每月检修西餐灶的煤气喷头。每天清洗平板炉的铁板，每月检修平板炉的煤气喷头并且为煤气阀门上油 1 次，定期调整煤气喷头和点火装置。定期检修和保养扒炉的供热和控制部件，经常检修煤气喷头，保持它们的清洁，每天清洗和保养烤架。每月检修油炸炉的线路和高温恒温器，使恒温器的供热部件达到规定的温度（通常约在 200 ℃）。如果使用以煤气或天然气为能源的油炸炉，每月应检修它的煤气喷头及限制高温的恒温器，每天保养油炸炉的过滤器，定期检修排油管装置。每天清洗旋转式烹调锅，使用中性的洗涤液，每月对翻转装置和轴承进行保养，经常检修煤气喷头和高温恒温器。每天清洗蒸汽套锅，经常检修蒸汽管道，确保其压力不超过额定压力，每天检查减压阀，每周检修蒸汽弯管和阀门，每月为齿轮和轴承上油，清洗管道的过滤网和旋转控制装置。

（2）机械设备保养措施

每天清洗搅拌机的盛料桶。每周检查变速箱内的油量和齿轮转动情况，每月保养和维修升降装置，检查皮带的松紧，给齿轮上油，每半年对搅拌机电机及搅拌器检修1次。每天清洗切片机的刀片，定时或每月为定位滑杆及其他机械装置上润滑油。每月定期检修削皮机的传送带、电线接头、计时器和研磨盘。

本章小结

厨房规划是确定厨房的规模、形状、建筑风格、装修标准及其各部门之间位置等工作。厨房布局是具体确定厨房部门、生产设施和设备的布局等工作。厨房规划和布局是一项复杂的工作，它涉及多方面工作，占用较多的资金。合理的厨房规划和布局应充分利用厨房的空间和设施，减少厨师生产菜肴和面点的时间和操纵设备的次数，减少厨师在工作中的流动距离，易于厨房生产管理，利于菜点质量控制，利于厨房成本控制。

热能在厨房生产中起着重要的作用，它直接影响菜点的质量、特色、质地和成熟度并影响餐饮生产成本。合理选择热能是厨房生产管理工作之一。热能选择常与厨房生产中的许多因素有联系，必须全面考虑。包括实用性、安全性、方便性、成本和经济效益。厨房设备主要是指厨房生产菜点的各种炉灶、保温设备、冷藏设备和切割设备等。由于菜点的形状、口味、颜色、质地和火候等各质量指标受生产设备的影响，因此，厨房设备对菜点质量起着关键作用。

练 习 题

1. 名词解释

厨房　　厨房规划　　厨房布局

2. 多项选择

（1）现代厨房规划的任务是（　　），以增加企业的餐饮营业收入并有利于招聘和吸收优秀厨师。

　　A. 改善厨房工作环境　　　　B. 保证厨师健康
　　C. 降低厨房人工成本　　　　D. 提高饭店的竞争力

（2）厨房的每个加工点都应按生产程序合理地进行规划（　　）。

　　A. 以减少厨师在生产中的流动距离和加工时间
　　B. 以充分利用厨房空间和设备
　　C. 以提高厨房的工作效率

D. 以保证餐饮生产的畅通和连续

（3）创造良好的工作环境是厨房规划的目的。因此，厨房应（　　）。

A. 关注通风、温度和照明

B. 降低噪声

C. 保持干净的墙壁、地面和天花板

D. 提高生产面积使用效率，减少餐饮经营费用

（4）通常，确定厨房面积是厨房规划中较为困难的问题。因为影响厨房面积的因素有许多，其中主要包括（　　）等。

A. 餐厅类型　　　　　　　　B. 厨房功能
C. 用餐人数　　　　　　　　D. 厨房设备

3. 判断对错

（1）厨房各部门应在不同的楼层以方便生产和管理，提高生产效率，保证菜肴质量。
（　　）

（2）由于厨房的生产特点，厨房应选择地基平、位置偏低的地方，这对进入厨房货物的装卸及污水排放都有益处。（　　）

（3）为了职工安全和厨房卫生，厨房地面应选用防滑、耐磨、不吸油和水，便于清扫的瓷砖。（　　）

（4）噪声会分散厨师注意力，使工作出现差错。因此，厨房规划中应采取措施消除或控制生产中的噪声，应控制在60分贝左右。（　　）

（5）通常，厨房应设立办公室，办公室常设在生产厨房的中部，容易观察厨房全部生产工作又能监督厨房入口处的地方。办公室墙壁的上半部用玻璃制成，易于观察。（　　）

4. 思考题

（1）简述厨房规划的筹划工作。

（2）简述厨房规划原则。

（3）论述热能传递原理。

（4）论述厨房部门布局。

（5）论述厨房设备布局。

（6）论述厨房设备选购。

5. 画图题

参观某饭店厨房，画出其厨房设施的布局图并分析其工作流程。

主要参考文献

[1] 王天佑. 现代厨房管理［M］. 北京：中国旅游出版社，1995.

[2] 李雯，樊宏霞. 服务企业运营管理［M］. 重庆：重庆大学出版社，2016.

[3] 陆力斌. 生产与运营管理［M］. 北京：高等教育出版社，2013.

[4] 陈国华. 现场管理［M］. 北京：北京大学出版社，2012.

[5] 王景峰. 质量管理流程设计与工作标准［M］. 2版. 北京：人民邮电出版社，2012.

[6] 郭彬. 创造价值的质量管理［M］. 北京：机械工业出版社，2014.

［7］赖朝安. 新产品开发［M］. 北京：清华大学出版社，2014.

［8］温卫娟，郑秀恋. 采购管理［M］. 北京：清华大学出版社，2013.

［9］赖利. 管理者的核心技能［M］. 徐中，梁红梅，译. 北京：机械工业出版社，2014.

［10］严康，吴昆. 餐饮空间设计［M］. 北京：中国青年出版社，2015.

［11］邢瑜，王玉红. 宾馆环境设计［M］. 合肥：安徽美术出版社，2007.

［12］王磊，王成飞. 企业运营管理［M］. 北京：清华大学出版社，2019.

［13］王天佑. 宴会运营管理［M］. 北京：北京交通大学出版社，2019.

［14］克拉耶夫斯基. 运营管理［M］. 9版. 北京：清华大学出版社，2013.

［15］王天佑，侯根全. 西餐概论［M］. 5版. 北京：旅游教育出版社，2017.

［16］SPLAVER B. Successful catering［M］. 3rd ed. New York：Van Nostrand Reinhold，1991.

［17］ROBERT G. Cooper. Winning at new products：creating value through innovation［M］. 5th ed. New York：Basic Books Group，2017.

［18］SCANLON，LOMAN N. Catering management［M］. 3rd ed. John Wiley & Sons Inc，2006

［19］WALKER G R. The restaurant from concept to operation［M］. 5th ed. New Jersey：John Wiley & Sons，Inc.，2008.

［20］BLECH Z Y. Kosher food production［M］. 2nd ed. New Jersey：John Wiley & Sons，Inc.，2009.

第 8 章

卫生与安全管理

> **本章导读**
>
> 餐饮经营中出现的任何卫生和安全事故都会影响饭店的声誉,从而影响餐饮经营。因此,食品卫生与安全管理是餐饮经营管理的基础和核心,关系着顾客的生命和健康。饭店不仅应为顾客提供有特色的菜肴和酒水,更应为顾客提供卫生、安全和富有营养的食品。餐饮生产安全管理是指防止餐饮加工、切配和烹调中的安全事故。通过本章学习,可了解餐饮卫生与安全管理的重要性、食品污染的各种途径与预防措施、生产事故发生的原因及安全预防措施等。

8.1 食品卫生与安全管理

8.1.1 食品卫生与安全管理概念

食品是维持人体生命活动不可缺少的物质,它供给人体各种营养,满足人体需要,保障人们身体健康。食品卫生(Food Hygiene)是指食品或餐饮在消费时没有受到任何有害的微生物和化学物质的污染。食品安全(Food Safety)是指食品或餐饮无毒无害,符合应有的营养要求,对顾客健康不造成任何危害。对于饭店管理和餐饮管理,卫生安全是食品质量的第一要素。然而,食品在生产中,随时会受到生物或化学物质的污染,对人体造成伤害。因此,食品卫生与安全管理是餐饮经营管理的基础和核心。由于食品卫生与安全关系着顾客的生命和健康,因此,饭店不仅应为顾客提供有特色的菜肴和酒水,更应为顾客提供卫生、安全、健康和富有营养的食品。根据美国餐饮协会对美国公民选择餐厅的调查,美国公民选择餐厅时,首先考虑的是安全与卫生。然后是特色、价格、地点和服务等。因此,生产和销售安全、健康和卫生的食品是饭店经营的基本原则并为饭店带来声誉和经济效益。

1. 食品危害来源

① 内源性危害。某些食品中，天然存在有毒或有害的成分，如河豚毒素、苦杏仁苷等。

② 外源性危害。食品中的微生物污染和食品添加剂及意外进入的化学物质都属于外源性危害。

③ 诱发性危害。在食品储存和加工过程中诱发的有害物质，如油脂氧化等。

2. 食品污染途径

一份优质的菜肴或酒水，其色香味形俱佳，但它不一定是安全和卫生的，很可能被污染，从而给顾客带来疾病或造成食物中毒。因此，食品污染是指一些有毒或有害的物质进入正常食品的过程；而食物中毒是指人们进食含有生物或化学毒物及含有天然毒性的动植物引起的疾病总称。食品污染种类主要包括生物性污染和化学性污染。食品污染的主要途径包括以下三方面。

（1）储存与运输过程的污染

由于车船等运输工具不洁造成的食品污染，如用装过农药或其他有毒或有害物质的运输工具及不经彻底清洗的包装物装运食品原料；同车混装食品原料与化学物品；生食品原料与熟食品混装在冷藏箱等造成的食品原料污染。

（2）餐饮加工生产中的污染

在菜肴和面点加工和烹调过程中使用的容器和工具不干净或使用不当造成其中的有害物质析出，形成食品污染；食品原料不符合卫生标准造成的食品污染，包括食品添加剂、色素、防腐剂和甜味剂等；个人卫生和环境卫生不良造成的微生物污染等。餐饮生产中使用不符合卫生标准的水也是造成微生物污染的途径。

（3）有害动物和昆虫造成的污染

苍蝇、老鼠、蟑螂和蛾等动物和昆虫常作为病菌的传播媒介，将病菌带到食品或餐饮中，引起人们的食物中毒。

8.1.2 食品卫生与安全管理发展

当今，世界各国已开始实行从农田到餐桌（from farm to table）的全过程食品卫生与安全管理。这一管理理念源于1997年美国食品药品管理局、美国农业部及美国疾病控制中心等部门。根据研究，人类对食品可能造成健康损害或死亡的认识，最早可追溯到人类的起源。在1万年至1.7万年以前，人类主要以捕猎或采集野果维持生命。这一时期，人类已经意识到一些动物和植物食品是有毒的，可使人中毒，甚至致命。在8 000年以前，人类开始进入食品制作期，人们发现使用火烤或水煮的方法加工食品可以减少疾病。然而，这一时期出现了食物过剩现象及由此引起了食物腐败变质和食物中毒问题。于是，开始了食物贮存和保护措施。这样，人们逐渐认识到某些食物会对人类的健康造成重大的危害。根据历史记载，我国周朝已经有了未成熟的五谷不准交易的规定。春秋战国时期，孔子在《论语·乡党》中阐述了，腐败变质的食品不可食用。唐代制定了食品安全法令。然而，食品安全管理的立法可追溯到中世纪英格兰国王约翰于1202年颁布的第一部英国食品法（the English Food Law）。美国于1906年颁布《食品药品法》（Food and Drugs Act）及《肉品监督法》(Meat Inspection Act)。自19世纪中叶，许多国家相继颁布了本国的食品安全立法。我国食品卫生与安全法始于20世纪50年代。1953年我国开始建立卫生防疫站，1964年国务院颁布了《食品卫生管理试行条例》，2009年2月28日第十一届全国人民代表大会常务委员会第七次会议通过了《食品安全法》。2013年以来，国务院共制定和修订了11个有关食品安全的行政法规；制定和修订了与食品安全相关的24个规范性文件。国家有关部门制定和修订40个食品安全规章，发布了170个规范性文件，涵盖了"从农田到餐桌"的食品安全管理全过程。目前，我国食品安全的监管工作已经进入一个全新的阶段。

8.1.3 生物性污染

生物性污染是指有害的病菌和真菌等微生物、寄生虫和昆虫等造成的食品污染。其中，微生物污染占有较大的比重，危害也较大。

1. 病菌污染

从食品原料的储存、加工至烹调的全过程，通过病菌导致餐饮食品变质称为病菌污染。病菌污染不仅降低了食品营养，还会产生有害毒素。这样，人食用被污染的食品后，会引起食物中毒。病菌通常是单细胞生物，体形细小，种类繁多，形态各异，有球状、杆状和螺旋状。它由细胞壁、细胞膜、细胞质和核质体构成，经裂殖方式进行繁殖，繁殖速度受温度、湿度、营养、光线、氧供给和酸碱度等影响。生长在0℃以下的细菌处于休眠状态，但依然保持生命。在70～100℃高温条件下，病菌和毒素在数分钟内会死亡。在60～74℃温度时病菌大多数已被杀死，少数病菌仍然有生命力，但已失去繁殖能力。在7～60℃温度时病菌的繁殖力最强。0～7℃属于食品冷藏温度，病菌几乎停止繁殖，但没有死亡。此外，一些病菌还可构成孢子，孢子可经受高温，在经历数小时高温后，温度恢复正常，仍可繁殖。一些病菌排出的毒素与餐饮混合在一起，经几小时后变成了有毒食品。在适当温度下，病菌每20分钟繁殖一次，几个小时内，病菌可繁殖数万个。

反映食品污染的指标常包括三个：细菌总数、大肠菌群和致病菌。细菌总数是食品的一般卫生指标，食品中的细菌总数是指每克固体或每毫升液体或每平方厘米面积上食品所含的细菌数量。大肠菌群为食品被污染的指标，是食品卫生质量鉴定的重要指标，食品中检出大肠菌群，表示食品近期内受到过污染。通常，大肠菌群小于3，表示食品中所含的大肠菌群很少或几乎等于零。致病菌是严重危害人体健康的指标病菌，国家卫生标准中明确规定各种食品不得检出致病菌。目前，餐饮中被检出的致病菌的种类主要有沙门氏菌属、致病性大肠杆菌和金黄色葡萄球菌。

（1）沙门氏菌污染

沙门氏菌（见图8.1）常寄生于牲畜和家禽的消化系统中，从体内排出后，可引起一系列的直接或间接感染。在食品原料中，被沙门氏菌污染的有鸡蛋、肉类和家禽，通过多种渠道将病菌传播到食品上。这些渠道包括食品原料、病人、昆虫粪便、动物爪子和毛、菜刀和墩板等工具和工作人员的手等。人食用了受沙门氏菌污染的食品，通过48小时的潜伏期，会出现腹痛、腹泻、头痛、发烧、恶心和呕吐等

图8.1 沙门氏菌

症状。

（2）葡萄球菌污染

葡萄球菌常寄生在人的手、皮肤、鼻孔和咽喉上，也分布在空气、水和不清洁的食具上。该病菌常通过厨房和餐厅工作人员的咳嗽、喷嚏或手接触等方式将病菌污染在食品上。畜肉和奶制品是这类病菌繁殖最理想的地方，人食用了葡萄球菌污染的餐饮，经过约16个小时的潜伏期后，会出现腹痛、恶心、呕吐和腹泻等症状。

（3）芽孢杆菌属污染

芽孢杆菌属常寄生在土壤、尘土、水和谷物、人或动物的消化系统中，耐热力很强，一些被污染的食品原料经过蒸、煮、烧、烩和烤等方法烹调后，如果没有熟透，常带有芽孢杆菌。芽孢杆菌在 15~50 ℃ 之间繁殖力最强。容易受该菌污染的食物有甜点、肉类菜肴、调味酱（少司）和各种汤。人食用了芽孢杆菌污染的食物后，经 8~16 小时的潜伏期会出现腹痛、腹泻、恶心和呕吐等症状。

2. 霉菌污染

近年来，人们愈加重视霉菌给人类造成的危害。霉菌是真菌的一部分，在自然界分布很广。霉菌在粮食中遇到适宜的温度和湿度繁殖很快，并在食物中产生有毒代谢物。它除了引起食物变质外，还易于引起人的急性与慢性中毒，甚至使肌体致癌。霉菌种类繁多，广泛存在于自然界，大多数对人体无害，有的霉菌对人类有益，如在酿酒、酿醋、制作酱类和腐乳时都应用霉菌。但是，一些霉菌是有害的，会产生有毒的代谢物，即霉菌毒素。霉菌毒素是一些结构复杂的化合物，由于种类和剂量不同，造成人体危害的表现也不同，可以造成急性中毒、慢性中毒、致畸和致癌。目前已被证实，使人致癌或病变的霉菌有黄曲霉毒素等。食品被霉菌毒素污染后，即使产毒的霉菌死亡，霉菌毒素仍然保留在食品中。一些霉菌毒素结构相当稳定，普通的烹饪方法不能将其破坏。

黄曲霉毒素主要污染花生、豆类、玉米、大米和小米等食品。该霉素的毒性稳定且耐热，在 280 ℃ 时才能分解。人们食用了黄曲霉毒素污染的食品会造成急性或慢性肝脏损伤和肝功能异常及肝硬化，还可诱发肝癌。

3. 原虫与虫卵污染

原虫也称为寄生虫。常见的危害人类健康的寄生虫主要有阿米巴原虫、蛔虫、绦虫、肝吸虫和肺吸虫等。

（1）阿米巴原虫污染

阿米巴原虫为单细胞动物，身体形状不固定，多生活在水中，常寄生在人体内的结肠处，对人的肠壁、肝和肺等处进行伤害。阿米巴原虫通过水源、人的手及苍蝇等污染食物。人食用了阿米巴原虫污染的冷菜和点心会引起发烧、腹痛和腹泻，严重者便中带脓血，眼窝凹陷。

（2）蛔虫污染

蛔虫的形状像蚯蚓，白色或米黄色，成虫约 10~20 cm。它常寄生在人的肠壁和牲畜的体内。虫卵排出后进入土壤，附在蔬菜上或混入饮水中。人食用被蛔虫卵污染的冷菜和饮料后，虫卵在人体消化道发育成虫。蛔虫对人类危害很大，在人体中吸取养料，分泌毒素，使人营养不良，精神不振，面色灰白，腹痛并且容易引起肠阻塞、阑尾炎、肠穿孔等疾病。一旦蛔虫进入人的肝脏和胆道，会发展为其他疾病。

（3）绦虫污染

绦虫呈扁平形状，身体柔软，像带子。它由许多节片构成，每个节片各自有繁殖能力。绦虫寄生在人或动物的体内，幼虫被人们称作囊虫，多寄生在猪和牛等动物体内，也寄生在人的体内。人食用囊虫污染的畜肉类菜肴会出现皮下结节、全身无力等症状。当囊虫进入人体的脑、眼睛或心肌内时会出现抽风、双目失明或心脏机能障碍。

（4）肝吸虫污染

肝吸虫呈扁平状，前端较尖，常寄生在动物或人体的肝脏内，虫卵随粪便排出后，先在淡水螺体内发育，然后侵入淡水鱼体内。人食用了被肝吸虫污染的生鱼或半熟的海鲜会出现消瘦、腹泻、贫血和肝肿大等症状。

（5）肺吸虫污染

肺吸虫常寄生在人和动物的肺部，虫卵随患者的痰及粪便排出，幼虫寄生在淡水蟹和虾内。人食用肺吸虫污染的、没有经过烹饪或半熟的水产品会出现咳嗽、咯血及低热等现象，有时还会出现癫痫或偏瘫等。

4. 毒性动植物

（1）毒性动物

毒性动物主要是指毒性的畜肉、鱼类和贝类。一些鱼肉和贝肉中含有毒素，一些鱼的血液和内脏中含有毒素。人误食这些鱼和贝，轻者中毒致病，重者危及生命。但是，有些鱼类去掉内脏后可以食用。例如，鳕鱼的肝脏有毒，去掉肝和内脏后可以食用；相反，河豚鱼的内脏和血液中含有大量的河豚毒素和河豚酸，这两种毒素化学性质非常稳定，通过任何烹调方法均不能将其破坏。一旦毒素进入人的身体，将破坏人的神经系统，死亡率极高。此外，人们误食牲畜甲状腺常是食物中毒的一个原因。

（2）毒性植物

毒性植物是指那些含有毒素的菌类、干果和蔬菜。这些植物对人类危害很大，不可以食用。例如，毒蘑菇含有胃肠毒素、神经毒素和溶血毒素等，食用后会发生阵发性腹痛、呼吸抑制、急性溶血和内脏损害，死亡率极高。发芽的马铃薯含有龙葵素（龙葵碱），人食用龙葵碱 0.2~0.4 克即可引起中毒，潜伏期常在 2~4 小时，症状为咽喉烧灼感、上腹烧灼感，其后出现胃肠炎症状、头晕、头痛、轻度意识障碍和呼吸困难，重症者可致心脏衰竭。扁豆（菜豆）中毒一年四季均可发生，但多发生于上市的旺季。人们食用了半熟的扁豆就可会引起食物中毒，由于扁豆含有皂素和植物血凝素，对胃肠道黏膜有强烈刺激作用，引起局部黏膜充血，破坏红细胞引起溶血，潜伏期在 30 分钟至 5 小时之间，发病初期感到胃部不适，继而恶心、呕吐，腹痛，头晕，头痛，出汗，畏寒，四肢麻木，胃部有烧灼感，腹泻。同样，人们饮用了加热不彻底的生豆浆，饮用后可造成中毒，其原因是生豆浆含有胰蛋白酶抑制剂、皂苷和皂素等有毒物质，由于加热不彻底，有害物质未被破坏。豆浆中毒发病较快，潜伏期常在 30 分钟至 1 小时，主要症状为恶心、呕吐、腹泻、腹痛和头晕等。此外，由于鲜黄花菜中含有秋水仙碱（Colchicine）等毒性物质，因此食用鲜黄花菜 100 克即可引起中毒。

8.1.4 化学性污染

化学性污染是指有毒或有害化学物质进入食品中引起的食品污染。随着现代工业的迅速发展，环境污染问题日趋严重。流行病统计资料和科学研究都证实，人类的健康与其周围的生活环境、水、食品等的污染程度有着十分紧密的关系。工业生产排放的大量废水、废气和废渣，交通运输中排放的废气，都市化形成的生活污水和生活垃圾，农业生产中使用的化肥和农药造成的残留污染及人为毁坏自然资源和生态环境等因素，都可对人体健康造成威胁。根据统计，目前化学污染大量增加，现有2 000多种化学物质被人们有意地加入食品中，各种化学添加剂通过饮食摄入到人体的量不断增加。许多人工合成的化学物质半衰期较长，不能被人体所分解，对人类构成了潜在的威胁。随着化学污染的日趋严重，食物中的有害因素的来源更加广泛，种类也逐渐繁多，这些污染物通过食物链转移到人体内，对人体造成不同程度的危害。造成化学污染的原因主要来自以下几个方面。

① 来自生产、生活环境中的各种有害金属、非金属、有机及无机化合物。如使用锡铅容器储存食物会造成铅中毒，用镀锌容器储存菜肴会造成锌中毒，用铜容器储存酸性食物会造成铜中毒。

② 在菜肴和面点生产中，加入不符合卫生标准的食物添加剂、色素、防腐剂和甜味剂及使用了一些残留兽药的畜肉或残留农药的蔬菜和谷物等，都会造成化学性污染。如制作香肠使用的亚硝酸盐是致癌物质，如果误食了一定量的亚硝酸盐会出现烦躁不安、呼吸困难、腹泻，严重者会出现呼吸衰竭。人工合成的食用色素有致泻性和致癌性物质。

③ 农作物在生长期或成熟后的储存期，常沾有化肥和农药，如果清洗不彻底，人食用后，造成急性中毒和蓄积性中毒并危及人的生命。其中，食用残留过量的六氯环乙烷（六六六）等有机氯农药的谷物、蔬菜和水果可引起肝、肾和神经系统中毒，食用残留过量的敌敌畏、敌百虫等有机磷农药的谷物、蔬菜和水果可引起神经功能紊乱。

④ 一些运输车辆在沾染化学物质后，由于未经严格的处理就与食品原料接触，也会造成食品原料的化学性污染。

8.1.5 食品卫生与安全管理措施

饭店餐饮部应掌握食品卫生与安全管理知识，预防食物中毒，遵守国家和地方的卫生法规。严格遵循饭店规定的食品采购、验收、贮存和生产等卫生与安全管理制度，做好食品原料采购、加工、烹调至服务等各环节的安全与卫生管理工作。

1. 卫生与安全管理体系

建立食品安全管理体系是指建立从农田到餐桌的食品安全管理体系。这一体系主要包括食品原料从农场或生产企业，通过运输流通至饭店，然后进行加工与服务的全过程。主要包括5个方面的管理。

（1）记录管理

饭店餐饮部对每一种采购来的食品原料都要详细记录，建立食品原料数据库。

（2）查询管理

饭店餐饮部对所使用的食品原料，都要进行编号并与供应商联网。通过查询可以了解食品原料来源的相关信息。

（3）标识管理

食品原料标识是食品原料管理系统中重要的信息。厨房管理人员可在食品原料加工前检查食品原料的质量，核对食品原料的标识。这样，饭店可追溯食品原料的来源。

（4）责任管理

通过对食品原料标识的管理，饭店可在发生食品安全问题的情况下，通过食品原料来源信息，确定相关企业或部门的责任。同时，可以确定问题食品的批号，对库存中或运输中及已经售出的菜点采取挽救措施。

（5）信用管理

信用管理是食品原料卫生与安全管理体系中的一项重要内容，是指饭店及供应链中各企业对其生产加工过程中，记录食品原料卫生与安全信息的真实性。在信用管理中，每一阶段的生产者或经营者必须记录其负责阶段食品原料的卫生与安全信息。

2. 食品原料索证制度

基于饭店食品原料的安全与卫生管理，饭店餐饮部必须坚持食品原料索证制度。根据国家市场监督管理总局规定，饭店业在采购食品原料时，必须查验食品原料是否符合相关食品安全法规或安全标准要求，查验所采购的食品原料合格证明并索取购物及有关凭证。索证目的在于保障所购买的食品原料卫生与安全。饭店建立食品原料索证制度，无论对企业本身还是对消费者都具有重要而长远的意义。饭店的食品验收员要查验食品原料的卫生合格证明及标识。例如，食品原料的检验报告复印件、肉类检疫合格证明等。同时，实施进货验收与记录。在验货中应记录食品名称、进货时间、产地、规格、数量、简单的感官鉴定、供应商名称及其联系方式等。当然，饭店必须从固定的供应商采购食品原料并签订采购合同。

3. 食品验收与鉴定

为了保证食品原料卫生与安全，饭店通常会建立食品原料验收制度及选派经过专业培训的食品验收员。在食品验收中，验收员对各种食品原料进行感官鉴定或仪器鉴定。例如，合格的大米、玉米、小麦粉和玉米粉等粮食无黄曲霉毒素、无镉及没有无机砷等；优质的蔬菜表面应鲜嫩、无黄叶、无伤痕，无病虫害及无烂斑等；新鲜的畜肉表面有光泽，红色均匀，脂肪洁白，外表微干或微湿润，用手指压后凹陷可立即恢复（见表8.1）；新鲜的鱼表面有光泽，有清洁透明的黏液，鳞片完整且不易脱落，有海水鱼或淡水鱼固有的气味，眼球饱满且凸出，角膜透明，腹部坚实，无胀气和破裂现象；新鲜的虾，头体连接紧密，青白色或青绿色，手摸有干燥感，有伸屈能力；新鲜的蟹，肢体连接紧密，腮色洁净，蟹黄凝固。一般而言，验收员通过视觉、嗅觉、触觉、味觉等查验食品原料的新鲜程度及判断是否存在初期腐败变质现象。通常，处于初期腐败阶段的食品原料会产生不良的气味，出现颜色变化。包括褪色、变色、失去光泽及组织变软和表面存在黏液等现象。这些现象可以通过食品原料验收员的感官分辨出来。

表 8.1　畜肉感官鉴定

检验项目	新鲜畜肉	比较新鲜畜肉	变质畜肉
畜肉色泽	有光泽，红色均匀，脂肪洁白	颜色稍暗，脂肪缺乏光泽	无光泽，脂肪灰绿色
畜肉黏度	外表微干或微湿润，不粘手	外表略湿，略粘手	外表粘手
畜肉弹性	指压后，凹陷立即恢复	指压后，凹陷恢复且不完全，速度慢	指压后，凹陷不能恢复，留有明显痕迹
畜肉气味	具有鲜肉正常气味	略有氨味或略带酸味	有臭味

4. 食品贮存管理

根据食品卫生与安全管理和方便生产的需要，食品原料需要存放在不同的仓库。通常，大型饭店设立干货库、冷藏库和冷冻库。干货库是各种罐头食品、干海鲜、干果、粮食、香料及其他干性食品原料存放场所。冷藏库一般存放蔬菜、水果、鸡蛋、黄油、牛奶及需要保鲜或当天使用的畜肉、家禽和海鲜等。冷冻库存放冷冻的畜肉、禽肉和其他冷冻食品原料。此外，食品原料仓库应有照明和通风装置并规定各自的温度和湿度及其他管理规范等。

干货食品原料应避免接触地面和库内墙面。同时，要控制不同的食品贮存库温度和发放程序（见 3.4 节）。

5. 加工与熟制管理

水果和蔬菜会沾染化肥与农用杀虫剂，因此，厨房工作人员必须认真清洗。同时，直接生吃的水果和蔬菜必须使用具有活性作用的食品洗涤剂认真清洗，再用清水冲洗。当然，可以将水果和蔬菜去皮后食用。此外，经过加工并且等待上桌的水果和蔬菜必须用无毒物溶出及符合卫生标准的食品包装材料进行包装。在制作香肠与腊肉等食品时，严格掌握硝酸盐和亚硝酸盐的用量，尽量用其他无毒的替代品替代它们。通常，亚硝酸钠用量每千克不超过 0.15 克。由于菜点的熟制工艺不同，在其熟制过程中应采用不同的、有效的卫生与安全控制措施（见表 8.2）。同时，菜点制熟后应立即食用，菜点在常温下存放 4 至 5 个小时应重新加热。当然，动物食品原料必须熟制后才能食用。菜点成熟的内部最低温度为 70℃。成熟的菜点应与半成品或食品原料隔离，防止交叉污染。此外，所有的菜点及其原料应防止被昆虫和老鼠接触。

表 8.2　水热烹饪法

烹调方法	工艺特点	安全问题	控制措施	应用范围
炖烧、焖、烩与煮	在常压下加热，温度不超过 100℃，适用于多种烹调方法。加工时间可长可短	如果温度与时间不足，生物性危害不能消除；天然有毒的物质没有灭活	确保灭菌和灭活的加热温度与时间	用于各种冷开胃菜、热开胃菜与主菜类的制作
蒸	封闭状态进行烹调，利用水蒸气进行熟制。保持菜点的营养素和原汁原味	如果温度与时间不足，生物性危害不能消除；天然有毒的物质没有灭活	掌握食品原料的特点、蒸制火候、时间、原料及摆放方法等	用于各种原料制成的主菜。例如，四喜丸子或芙蓉鸡蛋等熟制及面点的加工

续表

烹调方法	工艺特点	安全问题	控制措施	应用范围
软炸与干炸	烹调油应淹没食品原料,油温高,可达230℃	油的重复使用或过高油温会产生化学性危害,原料未炸透,存在生物性危害	控制原料大小、数量、油量、油温和时间	用于通过油炸成熟的菜点
炒、爆与熘	原料尺寸多以小块为主,油温高,快速烹制	加热不彻底,难以消除生物性危害	选择适宜的食物原料及数量,控制油温与时间	用于各种热开胃菜和主菜
煎、贴与酿	油量少,烹饪时间短,食品原料多成饼状或片状,经常需要采用上浆工艺	原料受热不均匀,常出现焦糊状,导致化学性危害。由于加热时间与温度不足,常出现生物性危害	选择适宜的食品原料、数量及加热时间与温度,确保菜点加热时间与温度适宜	用于水晶虾饼、煎酿苦瓜等热开胃菜的制作

8.1.6 食品安全保证体系

1. 食品安全保证体系概述

食品安全保证体系也称食品危害分析与关键控制点体系。这一体系是从农田到餐桌或从养殖场到餐桌全过程的食品安全预防体系,是识别食品生产中可能发生的危害环节并采取适当控制措施防止危害的方法,是从宴会原料采购开始,经储藏,到粗加工、生产至餐饮服务等,整个过程中每个环节经过物理、化学和生物等三个方面的危害分析并制定关键控制点。该系统涉及餐饮运营活动的各个方面,要求饭店有一套机制,由企业的管理层组成的专项工作小组管理,最大限度地保护消费者的安全。这一体系最初诞生于美国,适用于太空食品的生产。目前,美国食品与药品管理局、美国农业部、世界卫生组织等为了最有效地管理食品卫生与安全,都推荐这一体系。该体系目前已被许多国家使用,其中包括欧盟、日本、澳大利亚、新西兰、印度、巴西和泰国等。我国从1990年开始探讨食品安全保证体系的应用,由卫生部对各种食品生产体系管理进行研究。1991年北京第11届亚洲运动会食品卫生防病评价就采用HACCP体系以确保各国运动员食品安全。我国《食品生产企业危害分析与关键控制点(HACCP)管理体系认证管理规定》自2002年5月1日起执行。

2. 食品安全保证体系内涵

食品安全保证体系是对食品生产和安全的一种控制手段。这一体系是对饭店菜点生产各环节进行监控的安全保障体系,该体系与传统体系有着本质的不同,由以下7个基本原理组成。

(1) 对食品可能存在的危害进行全面分析,制定预防措施。列出原料、加工、生产和销售直至消费所有可能发生的食品危害环节并制定防止危害发生的预防措施。

(2) 确定食品危害的关键控制点,对相关人员进行严格的培训。

(3) 建立关键界限或限值,采用具体参数。例如,温度、时间、压力、流速和水活度等,也可以采用感官指标。例如,外观和组织结构等,确保限值在食品安全范围内。

(4) 对关键控制点实施监控。首先对关键控制点的限值进行测量和分析。然后,建立监控程序，确保达到关键限值的要求并及时提供监控信息，及时调整控制，要有监控人和复查人签名负责。

（5）确定纠偏措施。在监控中，发现偏离关键限值时要立即纠正。同时，偏差和问题的处理过程必须记录到相应的文件中并保存记录。

（6）建立验证系统和过程。验证的频率要足以监控该体系的运转效果。验证内容要包括食品安全保证体系中所有文件和记录并制定验证出现的偏差及其问题的处理措施。

（7）建立记录管理系统。保持有效和准确的记录管理系统。文件和记录的管理模式应与企业生产规模和特点相适应。

3. 食品安全保证体系实施

良好的食品生产规范和操作标准是建立该体系的前提。食品安全保证体系的支持程序要符合政府的卫生法规及餐饮业生产规范。通常涉及以下方面。

（1）清洁。清洁是食品生产过程中影响食品安全的一个关键因素。清洁要求将所有食品生产区域的清洁卫生工作频率，使用的食品添加剂的品种和数量比例、使用方法、存放方法等通过文件确定和记录下来。

（2）校准。校准是指精心维护检验工具、监测设备或测量仪器等，确保监测工具的测量精确性。校准还规定了如何处理失准时的食品。

（3）虫害。实施虫害控制，建立完备的文件与记录，规定虫害的检查方法与频率及使用药品的规定和记录。

（4）培训。食品安全保证体系的验证和工作人员必须经过严格的培训，培训形式要通过文件记录下来。

（5）标志。食品标志应包括：产品描述、级别、规格、包装、最佳食用期或者保质期、批号、生产商。产品必须有标志，消费者通过标志才能明确产品的性质特征。

（6）供应商。向所有供应商提供本企业的标准采购说明书，明确对采购的食品原料的标准，并以文件的形式记录保存。查验所有供应商提供的原料质量档案，建立值得信赖的供应商名单。

（7）生产手册。包括生产规范、卫生标准和作业指导书。在菜点生产中应提供生产人员指导书，明确为菜点生产安全所需要遵守的操作规程并将指南纳入食品质量与安全管理体系中。

8.2 个人卫生管理

为了防止病菌污染，必须管理好个人卫生。实验证明，不论在人体表层或人体内部都存有病菌。由于职工的清洁卫生和健康状况对食品卫生与安全有着一定的影响和起着关键作用，因此个人卫生的管理工作是餐饮卫生管理的关键环节之一。个人卫生管理包括个人清洁与身体健康管理、工作服卫生管理、职工卫生知识培训等。

8.2.1 个人清洁

个人清洁是个人卫生的基础，个人清洁状况不仅显示着个人的自尊自爱，也标志着饭店和餐厅的形象。饭店业根据国家卫生法规，只准许健康的人参与餐饮制作和服务。因此，餐饮部的工作人员的个人清洁应以培养个人良好的卫生习惯为前提。餐饮部的职工应每天洗澡和刷牙，尽量在每次用餐后刷牙。上岗前衣帽应整齐干净；每次接触食品前应洗手，特别是使用了卫生间后，要认真将手清洗干净。许多饭店对职工洗手程序做出规定：职工应用热水洗手，用指甲刷刷洗指甲，用洗涤剂搓洗手两次，洗手完毕将手擦干或烤干。勤剪指甲，保持指甲卫生，不可在指甲上涂抹指甲油。职工工作时应戴发帽，不可用手抓头发，防止头发和头屑落在食物上，防止交叉感染。工作时不可用手摸鼻子，不可打喷嚏，擦鼻子可以用餐巾纸，用毕将纸扔掉，手应清洗消毒。禁止在厨房和餐厅内咳嗽、挖耳朵等动作。厨房和备餐间等工作区域严禁吸烟和吐痰。工作时不可用手接触口部，品尝食品时应使用干净的小碗或小碟，品尝完毕，应将餐具洗刷和消毒。保持身体健康，注意牙齿卫生、脚的卫生、伤口卫生等。餐饮部的员工应定期检查牙齿并防止患有脚病。当职工在厨房受到较轻的刀伤时，应包扎好伤口，决不能让伤口接触食物。工作时禁止戴手表、戒指和项链等装饰品。

8.2.2 保持身体健康

保持餐饮部工作人员，特别是厨房职工的身体健康非常重要，这是防止将病菌带入厨房和餐厅的首要环节。因此，饭店管理人员应重视和关心厨房职工的健康，并为他们创造良好的工作条件，不要随意让职工加班加点。职工应适当休息和锻炼，呼吸新鲜空气和均衡饮食。由于餐饮部工作时间长，工作节奏快，厨房温度高，部分职工上两头班（早、晚班），职工需要有充分的睡眠和休息；下班后应得到放松，特别需要呼吸新鲜空气。职工需要丰富和有营养的食品，喝干净水，养成良好的饮食习惯，善于放松自己，避免焦虑，以保持身体的健康。

8.2.3 工作服卫生管理

餐饮部的工作服应合体、干净、无破损、便于工作，特别是厨师应准备3~4套工作服，工作服必须每天清洗，更换。厨师工作服应当结实、耐洗、颜色适合、轻便、舒适并且具有吸汗作用，应包括上衣、裤子、帽子、围巾和围裙。工作服为长袖、双排扣式（胸部双层）。这样的工作服可以保护职工胸部及胳膊，防止烫伤。厨师的帽子应当舒适、吸汗，防止头发和头屑掉在菜肴中。厨师的工作鞋应结实，能保护脚的安全，使其免遭烫伤和砸伤，并能有效地支撑身体。许多饭店将皮靴作为厨房的工作鞋，皮靴可增加人们的站立时间，但是便鞋和运动鞋也各有特点。通常，厨房职工工作服为白色上衣、黑色或黑白格的裤子。工作服由棉布制成，其优点是干净、易于发现工作服上的污点。工作服的大小应当适合每个职工的身材，使职工感到轻松和舒适。

8.2.4 职工身体检查

按照国家和地方的卫生法规，餐饮部的工作人员应每年做一次体检。身体检查的重点是肠道传染病、肝炎、肺结核、渗出性皮炎等。因此，患有上述各种疾病者及带菌者均不可从事餐饮生产和服务工作。

8.3　环境卫生管理

环境卫生状况与食品安全有紧密的联系，餐饮管理人员应重视厨房环境卫生管理。厨房环境卫生管理主要包括厨房设施、生产设备和工具卫生等管理。厨房设施卫生管理包括通风设施、照明设施、冷热水设施、地面、墙壁、天花板的清洁程序和方法管理；生产设备和工具卫生管理包括对各种加工机械、工具的清洁程序和方法管理。

8.3.1　厨房设施卫生管理

1. 通风设施卫生

厨房应安装通风设施以排出炉灶烟气和仓库发出的气味。由于排风设施距离炉灶近，容易沾染油污，油污积存多了会落在食物上，因此通风设备要定时或经常清洁。通常，厨房每两天清洁一次通风设备，通风口要有防尘设备，防止昆虫和尘土等飞入。良好的通风设施不仅使厨房职工感到凉爽、空气清新，还能加速蒸发职工身上的汗水。

2. 照明设施卫生

有效的照明设施可以缓解厨房职工的眼睛疲劳。自然光线的效果比人工照明设施更理想。同时必须有适度的照明，厨房职工才可能注意厨房中各角落的卫生。通常，厨房每周应对所有照明设施清洁1次。

3. 冷热水设施卫生

厨房和备餐间要有充足的冷热水设施，因为厨房和备餐间的任何清洁工作只有在具有冷热水设施的前提下才能完成。

4. 职工洗手间卫生

饭店常在厨房附近建立职工洗手间，洗手间的门不可朝向餐厅或厨房，应有专人负责卫生和清洁，餐厅服务员和厨房职工不可兼职洗手间的清洁工作。

5. 厨房地面卫生

厨房地面应选用耐磨、耐损和易于清洁的材料。地面应平坦，没有裂缝，不渗水。地面铺防滑砖最适宜，经常保持地面清洁，每餐后应冲洗地面，冲洗时用适量的清洁剂，然后擦干。

6. 厨房墙壁卫生

厨房墙壁应当结实，光滑，不渗水，易冲洗，以浅颜色为宜。墙壁之间、墙壁与地面之间的连接处应以弧形为宜，以利于清洁。瓷砖墙面最为理想，保持墙面清洁，经常用热水配以清洁剂冲洗墙壁。许多饭店在厨房墙壁卫生管理中规定，每天应擦拭1.8 m以下高度的厨房墙面，每周擦拭1.8 m以上的厨房墙面1次。

7. 厨房天花板卫生

西餐厨房天花板应选用不剥落或不易断裂及可防止储存尘土的材料制成，通常厨房选用轻型金属材料做天花板，其优点是不易剥落和断裂，可以拆卸和快速安装以利于清洁。

8. 厨房门窗卫生

厨房门窗应没有缝隙，保持门窗的清洁卫生，使光线充足。厨房门窗应当每天擦拭。较高位置的窗户和玻璃，如超过1.8 m，可以在3天至1周的时间内清洁1次。

8.3.2 设备和工具卫生管理

不卫生的生产与服务设备常是污染食品的原因之一，因此生产与服务设备的卫生管理不容忽视。合格生产与服务设备的特点是易于清洁，易于拆卸和组装，设备材料坚固，不吸水，光滑，防锈，防断裂，不含有毒物质。生产与服务设备卫生的具体管理工作应包括以下内容。

① 每天工作结束时应对设备进行彻底清洁。清洁设备时应先去掉残渣和油污，然后将拆下的部件放入含有清洁剂的热水里浸泡，用刷子刷，再用清水冲洗；对于不可拆卸的设备应在抹布上涂上清洁剂，然后涂在设备上，再用硬毛刷刷去污垢，用清水清洗后，用干净布擦干。

② 不同材料制成的用具和器皿应采用不同的清洁方法以达到最佳的卫生效果及保护用具和器皿的作用。例如，使用热水和毛刷冲洗大理石用具，然后晾干；使用热水和清洁剂冲刷木制品，然后使用净水冲洗，用干净布巾擦干；用热水冲洗塑料制品；用热水和清洁剂冲洗瓷器和陶器等。

③ 铜制品清洁方法是先清除食物残渣，然后用热水和清洁剂冲洗，再晾干。

④ 清洗铝制品时，先去掉食物残渣，然后浸泡，再用热水放适量清洁剂，不要用碱类物质清洗，以免破坏其防腐的保护膜。

⑤ 清洗锡制品和不锈钢制品时，先使用热水与清洁剂刷洗，然后用清水冲净，晾干。

⑥ 清洁镀锌制品时，注意保护外部的薄膜（锌），洗涤后一定要擦干，不然会生锈。

⑦ 用潮湿的布擦洗搪瓷制品，然后擦干。

⑧ 清洁刀具时，应注意安全，用热水和清洁剂将刀具洗净，然后用清水冲净，擦干，涂油。

⑨ 清洗各种滤布和口袋布时，先去掉其残渣，用热水和清洁剂洗涤揉搓后，用水煮，冲洗，晾干。

⑩ 清洁滤网、绞肉机和削皮机时，用清水冲掉网洞中的食物残渣，用毛刷、热水和清洁剂刷洗，用净水冲洗，擦干。

⑪ 清洗电器设备时，应关闭机器，切断电源，用布、小刀或其他工具去掉食物残渣，用热水和清洁剂清洗各部件，尤其应注意清洗刀具和盘孔，然后擦干。清洁后的生产用具见图8.2。

图 8.2 清洁后的生产用具

8.3.3 建立卫生制度

饭店业所有的职工都应严格遵守国家和地方的卫生法规。餐饮部应建立一些针对原料采购和保管、加工、烹调和服务过程的卫生制度、卫生责任制等以完善卫生管理工作。

8.4 生产与服务安全管理

餐饮生产与服务安全管理是指餐饮加工、切配、烹调和服务中的安全管理。在餐饮经营中，厨房和餐厅出现任何安全事故都会影响饭店的声誉，从而影响餐饮经营。根据统计，安全事故常是由于职工疏忽大意造成的。因此，在繁忙的生产中，如果不重视安全预防工作（见图8.3），摔伤、切伤、烫伤和火灾等事故不可避免。因此，预防生产和服务安全事故的发生，必须使餐饮部全体职工，特别是厨师们了解安全事故发生的原因，使厨房和餐厅具备预防和控制安全事故的措施。这些措施主要包括以下内容。

图8.3 带有安全隐患的厨房

8.4.1 预防跌伤与撞伤

跌伤和撞伤是餐饮生产与服务中最容易发生的事故，特别是，跌伤与撞伤多发生在厨房通道和餐厅门口处。潮湿、油污和堆满杂物的通道及职工没有穿防滑工作鞋是跌伤的主要原因。职工在搬运物品时，由于货物堆放过高，造成视线障碍或职工通过门口粗心大意也是造成撞伤的原因。此外，厨房和餐厅工作线路不明确及职工不遵守工作规范等也是原因之一。预防措施有：工作人员走路时应精力集中，眼看前方和地面；保持地面整洁和干净，随时清理地面杂物，在刚清洗过的地面上放置"小心防滑"的牌子；职工运送货物时应使用手推车，控制车上的货物高度，堆放货物的高度不可超过人的视线；职工在比较高的地方放取货物时，不要脚踩废旧箱子和椅子，应使用结实的梯子；走路时应靠右侧行走，不可奔跑；出入门时，注意过往的其他职工，餐厅与厨房内的各种弹簧门应有缓速装置。

8.4.2 预防切伤

在厨房的安全事故中，切伤发生率仅次于跌伤和撞伤，造成切伤的主要原因是职工工作时的精神不集中、工作姿势或程序不正确、刀具钝或刀柄滑。通常，刀愈钝切割时愈要用力，被切割的食品一旦滑动，切伤事故就会发生。当然，作业区光线不足或刀具摆放的位置不正确、切割设备没有安全防护装置也是造成切伤的主要原因。预防措施有：管理人员认真做好职工的安全和技术培训；保持刀刃的锋利，通常，愈是不锋利的刀具，愈容易发生切伤事故。因此，应制定持刀制度和程序，由于刀具是切割食物的工具，因而决不允许用刀具打闹。此外，厨师在工作时应精力集中，不要用刀具开罐头，保持刀具的清洁，不要将刀具放在抽屉中；厨师手持刀具时，不要指手画脚，防止刀具伤人；当刀具落地时，不要用手去接，应使其自然落地；职工在接触破损餐具时，应特别注意；在使用电动切割设备前，应仔细阅读设备使用说明书，确保各种设备装有安全防护设备；使用绞肉机时，用木棒和塑料棒填充肉块，不用手直接按压；清洗和调节生产设备时，必须先切断电源，按照规定的程序操作。

8.4.3 预防烫伤

烫伤主要是由于厨师与服务人员在工作时粗心大意造成。营业繁忙时，职工在忙乱中偶然接触到热锅、热锅柄、热油、热汤汁和热蒸汽是烫伤发生的主要原因。预防烫伤的措施有：使用热水器开关应谨慎；不要将容器内的开水装得太满；送热汤菜时应注意周围的人群动态。烹调时，炒锅一定要放稳，不要使用手柄不结实的烹调锅，容器内不要装过多的液体，不要将锅柄和容器柄放在炉火的上方；厨师打开热锅盖时，应先打开离自己远的一边，再打开全部锅盖；将准备油炸的食物沥去水分，防止锅中的食用油外溅伤人；经常检查蒸汽管道和阀门，防止出现漏气伤人事故；厨师应随身携带干毛巾，养成使用干毛巾的习惯。

8.4.4 预防扭伤

扭伤俗称扭腰或闪腰，餐饮部职工搬运过重物体或使用不正确的搬运方法会造成腰部肌肉损伤。预防扭伤的措施有：职工搬运物体时应量力而行，不要举过重的物体并且掌握正确的搬运姿势；举物体时，应使用腿力，而不使用背力，被举物体不应超过头部；举起物体时，双脚应分开，弯曲双腿，挺直背部，抓紧被举的物体。一般而言，男职工可举起约22.5 kg 的物体，女职工可举起的物体重量是男职工举起重物重量的一半。

8.4.5 预防电击伤

电击伤在餐饮生产与服务的事故中很少发生。但是，电击伤的危害很大，应当特别注意。电击伤发生的原因主要是设备老化、电线有破损处或接线点处理不当、湿手接触电设备等。电击伤预防措施有：厨房和备餐间中所有用电设备都应安装地线，不要将电线放在地上，即便是临时措施也很危险；保持配电盘的清洁；所有用电设备开关应安装在操作人员可控制的方便位置；职工使用用电设备后，应立即关掉电源；为用电设备做清洁时一定要先关掉电源。员工接触用电设备前，一定要保证自己站在干燥的地方，手是干燥的，在容易发生触电事故的地方涂上标记，提醒职工注意。

8.4.6 预防火灾

厨房和餐厅内设有各种电器、各种管道和易燃物品，特别是厨房是火灾易发地区，火灾危害顾客和职工生命，造成财产损失。因此，厨房和餐厅防火是非常必要的。厨房和餐厅防火除了要有具体措施外，还应做好培训工作，使厨师及服务人员了解火灾发生的原因及防火知识。

1. 火灾发生原因

火灾发生的三个基本条件是火源、氧气和可燃物质，当这三个因素都具备时，火灾便易发生。厨房和餐厅发生火灾的具体原因有许多，通常由食用油导致火灾。员工在油炸食物时，由于某些食物中含有较多水分，造成油锅中的热油外溢，引起火灾。煤气灶具也容易引起火灾，当煤气灶具中的火焰突然熄灭时，煤气就从燃烧器中泄漏出来，遇到火源后，火灾便发生了。厨房和餐厅中的电线超负荷工作常引起火灾，其他物质也是引起火灾的原因。

2. 火灾类型

① A 型火灾。由木头、布、垃圾和塑料引起。扑灭 A 型火灾适用的物质有水、干粉和干化学剂。

② B 型火灾。由易燃液体引起，如油漆、油脂和石油等。扑灭 B 型火灾的物质有二氧化碳、干粉和干化学剂。

③ C 型火灾。由电动机、控电板等用电设备引起。扑灭 C 型火灾适用的物质与 B 型相同。

3. 灭火工具

餐饮生产与服务中常用的灭火工具有石棉布和手提式灭火器。石棉布在厨房非常适用，当烹调锅中的食用油燃烧时，可将石棉布盖在锅上，中断火焰与氧气的接触以扑灭火焰。手提式灭火器配有泡沫、二氧化碳和干化学剂等类型。灭火器应安装在火灾易发地区、避免污染食品的地区。餐饮部管理人员要经常对灭火器进行检查和保养；每月称一下灭火器的重量，检查灭火器中的化学剂，看其是否挥发掉。不同的手提式灭火器，其喷射距离不同。例如，泡沫类手提灭火器的喷射距离是 10～12 m。

4. 防火措施

厨房和餐厅工作人员应熟悉灭火器存放的位置和使用方法，经常维修和保养电器设备，防止发生火灾。定期清洗排气罩的滤油器，控制油炸锅中的热油高度，防止热油溢出锅外。厨房和餐厅内严禁吸烟，注意煤气灶的工作情况并经常维修和保养，培训职工有关防火和灭火的知识。发现火险应立即向上级管理人员报告。

本章小结

一份优质的菜肴或酒水，其色香味形俱佳，但它不一定是安全、健康和卫生的，很可能被污染，从而造成顾客食物中毒。食品污染是指一些有毒或有害的物质进入正常食品的过程。食物中毒是指人们进食含有生物或化学毒物及含有天然毒性的动植物引起的疾病总称。食品污染种类主要包括生物性污染、化学性污染。食品污染的主要途径包括储存与运输过程的污染、餐饮加工生产中的污染和有害动物与昆虫造成的污染。预防生物性污染应注意食品原料运输中的卫生管理，做好防尘、冷藏和冷冻措施；严格管理餐饮生产和服务人员的个人卫生，确保职工身体健康；保持良好的工作环境和炊具卫生，餐具和酒具要消毒；按照食物储存的标准温度和方法，正确地储存各类食品并做好速冻。预防化学性污染必须做到：生吃水果和蔬菜使用具有活性作用的食品洗涤剂清洗，再用清水认真冲洗；将可以去皮的水果和蔬菜去皮后食用；选择无毒物溶出及符合卫生标准的食品包装材料及容器包装和储存食品；严格掌握亚硝酸盐的用量。

餐饮生产安全管理是指餐饮加工、切配、烹调和服务中的安全管理。厨房和餐厅出现任何安全事故都会影响饭店的声誉，从而影响餐饮经营。安全事故常由于职工疏忽大意造成。因此在繁忙的生产中，如果不重视安全预防工作，摔伤、切伤、烫伤和火灾等事故不可避免。预防生产安全事故的发生，必须使餐饮部全体职工了解安全事故的发生原因，使其具备预防事故的措施，并且加强安全事故预防的具体管理。

1. 名词解释

食品　　食品卫生　　病菌　　生物性污染　　化学性污染

2. 多项选择

（1）食品危害来源主要包括（　　）。

A. 内源性危害　　　　　　　　B. 外源性危害

C. 诱发性危害　　　　　　　　D. 化学添加剂危害

（2）食品原料的贮存与运输过程的污染原因主要包括（　　）。

A. 同车混装食品原料与化学物品　　B. 生食品原料与熟食品混装

C. 厨师在生产中造成的污染　　　　D. 车船等运输工具不洁

（3）反映食品污染的指标常包括（　　）。

A. 细菌总数　　　　　　　　　B. 大肠菌群

C. 致病菌　　　　　　　　　　D. 黄曲霉毒素

（4）阿米巴原虫为单细胞动物，身体形状不固定，多生活在水中，常寄生在人体内的结肠处，对人的肠壁、肝和肺等处进行伤害。阿米巴原虫通过（　　）等为媒介污染食物。

A. 食物　　　　　　　　　　　B. 水源

C. 手　　　　　　　　　　　　D. 苍蝇

3. 判断对错

（1）一份优质的菜肴或酒水，其色香味形俱佳，但它不一定是安全和卫生的，很可能被污染。从而，给顾客带来疾病或造成食物中毒。（　　）

（2）畜肉和奶制品是葡萄球菌繁殖最理想的地方。人食用了葡萄球菌污染的菜肴，经过约4个小时的潜伏期后，会出现腹痛、恶心、呕吐和腹泻等症状。（　　）

（3）一些鱼和贝的血液和内脏含有毒素。人误食这些鱼和贝，轻者中毒致病，重者危及生命。（　　）

（4）霉菌在粮食中遇到适宜的温度和湿度繁殖很慢，并在食物中产生有毒代谢物。它除了引起食物变质外，还易于引起人的急性与慢性中毒，甚至使肌体致癌。（　　）

（5）毒蘑菇含有胃肠毒素、神经毒素和溶血毒素等。食用后会发生阵发性腹痛，呼吸抑制，急性溶血和内脏损害，死亡率极高，不可食用。（　　）

4. 思考题

（1）简述食品污染指标。

（2）简述毒性动植物的特点和危害性。

(3) 简述火灾发生原因和类型。
(4) 论述预防食品污染的措施。
(5) 论述个人卫生管理。
(6) 论述餐饮生产与服务设备和工具的卫生管理。
(7) 论述餐饮生产与服务安全管理。

主要参考文献

[1] 刘少伟. 食品安全保障实务研究 [M]. 上海：华东理工大学出版社，2019.
[2] 丁斌，姜霞. 食品安全检测技术 [M]. 成都：电子科技大学出版社，2016.
[3] 曾庆孝，许喜林. 食品生产的危害分析与关键控制点原理与应用 [M]. 广州：华南理工大学出版社，2000.
[4] 马长路，孙剑锋，柳青. 食品安全与质量管理 [M]. 重庆：重庆大学出版社，2015.
[5] 张小莺，殷文政. 食品安全学 [M]. 北京：科学出版社，2012.
[6] 白晨，黄玥. 食品安全与卫生学 [M]. 北京：中国轻工业出版社，2014.
[7] 刘雄，陈宗道. 食品质量与安全 [M]. 北京：化学工业出版社，2009.
[8] 汤高奇，石明生. 食品安全与质量控制 [M]. 北京：中国农业大学出版社，2013.
[9] 曹小红. 食品安全与卫生 [M]. 北京：科学出版社，2018.
[10] 斯塔奇·尼克斯. 基础营养与膳食治疗 [M]. 北京：清华大学出版社，2018.
[11] GITLOW H S. Quality management [M]. 3rd ed. NY：Mcgraw-Hill Inc.，2005.
[12] JENNINGS M M. Business ethics [M]. 6th ed. Mason：Thomson Higher Education，2009.
[13] REES N, WALSON D. International standards for food safety [M]. Berlin：Springer，2000.
[14] WALKER J R. Introduction to hospitality management [M]. 4th ed. NJ：Pearson Education Inc.，2013.
[15] MARRIOTT M G, GRAVANI R B. Principles of food sanitation [M]. 5th ed. NY：Springer，2010.

第3篇

餐饮营销管理

- 菜单与酒单筹划
- 餐饮服务管理
- 酒水销售管理
- 餐饮营销策略

第 9 章

菜单与酒单筹划

本章导读

菜单和酒单是饭店为顾客提供的餐饮产品说明书,是餐厅销售餐饮的工具。在现代餐饮营销中,所有的餐饮经营管理活动都是以菜单和酒单的筹划为中心。本章主要对菜单和酒单的筹划与设计进行总结和阐述。包括菜单与酒单的种类与特点、菜单和酒单的筹划和设计、菜单与酒单的价格制定。通过本章学习,可掌握不同种类的菜单和酒单的特点,菜单与酒单的筹划原则、程序和内容,并掌握餐饮定价方法。

9.1 菜单种类与特点

9.1.1 菜单含义与作用

菜单是餐厅为顾客提供菜点的说明书,是沟通顾客与餐厅的媒介,是餐饮产品的无声推销员。菜单筹划与设计是饭店餐饮经营管理的基础和核心工作。一份有营销力的菜单应反映餐厅的经营特色,衬托餐厅的气氛,为饭店带来理想的经营效益。同时,菜单作为一种艺术品应为顾客留下美好的印象。美国餐饮协会理事可翰博士通过对餐饮营销的研究,总结出"饭店餐饮经营成功的关键在菜单"。综上所述,菜单是餐饮营销和管理的工具。其作用主要表现在以下三个方面。

1. 顾客购买菜点的工具

餐饮产品的核心是菜点,菜点不宜储存。一般而言,在顾客点菜之前不制作,特别是传统餐厅或正式餐厅。因而,顾客不能在点菜前看到菜肴和甜点,只有通过菜单了解菜点的原料、工艺、造型和特点。因此,菜单成为顾客购买菜点的主要工具。

2. 餐厅销售菜点的工具

菜单是餐厅的销售工具。因为餐厅通过菜单把产品介绍给顾客,通过菜单与顾客沟通,通过菜单了解顾客对菜点的需求并及时调整菜单的品种等以满足顾客的需求。因此，菜单成为餐厅销售菜点的主要工具。

3. 餐饮经营管理的工具

菜单在餐饮经营管理中起着重要的作用。这是因为不论是餐饮原料的采购、成本控制、生产和服务、厨房设计与布局，还是厨师和服务人员的招聘和培训等都要根据菜单上的产品而定。因此，菜单是餐饮经营的管理工具。

9.1.2 菜单种类与特点

菜单是餐饮产品的说明书，是餐饮的营销工具。随着餐饮市场的需求多样化，国内外饭店为了扩大餐饮销售，采用了灵活的经营策略。他们根据菜肴的风味和生产特点，根据不同的销售环境和时段，筹划和设计了各种不同的菜单以促进菜点销售。

1. 根据顾客购买方式分类

（1）零点菜单（A La Carte Menu）

零点菜单是餐饮经营的最基本菜单，其特点是根据菜肴的品种，以单个菜点计价。因此，顾客可根据自己的需要，以单个菜肴点菜，组成自己完整的一餐。零点菜单上的菜点是单独定价的，菜单上的产品排列以人们进餐的习惯和顺序为基础。例如，咖啡厅零点菜单菜点排列顺序是：开胃菜类、汤类、沙拉类、三明治类、主菜类和甜品等。

（2）套餐菜单（Table D'hote Menu）

套餐是根据顾客的需求，将各种不同营养成分，不同食品原料、制作方法、菜式、颜色、质地、味道及不同价格的菜点合理地搭配在一起，设计成一套菜单，并制定出每套菜点的价格。套餐菜单上的菜点品种、数量、价格全是固定的，顾客只能购买固定的一套菜点。套餐菜单的特点是节省顾客的点菜时间，价格比零点菜单实惠。

（3）固定菜单（Static Menu）

许多传统中餐厅、扒房（传统西餐厅）和咖啡厅都有自己固定的菜单。所谓固定菜单，顾名思义，就是不经常变动的菜单。这种菜单上的菜点都是餐厅的代表菜肴和甜点，是经过认真研制，并在多年销售中受市场欢迎的菜点，具有餐厅特色的产品。这些菜点深受顾客的欢迎且知名度很高，顾客到某一饭店的主要目的就是购买这些菜点。因此，这些产品是不经常变动的。当然，根据市场需求，可适时做些调整。

（4）周期循环式菜单（Cyclical Menu）

咖啡厅和西餐厅常有周期循环式菜单。所谓周期循环式菜单，是一套完整的菜单，而不是一张菜单，这些菜单按照一定的时间循环使用，过了一个完整的周期，又开始新的周期。一套周期为1个月的套餐菜单，应有31张菜单以供31天循环使用。这些菜单上的内容可以是部分不相同或全部不相同，厨房每天根据当天菜单的内容进行生产。这些菜单尤其在咖啡厅很流行。一些扒房的周期循环式菜单常包括365张菜单，每天使用1张，1年循环1次。周期循环式菜单的特点是满足顾客对特色菜肴的需求，使餐厅天天有新菜。但是，对每日剩余的食品原料处理带来一些困难。

（5）宴会菜单（Banquet Menu）

宴会菜单是饭店推销餐饮产品的一种技术性菜单，既属于套餐菜单，又与套餐菜单有着明显的不同。因此，作为单独的一种菜单。宴会菜单体现饭店或餐厅的经营特色，菜单上的菜点是该饭店或餐厅著名的美味佳肴，并在原料和工艺的协调方面进行了认真的筹划。同时，还根据不同的季节安排了一些时令菜肴。宴会菜单也常根据宴会主题、宴会需求、宴会标准或宴请者的意见随时制定。此外，宴会菜单还可推销企业库存的食品原料。根据宴会形式，宴会菜单又可分为传统式宴会菜单、鸡尾酒会菜单和自助式宴会菜单。目前，宴会的发展趋势主题化，因此宴会菜单基本上是主题宴会菜单。例如，中餐主题宴会菜单见图9.1。

```
欢迎  ××  先生一行来本饭店举行宴会，祝贺××同学考入××大学！饭店全体员工共同分享  ××同学成功的喜悦！
预祝  ××同学前程似锦。
                                                         ××  饭店全体员工敬贺

                              锦绣前程宴

  四味迎嘉宾       Four Start Cool Dishes
  虫草炖靓鸭       Stewed Duck with Chinese Herbs
  青瓜鸡围虾       Prawns And Cucumber
  碧绿鸡肉丸       Boiled Chicken Ball with Vegetable
  辣味牛百叶       Stir Fried Tripe with Chili
  葱烧海参条       Stewed Sea Cucumber with Green Onion
  蒜茸蒸膏蟹       Steamed Crab with Garlic
  清蒸石斑鱼       Steamed Fish
  干贝四喜丸       Mixed Meatball with Scallops
  银芽里脊丝       Stir Fried Shredded Steak with Bean Sprout
  清炒空心菜       Fried Water Spinach
  家乡南瓜饼       Pumpkin Cake
  香煎葱油饼       Cake with Green Onions

                                       菜单设计与菜肴监制人
                                       厨师长×××
                                              年   月   日
```

图9.1 中餐主题宴会菜单

（6）每日特菜菜单（Daily Special Menu）

每日特菜菜单是为了弥补固定菜单上的菜点品种的单调问题而设计的。每日特菜菜单常在一张纸上设计几个有特色的菜肴。它的特点是强调菜单使用的时间，只限某一日使用。每日特菜菜单的菜肴常带有季节性、民族性和地区性等特点。该菜单的功能是强调餐厅销售的时间并及时推销新鲜的、季节的和饭店创新的菜点，使顾客每天都能享用新的菜点。

（7）其他菜单

为了紧跟市场需求，饭店还常筹划节日菜单、部分选择式菜单和儿童菜单等。节日菜单（Holiday Menu）是根据地区和民族节日筹划的传统菜点。部分选择式菜单（Partially Selective Menu）是在套餐菜单基础上，增加了菜肴的选择性。这种菜单集中了零点菜单和套餐菜单的共同优点，在套餐的基础上加入了一些灵活性。例如，1个部分选择式菜单规定了3道菜，第1道菜是沙拉，第2道菜是主菜，第3道菜是甜点。那么，其中主菜可以有数个可选择的菜肴，并将这些菜肴限制在顾客最受欢迎的品种上，且价格固定，因此很受顾客的欢迎，它既方便顾客也有利于餐厅销售。

2. 根据用餐习惯分类

（1）早餐菜单（Breakfast Menu）

早上是一天的开始。现代人的生活节奏不断加快，不希望在早餐上花费时间。因此，早餐菜单既要营养丰富又要简单，还要服务速度快。通常咖啡厅早餐零点菜单约有 30 个品种：各式面包、黄油、果酱、鸡蛋、谷类食品、火腿肉、香肠、牛奶、酸奶酪、咖啡、红茶、水果及果汁等，早餐菜单还可以有套餐菜单和自助餐菜单。西餐早餐套餐可分为大陆式早餐和美式早餐。西餐早餐菜单见图 9.2。

早餐套餐（SET MENU）

大陆式早餐（THE CONTINENTAL BREAKFAST） ￥120.00
自选橙汁、西柚汁、菠萝汁、番茄汁
（Your choice of Orange juice, Grapefruit juice, Pineapple juice or Tomato Juice）
面包自选（Baker's Choice）
牛角包、甜面包、吐司或丹麦面包（Croissant, Sweet Roll, Toast or Danish Pastry）
黄油、橘子酱和果酱（Butter, Marmalade and Jam）
茶、咖啡、巧克力奶（Tea, Coffee or Chocolate）

美式早餐（THE AMERICAN BREAKFAST） ￥160.00
自选橙汁、西柚汁、菠萝汁、番茄汁
（Your choice of Orange juice, Grapefruit Juice, Pineapple juice or Tomato Juice）
玉米片、大米片或粥（Corn Flakes, Rice Crispy or Porridge）
2 个鸡蛋可挑选任何烹调方法并带有咸肉、火腿肉或香肠
（2 Eggs any style with Bacon, Ham or Sausages）
自选牛角包、甜面包、吐司或丹麦面包
（Baker's Choice: Croissant, Sweet Roll, Toast or Danish Pastry）
黄油、橘子酱和果酱（Butter, Marmalade and Jam）
咖啡、茶和巧克力奶（Coffee, Tea or Chocolate）

特式菜肴（SOMETHING SPECIAL）

早餐牛排带鸡蛋（Breakfast Steak with Eggs） ￥120.00
早餐牛排（Breakfast Steak） ￥120.00
扒熏鱼（Grilled Smoked Kipper） ￥65.00
1 份香肠（1 Portion Sausage） ￥55.00
1 份火腿肉（1 Portion Ham） ￥55.00
1 份咸肉（1 Portion Bacon） ￥55.00

粥类（PORRIDGES）

鸡肉粥（Chicken Porridge） ￥30.00
鱼肉粥（Fish Porridge） ￥30.00
猪肉粥（Pork Porridge） ￥30.00

果汁（JUICES）

橙汁（Orange） ￥30.00
菠萝汁（Pineapple） ￥30.00
西柚汁（Grapefruit） ￥30.00
番茄汁（Tomato） ￥30.00

图 9.2　西餐早餐菜单

新鲜水果（FRESH FRUITS）	
菠萝、木瓜或西柚（Pineapple, Papaya or Grapefruit）	￥30.00
烩水果（STEWED FRUITS）	
李子、桃、梨（Prunes, Peaches or Pears）	￥30.00
木瓜与奶酪（Mixed Fruit Yogurt with Papaya）	￥30.00
奶酪（Plain Yogurt）	￥35.00
谷类（CEREALS）	
玉米片（Corn Flakes）	￥20.00
大米片（Rice Crispies）	￥20.00
面点（FROM THE BAKERY）	
黑莓煎饼带冰激凌（Blueberry Pancake with Ice Cream）	￥30.00
吐司面包（Toast）	￥30.00
牛角包2个（two Croissants）	￥30.00
甜面包2个（two Sweet Rolls）	￥30.00
丹麦面包2个（two Danish Pastries）	￥30.00
带黄油、果酱和橘子酱（Served with butter, Jam and Marmalade）	
鸡蛋（EGGS）	
鸡蛋卷可带火腿肉、奶酪或鲜蘑	￥60.00
（Ham, Cheese or Mushroom Omelette）	
清鸡蛋卷（Plain Omelette）	￥40.00
2个鸡蛋可带咸肉、火腿肉或香肠	￥60.00
（2 Eggs any style With Bacon, Ham or Sausages）	
饮料（BEVERAGES）	
茶（Tea）	￥30.00
咖啡（Coffee）	￥30.00
巧克力奶或米露奶（Chocolate or Milo）	￥30.00
灭菌鲜牛奶（Pasteurised Milk）	￥30.00

图9.2 西餐早餐菜单（续）

① 大陆式早餐（Continental Breakfast），即清淡的早餐，包括各式面包、黄油、果酱、水果、果汁、咖啡或茶。

② 美式早餐（American Breakfast），是比较丰富的早餐，包括各式面包、黄油、果酱、鸡蛋、火腿肉或香肠、水果、果汁、咖啡或茶。

（2）西餐午餐菜单（Lunch Menu）

午餐在一天的中间，它是维持人们正常工作和学习所需营养和热量的一餐。午餐的主要销售对象是购物或旅游途中的顾客或午休中的职工。因此，午餐菜单特点表现在价格适中、上菜速度快等。午餐菜单常包括开胃菜（Appetizer）、汤（Soup）、沙拉（Salad）、三明治（Sandwich）、意大利面条（Pasta）、海鲜（Sea Food）、禽肉（Poultry）、畜肉（Meat）和甜点（Dessert）。一些商务饭店的咖啡厅为了迎合顾客午餐需求，提高点菜速度，午餐菜单的菜肴只分为三个类别：开胃菜、三明治和主菜（特色菜肴与意粉），并将开胃菜、汤和面包设计在一起。

（3）正餐菜单（Dinner Menu）

人们习惯将晚餐称为正餐，因为晚餐是一天中最主要的一餐，欧美人非常重视晚餐。通常人们在一天的紧张工作和学习之后需要享用一个丰盛的晚餐，因此大多数宴请活动都在晚餐中进行。由于顾客晚餐时间宽裕，有消费心理准备，所以饭店为晚餐提供了各种丰富的菜肴。晚餐菜肴制作工艺比较复杂，生产和服务时间较长，价格也比较高。中餐厅正餐菜单，菜肴比午餐更丰盛；而传统的西餐正餐菜单，不论菜肴品种还是菜肴风味都超过午餐水平（见图9.3）。

三明治类（SANDWICHES）	
美味熏肉三明治（Smoked delicacies sandwich）	￥65.00
风干火腿三明治（Parma ham sandwich）	￥65.00
罗宾三明治（Grilled reuben sandwich）	￥65.00
特级公司三明治（Classical club sandwich）	￥80.00
牛肉或芝士汉堡包（Beef or cheese burger）	￥80.00
主菜（MAIN COURSES）	
肉类和粉面类（MEATS & PASTAS）	
肉酱意粉或茄汁意粉（Spaghetti Bolognese or Napolitana）	￥75.00
忌廉火腿白菌烩意粉（Pasta in ham & mushrooms cream sauce）	￥75.00
蘑菇干葱蛋卷（Mixed mushrooms and shallots omelette）	￥60.00
炸西法鸡排（Breaded chicken breast）	￥75.00
芥末猪扒（Panfried pork chop）	￥75.00
蒜香扒羊排（Grilled lamb chop with garlic cream sauce）	￥128.00
香煎牛仔柳拌马德拉少司（Panfried veal medallons with madeira sauce）	￥128.00
特色什扒（Mixed grill）	￥128.00
扒西冷牛扒（Grilled sirloin steak）	￥128.00
煎牛柳扒（Sauteed beef tenderloin）	￥148.00
龙虾拼牛柳扒（Grilled beef tenderloin with lobster tail）	￥198.00
鱼类与海鲜类（FISHES AND SEAFOODS）	
煎大虾伴什菜（Sauteed Jumbo Prawns）	￥138.00
扒三文鱼伴蒜茸汁（Grilled salmon steak）	￥118.00
水波鳕鱼柳伴野菌汁（Poached cod fillet）	￥118.00
扒鲷鱼柳牛油汁（Grilled snapper fillet with butter）	￥118.00
炸鱼柳（Fish & chips）	￥88.00
素食类（VEGETAIAN TOUCH）	
菠菜忌廉汤（Spinach cream soup）	￥40.00
精制蔬菜批（Vegetables terrine）	￥45.00
健康青沙律（The gardener's freshest assortment）	￥40.00

图9.3 高星级饭店咖啡厅正餐零点菜单

| 什菜豆腐卷（Stir fried vegetables and tofu spring rolls） | ￥45.00 |
| 什菜吉列伴奶油扁豆汁（Vegetables cutlet） | ￥60.00 |

甜品类（DESSERTS）

精美自选西饼（Daily pastries from trolley）	￥45.00
精选乳酪碟（Cheese plate）	￥55.00
时令果盘（Seasonal fruits plate）	￥45.00
精制雪糕或雪霜（Ice cream or sherbet）	￥45.00
黑森林蛋糕（Black forest cake）	￥45.00
美式苹果排（Black apple pie）	￥45.00

茶和咖啡（TEA AND COFFEE）

英国或中国茶（English or Chinese tea）	￥40.00
新鲜现磨咖啡（Fresh grounded coffee）	￥40.00
不含咖啡因咖啡（Decaffeinate）	￥40.00
特浓咖啡或鲜奶咖啡（Expresso coffee）	￥40.00

图9.3 高星级饭店咖啡厅正餐零点菜单（续）

(4) 夜餐菜单（Night Snack Menu）

通常，晚10点后销售的餐饮称为夜餐。夜餐销售清淡并份额小的菜点，以风味小吃为主。夜餐菜单常包括开胃菜、沙拉、三明治和工艺简单的主菜及当地小吃和甜品等5~6个类别，每个类别安排4~6个品种。

(5) 其他菜单

许多咖啡厅还筹划了早午餐菜单（Brunch Menu）和下午茶菜单（Afternoon Tea Menu）。早午餐在上午10点至12点进行。早午餐菜单具有早餐和午餐共同的特点。许多人在下午3点有消费下午茶的习惯，主要购买一些饮料、甜点和水果。因此，下午茶菜单常突出甜点和饮料的特色。此外，一些饭店还筹划和推销某一类专项菜肴和甜点的菜单，如主菜菜单、冰激凌菜单等。

3. 根据销售地点分类

由于人们的用餐目的、消费习惯和价格需求不同，因此不同的区域或地点对餐饮产品需求不同。三星级饭店的中餐厅和咖啡厅菜肴和甜点需要大众化，而高星级饭店（四星和五星级）的扒房菜单需要精细和有特色，宴会菜单讲究菜肴的道数及各自的功能，客房用餐菜单讲究清淡和特色。因此，按照销售地点不同，菜单常分为普通中餐厅菜单、风味中餐厅菜单、咖啡厅菜单（Coffee Shop Menu）、扒房菜单（Grill Room Menu）、特色餐厅菜单（见图9.4）和客房送餐菜单（Room Service Menu）。

汤类（SOUPS）

红菜汤（Traditional Ukrainian Borshch）	￥45.00
the aristocratic beet soup-with herbs & sour cream	
鸡汤云饨（Chicken Soup with Pelmeni）	￥40.00
meat dumplings in a tasty broth with fresh vegetables	
新鲜蔬菜汤（Country Vegetable Soup）	￥40.00
fresh market produce in a clear vegetable stock	

图9.4 特色餐厅菜单（俄罗斯餐厅）

沙拉 (SALADS)

俄式土豆沙拉 (Salat Olivier) ￥60.00
Russian potato salad with greens & smoked sausage

俄式红菜沙拉 (Russian Beet Salad) ￥45.00
a beautiful beet salad with fruit & lettuce

什锦蔬菜沙拉 (Mixed Green Salad) ￥40.00
lettuce, tomato, coleslaw, bell peppers & croutons

羊奶酪蔬菜沙拉 (Feta & Greens Salad) ￥45.00
as above with cubes of feta

开胃菜 (ZAKUSKI)

Russian Appetizers-Great to share

里海黑鱼子 (Caspian Sea Black Caviar)……时价 (daily)
a substantial & exquisite hors d'oeuvres platter

三文鱼鱼子,二人用 (Salmon Caviar-for two) ￥80.00
red caviar with crepes, smoked salmon, lettuce

乌克兰酸甜白鱼 (Ukrainian Sweet & Sour White Fish) ￥88.00
topped with shredded carrot & onion-loved by all

炸鱼配土豆鱼红菜 (Schmaltz Herring) ￥88.00
with coleslaw, red onion, & hot potatoes

香味大虾 (Tiger Prawns) ￥85.00
in a rich herb & vegetable cream

特色酸菜 (House Pickles) ￥30.00
Kosher-style original brine with coleslaw & lettuce

香味迪普扒蔬菜 (Grilled Vegetables with Herb Dip) ￥60.00
eggplant, zucchini, bell peppers, onion-huge!

肉菜盒子 (Piroshki-Russia's famous stuffed buns) ￥60.00
various tasty fillings-meat, vegetarian, or mixed

瓤馅脆饼 (Blinis) ￥60.00
with a savoury meat & herb filling & sour cream

什锦开胃菜 (Mixed Zakuski Variety Platter-for two) ￥45.00
assorted salads, fish, red caviar & crepes

主菜 (DINNER ENTREES)

served with potato or rice pilaf er salad garnish

扒羊肉、猪肉或鸡肉任选 (Shashlik-Rasputin's Fabulous Sword Kebab) ￥110.00
your choice of grilled lamb, chicken, or pork

传统黄油鸡卷 (Classic Chicken Kiev) ￥85.00
crisp-cooked white meat wrapped around herb lemon butter

佐治亚扒鸡肉 (Georgian Grilled Cornish Hen) ￥85.00
aromatic & tender-a whole hen flat-fried under a brick

正宗蔬菜卷 (Traditional Cabbage Rolls) ￥65.00

图 9.4　特色餐厅菜单(俄罗斯餐厅)(续)

with a savoury pork, beef and rice stuffing	
西伯利亚水饺（Siberian Pelmeni-the Russian Tortellini）	￥65.00
stuffed with a fine garlic, pork, beef mix	
特制鲑鱼（Trout-Special House Recipe）	￥118.00
de-boned & stuffed with a couscous pilaf	
香扒三文鱼（Grilled BC Salmon）	￥118.00
with a rich mushroom & vegetable ragout	

图 9.4　特色餐厅菜单（俄罗斯餐厅）（续）

4. 根据服务方式分类

菜单还可以按照餐饮服务方式分类。包括传统式服务菜单（Traditional Service Menu）和自助式餐服务菜单（Buffet Menu）。

9.2　菜单筹划与设计

菜单筹划是饭店餐饮管理人员根据市场需求集思广益，开发和设计最受顾客欢迎的餐饮产品的过程。因此，菜单的筹划工作应将所有与菜肴相关的信息，包括菜肴原料、制作方法、风味特点、重量和数量、营养成分和价格及饭店相关餐饮信息等设计在菜单上以方便顾客购买。

9.2.1　菜单筹划原则

传统上饭店筹划菜单时，应尽量扩大营业范围，以吸引各种类型的顾客前来消费；而现代餐饮经营中，为了避免食品原料和人工成本的浪费，降低经营管理费用，把菜肴品种和类型限制在一定的范围，最大限度地满足本企业目标顾客的需求。当今，餐饮产品向着味道清淡、生产简化和富有营养等方向发展。同时，菜单筹划已经成为显示厨师才华的重要指标。因此，筹划菜单是一项既复杂又细致的工作，它对餐饮产品的推销起着关键作用。管理人员在筹划前，一定要熟悉目标顾客的需求，了解饭店餐饮设施、职工的知识、能力和技术水平，并设计出受顾客欢迎而又为企业获得理想利润的菜单。菜单筹划的三大原则是：

① 菜单必须适应目标顾客的需求；
② 菜单必须反映饭店的形象和餐厅特色；
③ 菜单必须为企业带来最佳经济效益。

9.2.2　菜单筹划步骤

为了保证菜单的筹划质量，菜单筹划人员应制订一个合理的筹划计划和步骤并严格按照计划和步骤筹划菜单。通常，菜单的筹划步骤包括以下程序。

① 明确饭店各餐厅经营的目标、经营策略和经营方式。其中包括，是面向散客还是团队服务，服务方法是传统方式还是自助方式；明确菜点的品种、数量、质量标准及风味特点；明确食品原料品种和规格；明确生产设施、生产设备和生产时间；明确该菜单需要的厨

师、技术水平等要求。

② 掌握食品原料、能源成本、经营费用和人工成本等因素。然后，计算出菜肴和面点的成本并根据顾客对价格的承受能力，设计出菜单。

9.2.3 菜单筹划内容

菜单筹划的内容包括菜点种类、菜点名称、食品原料结构、菜点工艺、菜点价格和其他信息等。一个优秀的菜单，其菜点种类应紧跟目标市场需求，菜点名称应是人们喜爱的，菜点原料结构应符合顾客营养需求，每类菜点应使用不同的食品原料，考虑不同的制作工艺，菜点味道应有特色并为市场所接受，菜点价格应符合目标顾客的需求。大众餐厅菜点价格应满足普通顾客的消费需求，高级餐厅应反映高消费顾客的需求。菜单上每一类菜点的品种不宜超过10个，品种过多使顾客选择困难并降低座位周转率，且容易出现差错。从而，影响餐厅的经营。为了吸引顾客多次购买，菜单上的菜品应该定期更换，避免顾客对菜单产生厌倦情绪。此外，菜品更换可根据不同的餐次、节假日和不同的季节等进行。

9.2.4 菜单筹划人

通常，菜单筹划工作关系到饭店声誉、餐饮营业收入、饭店的发展。因此，必须认真筹划。通常由总厨师长及有能力的餐厅经理及厨师担任。菜单筹划人必须具备广泛的食品原料知识，熟悉原料品种、规格、品质、出产地、上市季节和价格等，有深厚的中餐与西餐烹调知识和较长的工作经历，熟悉菜肴生产工艺、生产时间和生产设备，掌握菜肴的色、香、味、形、质地、质量、装饰、包装和营养成分等。菜单筹划人必须了解本饭店餐饮生产与服务设施和工作人员的业务水平，了解顾客需求及餐饮发展趋势，善于结合传统菜点的优点与现代顾客的餐饮需求，有创新意识和构思技巧，有一定的美学和艺术修养，善于调配菜肴颜色和稠度，善于菜肴和面点造型，善于沟通技巧和集体工作，虚心听取有关人员的建议，并具备筹划有竞争力菜单能力的餐饮管理人员。

9.2.5 菜单调整

菜单调整是指饭店应定期对菜单中的菜肴和面点销售情况进行分析和评估，然后对菜单中的菜品进行调整的过程。

1. 菜肴销售分析

分析菜肴销售情况，首先应根据菜肴种类，计算每一类菜品中各菜肴每天的销售份数及销售额，计算每一菜肴顾客满意指数和销售额指数。其中，大于1的顾客满意指数说明顾客对该菜肴满意程度高，大于1的销售额指数指该菜肴可为饭店带来较高的营业收入。最后，每月或每周总结1次，经过数月或数周对菜单不同菜肴的销售情况的总结，决定是否在菜单上保留某菜肴或替换顾客满意指数低及销售额指数低的菜肴。

$$顾客满意指数 = \frac{某菜肴实际销售数百分比}{该种类菜肴平均销售数百分比}$$

$$销售额指数 = \frac{某菜肴销售额百分比}{该种类菜肴平均销售额百分比}$$

菜肴销售分析见表9.1。

表9.1 菜肴销售分析

菜肴名称	销售份数/盘	销售数百分比/%	顾客满意指数	菜肴价格/元	销售额/元	销售额百分比/%	销售额指数	总　　结
蔬菜沙拉	60	29	1.45	25	1 500	24	1.2	顾客满意度高，营业收入高，保留
尼斯沙拉	28	14	0.7	45	1 260	20	1	顾客满意度低，营业收入高，保留，吸引高消费顾客
西萨沙拉	50	24	1.2	35	1 750	28	1.4	顾客满意度高，营业收入高，保留
沃尔道夫沙拉	42	20	1	25	1 050	17	0.85	顾客满意度高，营业收入低，保留，吸引顾客
土豆沙拉	25	12	0.6	25	625	10	0.5	顾客满意度低，营业收入低，删除，重新开发新的沙拉
总计/平均值	205	20	1		6 185	20	1	

2. 菜单分析矩阵

菜单分析矩阵是菜单销售分析的常用工具。分析菜单时，应先将菜单的菜肴按不同类别进行分类，如开胃菜类、汤类、主菜类（大菜）、甜点类等。然后，使用菜肴分析矩阵（见图9.5）对同一种类各菜肴顾客满意程度和菜肴营业收入两个纬度进行分析。菜单分析矩阵中，横轴表示顾客对该菜肴满意程度，纵轴表示该菜肴为饭店带来的营业收入，4个方框分别将菜单的每个菜肴经营状况：明星类菜肴、金牛类菜肴、问题类菜肴与瘦狗类菜肴。

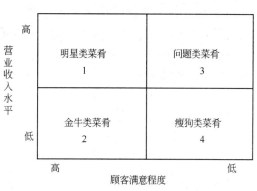

图9.5 菜单分析矩阵

① 明星类菜肴（Stars）。该菜肴有特色，市场吸引力强，顾客满意程度高，需求量大，并为企业带来较高的营业收入，是菜单筹划中最成功的菜肴。

② 金牛类菜肴（Cash Cows）。这种菜肴特色突出，有一定的市场吸引力。由于价格较低，为企业带来的营业收入不高，用于吸引顾客。

③ 问题类菜肴（Question Marks）。这种菜肴的特色突出，由于价格较高，为企业带来一定的营业收入。例如，葱烧海参。然而，由于价格高而需求量不高。因此，该菜肴应在食品原料的搭配和食品成本等方面进行调整以吸引更多的顾客。

④ 瘦狗类菜肴（Dogs）。这类菜肴特色不突出，也没有市场吸引力。因此，不受顾客的欢迎。例如，传统而呆板的大众化菜肴。由于这些菜肴价格低且市场发展不力，不能为饭店带来收入和利润。因此，应删去这类菜肴，重新开发受顾客欢迎的产品。

菜肴销售分析与调整见表9.2。

表9.2 菜肴销售分析与调整

菜肴类别	营业收入水平	顾客满意程度	选择策略
明星类菜肴	高	高	是筹划成功的菜肴，应保留
金牛类菜肴	低	高	在原料、工艺及成本方面进行调整以吸引目标顾客
问题类菜肴	高	低	在原料、工艺及成本方面进行调整以吸引高消费顾客
瘦狗类菜肴	低	低	被有营销潜力的菜肴替换

9.2.6 菜单设计与制作

菜单设计是餐饮管理人员、厨师长和饭店美工部工作人员对菜单形状、大小、风格、页数、字体、色彩、图案及菜单的封底与封面的构思与设计。实际上，菜单设计是菜单的制作过程。由于菜单是沟通餐厅与顾客的媒介，因此它的外观必须整齐，色彩丰富，洁净无瑕，引人入胜。

1. 封面与封底设计

菜单的封面和封底是菜单的外观和包装，代表着饭店形象，反映餐厅的经营特色、风格和等级，反映不同时代的菜点特征，体现餐厅名称，常作为餐厅的醒目标志，因此必须要精心设计。菜单封面和封底的设计原则是，菜单封面的颜色应当与餐厅内部环境色调相协调，使餐厅内部环境更加和谐，或与餐厅的墙壁和地毯的颜色形成反差，使菜单成为餐厅的点缀品。菜单封面必须印有餐厅的名称。餐厅名称常作为菜点的商标，也是菜点生产的厂家名称。因此，餐厅名称一定要设计在菜单的封面上，并且应笔画简单且容易读，容易记忆以增加餐厅的知名度。菜单封底应印有餐厅的地址、电话号码、营业时间及本饭店其他的经营特色和相关信息，以推销本饭店的其他餐饮产品。

2. 文字设计

菜单是通过文字向顾客提供产品和其他经营信息的。因此，文字在菜单设计中起着举足轻重的作用。文字表达内容一定要清楚和真实，避免使顾客对菜肴或甜点产生误解，避免把菜名张冠李戴，避免把菜点的解释泛泛描述或夸大及出现外语单词拼写错误和翻译错误等问题。例如，将佛跳墙（Stewed Seafoods）翻译成 The Monks Over The Wall。如果出现以上问题会使顾客对菜单产生不信任感。此外，应选择适合的字体，其中包括字体的大小、字体的形状。中文仿宋体容易阅读，适合作为菜肴名称和菜点介绍。然而行书体或草写体有字体风格，但不容易识别。通常，英语字体包括印刷体和手写体。印刷体比较正规，容易阅读，常在菜点名称和菜肴解释中使用；手写体流畅自如，并有自己的风格，但不容意识别，偶尔将它们用上几处会为菜单增加特色。英语字母有大写和小写，大写字母庄重，有气势，适用于标题和名称；小写字母容易阅读，适用于菜点解释。此外，字体大小也非常重要，字体太大浪费菜单空间，使菜单内容单调；字体太小，不易阅读，不利于菜点推销。

菜单文字排列密度应适合。通常，文字应各占每页菜单的 50%～60% 的空间。文字排列过密，使顾客眼花缭乱。菜单空白处过多，给顾客留下菜点种类少及不丰富的印象。西餐厅或咖啡厅菜单，菜点名称应用中文和英文两种文字。法国餐厅和意大利餐厅菜单应有法语或意大利语以突出菜点的真实性，并方便顾客点菜。接待国际顾客的中餐厅，菜点名称应用中文和英文两种文字。菜单文字种类不要超过三种，否则给顾客造成烦琐的印象。菜点名称字体与菜点解释字体应有区别，菜点名称可选用较大的字体，而菜点解释可选用较小的字体。为了加强菜单的易读性，菜单的字体应采用黑色，而纸张应采用浅色。

3. 纸张选择

菜单质量的优劣与菜单所选用的纸张有很大的关系，由于菜单代表了饭店形象，是餐厅的推销工具和艺术品，菜单的光洁度和质地与菜单的推销功能有着一定的联系，而且菜单纸张的成本占据着菜单总成本的相当比例，因此在菜单设计中，纸张的选择值得考虑。对一次性使用的菜单，应选用成本较低的纸张，只要其光洁度和质地达到菜单标准就可以，不考虑其耐用性；对于较长时间使用的菜单，如固定菜单、零点菜单等除了考虑它的光洁度和质地外，还要考虑其耐用性，因此应选用经压膜处理的纸张。

4. 形状设计

菜单有多种形状，但是日常使用的菜单形状基本是长方形，便于顾客阅读。儿童菜单和节日菜单常常各式各样，以吸引顾客关注。

5. 尺寸设计

菜单有各种尺寸。每日特菜菜单和循环式菜单的尺寸较小，最小的每日特菜菜单的尺寸可以是 9 cm×12 cm，这样可以将它插入零点菜单中的滑道上。一些零点菜单的第一页纸的下半部装有滑道以方便每天更换每日特菜菜单。通常，零点菜单和固定菜单宽度常是 15～23 cm，长度是 30～32 cm。菜单尺寸过大，顾客点菜不方便；菜单尺寸太小，不利于顾客阅读。可作为餐垫使用的零点菜单常是一页纸，一次性使用，约为 26 cm 宽，38 cm 长。在零点菜单中，早餐零点菜单、夜餐零点菜单常见的尺寸为 15 cm×30 cm；午餐和正餐的零点菜单常见的尺寸为 23 cm×32 cm。

6. 页数设计

菜单的页数一般在 1～6 页范围内。宴会菜单、每日特菜菜单、循环式菜单、季节菜单、儿童菜单和某些咖啡厅一次性使用的零点菜单通常都是 1 页纸。固定菜单、零点菜单通常是 4～6 页纸，包括菜单的封面和封底。菜单是餐厅的销售工具，它的页数与它的销售功能有一定的联系。菜单的内容太多，页数必然多，造成菜单的主题和特色不突出，延长了顾客的点菜时间，从而浪费餐厅和顾客的时间；菜单页数少，使菜单一般化，不利于餐厅经营。

7. 颜色设计

颜色可增加菜单的促销作用，使菜单具有吸引力。通常，鲜艳的色彩能反映餐厅的经营特色，而柔和清淡的色彩使菜单显得典雅，呆板和单调的颜色不适合现代人的生活规律。相反，菜单上的颜色超过 4 种（不包括图片颜色），会造成华而不实的感觉，不利于菜单营销。

9.3 酒单筹划与设计

9.3.1 酒单种类与特点

酒单是餐厅和酒吧为顾客提供酒水产品和酒水价格的一览表，是酒水说明书和销售工具。随着酒水需求多样化，各酒吧和餐厅都根据自己的经营特色筹划酒单。酒单种类可分为以下几种。

1. 综合型酒单

根据酒水特点和功能，将酒水分为开胃酒、葡萄酒、烈性酒和无酒精饮料并将各种酒水设计在一个酒单内。这种酒单常用于普通餐厅、大厅酒吧和鸡尾酒吧。

2. 专项酒单

酒单只包括一种酒并且这种酒是酒厂生产的酒，而不是酒店自己配制。然后再根据酒的级别或产地进行细分。例如，葡萄酒单。这种酒单主要用于主题酒吧或高级餐厅。

3. 鸡尾酒酒单

鸡尾酒酒单应属于专项酒单。然而，由于鸡尾酒是饭店自己配制的酒，且种类繁多，专业性强，因此单独成为一项酒单。这种酒单介绍鸡尾酒的名称和价格，解释各种鸡尾酒的主要原料和特点。对一些有特色的或新开发的鸡尾酒重点介绍并带有图片。这种酒单常用于鸡尾酒吧、专业酒吧、传统酒吧和高级餐厅。

4. 菜单酒单

菜单酒单的特点是将菜单与酒单设计在一起。在菜单上，最后一项产品是酒水，目的是方便顾客点菜和购买酒水。这种酒单用于普通中餐厅和咖啡厅。

5. 宴会酒单

根据宴会的需要，适合宴会主题及与菜肴配套的酒水而设计的酒水单。

6. 客房酒单

将客房小冷藏箱内和酒柜上的饮料、啤酒、小瓶烈性酒的种类和价格设计在一张酒单上，放在顾客容易看到的酒柜上。酒单上写有酒水名称、价格和其他说明，顾客饮用酒水时，需在酒单上签字并在酒水项目前标明记号。

7. 标准酒单

许多饭店为了实现产品规范化和标准化管理，在饭店内的各餐厅和酒吧实施了统一的酒水单（不包括客房小酒吧）。这种酒单称为标准酒单。

9.3.2 酒单筹划

酒单在酒水营销中起着重要的作用。一个优秀的酒单应反映酒饭店、餐厅或酒吧的酒水特色，衬托餐厅或酒吧的气氛并为饭店带来经济效益。同时，酒单作为一种艺术品，应为顾客留下美好的印象。因此，酒单筹划是调酒师、酒水经营人员和艺术家们集思广益的结果。

1. 筹划步骤

① 明确酒水市场的需求、顾客消费习惯及顾客对价格的接受能力。

② 明确酒水名称、特点、级别、产地、年限、制作工艺、采购途径、成本、售价及合理的利润。

③ 选择优良的纸张，认真筹划和设计。

④ 做好酒水排列。酒水排列是指根据顾客点（购买）酒水的顺序，眼光集中点的效应排列各种酒水。根据酒水销售效果的调查和分析，酒水排列常以烈性酒、鸡尾酒、利口酒、葡萄酒、啤酒、咖啡、碳酸饮料和果汁等品种为顺序。一些饭店按照顾客用餐习惯和用餐顺序排列酒水，首先是鸡尾酒、开胃酒、雪利酒和波特酒，然后是烈性酒、利口酒、中国白酒、啤酒和葡萄酒，最后是果汁、茶、咖啡和碳酸饮料。

⑤ 做好销售记录，定时评估销售情况和改进，不断开发顾客喜爱的酒水，包括鸡尾酒。

2. 筹划内容

酒单筹划内容应包括酒水种类、酒水名称、酒水价格、销售单位（瓶、杯、盎司）和酒水介绍等。

（1）酒水种类

酒单中的各种酒水应按照其特点进行分类，然后排列各种品牌。通常，酒水种类分为烈性酒、葡萄酒、利口酒、鸡尾酒、无酒精饮料；也可根据饮用习惯，将酒水分为开胃酒、餐酒、烈性酒、鸡尾酒、利口酒和软饮料等。饭店应在每一类酒水中筹划适合顾客消费的品牌和有特色的酒水。根据统计，酒单中的酒水类别最多可为20类，每类4～10个品种，应尽量使每类酒水的数量相等。通常，愈是消费高的餐厅或酒吧，酒水分类愈详细。例如，将威士忌酒分为4类：普通威士忌酒、优质威士忌酒、波旁威士忌酒和加拿大威士忌酒。将白兰地酒分为两类：普通科涅克酒和高级科涅克酒等。将鸡尾酒分为两大类：短饮鸡尾酒和长饮鸡尾酒。将无酒精饮品分为茶、咖啡、果汁、汽水及混合饮料5类。这样，再加上其他酒水共计约有20个类别。这种详细分类方法的优点是便于顾客选择，使每类酒水的品种数量减少至4～6个，顾客可一目了然，各种酒水品种数量平衡，酒单呈现规范和整齐。此外，在酒单筹划中，应注意各种酒水的味道、特点、产地、级别、年限及价格的互补性，使酒单上的每一种酒水都具有自己的特色。

（2）酒水名称

酒水名称是酒单筹划的核心内容，酒水名称直接影响顾客对酒水的选择。因此，酒水名称要真实，尤其是鸡尾酒名称的真实性。酒水名称必须与酒水质量和特色相符，夸张的酒水名称，不符合质量的酒水必然导致销售失败。配制的鸡尾酒一定要使用符合配方质量标准的原料，不要使用低于行业标准的原料，投入的酒水数量要符合配方标准。酒水的英语名称及翻译后的中文名称代表企业的形象，一定要准确。否则会降低酒单的营销作用。

（3）酒水价格

酒单上应该明确地注明每一种酒水的价格，如果在酒水服务中加收服务费，则必须在酒单上说明，如果价格有变动应立即更改。否则，酒单将失去推销功能。

（4）酒水份额

酒水份额是指在酒单价格右侧注明的每份酒水的份额及计量单位。如1瓶、1杯和1.5盎司（oz）等。酒水份额是酒单上不可缺少的内容。传统上，顾客和服务人员已经明确，凡是在价格后不注明销售单位的酒水都是以杯为销售单位。至目前许多餐厅和酒吧已经对酒水产品的销售单位进行了更详细的说明。例如，对白兰地酒、威士忌酒等注明销售单位为1盎司（oz），对葡萄酒销售单位注明为1杯（Cup）、1/4瓶（Quarter）、半瓶（Half）和整瓶（Bottle）等。

(5) 酒水介绍

酒水介绍是对某些酒水的解释和说明，尤其是对葡萄酒和鸡尾酒的介绍。酒水介绍以简练和清晰的词语帮助顾客认识某种酒水的主要原料、产地、级别、特色和功能等，使顾客可在短时间内完成对酒水的理解和选择，从而提高销售率和服务效率。同时，避免由于顾客对某些酒水不熟悉而产生的误解。

(6) 葡萄酒名称代码

一些餐厅和酒吧为更有效地推销葡萄酒，设计了葡萄酒单。为了方便顾客购买，在葡萄酒名称的左边注有数字编号或代码。由于葡萄酒来自世界各国，其名称和葡萄名称很难识别和阅读。这样，以数字代替葡萄酒名称，可预防服务员服务中的差错，增加了葡萄酒的销售量。

(7) 其他信息

一些酒吧和餐厅在酒单上注明本饭店、本餐厅和酒吧的名称、地址和联系电话及本饭店的其他餐厅和酒吧的名称、地址和联系电话，使酒单起着广告和推销和信息沟通作用。

3. 酒单设计

(1) 酒单尺寸

酒单尺寸是酒单设计的重要内容之一。酒单尺寸应方便顾客阅读，利于酒水推销。通常的酒单尺寸约为20 cm×12 cm。

(2) 酒单颜色

酒单颜色对酒水促销有一定的作用，酒单颜色通常包括文字颜色与纸张颜色。酒单颜色愈多，印制成本愈高。同时，将大量的文字印成彩色，显得华而不实，不利于酒水推销。酒单色彩运用的原则是，将少量文字印制成彩色。例如，标题可采用较深色或彩色字体。酒单纸张应使用柔和轻淡的颜色，使酒单不呆板，又显得高雅。

(3) 字的大小与字体选择

酒单的字体应方便顾客阅读，给顾客留下深刻印象。字体设计应选择易于阅读的字体，英语标题可采用大写字母，慎用草体字，标题使用3号字，酒的品牌或名称、酒水价格通常使用4号字。

(4) 酒单外观

酒单不仅是推销工具，还是酒吧或餐厅的重要标记。因此，一个设计精良、色彩得体和外观大方的酒单是企业的标志。酒单外观应反映酒吧或餐厅的经营风格，应与内部装饰和设计相协调。酒单以长方形为主，封面颜色以桃红色、浅蓝色、白色、浅褐色等为多，使酒单朴素而典雅。

(5) 酒单页数

酒单通常有3～6页纸。酒单外部应有朴素而典雅的封皮。一些酒单只是1张坚实的纸张，它可以折成3折，共为6页。酒单打开后，外部3页是各种鸡尾酒的介绍并带有图片，内部3页是各种酒水的目录和价格。

(6) 酒单照片

酒单照片可直观地帮助顾客了解酒水，尤其对新开发的鸡尾酒的了解和认识。因此，在酒单上印有高雅的鸡尾酒照片可加强酒水的推销。高星级饭店的主酒吧酒单见图9.6。

TO TOP OF YOUR MEAL 增加食欲的白兰地酒		
PREMIUM 优质白兰地酒		
		1 oz（盎司）
MARTELL X. O.	马爹利 XO	￥120.00
MARTELL CORDON BLUE	马爹利蓝带	￥120.00
MARTELL NOBLIGE	马爹利名士	￥120.00
HENNESSY V. S. O. P	轩尼诗 VSO P	￥80.00
HENNESSY X. O.	轩尼诗 XO	￥100.00
REGULAR 普通白兰地酒		
MARTELL V. S. O. P	马爹利金牌	￥60.00
MARTELL 3 ST ARS	三星马爹利	￥60.00
COURVOISIER V. S. O. P	拿破仑 VSOP	￥60.00
JEANNEAU NAPOLEON ARMAGNAC	珍宝拿破仑	￥60.00
RAYNAL BRANDY	万事好	￥60.00
REMY MARTIN V. S. O. P	人头马 VSOP	￥60.00
WORLD OF SPIRITS——FOR EVERY TASTE 来自世界的各种烈性酒		
CALVADOS	苹果白兰地酒	￥56.00
BACARDI RUM	百加地朗姆酒	￥56.00
CAPTAIN MORGAN RUM	船长摩根深色朗姆酒	￥56.00
GORDOND GIN	哥顿金酒	￥56.00
SMIRNOFF VODKA	皇冠伏特加酒	￥56.00
TANQUERAY GIN	坦克瑞金酒	￥56.00
STOLICHNAYA VODKA	红牌伏特加酒	￥56.00
CAPTAIN MORGAN RUM	船长摩根白朗姆酒	￥56.00
BEEFEATER GIN	英王卫兵金酒	￥56.00
J. CUERVO GOLD TEQUILA	库瓦金特吉拉酒	￥56.00
J. CUERVO WHITE TEQUILA	库瓦白特吉拉酒	￥56.00
HIMBEERGEIST SCHLADERER（Raspberry）	越橘利口酒（黑莓）	￥56.00
POIRE WILLIAMS（Pear）	波·威姆酒（梨子）	￥56.00
AKVAVIT	爱特维特酒	￥56.00
MYER'S RUM	麦尔黑朗姆酒	￥56.00
GRAPPA	格拉芭酒	￥56.00
KIRSCH SCHNAPS	樱桃烈酒	￥56.00
BEFORE DINNER DRINKS——TO WHET YOUR APPETITE		
具有开胃功能的餐前酒		
		1 oz（盎司）
CAMPARI	干巴利苦酒	￥45.00
（Soda Water or Orange Juice）	（带苏打水或橙汁）	
MARTINI	马天尼味美思酒	￥45.00
（White，Red or Dry）	（白味美思酒、红味美思酒及干味酒）	
PERNOD	潘诺茴香酒	￥45.00
OUZO	麦迪沙茴香酒	￥45.00
DUBONNET	杜本那苦酒	￥45.00

图 9.6 高星级饭店的主酒吧（Main Bar）酒单

SHERRY	雪利酒	￥45.00
（Dry, Amontillado or Cream, 2 oz）	（干味，曼赞尼拉型或甜味，2盎司）	
PORTO SPECIAL RESERVE （2 oz）	优质波特酒（2盎司）	￥45.00

FROM THE HILLS OF SCOTLAND REGULAR BRANDS
来自苏格兰的威士忌酒

SOMETHING SPECIAL 特色威士忌酒

100 PIPERS	百笛人	￥56.00
GRANTS	格兰威	￥56.00
JOHNNIE WALKER RED LABEL	红方	￥56.00
J & B	珍宝	￥56.00
ISLE OF JURA	艾斯莱岛威士忌酒	￥56.00

PREMIUM BRANDS 高级别威士忌酒

ROYAL SALUTE 21 YEARS	皇家礼炮21年	￥72.00
CHIVAS REGAL	芝华士12年	￥56.00
HAIG DIMPLE	添宝	￥56.00
GRANTS 12 YEARS OLD	格兰威12年	￥56.00
JOHNNE WALKER BLACK	黑方	￥56.00
GLENFDDICH	格兰菲地克	￥56.00

THE OTHER WHISKIES 其他威士忌酒

SEAGRAM VO （CANADA）	施格兰VO	￥56.00
CANADIAN CLUB	加拿大俱乐部	￥56.00
JACK DANIELS （USA）	杰克丹尼威士忌酒	￥56.00
JIM BEAM （USA）	金边威士忌酒	￥56.00
JOHN JAMESON （IRISH）	爱尔兰威士忌酒	￥56.00

FANCY AND CLASSIC COCKTAILS YOU'LL ENJOY MORE THAN ONE
您喜爱的具有特色或传统的鸡尾酒

ACROBAT	爱得彼	￥65.00
（Vodka, Blue Curacao, Orange Juice）	（伏特加酒、兰库拉索橙子酒、橙汁）	
DAIQUIRI	戴克力	￥65.00
（Seasonal Fruit）	（带各式水果汁）	
LOVER'S DRINK for 2	情侣之饮（2人用）	￥96.00
（Malibu, Coconut Milk, Curacao, Juices）	（椰子酒、椰汁、库拉索橙子酒、水果汁）	
MAI TAI	麦台	￥65.00
（Rum, Orange Curacao, Juices）	（朗姆酒、库拉索橙子酒、水果汁）	
MALIBU SUNRISE	椰子酒特饮	￥65.00
（Malibu, Vodka, Orange）	（椰子酒、伏特加酒、橙子汁）	
GIN TONIC	金汤尼克	￥65.00
B&B	B和B	￥65.00
EASY DRIVER'S DRINK	司机之春	￥65.00
（Seasonal of juices, No Alcohol）	（各式果汁组成、不含酒精）	

图9.6 高星级饭店的主酒吧（Main Bar）酒单（续）

OUR CLASSICS——SINCE COCKTAILS ARE A HISTORY
我们为您选择的传统鸡尾酒

BLOODY MARY	红玛丽	￥65.00
（Vodka, Tomato Juice）	（伏特加酒、番茄汁）	
CUBA LIBRY	自由古巴	￥65.00
（Rum, Coca, Lemon Juice）	（朗姆酒、可乐、柠檬汁）	
DRY MARTINI	干马天尼	￥65.00
（Gin, Dry Vermouth）	（金酒、干味美思酒）	
GIN TONIC	金汤力克	￥65.00
（Gin, Tonic Water）	（金酒、汤尼克水）	
MANHATTAN	曼哈顿	￥65.00
（Bourbon, Martini）	（美国波旁威士忌酒、味美思酒）	
MARGARITA	玛格丽特	￥65.00
（Tequila, Cointreau, Lemon Juice）	（特吉拉酒、君度酒、柠檬汁）	
SCREW DRIVER	螺丝钻	￥65.00
（Vodka, Orange Juice）	（伏特加酒、橙汁）	
TOM COLLINS	汤姆考林斯	￥65.00
（Gin, Lemon, Soda）	（金酒、柠檬汁、苏打水）	
WHISKY SOUR	威士忌酸	￥65.00
（Whisky, Lemon Juice, Soda）	（威士忌酒、柠檬汁、苏打水）	
GIN FIZZ	金菲兹	￥65.00
（Gin, Lemon Juice, Egg White）	（金酒、柠檬汁、鸡蛋清）	
GRASSHOPPER	青草蜢	￥65.00
（Green Mint, Crème De Cacao, Cream）	（绿色薄荷酒、可可酒、鲜奶油）	
SNOWBALL	雪球	￥65.00
（Advocaat, Sprite）	（蛋黄酒、烈性酒）	

LIQUEUR——SWEET SPIRITS
利口酒——甜烈性酒

AMARETTO	亚玛丽图甜酒	￥52.00
ADVOCAT	蛋黄酒	￥52.00
APRICOT BRANDY	杏仁白兰地酒	￥52.00
BAILEY'S IRISH CREAM	爱尔兰百力甜酒	￥52.00
CURACAO（BLUE, ORANGE）	库拉索橙酒	￥52.00
CHERRY HERRING	樱桃甜酒	￥52.00
COINTREAU	君度橙酒	￥52.00
CREME DE CACAO	可可甜酒	￥52.00
（White, Brown）	（白色与棕色）	
CREME DE BANANES	香蕉甜酒	￥52.00
CREME DE MENTHE	薄荷酒	￥52.00
（Green, White）	（白色与绿色）	
DRAMBUIE	杜林标酒	￥52.00
GALLIANO	伽利略茴香酒	￥52.00
GRAND MARNIER	金万利橙酒	￥52.00

图9.6　高星级饭店的主酒吧（Main Bar）酒单（续）

MALIBU	马宝利椰酒	¥52.00
KIRSCH LIQUEUR	白樱桃利口酒	¥52.00
MARASCHINO	白樱桃酒	¥52.00
ROYAL MINT CHOCOLATE	薄荷巧克力酒	¥52.00
TRIPLE SEC	香橙甜酒	¥52.00
SAMBUCA	三步佳甜酒	¥52.00
SOUTHERN COMFORT	南方康弗利口酒	¥52.00
KAHLUA	咖啡甜酒	¥52.00

CHINA BEST WINES 中国优秀的葡萄酒

		Glass（每杯）	Bottle（每瓶）
DRAGON SEAL (red, white or rose)	龙徽葡萄酒（红、白、玫瑰红酒）		¥160.00
DYNASTY (red)	金王朝干红葡萄酒	¥60.00	¥260.00
TSINGTAO RIESLING (white)	青岛雷司令白葡萄酒		¥260.00
TSINGTAO CHARDONNAY (white)	青岛莎白丽		¥260.00
CHANGYU (red)	张裕赤霞珠干红葡萄酒		¥260.00

BEERS OF THE WORLD 世界各地啤酒

TISING TAO DRAFT	青岛生啤	¥36.00
ASAHI, KIRIN	朝日：麒麟	¥36.00
GUINESS	健力士	¥48.00
CORONA	考罗娜	¥46.00
CARLSBERG	嘉士伯	¥36.00
FOSTERS	佛斯特	¥36.00
HEINEKEN	喜力	¥36.00
BECKS	贝克	¥36.00
MOLSON	摩森	¥46.00
SANMIGUEL	生力	¥36.00
BUDWEISER	百威	¥36.00
SOL	太阳	¥46.00

COFFEES AND TEAS 咖啡与茶

CAPPUCCINO	奶油蒸汽咖啡	¥45.00
DOUBLE ESPRESSO	双份蒸汽咖啡	¥45.00
ESPRESSO	蒸汽咖啡	¥45.00
FRESHLY BREWED COFFEE	即制咖啡	¥45.00
HOT OR COLD CHOCOLATE	热、冷巧克力奶	¥45.00
HOT OR COLD MILK	热、冷奶	¥45.00
ICED COFFEE OR TEA	冰茶、冰咖啡	¥45.00
IRISH COFFEE	爱尔兰咖啡	¥75.00
DECAFFEINATED COFFEE	无咖啡因咖啡	¥45.00
TEA (Per Person)	茶（每位）	¥45.00
(Green, Jasmin, English, Orange, Herbal)	（绿茶、花茶、英国红茶、橙茶、香茶）	
VIENNA COFFEE	维也纳咖啡	¥45.00
VIENNA ICE COFFEE	冰咖啡	¥45.00
PAN SHAN COFFEE	盘山咖啡	¥45.00

图9.6　高星级饭店的主酒吧（Main Bar）酒单（续）

FOR WATER AND SOFT DRINKS 矿泉水与碳酸饮料		
COKE	可口可乐	￥30.00
DIET COKE	健怡可乐	￥30.00
EVIAN	伊云矿泉水	￥45.00
GINGER ALE	姜汁	￥30.00
LAO SHAN GREEN LABEL	崂山绿林（咸味）	￥30.00
LAO SHAN RED LABEL	崂山红林（淡味）	￥30.00
PERRIER WATER	巴黎矿泉水	￥45.00
SODA WATER	苏打水	￥30.00
SPRITE	雪碧	￥30.00
TONIC WATER	汤尼克水	￥30.00
DISTILLED WATER	蒸馏水	￥30.00
FANTA	芬达	￥30.00
BITTER LEMON	苦柠檬水	￥30.00
SWEET JUICES 水果汁		
ORANGE	橙汁	￥35.00
PINEAPPLE	菠萝汁	￥35.00
APPLE	苹果汁	￥35.00
TOMATO	番茄汁	￥35.00
PEACH	桃汁	￥35.00
MANGO	芒果汁	￥35.00
GRAPE FRUIT	西柚汁	￥35.00
COCONUT	椰汁	￥35.00
ALMOND	杏仁露	￥35.00
NECTAR	果茶	￥35.00

图 9.6 高星级饭店的主酒吧（Main Bar）酒单（续）

9.4 餐饮价格制定

制定价格是菜单与酒单筹划的重要的内容和环节，餐饮价格不论是对顾客选择饭店或餐厅，还是对餐厅的经营效果都十分重要。餐饮价格过高顾客不接受，不能为企业带来利润；餐饮价格过低，饭店得不到应有的利润，造成饭店亏损。同时，价格的制定不会是一次完成的。在餐饮产品的生命周期内，价格会发生多次变化。此外，价格的变化与企业的形象应保持一致以利菜单的销售。

9.4.1 影响价格的因素

价格是价值的表现形式，价值是价格的基础。餐饮价格的构成包括成本、税金和利润，影响餐饮价格的主要因素有各项成本、市场需求和企业竞争。此外，价格还受供求关系、货币价值和顾客心理等因素影响。

1. 成本因素

餐饮成本是指生产和销售餐饮产品所包括的食品成本和经营费用。食品成本是指生产餐饮的原材料成本，经营费用包括设备的折旧费、能源费、工作人员的工资及市场营销费用等。饭店在制定餐饮产品价格时，首先要考虑生产和销售成本的补偿，这就要求餐饮产品价格不得低于成本的原因。因此，某种菜肴或酒水的最低价格取决于该产品的成本。

$$菜肴价格 = 成本（食品成本+经营费用）+税金+利润$$

2. 需求因素

经济学意义上的需求指的是有支付能力的需求。因此，餐饮产品价格和需求存在着一定的关系，当餐饮产品价格下降时，会吸引新的需求者加入购买行列，也会刺激原需求者增加购买量。当餐饮价格偏高时，会抑制部分消费者的购买欲望，刺激餐饮生产量的提高，造成生产过剩。

3. 竞争因素

这里的竞争是指竞争者的产品价格，由于顾客在选购餐饮产品时总要与同类产品比质比价。因此，饭店在制定餐饮产品价格时应当参照竞争者的价格和质量。

9.4.2 餐饮定价原则

1. 价格应反映餐饮产品价值

菜单中的任何菜点价格制定首先应以食品原料成本为基础，高价格菜点必须反映高规格的食品原料；其次应反映生产工艺、用餐环境、服务设施及服务质量的水平。否则菜单将不会被顾客信任。一些高星级饭店菜单的价格参照了声望定价法和心理定价法，将菜单的价格上调一部分。然而，菜点价格过分地偏离食品成本将失去它应有的意义和营销作用。

2. 价格应适应消费需求

菜单价格必须突出餐厅级别，普通中餐厅和咖啡厅属于大众餐厅，菜单价格必须是大众可接受的。风味中餐厅和扒房（风味西餐厅）、传统餐厅和高级餐厅，菜点要经过精心制作，使用高规格的原料，用餐环境幽雅，服务周到。因此，不论是变动成本还是固定成本都比较高，菜单价格可以高于大众餐厅。这种定价策略可满足不同消费群体的需求。菜单的价格除了以成本为导向外，还必须考虑目标顾客对价格的接受能力。然而，一些餐厅经营不善，其原因是价格超过接受能力。经市场调查，一些高星级饭店的扒房菜单价格严重脱离了市场需求及食品成本，顾客不会再去该扒房用餐。

3. 价格应保持稳定性

菜单价格应保持一定的稳定性，不要随意调价，否则该菜单将不被顾客信任。当食品原料价格上调时，菜单价格可以上调。但是，根据顾客的调查，菜点价格上调的幅度最好不要超过10%。因此，饭店应尽力挖掘人力成本和其他经营费用的潜力，减少价格上调的幅度或不上调，保持菜单价格的稳定性。

9.4.3 餐饮定价程序

通常，饭店通过6个步骤或程序制定菜单价格，以使菜单更有营销力度。它们是：预测价格需求，确定价格目标，制定成本与利润，评估企业环境因素，选择定价策略与方法及确定最终价格。

1. 预测价格需求

不同地区、不同时期、不同消费目的及不同消费习惯的顾客群体对菜单的价格需求不同。因此，饭店在制定菜单价格前，一定要明确定价因素，制定切实可行的菜单价格。餐饮管理人员调查和评估消费者对餐饮价格需求及理解价格与需求的关系是餐饮经营成功的基础。通常，饭店餐饮管理人员使用价格弹性来反映顾客对餐饮产品价格变化的敏感程度。价格弹性是指在其他因素不变的前提下，价格的变动对需求数量的影响作用。在餐饮经营中，价格与需求常为反比关系，即价格上升，需求量下降；价格下降，需求量上升。然而，价格变化对各种餐饮产品的需求量的影响程度不同。

当价格弹性大于1时，说明需求富有价格弹性；顾客会通过购买更多的餐饮产品对价格下降做出反应；或当某些餐饮产品价格上升时，消费者就会减少其消费。根据销售统计，高消费的餐饮产品富有价格弹性。因此，对于这一类餐饮产品可通过降价提高销售量，从而提高销售总额。当价格弹性小于1时，说明需求缺乏价格弹性，价格变动对需求量的影响较小。通常，大众化的餐饮产品价格弹性小。对于这一类餐饮产品通过降价不会提高销售量，也不可能提高销售总额。然而，通过小幅度地提高价格及其质量，增加产品特色可提高其销售量和销售总额。当价格弹性等于1时，说明价格与需求是等量变化。对于这一类餐饮产品可实施市场通行的价格。

$$需求的价格弹性 = \left| \frac{需求量变化的百分比}{价格变化的百分比} \right| = \left| \frac{(Q_2-Q_1)/Q_1}{(P_2-P_1)/P_1} \right|$$

式中：Q_1 表示原需求量；Q_2 表示新需求量；P_1 表示原价格；P_2 表示新价格。

例如，根据统计，某饭店中餐菜单中的鱼翅盖浇饭价格下降6.15%，从650元下降到610元，需求量从每天平均销售126份增加至152份，鱼翅盖浇饭需求的价格弹性为3.35，说明鱼翅盖浇饭的需求价格富有弹性（见图9.7）。相反，鱼香肉丝的价格从33元下降到29.6元，价格下降约10.30%，销售量从平均每天71份增加至75份，增加销量约为5.63%，鱼香肉丝需求的价格弹性仅为0.55，说明鱼香肉丝的需求缺乏价格弹性（见图9.8）。

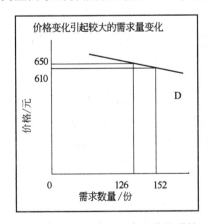

图9.7 鱼翅盖浇饭需求的价格弹性

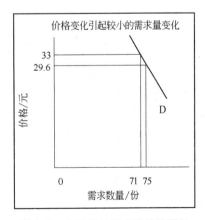

图9.8 鱼香肉丝需求的价格弹性

$$鱼翅盖浇饭需求的价格弹性 = \frac{20.63\%}{6.15\%} \approx 3.35 > 1$$

$$鱼香肉丝需求的价格弹性 = \frac{5.63\%}{10.30\%} \approx 0.55 < 1$$

2. 确定价格目标

价格目标是指菜单价格应达到的经营目标。价格目标常包括饭店资本的保值与增值目标、餐饮销量目标、与其他企业的竞争目标及提高本企业形象等。长期以来，饭店的餐饮价格受到餐饮成本和目标市场承受力两个基本条件限制。因此，饭店餐饮价格范围必须限制在两条边界内（见图9.9）。在确定餐饮价格时，成本是饭店定价的最低限，而目标市场价格承受力是饭店定价的最高限。不同级别的饭店有不同的目标市场和餐饮定价目标，同一饭店或餐厅在不同的经营时期，也可能有不同的盈利目标，饭店应权衡利弊后加以选择。餐饮价格目标不应仅限制在销售额目标或市场占有率目标上，还必须支持饭店的可持续发展。

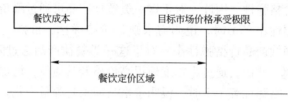

图9.9　餐饮定价区域

3. 确定成本与利润

餐饮成本与饭店利润是菜单定价的关键因素。其中，成本是基础，利润是目标。菜单销售取决于市场需求，而市场需求又受菜单价格的制约。因此，制定菜单价格时，一定要明确成本与需求，确定成本、利润、价格和需求之间的关系。

4. 评估企业环境因素

菜单价格不仅取决于市场需求、企业利润和产品成本，还取决于企业的外部环境因素。包括商业周期、通货膨胀、经济增长及消费者信心等。了解这些因素，有助于餐饮价格的制定。在经济萧条时期，顾客对价格敏感。企业所处的竞争环境也是影响价格决策的重要因素，尤其是那些容易经营、利润可观的菜单更是饭店业和餐饮业竞争的焦点。因此，管理人员在制定价格时，要深入了解竞争对手的技术、人员和设施等情况。此外，消费倾向、餐饮习俗和文化及人口变化也是影响价格制定不可忽视的因素。

5. 选择定价策略与方法

通常，菜单价格主要受三个方面影响：成本因素、需求因素和竞争因素。因此，餐饮定价的策略与方法主要有：以成本为中心的定价策略，以需求为中心的定价策略和以竞争为中心的定价策略。管理人员在不同的地点和不同的时期应选择不同的定价策略和方法。其中，以成本为中心的定价策略是这三种定价策略的基础和核心。

6. 确定最终价格

通过分析和确定以上五个环节后，管理人员最后要确定菜单的价格并在价格制定后，根据菜单的经营情况对菜单的价格进行评估和调整。

9.4.4　餐饮定价策略与方法

餐饮产品定价或称为菜单定价主要遵循三种策略：以食品成本为中心的定价策略、以需求为中心的定价策略和以竞争为中心的定价策略。

1. 以食品成本为中心的定价策略

任何菜单与酒单都要以成本为中心制定菜肴价格，否则价格与价值不符，因不被顾客信任而导致经营失败。

（1）食品成本率定价法

食品成本率定价法也称作系数定价法，是饭店业常用的餐饮产品定价方法，这种方法简便易行。

① 首先确定本企业的餐饮食品成本率，参考本地区行业与同级饭店，考虑区域经济特点和消费需求。例如，我国经济发达地区的三星级饭店菜肴的食品成本率常为25%～30%，经济欠发达地区的三星级饭店食品成本率约为30%。

② 然后将菜点的价格定为100%。

③ 确定餐饮产品定价系数，计算方法是将菜点的价格除以本企业的餐饮标准食品成本率。

④ 计算餐饮产品价格，将食品原料成本乘以定价系数（见表9.3）。

$$餐饮价格 = 食品原料成本 \times 餐饮定价系数$$

$$定价系数 = \frac{100\%}{食品成本率}$$

$$食品成本 = 主料成本 + 配料成本 + 调料成本$$

$$食品成本率 = \frac{食品成本}{销售价格}$$

表9.3　菜肴定价系数

系　　数	食品成本率/%	系　　数	食品成本率/%
3.33	30	2.63	38
3.23	31	2.56	39
3.13	32	2.50	40
3.03	33	2.44	41
2.94	34	2.38	42
2.86	35	2.33	43
2.78	36	2.27	44
2.70	37	2.22	45

根据调查，在餐饮产品定价中，为了利于销售，可对不同种类的菜点或酒水实行不同的食品成本率标准，高消费餐饮产品的食品成本率可以高些。例如，葱烧海参的食品成本率可以是45%或更高；汤和甜点及低价餐饮的食品成本率可以低些，如30%或更低。根据调查，国内外一些著名的饭店集团，其食品成本率依据开胃菜、主菜、甜点、汤类分别实施不同的食品成本率。

（2）目标利润定价法

目标利润定价法的前提是保证饭店获得固定成本的回报和利润。其定价程序是：

① 预计某一时段的营业收入、经营费用和利润指标；

② 计算和评估以上时段的食品成本和食品成本率；
③ 决定餐饮价格。

例如，某四星级商务饭店预计 2021 年 1—6 月餐饮营业收入为 9 600 万元人民币，餐饮经营费用和税金共计 4 600 万元，利润目标为 2 000 万元人民币。如果红烧比目鱼的食品成本为 185 元，厨师沙拉（Chef's Salad）的食品成本为 22 元，分别计算它们的价格。

$$预计食品总成本 = 9\,600 - 4\,600 - 2\,000 = 3\,000(万元)$$

$$食品成本率 = \frac{3\,000}{9\,600} = 31.25\%$$

$$红烧比目鱼价格 = \frac{185}{31.25\%} = 592(元)$$

$$厨师沙拉价格 = \frac{22}{31.25\%} = 70.4(元)$$

2. 以需求为中心的定价策略

制定菜单价格时，首先应进行市场调查和市场分析并根据市场对价格的需求制定菜单的价格。脱离市场价格的菜单没有推销意义，只会失去市场和竞争力。常用的以需求为中心的菜单定价策略主要包括以下几个种类。

（1）需求差异定价法

饭店常以销售对象、销售时间和销售地点等需求差异作为餐饮产品定价的基本依据。例如，根据不同的旅游团队、会议团队、散客、常住商务顾客等对餐饮产品需求价格的差异、旅游淡季和旅游旺季的价格差异及不同餐次（早餐、午餐、下午茶和正餐）价格差异等制定餐饮产品价格。

（2）尾数定价法

制定菜单价格时，常以非整数为餐饮产品价格的尾数定价方法称为尾数定价法。心理学家的研究表明，顾客在购物时，更乐于接受尾数是非整数且小于整数的餐饮产品价格。1 个 88 元的比萨饼比 1 个 90 元的比萨饼显得更实惠。

（3）声望定价策略

一些顾客把价格看作是产品的质量标志。高星级饭店的高级餐厅或风味餐厅为满足顾客的求名心理，常制定较高的菜点价格，这种定价策略称为声望定价法。但是，这种定价策略不适用一般饭店和餐厅，只适于某些高星级饭店。当然，高价格的菜单，其食品原料和调味品经过细心挑选，菜点的制作工艺比较复杂并由受过专业训练的较高级别的厨师担任。

3. 以竞争为中心的定价策略

参考同行业的菜单价格，使用低于市场价格的方法定价称为以价格竞争为中心的定价策略。然而，参考同行业菜单价格时，必须注意饭店和餐厅的类型和级别、饭店和餐厅的地点和经营时间、目标顾客的类型等因素。相反，忽视饭店和餐厅的类型、级别、坐落地点和不同的经营时间及目标顾客类型等因素制定的价格没有营销价值，会导致经营失败。

（1）薄利多销法

在制定菜单价格时，饭店采用比其他企业相对低的餐饮产品价格刺激市场需求，使饭店实现长时期的最大利润化，称为薄利多销法。

(2) 数量折扣法

根据顾客消费数量,给予不同的价格折扣称为数量折扣策略。例如,在美国的必胜客餐厅(Pizza Hut Restaurant)通常采用的策略是,当顾客买第 2 个比萨饼时,第 2 个比萨饼的价格大约是第 1 个比萨饼价格的 1/3。

4. 新产品定价策略

企业对新的餐饮产品上市时应保持冷静,如果价格在开始就出现问题,可酿成前功尽弃的后果。因此,其价格制定应考虑多种因素:投资的回报、目标顾客消费需求、餐饮产品需求的弹性、产品的生命周期和竞争者的价格等。常用的新产品定价策略包括以下三种。

(1) 撇脂定价法

撇脂定价法也称作高价定价法。在新产品上市时,利用顾客求新心理,制定较高的餐饮价格,撇取丰厚的利润,争取在短期内收回投资。

(2) 渗透价格法

饭店在筹划菜单时,把菜单价格定为低于市场的价格以吸引更多的顾客。通过这种方法打开销路后,使自己的产品渗入到市场,待有了知名度后再将菜肴和面点的价格调到市场价格。

(3) 满意价格法

满意价格法称为温和定价法,这种方法介于撇脂定价法和渗透价格法之间。主要特点是在全部成本的基础上适当地增加利润。

5. 酒单定价策略

酒单定价是酒单筹划的重要环节,酒单价格对顾客选择酒吧或餐厅有影响。此外,价格对企业经营效果会产生十分重要的影响。酒单价格过高顾客不接受,不能为企业带来利润且影响菜肴与面点的销售。甚至,影响住宿产品的销售。酒单价格过低,企业得不到应有的利润,造成企业亏损。因此,管理人员一定要重视酒单定价。

1) 酒单定价原则

酒单价格应反映酒水的价值。酒单中的任何酒水价格都应依照成本为基础,高价格酒水必须反映高规格原料,反映出较高的原料成本,否则该酒单将不会被顾客信任。某些高星级饭店的酒单价格没有紧密地联系成本,而是仅参照声望定价法或心理定价法,将酒单价格上调,忽视或偏离了酒水成本,使酒单失去应有的营销作用。同时,酒单价格应突出消费场所类型。一般酒吧和咖啡厅属于大众化的消费场所,酒单价格必须是大众可接受的。扒房和鸡尾酒吧属于高消费场所,应销售较高级别的酒水。因此,这些场所酒单价格可以高一些,顾客更乐于接受。当然,酒单价格应适应市场需求,除了以成本为主导外,还要考虑市场对价格的接受能力。此外,酒单价格应保持稳定性,不要随意调价,否则该酒单将不被顾客信任。

2) 酒单定价方法

酒水售价是酒水成本与毛利额的总和。酒水售价可将酒水成本除以标准成本率得到。通常酒单的定价有单项酒水成本定价法、酒水平均成本定价法和小容量定价方法。

(1) 单项酒水成本定价法

使用这种方法首先要确定酒水的成本率。然后将酒水价格(100%)除以酒水成本率,确定酒水定价系数,将酒水成本乘以定价系数,求出酒水价格。

$$酒水售价 = \frac{酒水成本}{成本率}$$

$$酒水售价 = 酒水成本 \times 定价系数$$

$$定价系数 = \frac{100\%}{标准成本率}$$

例如，某中餐厅的酒水成本率是30%，如果1罐嘉士伯牌啤酒的成本是4.2元，那么，该啤酒的售价应当是：$\frac{4.2}{30\%} = 14$(元)。该餐厅的酒水定价系数是：$\frac{100\%}{30\%} \approx 3.33$。

（2）酒水平均成本定价法

通常，饭店以酒水的平均成本为计算单位，计算出不同类别的酒水价格。这种方法使价格整齐和规范，利于顾客选择，易于酒水销售。制定方法是，先计算出同类酒水的平均成本，再计算出每一种类酒水的售价。

例如，某餐厅有6种果汁，根据它们各自的成本（见表9.4），计算每杯果汁的售价。

表9.4 果汁平均成本定价

果汁名称	每杯果汁成本/元	果汁标准成本率	售价/元
橙汁	6.00	20%	25.00
菠萝汁	5.20	20%	25.00
西柚汁	4.80	20%	25.00
苹果汁	4.60	20%	25.00
西瓜汁	4.10	20%	25.00
番茄汁	3.60	20%	25.00

$$每杯果汁售价 = \frac{每杯果汁平均成本}{每杯果汁成本率}$$

$$每杯果汁平均成本 = \frac{6.00+5.20+4.80+4.60+4.10+3.60}{6} \approx 4.72(元)$$

$$每杯果汁的售价 = \frac{4.72}{20\%} = 23.6(元)（可调节为25元）$$

（3）小容量定价方法

将大计量单位的酒水产品以小计量单位销售的计价方法称为小容量定价方法。例如，白兰地酒是以杯为销售单位，而1杯白兰地酒的标准容量仅为1盎司，约等于28毫升。

本章小结

菜单是饭店为顾客提供菜点目录和价格的说明书。菜单筹划与设计是餐饮经营的关键环节，是餐饮管理人员和厨师长根据市场需求集思广益、开发和设计产品的过程。菜单可根据顾客的购买方式、用餐习惯、销售地点和服务方法分类。菜单筹划的三大原则是：菜单必须适应市场需求；菜单必须反映饭店形象和特色；菜单必须为企业带来最佳经济效益。菜单筹划工作关系到饭店声誉、餐饮营业收入、饭店的发展。因此，必须认真筹划。菜单筹划工作常由总厨师长或有能力的餐厅经理及厨师担任。一个优秀的菜单，其菜点种类应紧跟市场需求，菜点名称是人们喜爱的，菜点原料结构应符合顾客营养需求，每类菜点应使用不同的食品原料，菜点的制作方法应平衡，菜点味道应有特色并容易为市场所接受，菜点价格符合市场目标的消费需求。酒单是餐厅和酒吧为顾客提供的酒水产品和酒水价格的一览表，是酒水销售说明书。随着酒水需求多样化，各酒吧和餐厅都应根据自己的经营特色筹划酒单。

练习题

1. 名词解释

A La Carte Menu   Table D'hote Menu   Static Menu

2. 多项选择

（1）一份有营销力的菜单的作用是（　　）。

A. 反映餐厅的经营特色

B. 衬托餐厅的气氛

C. 为饭店带来经营利润

D. 作为一种艺术品为顾客留下美好的印象

（2）菜单是企业的主要销售与管理工具，因为餐厅（　　）。

A. 通过菜单把产品介绍给顾客

B. 通过菜单购买设备以调整生产工艺和特色

C. 通过菜单与顾客沟通

D. 通过菜单招聘与培训职工

（3）菜单的封面和封底是菜单的外观和包装，（　　），因此，必须要精心设计。

A. 代表着饭店形象

B. 反映餐厅经营特色、风格和等级

C. 反映不同时代的菜点特征

D. 体现餐厅名称而作为餐厅的醒目标志

（4）大陆式早餐（Continental Breakfast）包括（　　）。

A. 面包　　　　　　　　　　　B. 黄油和果酱

C. 香肠或火腿肉　　　　　　　D. 水果和果汁

3. 判断对错

（1）午餐的主要销售对象是购物或旅游途中的顾客或午休中的职工。因此，午餐菜单的特点应满足顾客的营养需求，体现价格适中，上菜速度快等特点。　　　　（　）

（2）周期循环式菜单是1套完整的菜单，而不是1张菜单。这些菜单按照一定的时间循环使用，过了1个完整的周期，又开始新的周期。　　　　　　　　　　（　）

（3）宴会菜单是饭店推销餐饮产品的一种技术性菜单，它既属于零点菜单，又与零点菜单有着明显的不同。因此，作为单独的一种菜单。　　　　　　　　　（　）

（4）明星类菜肴的市场吸引力最强，顾客满意程度最高，需求量较大并为企业提供较高的营业收入，是菜单筹划中最成功的产品。　　　　　　　　　　　　（　）

(5) 鸡尾酒单只包括一种酒,然后根据酒的级别或产地进行细分。这种酒单主要用于主酒吧或高级餐厅。（　　）

4. 思考题

(1) 简述菜单筹划原则。
(2) 简述菜单筹划步骤。
(3) 简述菜单筹划内容。
(4) 简述菜单定价方法。
(5) 论述菜单定价原则。
(6) 论述影响餐饮价格的因素。

5. 分析题

某饭店西餐菜单中的西冷牛排价格从 165 元下降到 140 元,需求量从每天平均销售 65 份,增加至 92 份,蔬菜沙拉价格从 23 元下降到 20 元,需求量从每天平均 75 份增加至每天 81 份,分析该餐厅西冷牛排和蔬菜沙拉的需求价格弹性。

6. 计算题

(1) 某地区商务饭店餐饮成本率为 30%,如果葱烧海参的食品成本为 260 元,采用食品成本率定价法,计算葱烧海参的售价。

(2) 某饭店意大利餐厅酒水成本率是 20%,1 瓶 AC 级法国莎白丽白葡萄酒采购价格是 170 元,计算这瓶葡萄酒的售价。

(3) 某饭店咖啡厅销售 4 个品种的瓶装啤酒,根据它们各自的采购成本,使用平均成本定价法计算每种啤酒的售价,如表 9.5 所示。

表 9.5　各种啤酒的平均成本法定价

啤酒名称	每瓶啤酒成本/元	啤酒标准成本率	售价/元
青岛	4.30	25%	
百威	4.60	25%	
蓝带	4.40	25%	
嘉士伯	4.70	25%	

饭店集团的菜单调整策略

某饭店集团通知其管辖内所属的 6 家饭店,要求他们在菜单筹划中,严格遵守食品原料的新鲜度标准,并与地方餐饮特色和民族特色紧密结合及适应地区的顾客餐饮习惯与习俗。通知中,强调这个工作的目的是使该集团所有的餐饮产品不仅对住店的顾客有吸引力,而且对当地的非住店顾客也要产生吸引力。某饭店餐饮总监把这份计划交给餐饮部的员工讨论后与行政总厨、后勤业务主管、餐厅经理及食品采购负责人一起研究了具体实施措施。然而,听到这个计划,该饭店行政总厨心情矛盾,对饭店集团下达的通知迷惑不解并做好了辞职的准备。相反，这个饭店的餐饮部经理对这个方案很感兴趣。她认为，菜单必须适应目标顾客的需求，必须反映饭店的形象和特色，没有特色的菜单、饭店的菜点绝对没有吸引力。她认为，饭店餐饮营销任务是满足餐饮市场的产品特色、需求时间和需求价格，使企业与顾客的供求之间相协调，以实现互利的交换，达到饭店餐饮长期经营成功的目标。因此，饭店必须实施开发式的营销策略，及时开发出顾客需要的产品。根据多年的管理实践，她总结出，传统的饭店筹划菜单，都尽量扩大营业范围，以吸引各种类型的顾客。而现代饭店经营理念是，为了减少食品原料和人工成本，降低经营管理费用，把菜点的品种和类型限制在一定的范围，最大限度地满足本企业的目标顾客需求。

她认为，新世纪我国餐饮产品种类和数量剧增，餐饮产品更新换代的周期不断缩短，消费者购买力大幅度提高，顾客对各种菜点的需求不断地变化。顾客对餐饮产品已经有了很大的选择范围。同时，餐饮产品的销售量超过了顾客的需求量。当然，饭店之间的竞争也不断加剧，而顾客在当今的餐饮市场上占主导地位。这样，传统的以产定销的营销理念应转变为以销定产。饭店应在充分了解餐饮市场的需求下，根据顾客的需求确定菜点的生产和销售。作为饭店的餐饮部管理人员应经常对本企业的餐饮产品进行总结和分析。通过总结，发现市场吸引力强，顾客满意程度高，需求量大并为企业提供较高营业收入的菜点。当然，也应当找出特色不突出、没有市场吸引力、不受顾客欢迎的那些产品。她担心更换菜单会在短期内影响饭店的餐饮经营。然而，采购部经理对开发新的餐饮市场很感兴趣。他认为，推出新的菜单可能需要一笔较多的采购启动资金，还需制定一些新的食品原料标准和规格。

讨论题：
1. 评估该饭店集团餐饮经营调整策略的优缺点。
2. 评价更换菜单为企业带来的优势和劣势。
3. 讨论如何提高该饭店的餐饮营销水平而又能尽量地回避风险。

阅读资料

美国某饭店葡萄酒酒单（WINE LIST）见图9.10。

Champagne（香槟酒）	
Cristal, Louis Roederer Cristal (when available)	$265.00
Cuvée Dom Perignon (when available)	$175.00
Moet & Chandon White Star	$60.00
Veuve Clicquot Brut	$65.00
Mumm Cordon Rouge Brut	$68.00
Perrier-Jouet Fleur de Champagne Rosé	$225.00
Bruno Paillard Rosé Premiere	$75.00
Sparkling Wines（葡萄汽酒）	
Domaine Chandon Brut	$35.00
Indigo Hills Blanc de Blanc	$30.00
Chandon Brut Fresco	$30.00
Imported White Wines（进口白葡萄酒）	
Piesporter Goldtropfchen Spatlese, Germany	$27.00

图9.10 美国某饭店葡萄酒酒单

Pouilly Fuisse, Louis Latour, France	$42.00
Vouvray, Chateau Moncontour, France	$25.00
Pinot Grigio, Santa Margherita, Italy	$35.00
Chassagne Montrachet, Chateau de la Maltroye, France	$58.00
Poligny Montrachet, Louis Latour, France	$85.00
Pouilly Fume, La Doucette, France	$48.00
Chablis, Michel, France	$35.00
Chardonnay, Casa Lapostole Cuvée Alexander	$35.00
Chardonnay, Wolf Blass President's Selection, Australia	$28.00
Chardonnay, Unoaked, Kim Crawford, New Zealand	$36.00
Corton Charlemagne, Louis Latour, Burgundy, France	$105.00
Chardonnay, Louis Latour Grand Ardeche, France	$30.00
Meursault, Louis Latour, France	$75.00
Chardonnay（夏多丽白葡萄酒）	
Jordan Alexander Valley, Sonoma	$59.00
William Hill Reserve, Napa	$35.00
Far Niente, Napa	$70.00
La Crema, Sonoma	$28.00
Sonoma Cutrer, Russian River Ranches, Sonoma Coast	$38.00
Stags' Leap Winery, Napa	$42.00
De Loach, Russian River, Sonoma	$30.00
Robert Mondavi, Napa	$58.00
Chateau Moutelena, Napa	$54.00
Clos du Bois Flintwood, Sonoma	$34.00
Groth Estate, Napa	$35.00
Rodney Strong Chalk Hill, Sonoma	$34.00
Cap Rock Reserve, Texas	$30.00
Select, Napa	$25.00
Iron Horse, Sonoma	$40.00
Bonterra Vineyards, Mendocino	$32.00
St. Supery, Napa Valley	$34.00
Cakebread Cellars, Napa Valley	$68.00
Grgich Hills, Napa Valley	$68.00
Brothers Reserve, Russian River Valley	$32.00
Sonoma-Cutrer "Les Pierres", Sonoma Valley	$50.00
Meridien, Edan Valley Reserve	$29.00
Kings Ridge, Rex Hill Vineyard, Oregon	$34.00
Gallo "Steffani Ranch" Estate, Sonoma	$38.00
Reserve Riva Ranch, Arroyo Seco	$32.00
St. Clement "Abbotts Vineyards", Napa	$38.00
Gewurztraminer（德国普通葡萄酒）	
Geyser Peak, Sonoma	$26.00
Louis Martini, Del Rio, California	$28.00
Fetzer, Mendocino	$24.00
Sauvignon Blanc and Fume Blanc	$26.00

图9.10 美国某饭店葡萄酒酒单（续）

Robert Mondavi Fume Blanc	$28.00
Ferrari Carano Fume Blanc, Sonoma	$26.00
Raymond Napa Valley Reserve Sauvignon Blanc	$28.00
Chateau St. Jean Fume Blanc, Sonoma	$24.00
Springs Sauvignon Blanc, Napa	$28.00
Pheasant Ridge Dry Chenin Blanc, Texas	$21.00
Callaway Chenin Blanc, Texas	$21.00
Dry Creek Chenin Blanc, Sonoma	$24.00
Merlot(美露红葡萄酒)	
Souverain, Sonoma	$38.00
Rambauer, Napa	$52.00
Geyser Peak, Sonoma	$34.00
Sebastiani Unfiltered, Sonoma	$38.00
Dry Creek, Sonoma	$40.00
Sterling, Napa	$38.00
Pine Ridge, Napa	$40.00
Franciscan, Napa	$42.00
Clos du Bois, Sonoma	$32.00
William Hill, Napa	$38.00
Rutherford Hill, Napa	$45.00
Cuvaison, Napa	$70.00
Chateau St. Jean, Sonoma	$40.00
Jekel, Monterey	$34.00
Raymond Estate, Napa	$34.00
Hogue Barrel Select, Washington State	$32.00
St. Supery, Napa	$38.00
Wente Reserve, "Crane Ridge", San Franciscon Bay	$37.00
Fetzer Barrel Select, Mendocino	$38.00
Cabernet Sauvignon(赤霞珠红葡萄酒)	
William Hill, Napa	$38.00
Sterling, Napa	$44.00
St. Supery, Napa	$45.00
Clos du Bois, Sonoma	$32.00
Alexander Valley, Sonoma	$34.00
Rodney Strong Alexander's Crown	$75.00
Grgich Hills, Napa	$80.00
Jordan, Alexander Valley	$75.00
Kendall-Jackson, North Coast	$35.00
Beringer Knights Valley, Napa	$46.00
Fetzer Barrel Select, Mendocino	$28.00
Jekel, Monterey	$36.00
Raymond Reserve, Napa	$48.00
Concannon, Central Coast	$25.00
Simi Reserve, Sonoma	$68.00
Stonestreet, Sonoma	$50.00
Charles Krug, Napa	$32.00

图9.10 美国某饭店葡萄酒酒单(续)

Heitz Cellars, Napa (when available)	$68.00
Hidden Cellars, Mendocino	$29.00
Murphy-Good, Sonoma	$40.00
Robert Mondavi, Napa	$59.00
Robert Mondavi, Oakville District	$94.00
Buena Vista, Carneros Estate	$35.00
Sasual, Alexander Valley	$38.00
DeLoach OFS, Sonoma (when available)	$75.00
Far Niente, Napa	$180.00
Bonterra, North Coast	$32.00
Dry Creek, Sonoma	$38.00
Louis Martini "Ghost Pines", Napa	$52.00
Pezzi King, Sonoma	$68.00
Marcelina Vineyards, Napa	$45.00
Franciscan Oakville, Napa	$42.00
Parducci, Mendocino	$25.00
Arrowood, Sonoma	$85.00
Silver Oak, Napa (when available)	$138.00
Spring Mountain, Napa	$68.00
Cakebread Cellars, Napa (when available)	$95.00
California Bordeaux(波尔多与加州混合红葡萄酒)	
Opus One, Mondavi/Rothschild (when available)	$195.00
Franciscan Magnificat, Napa	$55.00
Charles Krug Reserve Generations, Napa	$85.00
St. Supery Meritage Red, Napa	$75.00
Chateau St. Jean "Cinq-Cepages" (when available)	$128.00
Pinot Noir(黑比诺红葡萄酒)	
Robert Mondavi, Napa	$46.00
Acacia, Napa	$48.00
Yamhill Valley, Oregon	$34.00
Chateau St. Jean, Sonoma	$42.00
Sterling Winery Lake	$52.00
Zinfandel(增芳德红葡萄酒)	
Chateau Souverain, Sonoma, Dry Creek	$35.00
Charles Krug, Napa	$29.00
Sebastiani "Old Vines", Sonoma	$38.00
Cline "Old Vines"	$38.00
Sausal, Alexander Valley	$34.00
Syrah(赛乐红葡萄酒)	
McDowell Valley	$45.00
Markham Petite Syrah, Napa	$32.00
EOS Estate, Paso Robles	$30.00
Bonterra, Mendocino	$48.00
Imported Red Wines(进口红葡萄酒)	
Chateau Mouton Rothschild, Pauliac, France (when available) 1994	$365.00

图 9.10　美国某饭店葡萄酒酒单（续）

Chateau Clairefont, Margaux, France	$75.00
Chateau Giscours, Margaux	$185.00
Amarone Della Valpolicella, Italy	$49.00
Wolf Blass President's Selection Shiraz, Australia	$35.00
Terrazas De Los Andes, Malbec, Argentina	$25.00
Pesquera Tinto, Spain Pesquera Tinto, Spain	$56.00
Chateau Simard, St. Emilion, France	$54.00

图 9.10　美国某饭店葡萄酒酒单（续）

主要参考文献

[1] 王天佑. 西餐概论［M］. 6 版. 北京：旅游教育出版社，2020.

[2] 王天佑. 酒水运营与管理［M］. 6 版. 北京：旅游教育出版社，2020.

[3] 格罗鲁斯. 服务管理与营销［M］. 韦福祥，译. 5 版. 北京：电子工业出版社，2008.

[4] 张科平. 营销策划［M］. 北京：清华大学出版社，2007

[5] 骆品亮. 定价策略［M］. 2 版. 上海：上海财经大学出版社，2006.

[6] 周祖城，张兴福，周斌. 企业伦理学导论［M］. 5 版. 上海：上海人民出版社，2007.

[7] 本顿. 采购和供应管理［M］. 穆东，译. 大连：东北财经大学出版社，2009

[8] 赖朝安. 新产品开发［M］. 北京：清华大学出版社，2014

[9] 克劳福德，贝尼迪托. 新产品管理［M］. 刘立，王海军，等译. 11 版. 北京：电子工业出版社，2018.

[10] 温卫娟，郑秀恋. 采购管理［M］. 北京：清华大学出版社，2013.

[11] 贝拉斯克斯. 商业伦理：概念与案例［M］. 刘刚，译. 北京：中国人民大学出版社，2013.

[12] BARROWS C W, POWERS T, REYNOLDS D. Introduction to management in the hospitality industry［M］. 9th ed. New Jersey：John & Sons Inc., 2009.

[13] OKUMUS F, ALTINAY L, CHATHOTH D K. Strategic management for hospitality and tourism［M］. Ma：Elsevier Ltd, 2010.

[14] COOPER R G. Winning at new products：creating value through innovation［M］. 4th ed. New York：Basic Books, 2011.

[15] KOTLER P, KELLER K L. Marketing management［M］. 15th ed. TX：Pearson Education Limited, 2015.

[16] FEINSTEIN A H, STEFANELLI J M. Purchasing selection and procurement for hospitality industry［M］. 9th ed. New Jersey：John Wiley & Sons, Inc., 2017.

[17] FERRELL O C, FRAEDRICH J, FERRELL L. Business ethics：ethical decision making and cases. 8th ed. Ohio：South-Western College Pub, 2011.

第 10 章

餐饮服务管理

> **本章导读**
>
> 餐饮服务是无形产品，由不同的要素组成。现代餐饮服务应体现尊重顾客和营销效果，将服务与菜单相结合，服务与餐厅级别和消费习惯相结合，以顾客满意为服务目标。通过本章学习，可了解餐厅的种类与特点、饭店的餐厅配置原理、服务设备与餐具管理、餐饮服务种类与特点，以及中餐服务和西餐服务管理。

10.1 餐饮服务概述

10.1.1 餐饮服务含义与特点

餐饮服务是无形产品，由不同的要素组成。当顾客在享受餐饮服务时，也获得或消费一些实体产品，如菜肴、酒水、家具和设施等。综上所述，餐饮服务是多维的。其组成不仅包括无形的服务，还包括实体产品（有形产品）。由于餐饮服务的特征，决定了顾客购买前只能通过搜寻信息，参考多方意见才能作出购买判断。因此，饭店或餐厅必须使用菜点展示、设施展示、环境展示等手段呈现餐饮服务质量和特色。此外，饭店通过餐饮服务介绍的诚实性、准确性、针对性、周到性、及时性和兑现性体现餐饮服务质量水平。在一般的情况下，餐饮服务生产与消费同时进行，服务人员提供服务时，也正是顾客享用和消费服务的过程。因此，餐饮服务生产与消费在时间上不可分离；餐饮服务也不可储存。此外，餐饮服务质量水平是变化的，难以统一认定。由于餐饮服务主体和对象均是人，人是服务的中心，而人又具有个性，个性因素涉及餐饮服务方和接受方两个方面。因此，餐饮服务质量受服务人员素质和能力的差异及顾客需求差异的影响。这样，不同服务人员会产生不同的服务质量效果；而同一服务人员为不同的顾客服务，也会产生不同的服务质量效果。这些效果与顾客的知识、修养、经历有一定的联系。现代餐饮服务应体现尊重和营销的原则，将服务与菜单相结合，服务与餐厅特色及消费习惯相结合并以顾客满意为服务目标。

1. 狭义的餐饮服务

狭义的餐饮服务是指餐厅服务人员帮助顾客用餐的一系列活动。它具有无形性和易消失性。

2. 广义的餐饮服务

广义的餐饮服务是指饭店为顾客提供的一系列有关餐饮服务的设施、餐具、菜肴、酒水和帮助顾客用餐的一系列活动。

3. 完全满意的服务

21世纪是以服务质量取胜的时代，这个时代饭店经营的准则是以顾客满意为原则。这样，企业应保持技术领先，依靠优质服务赢得顾客，使企业提供的餐饮服务具有吸引力，且不断地提高外部顾客和企业内部全体职工的满意度。从而，达到企业内外人员的完全满意。

10.1.2 餐饮服务种类

1. 美式服务（American Service）

美式服务是简单和快捷的餐饮服务方式，是西餐零点及宴会常用的服务方式，广泛用于咖啡厅、西餐厅和宴会厅。但是，经过调整可用于中餐厅。其服务特点是，菜肴在厨房中烹制好，装好盘，服务员用托盘将菜肴从厨房运送到餐厅的服务桌上。然后，服务员将菜肴送至餐桌上。热菜应在备餐间盖上盖子，并在顾客面前打开。

在美式服务中，冷菜使用冷餐盘，热菜使用热餐盘，即加过温的餐盘，以便保持食物的温度。传统的美式服务，上菜时服务员在顾客的左侧，用左手从顾客左边送上菜肴，从顾客的右侧撤掉餐具，从顾客右侧斟倒酒水。由于美式服务程序比较简单，速度快，所以人工成本比较低，餐厅空间利用率及餐位周转率高。美式服务铺台布的特点是，餐桌上先铺上桌垫，再铺桌布，防止桌布与餐桌间的滑动，减少餐具与餐桌之间的碰撞声。餐桌四周的台布应垂下12英寸，不要过长，以免影响顾客入座，台布上还可铺上装饰台布。这样，在重新摆台时可只更换装饰台布，减少台布的洗涤数量和次数。

2. 俄式服务（Russian Service）

俄式服务是中餐宴会和西餐宴会普遍采用的服务方法，风格优美而文雅。首先，菜肴在厨房制熟，将每道菜肴放入一个精致的餐盘上，采用肩上托盘方法，将菜肴送至餐厅的服务桌上。然后使用左手，以胸前托盘方法请顾客欣赏菜肴并用右手通过服务叉和服务匙为每个顾客分菜。服务方式简单快速，服务时不需要较大的空间，服务效率和餐厅空间利用率较高。通常，俄式服务使用了比较多的银器。其特点是服务员将菜肴分给每一个顾客，使每一位顾客都能得到尊重和周到的服务。因此，增添了餐厅的礼仪和文化气氛。由于，俄式服务中的银器成本高，如果保管不当会影响经济效益。

3. 法式服务（French Service）

法式服务在西餐和中餐服务中是最高级别的餐饮服务。通常，法式服务用于扒房的零点服务、高级中餐厅的零点服务及中餐贵宾厅服务。在法式服务中，常使用高质量的瓷器、银器和水晶杯。这种服务经常使用手推车或服务桌，在服务现场实施菜肴加热，调味及切配表演。例如，切烤乳猪，片烤鸭，煎鸡蛋，扒牛排和配制沙拉等。在法式服务中，准备工作很重要。营业前，服务员应准备好餐具和服务用具，将所有的服务物品放在容易拿到的地方。

同时，服务员必须接受专业培训，通常需要两年的学习才能胜任。法式服务注重服务程序、礼节礼貌、烹调和切配表演，服务周到，每位顾客都能得到充分的照顾。但是，法式服务节奏较慢，需要较多的服务员，用餐费用高，餐厅空间利用率和餐位周转率较低。

4. 英式服务（English Service）

英式服务又称为家庭式服务，服务员从厨房将烹制好的菜肴传送到餐厅，由顾客中的主人亲自动手切肉、装盘并配上蔬菜。然后，服务员把装好盘的菜肴依次送给每一位顾客。当然，调味品、少司和配菜都摆放在餐桌上，由顾客自取或相互传递。英式服务家庭气氛浓，许多服务工作由顾客自己动手，用餐的节奏慢。在美国和一些欧洲国家，由于人们工作忙，时间紧，因此家庭服务式餐厅很流行，而这种家庭式餐厅通常采用英式服务。

5. 中式服务

中式服务也称为中餐服务。它以中国传统的餐饮服务、地方特色的餐饮服务为基础，结合法式服务、俄式服务、美式服务和英式服务等方法而成。中国地域广，民族多，各地中式服务各有特色。

6. 综合式服务

综合式服务是一种融合了法式服务、俄式服务和美式服务的综合服务方式。许多中餐宴会和西餐宴会采用综合式服务。在综合式服务中，使用美式服务方法上开胃菜、沙拉和汤，使用俄式服务方法服务主菜，使用法式服务方法对某个菜肴和甜点进行烹调或切配表演。通常，不同的宴会主题，餐饮服务的组合方式也不同，这与宴会的种类和需求、宴会的消费水平相关。

7. 自助式服务

自助式服务是把事先准备好的菜肴摆在餐台上，顾客自己动手选择符合自己口味的菜点，然后拿到餐桌上用餐。这种用餐方式称为自助餐。餐厅服务员的工作主要是餐前布置，餐中撤掉用过的餐具和酒杯，补充餐台上的菜肴和点心等。自助式服务可分为自助式零点服务和自助式宴会服务等。

10.2 餐饮服务设备与餐具管理

餐饮服务设备是指餐厅的家具、服务车、展示柜和酒精炉等。优质和有特色的餐饮服务设备可提高餐厅的服务效果，提高顾客满意度，增加餐厅入座率。

10.2.1 餐厅家具选择与保养

餐厅家具主要是指餐桌、餐椅、酒柜、服务柜、茶几、沙发和转盘等。通常，餐桌和餐椅必须根据餐厅种类、消费水平和特色进行选择。根据研究，圆形和正方形餐桌适用于任何餐厅，长方形餐桌适用于西餐厅和咖啡厅。餐椅的式样、尺寸和颜色应根据餐厅的种类和餐桌类型而定，使其协调。酒柜是陈列和销售酒水的设施，服务柜是存放服务用品不可缺少的家具，这些设备应采用小型的，为餐饮服务提供方便，其台面应使用防热材料并易于清洗。茶几和沙发常用于贵宾餐厅或高级餐厅的顾客休息室。木材是餐厅家具最常见的材料，它适合于各种家具，然而越来越多的铝合金家具和木质与金属结构家具也运用于餐厅。铝制品家具和木质与金属结构家具轻巧，质硬，易于清洁，成本低。同时，选择餐厅家具应注意其服务功能、造型、颜色、耐用性和维修方便等因素。家具是餐厅的最基本的服务设备，应注重保养和管理，严防受潮或暴晒。木质家具受潮后容易膨胀，因此切忌把湿毛巾等放在家具上，及时将餐桌和餐椅的水渍擦干，避免阳光暴晒家具。根据经验，家具不能靠近暖气片，防止因被烘干而破裂。为了保持家具的色泽，除了经常用干燥和柔软的抹布擦拭，还须定期打蜡。打蜡时，先除掉家具表面的尘土，然后涂一层薄的白蜡，用洁白的绒布反复擦拭，使其光亮。此外，应经常调节室内空气，保持室内通风。相反，房间久闭，门窗不通风，湿度过大或在雨季都会使家具发霉，木板家具还会脱胶变裂。家具必须轻拿轻放。搬动家具时，应两人合作，切忌一人在地板上生拖硬拉。不要使家具碰撞墙壁、门窗和地板，防止家具镜子和玻璃损坏。

10.2.2 服务车的使用与保养

餐厅服务车主要包括开胃菜车、切割车、烹调车、牛排车、甜点车、酒水车、咖啡车及送餐车等。开胃菜车用于开胃菜的陈列和推销，车上常放少量的冰块，保持菜肴的凉爽。切割车用于烧烤菜肴的切配，如切割烤乳猪、烤牛肉和烤鸭等。烹调车有各式各样，适合不同的菜肴烹调和销售。如煮粥车、蔬菜车和小笼蒸车等。牛排车用于牛排的展示和烹调。甜点车是陈列蛋糕、派、布丁及其他甜点和水果的小车。一个由厨师精心布置的甜点车对甜点推销起着很大的作用。酒水车（见图10.1）用于陈列和销售开胃酒、烈性酒和餐后酒，并备有相应的酒杯和冰块，相当于一个流动的小酒吧。咖啡车是推销咖啡的小车，车内展示几种顾客喜爱的咖啡豆，车上装有小型煮咖啡的装置，该装置将咖啡

图 10.1 酒水车

豆加工成咖啡饮料只需1分钟。有时，咖啡车上还装有酒精炉，可以制作爱尔兰咖啡。送餐车是餐厅服务员向客房运送菜肴和酒水的服务车，一些送餐车还装有保温设备。由于服务车结构轻便，使用灵活，车轮较小，因此不能装载过重的物品，速度不能过快，当地面不平或餐厅地面有异物时，服务车极易翻倒。为了保证餐饮服务质量，服务车必须专车专用，并持续对车子进行保养，每次使用完应用洗涤剂认真擦洗，镀银车辆应定期用银粉擦净。

10.2.3 棉织品与地毯的使用与保养

餐厅棉织品是指台布、餐巾、毛巾、台裙和窗帘等用品。这些棉织品是餐厅服务的必需品。地毯是餐厅常用的设施，尤其是高级餐厅，铺有地毯的餐厅显得高雅和美观。所有的餐厅棉织品使用后，应及时清洗，妥善保管，切忌以台布当包裹在地板上拖，换下来的潮湿布件应及时送洗，如果来不及送洗，应晾干过夜，否则易于损坏。晚餐和宴会使用过的台布首先应刷去残杂物，放在橱柜内以防虫鼠。然后，等到第二天清晨立即送洗。棉织品应轮换使用，减轻布件的破损和避免久放。地毯应精心保养，每天用硬扫帚或吸尘器扫除纸屑、吸掉灰尘，定期清洗。

10.2.4 保温锅的使用与保养

餐厅通常配有各式不锈钢的保温锅（见图10.2），用于自助餐，其主要的品种有80 cm×45 cm 的长方形保温锅，也有45 cm×45 cm 的正方形保温锅，还有直径40 cm 的圆形保温锅。保温锅分为三层，上面一层放菜肴，中间一层放水，下面一层放燃料。保温锅可保持菜肴原有的热度，保证菜肴质量。由于保温锅的热源是固体燃料，在操作时应慎重。操作时先在保温锅内放上足够的开水，将装有菜肴的盘放上，盖好锅盖，然后点燃固体燃料，并随时掌握燃料的燃烧情况。熄火时，将盖子盖在固体燃料上。用后要认真擦洗，及时清除水垢。

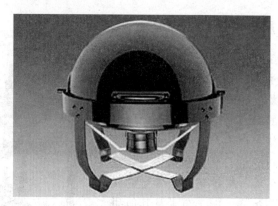

图10.2 保温锅

10.2.5 餐具的使用与保养

餐具是餐饮服务不可缺少的器皿，它反映了餐厅的特色和风格，并对美化餐厅和方便服务起着一定的作用。

1. 瓷器使用与保养

瓷器是餐饮服务常用的器皿。通常瓷器有完整的釉光层，而餐盘边缘有一道服务线，以方便服务。瓷器必须与餐饮产品的风格相协调。其中，骨瓷是一种优质的瓷器，图案烧在瓷釉里面，饭店业使用的瓷器可以加厚定做。中餐常用的瓷器包括直径15 cm 的圆形瓷盘或骨盘、直径18～25 cm 的圆形菜盘、长约20 cm 椭圆形的鱼盘，其他瓷器有羹匙、羹匙垫、饭碗和调料碗等。西餐常用的瓷器包括 Sugar Bowl（糖盅）、Coffee Cup with Saucer（带垫盘咖啡杯）、Soup Cup with Saucer（带垫盘汤杯）、Tea Cup with Saucer（带垫盘茶杯）、Bread Plate 或 Toast Plate（面包盘或土司盘，直径15 cm 圆平盘）、Butter Plate（黄油盘）、Dessert Plate（甜点盘，直径18 cm 圆平盘）、Main Course Plate（主菜盘，直径25 cm 的圆平盘）、Fish Plate（鱼盘，18 cm 长的椭圆形平盘）、Serving Dishes（服务用盘）、Salad Bowl（沙拉碗）、Salt and Pepper Shakers（盐瓶、胡椒瓶）、Cream Pitcher（奶油壶）、Vinegar Cruet（醋壶）。瓷器应堆放在备餐间的厨架上，高度应便于存取，用台布覆盖，避免灰尘。每餐使用完毕要洗净消毒，用干净布巾擦干水渍，然后分类，整齐地放在碗橱内，防止灰尘污染。搬运瓷器时，要装稳托平，防止碰撞；收拾餐具时要根据瓷器的尺寸，整齐地堆放。

2. 玻璃器皿使用与保养

玻璃器皿主要指酒杯、水杯和沙拉盘等，是餐厅销售酒水的基本工具。不同玻璃杯体现了不同特色的酒水。玻璃器皿应经常清点，妥善保管。各种水杯、酒杯经过清洗后要用干净布巾擦干水渍，保持杯子透明光亮，擦干后的杯子要扣在盘子内，依次排列，安全放置，较大的水杯和高脚杯应在专用木格子或塑料格子内存放。存放杯子时，切忌重压或碰撞，以防止破裂。有损伤或裂口的酒水杯应立即扔掉，以保证顾客安全。常用的玻璃器皿包括 Beer（啤酒）杯、Champagne（香槟酒）杯、Wines（各种葡萄酒）杯、Cocktails（各种鸡尾酒）杯、Brandy（白兰地酒）杯、Liqueur（利口酒）杯、Tumblers（各种平底杯）、Fruit Cup（水果盅）、Goblet（高脚水杯）。各种酒水杯见图 10.3。

图 10.3　各种酒水杯

3. 银器保养与管理

银器是指金属餐具和用具，包括所有以不锈钢、镀金金属和镀银金属制作的餐具和服务用具。银器使用完毕应细心擦洗，精心保养。凡属贵重餐具，应由餐饮部后勤管理人员负责保管，根据种类登记造册。餐厅使用的银器需要每天清点，大型宴会使用的银器数量大，种类多，更需要认真清点。营业时间结束时，尤其在处理剩菜时，应防止把小型的银器倒进杂物桶里。餐厅对所有银器餐具和用具要定期盘点，发现问题应立即报告主管人员并认真清查。认真储存银器，理想的存放地点是专用的盒子和抽屉，将每种刀叉分别放在特定的盒子或抽屉中，每个盒子或抽屉可垫上粗呢布以防止滑动和相互碰撞而留划痕和印记，但要定期换洗，保持卫生。其他金属器具应编号，放在仓库货架上，高度应方便服务员放置和取用。一些餐厅将贵重银器装在碗橱中，上锁保管。餐厅常用的银器包括 Bowl（银碗）、Pitcher（银壶）、Platter（银大盘）、Serving Dish（服务银盘）、Carving Knife（雕刻刀）、Cheese Server（奶酪盆）、Salad Dressing Ladle（沙拉调味酱专用匙）、Serving Fork（服务叉）、Serving Knife（服务刀）、Serving Spoon（服务匙）、Candlesticks（烛台）、Finger Bowl（洗手盅）、Butter Knife（黄油刀）、Salad Knife（沙拉刀）、Fish Knife（鱼刀）、Table Knife（主菜刀）、Dessert Knife（甜点刀）、Fruit Knife（水果刀）、Cocktail Fork（鸡尾菜叉）、Salad Fork（沙拉叉）、Fish Fork（鱼叉）、Table Fork（主菜叉）、Dessert Fork（甜点叉）、Soup Spoon（汤匙）、Dessert Spoon（甜点匙）、Ice Tea Spoon（冰茶匙）、Tea Spoon（茶匙）等。

10.3 餐厅筹划与设计

10.3.1 餐厅种类与特点

餐厅是饭店销售菜点和酒水的场所，餐厅必须有接待空间和服务设施，向顾客提供优质的菜点、酒水、服务、设施和环境。餐厅种类繁多，各地区、各国家分类不尽相同。因此，确定餐厅的经营业务应考虑主观条件和客观环境。主观条件主要包括企业设施和设备、资金和人力资源；客观环境包括宏观经济、地理位置与气候、顾客消费习惯等。

1. 高级餐厅（Upscale Dining-room）

高级餐厅也称作传统餐厅（Traditional Dining-room），其服务模式是，向顾客提供特色菜点和传统菜点，出售精致的餐饮产品，餐厅具有雅致的空间、豪华的装饰、温柔的色调和照明，提供周到和细致的餐饮服务，讲究餐具和餐台设计，使用银器和水晶杯，现场演奏高雅的音乐或文艺表演，用餐费用较高。高级餐厅主要包括扒房（Grill Room）（法国餐厅）、意大利餐厅（Italian Dining-room）（见图10.4）、美国餐厅（American Dining-room）和风味中餐厅（Specialty Chinese Dining-room）及高级单间餐厅（VIP Dining-room）和苏格兰餐厅（见图10.5）、日本餐厅（见图10.6）。

2. 大众餐厅（Mid-priced Dining-room）

大众餐厅是向顾客提供大众化餐饮服务的餐厅，具有实用的空间和典雅的装饰、明快的色调和照明、传统或现代音乐以及比较周到的餐饮服务。大众餐厅有实用的餐具，有简单的音乐或文艺表演（琵琶、小提琴、钢琴演奏），餐费适于大众。其种类主要包括，大众化中餐厅（Chinese Dining-room）、咖啡厅（Coffee Shop）、自助餐厅（Cafeteria）及普通的特色餐厅。例如，西班牙烧烤餐厅等。其中，咖啡厅是销售大众化的西餐和各国小吃的餐厅，在非用餐时间还销售咖啡和饮料，供人们聚会和聊天，营业时间和销售品种可根据顾客的需求调整，许多咖啡厅从早上 6 点营业，至午夜 1 点停业。一些咖啡厅每天经营 24 小时。有些咖啡厅的设计和布局像花园，里面有鲜花、草地、人工山和人工瀑布等。

图 10.4　意大利餐厅

图 10.5　苏格兰餐厅

图 10.6　日本餐厅

3. 多功能餐厅（Function Room）

这种餐厅是饭店最大的餐厅，用于宴会、酒会、自助餐会、鸡尾酒会、报告会和展览会。根据顾客需求，多功能餐厅可分割成几个大小不同的餐厅和活动空间。

10.3.2　餐厅设置原理

1. 餐厅应与饭店坐落环境相协调

根据餐饮营销原理，任何餐厅必须与它坐落的环境相协调。风味中餐厅和扒房常坐落于经济发达的商务区，咖啡厅应坐落在有文化气息的商业区和旅游区。

2. 餐厅应与顾客消费习惯相协调

餐厅必须与顾客的消费习惯相协调。例如，一些饭店的咖啡厅，为了适应顾客用餐习惯，在销售西餐时，也销售一些中餐菜点。

3. 餐厅应与饭店经营目标相协调

餐厅经营的品种和风味应与饭店的等级和种类相协调。通常一个饭店会有数个餐厅，每个餐厅应有各自的风味菜点和酒水及服务方法等,不同的装饰和布局以体现不同的经营特色,形成产品互补。

10.3.3 餐厅设计与布局

1. 流动线路设计

餐厅流动线路是指顾客和服务员在餐厅流动的通道。顾客流动线路应以从门口到座位之间的畅通为前提,采用直线型,避免迂回绕道。根据调查,迂回曲折的通道会使顾客产生混乱感觉,影响顾客用餐。一般而言,通道尽可能宽敞。服务员流动线路长度对服务效率有影响,因此愈短愈好。餐厅流动线路不要太集中,应尽可能去掉不必要的曲折。餐厅应设置区域服务台,其内可存放餐具,同时方便服务,从而缩短服务员行走路线。

2. 光线与色调设计

餐厅的光线和色调与餐饮营销效果紧密相关,餐厅应尽可能临近公路或饭店花园,应适当发挥窗户的作用,以窗代墙。餐厅应尽可能建在高层建筑上,使顾客享受自然阳光,使顾客产生明亮宽敞的感觉,使顾客在用餐时心情舒畅。餐厅建立在建筑物的中央,可借助灯光,摆设艺术品或花卉,使光线与色调相协调。餐厅入口的照明设施很重要,可使顾客看到招牌,吸引顾客的注意力,其高度应与建筑物相适应,光线应柔和。通常,走廊每隔6 m应装一盏照明灯,光线与色调的配合应结合餐厅主题。

3. 温度与湿度控制

通常,顾客用餐时,顾客希望能在四季如春的舒适空间,因此餐厅内温度的调节与餐厅经营效果相关。餐厅温度通常受地理位置、季节和空间的制约,地处热带的餐厅必须有凉爽宜人的室内环境、适当的湿度。因此,空气调节系统是不可缺少的服务设施。

4. 辅助设施与音响效果

餐厅常设有辅助设施,方便顾客用餐,主要包括接待厅、衣帽间、结账处和洗手间等。在餐厅的接待空间常提供电视机、报纸和杂志,有时设立酒吧,方便等待座位的顾客。衣帽间和结账处应设在靠近餐厅的进口处。洗手间常被顾客作为评估餐厅管理水平的标志,洗手间应与餐厅在同一层楼,标记清晰,中英文对照。根据餐饮营业需要,餐厅安装音响设备很有必要,高级餐厅和大众餐厅都需要播放轻松愉快的乐曲或聘请乐队演奏以增加餐厅气氛。

5. 餐厅布局原理

现代餐厅从传统的封闭式发展到开放式,采用大型玻璃使餐厅透明化,行人能看到餐厅的气氛与风格,用餐顾客可透过餐厅玻璃看到整齐的马路、草地和绿树。餐厅通道、走廊和座位应布局合理,为顾客提供便利,保证顾客的安全。餐厅应根据需要,统筹兼顾,合理安排整体空间,考虑安全便利、营业功能和使用效果,突出餐厅经营特色,重视家具设计,重视餐厅周围的环境,餐具和服务用品应反映餐厅的服务特色。

10.4 中餐服务管理

10.4.1 中餐零点服务管理

在餐饮经营中,对散客的餐饮服务称为零点服务,零点服务强调顾客个性化的需求及个性化的服务。

1. 餐前准备工作管理

在中餐零点服务中，首先应做好环境卫生管理。包括餐厅墙壁、服务台、地面等的清洁工作。然后准备足够的餐具、台布、口布、小毛巾供开餐使用。同时，把干净和消毒的小毛巾浸湿，叠成长方块状，整齐放入毛巾保温箱内。然后，按中餐零点摆台标准，在开餐前30分钟摆好餐台。将洁净的托盘摆在餐厅四周的工作台上。此外，开餐前30分钟，从备餐间拿出调料、茶叶和茶壶并将菜单等放在餐厅工作台上，将餐厅照明及空调打开。最后，开餐前，由餐厅经理或业务主管对餐厅的准备工作进行检查，防止错漏并主持餐前会，使全体职工了解前一天的营业情况、当天的特色菜肴及当天应当注意的事项和问题，包括重要顾客的信息等。

2. 迎宾服务管理

开餐前5分钟，迎宾员和服务员各自站在指定的位置，恭候顾客到来。站立要端正，不依靠任何物体，双脚不可交叉，双手自然交叠在腹前，保持良好的精神面貌和姿态。当迎宾员带领顾客入餐厅时，服务员应上前微笑并问候及主动协助迎宾员拉椅让座。如有儿童，应主动送上儿童椅。顾客入座后，迎宾员将菜单和酒单送到顾客手上，要注意先递给女士或年长者，并用敬语，帮助顾客挂好衣服。

3. 接待服务管理

迎宾员为顾客递送菜单后，服务员从顾客的右边递送热毛巾并用敬语。服务员应征询顾客想要饮用的茶水并主动介绍。为顾客打开餐巾并铺在顾客的膝盖上或压在骨盘下，从筷子套取出筷子。以上服务均在顾客的右边进行或根据本餐厅的标准进行。斟茶时，应在顾客的右边进行，并用敬语"请用茶"，从主宾位开始，顺时针进行。服务员应当对迟到的顾客补上热毛巾和热茶，视顾客人数，将餐台撤位或加位。上述工作就绪后，准备好菜单，站在适当或方便的位置为顾客点菜。

4. 点菜服务管理

当顾客示意点菜，服务员应立即介绍菜点。点菜时，服务员应站在顾客的右边或方便的地方，微笑，身体稍向前倾，认真记录。当顾客点了相同类型的菜肴，服务员应主动提示。根据顾客人数，主动建议海鲜类菜肴的重量，向顾客重复和确认记录的内容。点菜完毕后，向顾客介绍酒水。餐厅点菜单应1式3联。第1联，交收款员；第2联，收款员盖章后，由传菜员交厨房或酒吧作为取菜肴和饮料的凭据；第3联由传菜员使用，作为查阅资料。写菜单时，字迹要清楚，应注明日期、台号、人数和重量等。酒品、冷菜、热菜和面点要分别写在菜单上。当顾客请服务员代为点菜时，服务员应慎重考虑，细心观察并根据顾客的饮食习惯、具体人数和消费需求等，做出恰当的安排。当然，经顾客同意后才能确定菜单。近年来，一些餐厅使用带有不同软件的点菜器为顾客点菜。不论使用哪种方法为顾客点菜，服务员一定要重复一遍，请顾客确认。

5. 酒水服务管理

按顾客的酒水单到吧台取酒水。取任何酒水均应使用托盘，需冷藏的酒水可用冰桶，冰桶里放冰块。根据酒水种类，在餐台摆上相应的酒杯和饮料杯，瓶装和罐装饮料必须在工作台上打开盖子，不要对着顾客打开罐装饮料。冷藏或加热的饮料应用口布包住酒瓶，然后斟倒。如顾客点了红葡萄酒或白葡萄酒，应在顾客面前打开瓶盖，用口布擦干净瓶口，白葡萄酒需要冷藏，并用口布包住；红葡萄酒不需冷藏，需放在酒架或酒篮里服务。斟倒时，先倒少量的酒给主人品尝，经主人认可后再为其他顾客斟倒酒水。

6. 上菜服务管理

通常，第1道菜应在点菜后15分钟内服务到桌，如果顾客需要快速上菜，应立刻与厨房联络，使菜肴尽快上桌。当传菜员将菜肴送到服务桌时，服务员应快步迎上去将菜肴上桌。上菜的顺序是冷菜、汤羹、主菜、蔬菜、面点、甜点和水果或根据各地饮食习俗上菜。每上一道菜，应在餐台上的点菜单注销这道菜肴，防止漏上或错上。如果菜肴占满了餐台，应征求顾客意见，将台面上的菜肴整理后，再上菜，切忌将新的菜肴压在其他菜肴上。注意顾客的餐桌上菜肴是否已经上齐，及时查看上菜记录，检查上菜是否有错漏。服务员上最后一道菜肴时要主动告诉顾客，"您的菜已经上齐了"。美式服务在顾客的左边上菜，法式服务在顾客的右边上菜。以上两种上菜的服务方法也都是中餐服务常用的方法。

7. 巡台服务管理

巡台服务是巡视顾客的餐台，及时发现顾客需要的服务并立即完成。良好的餐饮服务体现效率。一般而言，高级餐厅的服务员应随时为顾客添加酒水，随时撤去空盘和空酒瓶，及时整理餐桌。服务员撤换餐具时，应在顾客的右边进行，按顺时针方向。撤骨盘时，服务员应征求顾客的意见。

8. 结账服务管理

根据顾客用餐情况，及时通知收款员结账。同时，检验菜单、餐桌号、人数、所点菜点品种、数量与账单是否相符，将账单放入账单夹内。当顾客提出结账时，及时呈上账单。当顾客签单时，应核对顾客的姓名和房号。如果顾客用现金或信用卡结账，服务员应协助顾客。当服务员取回零钱及账单，首先应清点，再交给顾客并向顾客道谢。顾客离席时，服务员应主动拉椅送客，提醒顾客所带物品并向顾客道别。

9. 结束工作管理

清理餐桌时，如发现顾客遗留的物品，应立即交予顾客或通知餐厅管理人员，撤掉所有餐具，铺上干净的台布，摆台，迎接下一批顾客。从备餐间拿回清洁好的餐具、托盘、餐车，清点后分类入柜，如有损耗应做好记录。早餐、午餐结束后，应做好下一餐的准备工作。晚餐结束后，应做好安全工作。关闭燃气阀门和水截门，切断餐厅和备餐间的照明及其他电源。除职工出入的门外，关闭所有的门窗并上锁，将易燃易爆物品存入指定的仓库。当班负责人应做好最后的安全复查，填写《班后安全检查表》。锁好职工出入的门，离开餐厅。

10.4.2 中餐宴会服务管理

1. 准备餐具和酒水

首先准备骨盘、垫盘、味碟、茶杯、饭碗、汤碗、水果刀、银匙、甜点叉、服务叉、匙、筷子架、筷子等。餐具数量计算公式是：菜肴道数×顾客人数×1.2。准备水杯和布草，包括红葡萄酒杯、白葡萄酒杯、中国烈性酒杯、香槟杯、白兰地酒杯、台布、餐巾和小毛巾等。酒具数量计算公式是：顾客人数×1.2；台布数量计算公式是：餐台数×1.2；餐巾数量一般计算公式是：顾客人数×1.2，高级宴会可根据需求增加；小毛巾数量计算公式是：顾客人数×4×1.2。准备胡椒瓶、牙签、席次牌、冰桶、冰夹、托盘等。把宴会使用的各种餐具整齐地摆放在餐台上。不同的宴会主题，餐台摆放方法不同，因此准备的餐具也不同。根据设计好的台型图摆好餐桌、服务桌，围上台裙。餐台摆放前应洗手，按照铺台布的标准铺好台布，放好转台。按摆台的标准和程序将餐具摆放好，将叠好的餐巾花放在水杯里或骨盘内。根据宴会通知单，填写领料单，从仓库领出酒和饮料，将酒水瓶罐擦拭干净，将需要冷藏的酒水存入冷藏箱。宴会前30分钟取出相应的酒品饮料，摆放在服务台上。

2. 检查服务设施

检查照明、空调和音响等设备。宴会用的桌椅、台柜、设备、设施应符合宴会服务标准。如果设施和设备有问题应立即通知工程部维修或更换并做好跟踪检查。

3. 做好备餐间工作

搞好备餐间卫生，按规定时间到洗涤部把干净的台布和餐巾等领回并入柜。清洁食品保温柜、茶水柜、服务车、洗手池和消毒设备等。准备宴会所用的一切餐具和用具。开餐前30分钟内完成各种调料的准备工作。

4. 做好其他准备工作

准备好休息室的茶具，将消毒的毛巾在水中浸湿后，叠好，放入保温箱内备用。大型宴会应提前30分钟打开空调，小型宴会厅提前15分钟打开空调。提前30分钟开启宴会厅所有照明。宴会前10~15分钟摆好冷菜，将各种冷菜交叉摆放。大型宴会前10分钟，将第一杯酒斟倒好，小型宴会在宴会开始后斟倒，斟酒时应做到不滴不洒，以8分满为宜。广东餐厅宴会前15分钟上小菜，斟倒酱油，将小毛巾摆在餐台上。宴会前主管人员对环境、餐台及其他准备工作进行全面检查。宴会前5分钟，服务员站在各自的岗位上，面向宴会厅门口，迎接顾客。

5. 迎宾服务管理

顾客到达宴会厅时，服务员要热情并用欢迎语和问候语，态度和蔼，语言亲切，引导顾客到休息室或宴会厅。服务员应主动接过衣帽，斟倒茶水或饮料，送上热毛巾，帮助顾客把衣服挂在衣架上，提醒顾客将衣物里的贵重物品自己保管。宾客进入宴会厅时，迎宾员应主动为顾客引座并安排顾客入座，为顾客拉椅，打开餐巾，铺在顾客的膝上或放在骨盘下，从筷子套中取出筷子，摆放好。

6. 席面服务管理

（1）斟倒酒水

待顾客坐好，再为顾客斟倒酒水。先斟倒饮料，再斟倒葡萄酒，最后斟倒烈性酒。当顾客要求啤酒与汽水同斟在一个杯中时，要先倒汽水，后斟啤酒。因为啤酒、汽水都带有泡沫，所以在斟倒时将瓶口与杯子的距离保持在1 cm左右慢慢斟倒，避免泡沫溢出杯外。斟酒时要站在顾客的右侧，切忌站在一个位置为左右两位顾客斟酒。斟酒的顺序是先女士后男士，先主宾后主人，通常为顺时针方向斟倒。

（2）宴会开始前的服务

宴会开始前宾主讲话时，服务员应站在服务桌旁静候，对大型宴会，服务员要列队站好，以示礼貌。讲话结束时，服务员应向讲话人送上一杯酒，并为无酒或少酒的顾客斟酒，供顾客祝酒之用。大型宴会应设有服务员为主人和主宾斟酒服务。

（3）上菜服务

主人宣布宴会开始后，服务员应根据菜单顺序上菜，先上开胃菜，再上主菜、汤、甜品，最后上水果，有时将汤作为开胃热菜，放在冷菜之后上。面点适当地安排在菜与菜之间。上菜间隔时间可根据宴会进程或主办人的需要。热菜须趁热上，从厨房取出热菜应用热菜盖子盖好，待菜上桌后再取下盖子。大型宴会上菜速度要以主桌为准，全场统一。通常根据宴会厅主管人员的信号或根据音乐顺序上菜。上菜的顺序参照中餐零点服务。

（4）分菜服务

根据宴会要求分菜并提供相应的餐饮服务，服务员应熟悉分菜技术，动作要轻稳并掌握好份数。应先上齐配料、调料，然后上菜，对带有骨头和刺的菜肴，应先展示，去骨，去刺，再上菜。

（5）巡台服务

在顾客进餐中，服务员应为顾客撤换餐具，每用完一道菜，撤换一次骨盘，适时地为顾客上小毛巾。为了突出菜肴的风味，宴会中撤换餐具应不少于3次。重要的宴会要求每一道菜撤换一次骨盘。宴会进行中，主宾起身敬酒时，服务员应帮助主宾向后拉椅子，当主宾离开座位去其他餐桌敬酒时，要将其餐巾叠好，放在筷子旁边。当顾客吃完主菜后，应清理桌面，上甜点，上水果。当餐台水果用完后，可撤掉水果盘、骨盘和水果刀叉，并在餐台上摆好花篮，表示宴会结束。

7. 宴会结束管理

当顾客起身离座时，服务员要为顾客拉开椅子，方便宾客行走并提醒顾客带齐个人物品，将顾客送到餐厅门口。大型宴会，服务员和管理人员应列队站在宴会厅门口两侧，热情地欢送顾客。当顾客主动与服务员握手表示感谢时，可与顾客适当地握手并且和顾客道别。顾客离开后，发现顾客有遗留物品，要立即送还顾客或交予上级主管人员。收拾餐具和用具，清理宴会场地，将餐桌、餐椅按规定位置摆放整齐，关好门窗，关掉所有电源。

10.5　西餐服务管理

10.5.1　西餐零点服务管理

1. 餐前准备

包括餐厅清洁，吸尘，清洁餐桌、餐椅、服务桌和吧台，擦拭餐具、酒具和用具，准备好餐具和用具，摆放好餐具（见图10.7），准备好调料，召开餐前会，检查个人仪表仪容。

图10.7　咖啡厅零点服务的餐具摆放

2. 迎宾服务

当顾客进入咖啡厅或扒房时，顾客首先见到的是迎宾员的微笑，同时听到真诚亲切的问候。微笑与问候使顾客心情轻松，给顾客带来亲切感与自尊。

3. 点菜服务

为顾客点菜是服务员推销菜肴和酒水的最好时刻，顾客点菜后，服务员应复述，在保证没有笔误后，记录在菜单上或输入计算机。

4. 上菜服务

西餐服务讲究礼节礼貌，讲究上菜顺序。上菜时，先上开胃菜，再上主菜，最后上甜点。上菜前先上酒水，先女士后男士，先长者。热菜必须是热的（75℃以上），餐盘是热的，冷菜必须是凉爽的。热菜要盖上盖子。在咖啡厅，酒水服务由餐厅服务员负责；在扒房，酒水服务由专职酒水服务员负责。美式服务在顾客的左边上菜，法式服务在顾客的右边上菜。

5. 巡台服务

顾客用完每一道菜肴，服务员应及时将这道菜的餐具收拾干净。然后，才能上下一道菜并在上菜前添加酒水。顾客用餐时，餐厅经理应向顾客问好，并征求顾客对菜肴和服务的意见。

6. 结账服务

一个完美的西餐服务，不仅有良好的开端、专业化的服务规范，而且有完美的结束服务。当顾客结束用餐时，服务员应认真、迅速准确地为顾客结账。

7. 送客服务

顾客离开餐厅时，服务员应帮助顾客拉椅，感谢顾客，向顾客告别。

10.5.2 西餐宴会服务管理

1. 宴会预订

西餐宴会通常要经过预订，尤其是大型宴会更需要提前一定的时间预订。这是客户为了保证自己在理想的时间举行宴会采取的措施，而饭店则需要一定的时间做宴会准备工作。

西餐宴会预订由饭店餐饮部销售人员或宴会部负责承接。宴会预订通常通过电话、传真或计算机网络进行，然后双方必须通过宴会合同书将宴会确定。宴会销售人员或负责宴会的工作人员应根据宴会的时间、地点、人数、费用、菜肴、酒水、设施、宴会布置及宴会的名称、预订单位名称、联系人的名称和电话号码等填写宴会订单。宴会确定后，销售部人员通常要求顾客预付10%以上的定金。所有宴会费用在宴会开始时一次付清。合同应规定客户取消宴会预订的时间和其他条件，许多饭店规定大型宴会应提前一个月通知饭店，中小型宴会通常应提前7～15天。如果超过饭店规定的时间取消预订，宴会定金将不退还给顾客。

2. 宴会准备

掌握宴会的类型、名称、规模、菜单、参加人数和其他要求，制定宴会的服务程序，布置宴会厅，做好服务员的分派工作，然后摆餐台。服务员摆餐台之前应先洗手消毒。摆餐台时用托盘盛放餐具和用具，边摆边检查餐刀、餐叉、酒具、餐盘是否干净和光亮，是否符合卫生标准，如发现不清洁或破损的餐具要及时更换。手拿刀叉时，要拿其柄部；拿餐盘时手不接触盘面；手持酒杯时，手指不接触杯口部；摆好餐台后要全面检查，查看是否有漏项或错摆现象；检查花瓶、蜡烛台是否摆放端正。

在装饰盘右侧从左到右依次摆放餐刀、鱼刀、汤匙，刀刃向左，刀把和匙把距餐桌边1.5 cm。在装饰盘的左侧从右向左依次摆放餐叉、鱼叉，叉口向上，叉柄距餐桌边1.5 cm。（摆放的程序也可以根据本餐厅的规定）在装饰盘上方从下至上依次摆放甜点叉和甜点匙，叉把向左，叉口朝右；匙柄向右，匙面朝上。如果摆放甜点刀，刀把向右，刀刃向装饰盘。在沙拉叉的左侧摆上面包盘，距沙拉叉1 cm，距桌边1.5 cm，将黄油刀摆放于面包盘上的右侧1/3位置上。将水杯摆在餐刀正前方，与刀尖相距2 cm。红葡萄酒杯摆在水杯右下方，与水杯相距1 cm。白葡萄酒杯摆在红葡萄酒杯右下方，与红葡萄酒杯相距1 cm。将餐巾花摆在装饰盘正中。将调味架和牙签筒按四人一套标准摆放在餐桌中线位置上。餐台上摆花瓶或花篮1~4个，1个花篮应摆于餐桌的中心位置；摆放4个时，应以相等的距离摆在餐台上，鲜花高度不能高过在座顾客的视平线。每个席位摆一份菜单。人数较多时，可两个席位摆一份菜单。摆面包和黄油，准备酒水。大型宴会在顾客到达餐厅5分钟前，把黄油、面包摆放在黄油盘和面包盘上，每个顾客的面包数量应当相同。为顾客杯中斟好饮用水。小型宴会在顾客入座后再斟倒酒水及摆上面包和黄油。对宴会前各项准备工作进行一次全面检查，包括卫生、安全、设备、器皿、餐台等，然后服务员再次整理自己的仪表和仪容，做到服装整齐、仪容大方。

3. 传统式宴会服务管理

顾客到达时，热情礼貌地向顾客问候并表示欢迎。为顾客保存衣物，向顾客递送衣物寄存卡，引领顾客入席。一些大型宴会先引领顾客到休息厅作短暂休息，为顾客送上饮品。当顾客表示可以入席时，引领顾客入席。为顾客拉椅让座，先女士、重要宾客、行动不便的顾客，再一般男士。待顾客入座后，为顾客打开餐巾，然后将各种饮料送至顾客面前（左手托盘），逐一说明，待顾客选定后为顾客斟倒饮料。以开胃菜、汤、主菜、甜点为顺序上菜。上开胃菜前，斟倒白葡萄酒，当顾客用完开胃菜时应及时撤盘，从主宾或女士位置开始。服务员在顾客右边，用右手撤下餐盘和刀叉，从顾客的左边把汤放到顾客面前，先女宾后男宾再主人。上海鲜类菜肴前，先撤下汤匙，为顾客斟倒白葡萄酒；上红色畜肉类菜肴前，先为顾客斟倒红葡萄酒。最后，上甜点。吃甜点的餐具应根据甜点品种而定，热甜点一般使用甜点匙或中叉，食用烩水果使用茶匙。上冰激凌时放冰激凌匙。客人用完每一道菜后，撤去用过的餐具，添加冰水。许多西餐宴会在餐中不服务咖啡，只服务饮用水和果汁。餐后上咖啡。然而，一些欧美人喜欢在餐中喝咖啡，因此咖啡服务的方法应当根据宴会订单安排。从顾客右边摆上咖啡具，询问顾客用咖啡还是茶，随时为顾客添加咖啡或茶，直至顾客表示不饮用为止。宴会结束时，服务员应立即上前为顾客拉椅，热情欢送并欢迎下次光临。顾客离开后及时收拾餐厅，检查台面及地毯有无顾客遗忘的物品。按顺序收拾餐桌，整理宴会厅，关好门窗，关掉所有电灯和空调等。

4. 自助式宴会服务管理

自助宴会是指将宴会设计的全部菜点摆放在设计好的餐台上。大型宴会餐台至少包括4个餐台：冷开胃菜台、热开胃菜台、热主菜台及甜点台，顾客自己到餐台取自己喜爱的菜点。服务员只负责服务酒水。一些自助餐宴会，还要摆放酒水台，顾客自己到酒水台拿取酒水。首先，餐厅主管及迎宾员在宴会厅门口迎接顾客并向顾客问好。某些重要的自助式宴会，餐厅经理或更高职务的管理人员亲自带领迎宾员在餐厅门口迎接顾客。顾客进入宴会厅后，服务员用托盘送上酒水，向顾客问好并请顾客自选酒水。服务员左手托着酒水穿行于顾客中间，随时为顾客提供酒水并及时撤走顾客用过的杯子。宴会正式开始，宾主致辞讲话时，服务员用托盘托着酒水站在讲台附近，准备为讲话人敬酒服务。宴会进行中，服务员随时撤走餐桌上顾客用过的餐具，送交洗碗间清洗并及时向餐厅补充需用的餐具。如果自助餐宴会设有贵宾席位，应由专职服务员为其选送餐台上各种菜品并提供服务。自助宴会结束时，餐厅经理征求主办单位的意见并带领服务员欢送顾客，请顾客再次光临。

5. 服务现场指导

根据宴会级别和规模，宴会服务的现场应有不同级别的管理人员负责协调餐厅与厨房的生产与服务，协调宴会举办单位和餐厅服务工作，指导和监督宴会服务的质量，及时处理顾客意见。

6. 服务中注意的问题

撤换餐具要等顾客把刀叉放在餐盘里或汤匙放在汤盘里方可进行。撤餐具前，服务员应有礼貌地询问一下，征得顾客同意后再撤餐具。撤餐具时应从顾客的右侧进行，不要在餐桌上刮盘或堆盘，要用右手撤盘，左手托盘，撤盘时刀叉一起撤下，不能一次撤得过多，过多会过重，可能导致意外事故。撤下的餐具应立即放到附近的服务桌上，经整理后送至洗碗间。宴会应在优雅的气氛中进行，服务员应反应灵敏，注意举止，走路要轻快，动作要敏捷，不得有声响，与顾客讲话声音适中，以顾客能听清楚为准。服务员服务时要挺胸收腹，不依靠他物，呼吸均匀。背景音乐要柔和并为宴会厅创造一种美好的气氛和高雅的情调。当今，西餐宴会菜肴道数和服务程序朝向简单化、程序化并注重服务效率；而每道菜肴内容更加丰富，宴会时会增加现场音乐表演或舞蹈表演等。

10.5.3 客前烹调与切割服务管理

西餐客前烹调与切配服务是指服务员面对顾客，利用烹调车或服务桌进行制作有观赏价值的菜点或运用艺术切割法切割水果、奶酪和一些熟制的菜肴及搅拌一些菜肴调味汁等表演。其目的是创造餐饮服务体验的气氛，提高餐饮服务质量，增加餐厅知名度及营业额的一系列营销活动。首先，客前烹调的菜肴必须有观赏性，可以快速制熟，没有特殊气味。一些客前烹调服务在菜肴烹调至最后阶段，放入少许烈性酒，使酒液与锅边接触，产生火焰，从而活跃了餐厅用餐气氛，这种服务或表演称为燃焰。当然，客前餐饮服务还包括不加热而只进行组装菜肴的表演。按照服务形式，它可以分为全部烹调服务和部分烹调服务。例如，开胃菜服务、意大利面条服务、海鲜和肉类菜肴服务及甜点服务等。全部烹调服务是将加工过而没有熟制的原料进行烹调和熟制表演；部分烹调服务是将厨房烹调好的菜肴送至餐厅做最后阶段的烹调、组装或调味表演。开胃菜服务包括冷汤服务、沙拉和鸡尾菜（Cocktail）服务，服务方法主要是切割和组装；意大利面条服务是将厨房煮熟的面条送至餐厅，然后进行制作调味汁及组装等表演；海鲜和肉类菜肴烹调服务是将小块易熟的原料在服务桌的酒精炉和烹调车烹调；甜点制作服务是在餐厅服务桌上或烹调车制作一些可快速成熟而又具有观赏价值的甜点，或者将已经制熟的甜点和水果原料组装在一起。

当今，视觉效应在餐饮营销中受到重视，并收到了很好的效果。瑞士餐饮运营管理专家沃尔特·班士曼（Walter Bachmann）在评论客前烹调与切割服务时，说："我认为在顾客面前做一些烹调、燃焰或切割服务表演已成为高级宴会最吸引人的服务。"当然，客前烹调与切割服务存在着一定的局限性和缺点。根据调查，客前烹调与切割服务只适应于某些顾客，许多顾客在用餐时不希望过多地被打扰。由于这种服务需要较大的空间、专业服务员或厨师及专业设备等，因此使这种餐饮服务的成本和价格高于一般宴会。此外，还需要周密的安全措施。综上所述，不是任何一个宴会都采用客前烹调与切割服务的，企业必须根据目标顾客的需求、自身条件及其他因素进行评估后才能决定是否采用客前烹调与切割服务。

例 10-1 龙虾与荷兰少司（Lobster With Hollandaise Sauce）烹饪表演

（1）服务用具：切菜板 1 块，厨刀 1 把，酒精炉 1 个，主菜匙，主菜叉，洗手盅 1 个，餐盘 1 个，杂物盘 1 个，铺好餐巾的椭圆形盘 1 个。

（2）食品原料：烹制好的龙虾 1 个，荷兰少司适量，香菜嫩茎 4 根。

（3）厨房准备工作：将龙虾制熟，连带锅中的调味汁一起放入一个可加热的圆形无柄平底锅内。将荷兰少司倒入调味汁容器内。

（4）服务方法：用服务匙和服务叉将龙虾从锅中取出，放在铺好餐巾的椭圆形餐盘上，使龙虾的汁浸在餐巾上。然后，放到切菜板上，左手用口布按住龙虾，右手用厨刀切下龙虾腿，把切下的龙虾腿与虾身分开。用餐巾把虾头包住，从头下部把虾以纵向切成两半，再把虾头纵向切成两半，用服务叉和服务匙取出龙虾头中和背部的黑体与黑线。用服务叉和服务匙从龙虾尾部将虾肉取出。用服务匙压住虾壳，用叉子取肉。并用厨刀切下头部的触角。左手用餐巾握住龙虾大爪，右手用厨刀背将大爪劈开，并用服务叉取出虾肉。用厨刀将龙虾头部的肉切整齐。把龙虾肉整齐地放在餐盘上，虾肉浇上荷兰少司，盘中摆放些龙虾壳、小爪和香菜茎作装饰。

例 10-2 苏珊煎饼（Crepes Suzette）烹饪表演

（1）服务用具：酒精炉 1 个，热碟器 1 个，平底锅 1 个，服务匙 1 个，服务叉 1 个，餐盘 1 个。

（2）食品原料：（制作 2 份）4 个脆煎饼，白砂糖 30 克，黄油 20 克，橘子汁 100 毫升，橘子利口酒、白兰地酒少许，橘子皮丝与橘子瓣适量。

（3）服务方法：将平底锅放在酒精炉上稍加热，将白砂糖放入平底锅制成至金黄色，加黄油使它充分溶解，加少量橘子汁搅拌，再加少量柠檬汁，煮几分钟后，倒入适量的橘子利口酒。用服务匙将煎饼挑起，旋转，使其裹在服务叉上。将薄饼摊开，放在平底锅内，使薄饼与锅中的调味汁充分接触，蘸匀糖汁后将其对折，将其移至锅内的一边。其余的 3 张薄饼依次按照该方法制作完成，整齐地摆在平底锅内。将橘子皮丝撒在薄饼表面，将橘子瓣摆放在薄饼表面。在锅内倒入适量的白兰地酒，使白兰地酒在锅内微微起火。将 2 个薄饼摆放在一个餐盘中，将锅中的糖汁浇于薄饼表面上。

例 10-3 火焰香蕉（Banana Flambe）烹饪表演

（1）服务用具：温碟器 1 个，平底锅 1 个，服务匙 1 个，服务叉 1 个，酒精炉 1 个。

（2）食品原料：（制作 2 份）香蕉 3 个（去皮），纵向切成 6 块，黄油 20 克，白砂糖 30 克，红糖 10 克，朗姆酒适量，烤熟的杏仁片适量。

（3）服务方法：将平底锅放在电磁炉或烹调车上加热，熔化黄油，加白糖和红糖，用服务匙轻轻搅拌，使颜色成为浅棕色。把香蕉放入平底锅，让香蕉的刀口部分朝上，当香蕉底部着色时，用服务刀和服务叉把香蕉片翻转，使香蕉刀口部朝下，继续在糖液中烹调，直到香蕉外部全部着色为止。把少许朗姆酒倒入锅中，由于朗姆酒接触热锅沿，产生火焰。用服务匙和服务叉把香蕉取出，放在餐盘上，香蕉背部朝下，在香蕉上面浇上浓糖汁，再在香蕉上撒上适量杏仁片。

例 10-4 鱼子酱（Caviar）服务表演

鱼子酱采用腌制过的鲟鱼子，颗粒大小和颜色根据鲟鱼种类而各异。其中，颗粒大、质量高的品种是比鲁格（Beluga）。

（1）服务用具：鱼子酱匙2个。

（2）食品原料：鱼子酱，烤面包片，柠檬（切成角），青菜末，洋葱末。

（3）服务方法：用服务匙取出鱼子酱，放在一个小容器内，堆成一堆。用2个容器分别放2片烤面包和1块柠檬。根据需要在鱼子酱上放调味品。将装有鱼子酱的容器放在装有碎冰块的专用杯中，下面放一个垫盘。

例 10-5 切火腿（Cured Ham）服务表演

（1）服务用具：火腿刀1个，切皮刀1个，服务匙1个，服务叉1个，杂物盘1个，口布1块，餐盘1个。

（2）食品原料：熟制的火腿1个。

（3）服务方法：将火腿的皮部朝上，放在火腿架上。用干净的口布包住火腿的腿部。然后，左手握住火腿，右手用去皮刀去掉火腿的皮和肥肉。最后，用火腿刀将火腿肉片成非常薄的长圆片放在餐盘中，送至顾客面前。

本章小结

餐厅是饭店销售菜肴和酒水的场所，餐厅必须有适合接待顾客的空间和服务设施，向顾客提供优质的菜点、酒水、服务、设施和环境。由于餐厅种类多，各地区餐厅分类不尽相同。根据餐饮营销原理，任何餐厅必须与它坐落的环境相协调，高级餐厅和风味餐厅应坐落在商务区，西餐扒房和咖啡厅应坐落在有文化气息的商务区或旅游区。确定餐厅经营业务应考虑主观条件和客观环境。餐厅设备是指餐厅的家具、服务车、展示柜和酒精炉等，优质和有特色的餐厅服务设备可提高餐厅的服务效果，提高顾客的满意度。

餐饮服务是无形产品。狭义的餐饮服务是指服务人员帮助顾客用餐的一系列活动；广义的餐饮服务是指饭店为顾客提供一系列有关餐饮服务的设施、餐具、菜点、酒水和帮助顾客用餐的一系列活动。餐饮服务包括法式服务、俄式服务、美式服务、英式服务和中式服务等。

1. 名词解释

高级餐厅　　多功能厅　　美式服务　　法式服务

2. 多项选择

（1）广义的餐饮服务是指饭店为顾客提供的一系列有关的（　　）。
A. 餐饮服务设施　　　　　　　　B. 餐具与酒具
C. 菜点和酒水　　　　　　　　　D. 帮助顾客用餐的一系列活动

（2）中式服务也称为中餐服务。它是（　　）等方法构成。
A. 以中国传统的餐饮服务和地方特色的餐饮服务为基础
B. 结合法式服务
C. 结合俄式服务
D. 结合美式服务和英式服务

（3）高级餐厅也称作传统餐厅。其服务模式是（　　）。
A. 将餐饮服务上桌，向顾客提供大众化的菜肴和传统菜肴
B. 餐厅具有雅致的空间、豪华的装饰、温柔的色调和照明
C. 提供周到和细致的餐饮服务，讲究餐具和餐台设计并使用银器和水晶杯
D. 现场演奏高雅的音乐或文艺表演

（4）21世纪是服务质量取胜的时代。饭店应保持技术领先并依靠优质的服务赢得顾客，使（　　）。
A. 企业提供的餐饮服务具有吸引力
B. 不断提高外部顾客的满意度
C. 忽视企业内部职工的满意度
D. 达到企业内外顾客的完全满意

3. 判断对错

（1）餐饮产品是多维的。其组成不仅包括餐饮服务，还包括实体产品。（　　）

（2）俄式服务中的银器成本高，如果保管不当会影响经济效益。俄式服务适用于零点服务。（　　）

（3）自助式服务是服务员把事先准备好的菜点摆在餐台上，然后为顾客选择符合其口味的菜点，拿到餐桌上请顾客用餐。（　　）

（4）西餐宴会通常要经过预订，尤其是大型宴会更需要提前一定的时间预订。这是客户为了保证自己在理想的时间举行宴会采取的措施，而饭店则需要一定的时间做宴会准备工作。（　　）

（5）西餐客前烹调与切配服务是指服务员面对顾客，利用烹调车或服务桌制作有观赏价值的菜肴或运用艺术切割法切割水果、奶酪和一些熟制的菜肴，搅拌一些菜肴调味汁等进行的服务表演。（　　）

4. 思考题

（1）简述饭店餐厅设置原理。
（2）简述餐厅设计与布局。
（3）简述中餐零点服务管理。
（4）简述中餐宴会服务管理。
（5）论述西餐服务管理。

5. 画图题

画出餐厅常用的酒具并写出名称。

案例分析

酒水推销技巧与职业道德

根据企业调查，现代餐饮服务应体现对顾客的尊重原则，推销的酒水必须与菜单紧密的结合并以顾客满意为营销目标。同时，餐饮服务是积极向上的服务，服务员应当与顾客互相理解，互相沟通及诚心诚意、高效率、面带微笑，朝气蓬勃地为顾客服务。此外，服务员应熟悉菜肴的生产工艺及其特色，熟悉菜肴与酒水的搭配并具有为顾客点菜和销售酒水的创造力和创新力。这样，其服务应对顾客和对企业都产生价值，给顾客留下良好与深刻的印象。21世纪，是服务质量取胜的时代。这个时代，企业经营活动的基本准则是使顾客满意。许多餐饮企业家认为，进入21世纪后，不能使顾客满意的饭店将无立足之地。在信息时代，企业要保持技术上的领先和生产方面的领先越来越困难，应当依靠优质的服务赢得顾客，努力使企业提供的产品和服务具有市场吸引力，不断地提高顾客的满意度。

某日傍晚，几个顾客走进某饭店的中餐厅，迎宾员立即把顾客指引到一张空餐桌前，请顾客入座，正好十位顾客，坐满一桌。服务员小张及时给顾客上茶。然后，服务员将菜单递给顾客，待顾客阅览后，小张面带微笑地等待顾客点菜。顾客首先点了几个冷菜。由于，对餐单中的一些主菜不十分熟悉，似乎不知点哪个菜好，便对小张说："服务员，请问你们餐厅有什么特色的海鲜菜肴吗？"小张一时答不上来，于是回答说："本餐厅海鲜菜肴品种较多，您还是看菜单，自己点吧。"小张的回答使顾客有些失望，"好吧，我们自己点。"于是顾客随便点了几个海鲜菜和一些肉类菜肴。顾客点完菜后，小张询问顾客："请问先生用些什么酒和饮料吗？"顾客点了啤酒后并询问："你们餐厅都有哪些饮料？"小张这时似乎来了灵感，忙说："本餐厅最近进了一批法国矿泉水，质量很高。""矿泉水？"顾客感到有点意外。"先生，这是全世界最著名的矿泉水。"顾客听了后，觉得不能在朋友面前丢面子。便问了一句："哪个品种较好？""有一种带汽的矿泉水！""那就来10瓶法国矿泉水吧。"客人接受了小张的推销。

服务员把啤酒和矿泉水服务上桌后，冷盘、菜肴、点心等也随之上桌，顾客在主人的盛情款待下，完成了一次宴请活动。最后，当宴请主人结账时，没有想到的是，在2100多元的消费中，10瓶矿泉水竟占了450元！主人不自觉地说出了，"矿泉水的价格怎么这么高啊？""那是世界上最好的法国名牌矿泉水，45元一瓶"，服务员解释说。"哦，原来如此。不过，刚才你可没有告诉我矿泉水的价格呀。"客人显然不满意，付完账后便不愉快地离去。

讨论题：

1. 基于饭店职业道德，评价服务员小张在推销餐饮中出现的问题。
2. 结合餐饮服务管理，讨论餐饮推销技巧及推销方法。

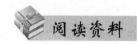

阅读资料

咖啡厅午餐和晚餐服务程序

1. 当顾客进入餐厅时，迎宾员要面带笑容，与客人打招呼、问候并询问顾客人数。待顾客告知迎宾员人数后，迎宾员应在顾客前方引领顾客入座。迎宾员在引座过程中，要根据顾客的要求，将他们带到喜欢的座位上。

2. 服务员随时留意自己服务区域是否有顾客光临并做出快速反应。当迎宾员将顾客带到某一区域时，该区的服务员要立刻上前，拉椅，让座，打开餐巾。在迎宾员递送菜单时，询问顾客是否需要饮料，并准备点菜。

3. 点菜时，先女士后男士，先客人后主人，顺时针方向进行。注意积极推销，耐心介绍，腰微弯，表示对顾客的尊敬。

4. 点菜后，向顾客复述，避免错漏，将顾客所点菜肴输入计算机。根据顾客所点的菜肴调整餐台上的餐具，检查餐具是否完整、干净，并按规定摆放在适当的位置上。通常上菜顺序是，面包、开胃菜、汤、沙拉、主菜、甜点、咖啡或茶。从顾客的左边上菜，先检查桌面是否摆好餐具，配料或调味料是否准备好。（法式服务通常在右边上菜。）

5. 顾客用餐后，服务员撤盘，准备结账。结账时，服务员应检查餐桌号，账单是否准确，用账单夹呈上账单。在送单、收款时应说："谢谢。"如果顾客付现款，余款和单据应放在账单夹上，送到顾客面前。顾客结账后离座，服务员上前协助拉椅，提醒顾客携带随身物品，并感谢顾客光临。

扒房散客服务程序

1. 预订服务

电话铃响 3 声内，服务员必须接听，接电话首先用英文问好，"Good evening. This is the××Grill Room. May I help you, Miss/Sir?"（晚上好，这是××扒房。您要订餐吗？）如见对方无反应，即用中文服务。在接受订座时，必须问清顾客姓名、订餐人数、就餐时间。如顾客对位置、菜式和蛋糕等有要求应详细记录。

2. 引座服务

迎宾员站在容易观察到顾客的位置，见到顾客说："Good evening, Welcome to the grill room, Have you made a reservation?"（晚上好，请问订座了吗？）如顾客已订座，迎宾员热情地引顾客入座；如客人没有订座，而餐厅已满座或餐桌还没有收拾好，迎宾员主动地介绍顾客到扒房小酒吧稍等，并推销饮品。"Would you like to have a drink in our bar? I'll call you as soon as the table is ready."（请先到我们酒吧用些饮料，有座位我立刻通知您。）迎宾员带领顾客入座时应与餐厅服务员合作，帮顾客拉椅，打开餐巾，点蜡烛。

3. 点餐前酒与点菜服务

酒水员或餐厅领班到顾客面前推销饮品。"Would you like some drinks before your dinner? beer, cocktail or fruit juice? We have..."（请问您，餐前喝些什么饮料？我们有各种鸡尾酒、啤酒和果汁等。）服务员上前，在顾客右边斟倒饮料，并重复饮料名称。服务员从顾客左边上黄油，将面包盘放在餐台的左上角。领班从顾客右边递送菜单，并介绍当日特菜。"Good evening, I would like to introduce our chef's recommendations. I think you'll enjoy them."（晚上好，今晚除了这个菜单，我们还有当日特菜，相信你们会喜欢这些特色菜肴的。）然后说："Please take your time. I'll be back to take your order."（请慢挑选，一会儿，我回来给你们点菜。）领班应在顾客的右边为顾客点菜，先女士，顺时针进行。"May I take your order？"（请问您用点什么菜肴?）在点菜中，要重复菜肴名称，离开前，说："Thank you."（谢谢！）

4. 点餐酒服务

酒水服务员从顾客右边递酒单，根据顾客所点菜肴，介绍白葡萄酒和红葡萄酒等。递酒单时，说："Here is our wine list."（这是我们的酒单。）介绍餐酒，"Would you like to order a bottle of red wine to go with your steaks？或 What about a bottle of white wine to go with your seafood?"（先生，要一瓶红葡萄酒配上您的牛排，好吗？来一瓶白葡萄酒配上您的海鲜，味道相当好，需要一瓶吗？）

5. 斟酒水服务

从顾客右边斟酒，如顾客已订座，则在顾客未到前，摆放红葡萄酒杯和白葡萄酒杯。红葡萄酒用酒架装，白葡萄酒用冰桶冷藏。服务时，用餐巾将酒瓶擦干净，将葡萄酒标签出示给顾客，待顾客认可后，打开葡萄酒盖子，用餐巾擦干净瓶口，将酒塞递给顾客鉴赏，斟少量葡萄酒给主人品尝，待主人认可后，再给其他顾客斟酒。斟酒时，酒液不得超过酒杯的2/3，西餐服务常用逆时针方向斟酒，先女士后男士。当斟酒完毕时，离开前说："Enjoy your dinner."（请您慢用。）

6. 上菜服务

上菜顺序：开胃菜、汤、沙拉、主菜和甜点。上菜时，重复顾客所点菜名。上主菜时，应将同一餐桌的菜肴一起上并将所有主菜的盖子一起取走，并说："Enjoy your dinner please."（请您慢用。）当然，西餐上菜时，同桌顾客的同种类菜肴应一起上桌。

7. 巡台服务

勤巡台，添酒。餐桌酒杯里的酒应不少于1/3。如酒瓶已空，要出示给顾客，并主动推销另一瓶酒，待主人认可后，将空酒瓶拿走。添加饮用水，水杯里的水不能少于1/3。如顾客还在吃面包，黄油已少于1/3，添黄油。如顾客需要面包，添面包，撤走空酒杯，建议推销其他饮料。

8. 上甜点和推销餐后酒

当顾客用餐接近2/3时，领班应主动上前询问菜肴和服务质量。顾客用餐完毕，从顾客右边收拾餐具。此外，主菜食用完毕后，除饮料杯、花瓶、蜡烛外，所有餐具都要撤走。这时，应在顾客左边或右边清扫面包渣，从顾客的右边上甜点菜单，推荐水果、奶酪、木斯、各式蛋糕、特式咖啡茶和餐后酒。上甜点，斟倒餐后酒，上咖啡或茶。

9. 结账服务管理

账单放账单夹内，从主人的右边递上，并说："Here is your check, thank you."（这是您的账单，谢谢。）顾客结账后，帮助拉椅，并说："Thank you, Please come again."（多谢，请再次光临。）顾客离开后，收拾餐桌，将餐椅放整齐，更换台布，重新摆台。

主要参考文献

[1] 李先国,曹献存. 客户服务管理 [M]. 2版. 北京:清华大学出版社,2011.

[2] 王永贵. 服务营销 [M]. 北京:北京师范大学出版社,2007.

[3] 陈永秋,马士华. 生产与运作管理 [M]. 2版. 北京:高等教育出版社,2013.

[4] 赖利. 管理者的核心技能 [M]. 徐中,梁红梅,译. 北京:机械工业出版社,2014.

[5] 王天佑. 酒店市场营销 [M]. 2版. 天津:天津大学出版社,2018.

[6] 骆品亮. 定价策略 [M]. 上海:上海财经大学出版社,2006.

[7] 本顿. 采购和供应管理 [M]. 穆东,译. 大连:东北财经大学出版社,2009.

[8] 科特勒,凯勒. 营销管理 [M]. 何佳讯,余洪彦,牛永革,等译. 15版. 上海:格致出版社,2017.

[9] 沃茨,洛夫洛克. 服务营销 [M]. 韦福祥,等译. 8版. 北京:中国人民大学出版社,2018.

[10] 王天佑. 西餐概论 [M]. 6版. 北京:旅游教育出版社,2020.

[11] WESTWOOD J. Marketing your business [M]. London:Kogan Page Limited,2011.

[12] HASTINGS G,DOMEGAN C. Social marketing [M]. 2nd ed. Oxon:Butterworth Heinmann,2013.

[13] MCDONALD M,DUMBAR L. Market segmentation [M]: 4th ed. West Sussex:John Wiley & Sons,2012.

[14] SOMAN P. Managing customer value [M]. Singapore:World Scientific Publishing Co. Pte. Lid.,2010.

[15] SCHEIN E H. Organization culture and leadership [M]. 5nd ed. CA:John Wiley & Sons,Inc.,2016.

[16] BIERMAT J E. The ethics of management [M]. 5th ed. Bangalore:SR nova Pvt Ltd,2006.

[17] RAO M. Knowledge management tools and techniques [M]. Ma:Elsevier Inc.,2005.

[18] HAMILTON C. Communicating for results [M]. Mason:Thomson Higher Education,2008.

[19] GITLOW H S. Quality management [M]. 3rd ed. NY:Mcgraw-Hill Inc.,2005.

[20] JENNINGS M M. Business ethics [M]. 6th ed. Mason:Thomson Higher Education,2009.

[21] USUNIER J C. Marketing across cultures [M]. Essex:Prentice Hall,2005.

[22] BARROWS C W,POWERS T,REYNOTDS D. Introduction to management in the hospitality industry [M]. 9th ed. New Jersey:John & Sons Inc.,2009.

[23] PARASECOLI,FABIO. Food culture in italy [M]. London:Greenwood Publishing Croup Inc.,2004.

[24] SCANLON,LOMAN N. Catering management [M]. New Jersey:John wiley & Sons,Inc.,2012.

第 11 章

酒水销售管理

> **本章导读**
>
> 饭店是酒水经营场所,而酒水是饭店餐饮产品的基础与核心。因此,饭店在酒水经营中,应关注酒水原料、工艺、酒精度、特色、价格和服务环境等以满足目标顾客需求。通过本章学习,可了解酒水的分类方法、各种酒水的特点、酒水销售原则和销售方法等。

11.1 酒水经营概述

11.1.1 酒水含义

酒是人们熟悉的含有乙醇(Ethyl Alcohol)的饮料。乙醇重要的物理特征是,在常温下呈液态,无色透明,易燃,易挥发,沸点与汽化点是 78.3 ℃,冰点为 -114 ℃,溶于水。细菌在乙醇内不易繁殖。乙醇的分子式是 $CH_3—CH_2—OH$,分子量为 46。在酿酒工业中,乙醇主要由葡萄糖转化而成。葡萄糖转化成乙醇的化学反应式为 $C_6H_{12}O_6 \rightarrow 2CH_3CH_2OH + 2CO_2$。酒是多种化学成分的混合物,其中乙醇是主要成分,还包括水和酸、酯、醛、醇等众多化学物质,尽管这些物质含量较低,但是决定了酒的质量和特色。

水是饭店业和餐饮业的专业术语,是指非酒精饮料或饮品(Non-alcoholic Beverage),包括茶、咖啡、可可、果汁、碳酸饮料和矿泉水等。饭店销售的不含酒精(乙醇)饮料可分为两大类:热饮品和冷饮品。

11.1.2 酒精度

酒精度是指乙醇在酒中的含量,是对饮料中所含有的乙醇量的大小表示,是指在 20 ℃条件下,每 100 毫升饮料中含有乙醇的毫升数,被称作国际标准酒精度(Alcohol% by

Volume)。因其来自法国的著名化学家盖·吕萨克（Gay Lusaka）的研究成果，所以也称为盖·吕萨克酒度（GL），用%（V/V）表示。例如，12%（V/V）表示在100 mL酒液中含有12 mL的乙醇。

11.1.3 酒的分类方法

酒有多种分类方法。酒可以通过制作工艺、酒精度、酒的特色和酒的功能等因素分类。

1. 根据酒精度分类

① 低度酒。酒精度在15度以下，包括15度的酒称为低度酒。根据酒的生产工艺，酒来源于原料中的糖与酵母的化学反应。发酵酒的酒精度，通常不会超过15度。当发酵酒的酒精度达到15度时，酒中的酵母全部被乙醇杀死。因此，低度酒主要是指发酵酒。例如，葡萄酒的酒精度约是12度，啤酒的酒精度约是4.5度。

② 中度酒。通常，人们将酒精度为16～37度的酒称为中度酒。这种酒常由葡萄酒或果汁等加少量的蒸馏酒调制而成。

③ 高度酒。称为烈性酒，是指酒精度高于38度的蒸馏酒，包括38度。根据调查，不同国家和地区对酒的酒精度有不同的认识。我国将38度以下，包括38度的酒，称为低度酒；而有些国家将20度以上的酒，包括20度的酒，称为烈性酒。

2. 根据酒颜色分类

① 白酒，是指无色透明的酒，例如，中国白酒、伏特加酒。

② 色酒，是指带有颜色的酒。例如，利口酒、红葡萄酒。

3. 按照酒原料分类

① 水果酒，是指以水果为原料，经过发酵、蒸馏或配制而成的酒。例如，葡萄酒、白兰地酒、味美思酒等。

② 粮食酒，是以谷物为原料，经过发酵或蒸馏制成的酒。例如，啤酒、米酒、威士忌酒、茅台酒、五粮液等。

③ 植物酒，是以植物为原料，经过发酵或蒸馏制成的酒。例如，特吉拉酒（Tequila）是以植物龙舌兰为原料制成。

4. 根据生产工艺分类

① 发酵酒（Fermented Wine），是指以发酵水果或谷物制成的酒，如葡萄酒（Wine）、啤酒（Beer）和米酒（Rice Wine）等。

② 蒸馏酒（Distillate Spirit），是通过蒸馏的方法制成的酒。其特点是酒精度高，常在38度以上。例如，白兰地酒（Brandy）、威士忌酒（Whisky）、伏特加酒（Vodka）和中国白酒等。

③ 配制酒（Integrated Alcoholic Beverages），酒厂根据市场需求将蒸馏酒或发酵酒与香料、果汁勾兑制成的混合酒称为配制酒。例如，味美思酒（Vermouth）和雪利酒（Sherry）等。

④ 鸡尾酒（Cocktail），是指饭店业和餐饮业根据市场需求，使用本企业新开发的或传统的配方配制的酒。这种酒主要由两部分组成：基本原料和调配原料。基本原料称为基酒或基础酒，调配原料包括利口酒、果汁、汽水、牛奶和鸡蛋等。

5. 根据酒的功能分类

① 餐前酒（Aperitif），是指有开胃功能的各种酒，在餐前饮用。常用的餐前酒有干雪利酒（Sherry）、清淡的波特酒（Port）、味美思酒（Vermouth）、苦酒（Bitter）、茴香酒（Anisette）和具有开胃作用的鸡尾酒（Aperitif Cocktails）等。

② 餐酒（Table Wine），是指食用主菜或大菜饮用的白葡萄酒、红葡萄酒和玫瑰红葡萄酒。

③ 甜点酒（Dessert Wine），是指食用点心时饮用的带有甜味的葡萄酒。这种葡萄酒的酒精度高于一般葡萄酒，通常在 16 度及以上。例如，甜雪利酒（Sherry）、波特酒（Port）和马德拉酒（Madeira）等。

④ 餐后酒（Liqueur），称为利口酒或考迪亚酒（Cordial），是人们餐后饮用的带甜味和香味的配制酒。这种酒多以烈性酒为基本原料，勾兑水果香料或香草及糖蜜等。

6. 根据酒的产地分类

许多相同类别的酒，由于出产地不同，其制酒原料不同、生产工艺和勾兑方法也不同。因此，它们有不同的味道、颜色和其他特点。

① 法国味美思酒（French Vermouth），以干味而著称，有坚果香味的加味葡萄酒。

② 意大利味美思酒（Italian Vermouth），以甜味和独特的清香及苦味而著称的加味葡萄酒。

③ 苏格兰威士忌酒（Scotch Whisky），有 500 年历史，味焦香，给人以浓厚的苏格兰乡土气息的烈性酒。

④ 波旁威士忌酒（Bourbon Whiskey），以玉米为主要原料，配大麦芽和稞麦，有明显的焦黑木桶香味的烈性酒。

⑤ 干邑白兰地酒（Cognac），以法国夏特朗地区葡萄园的干葡萄酒为原料，经两次蒸馏，并在橡木桶内长期熟化，通过勾兑成为口味和谐的烈性酒。

⑥ 亚马涅克白兰地酒（Armagnac），以酒味浓烈，具有田园风味而闻名于世界的烈性酒。

11.2　酒水销售原则

根据调查，酒水销售环境与酒水销售效率紧密相关。因此，销售不同酒水的场所必须具有各自的环境特点，特别应注意其文化氛围、照明效果、音响设备、防噪声设施、空气调节设备等的设计与管理。饭店酒水经营场所不仅应满足顾客需要的酒水，还应具备目标顾客满意的消费环境、价格和适当的服务方法。

11.2.1　餐厅酒水销售原则

餐厅（Dining-room）是经营菜点和酒水的场所。根据市场需求，餐厅应销售不同种类的菜点和酒水。然而，餐厅销售的酒水必须与菜单相协调。

1. 高级餐厅（Upscale Dining-room）

高级餐厅包括高消费的西餐厅与中餐厅，这些餐厅应经营世界各国的著名酒水。包括世界各种著名品牌的开胃酒、葡萄酒、啤酒、蒸馏酒、甜点酒、餐后酒和各种咖啡、茶、新鲜果汁及软饮料并且现场配制鸡尾酒。根据调查，坐落在我国沿海地区和经济发达地区的较高级别的饭店中餐厅常以销售葡萄酒、中国白酒、白兰地酒、威士忌酒和鸡尾酒为主；而在内陆地区、经济欠发达地区的较低级别的饭店中餐厅常以中国烈性白酒、啤酒和饮料为主要酒水产品。

2. 大众餐厅（Mid-priced Dining-room）

大众餐厅是经营大众化酒水的场所，既要经营较全面的酒水，也要选择大众化价格的品种。包括国际上的开胃酒、葡萄酒、啤酒、烈性酒、甜点酒、餐后酒和各种咖啡、茶、新鲜果汁及其他软饮料等以满足大众消费需求。大众中餐厅是销售中国菜点的餐厅，销售的酒水以中国烈性酒、茶、果汁、冷饮、啤酒、鸡尾酒、葡萄酒、白兰地酒和威士忌酒为主要产品。不同地区和不同消费水平的中餐厅销售的酒水有差别。

3. 多功能厅（Function Room）

多功能厅是举行各种宴会、酒会、自助餐会、鸡尾酒会、报告会、展览会和其他会议的场所。多功能厅常根据顾客需求，搭建临时吧台并根据顾客需要经营不同的酒水。临时吧台大小和台型由各种宴会、酒会的规模和需求决定。其经营方式的特点是灵活多样，酒水品种随意性大，常是一般葡萄酒、啤酒、果汁、咖啡、饮料和茶等。较高级别的酒会可现场配制鸡尾酒。宴会的酒水销售要求服务人员在酒会前做大量的准备工作，布置吧台、准备酒水、服务工具和各式酒杯等。酒会结束后还要做好整理和结账工作。

4. 西餐厅（Western Dining-room）

西餐厅销售的酒水全面，包括世界各国著名品牌的酒水。例如，开胃酒、葡萄酒、啤酒、烈性酒、甜点酒、餐后酒和各种咖啡、茶、新鲜果汁及软饮料，并且现场配制鸡尾酒。通常，用餐费用较高。一些女士对鸡尾酒比较青睐。目前，欧美人对各种红茶和配制茶的需求不断增加。

5. 咖啡厅（Coffee Shop）

咖啡厅是销售大众化菜点、酒水和各国小吃的餐厅。在非用餐时间还销售咖啡、果汁、茶、碳酸饮料和各国甜点等。咖啡厅的经营酒水方式灵活，营业时间较长，销售品种常根据顾客需求而定。这种餐厅销售的酒水应适合大众需要，包括世界各国开胃酒、啤酒、葡萄酒、利口酒、咖啡、饮料和茶，价格大众化。

6. 中餐厅（Chinese Dining-room）

中餐厅是销售中国菜点的餐厅。中餐厅根据顾客需要主要经营中国白酒、世界各国葡萄酒、啤酒、果汁和茶等。一些较高级别的中餐厅还销售白兰地酒、威士忌酒，甚至现场配制鸡尾酒。有些中餐厅为了促销中国茶，还进行茶艺表演。

11.2.2 酒吧酒水销售原则

酒吧（Bar）是经营各种酒水的场所。酒吧一词来自英语，经翻译而成。根据历史考证，酒吧在19世纪中期，先在欧洲和美国兴起。酒店中的酒吧除具备一般餐厅的经营特点外，还讲究酒水文化和环境气氛。根据不同酒吧的销售特点，酒吧可分为大厅酒吧、鸡尾酒吧、歌舞厅酒吧、宴会酒吧、葡萄酒酒吧、商务楼层酒吧、咖啡屋、啤酒屋、保龄球馆酒吧等。

1. 鸡尾酒吧（Cocktail Bar）

鸡尾酒吧也称为专业酒吧或主酒吧。鸡尾酒吧装饰高雅、美观，有自己的风格，有浓厚的欧洲或美洲情调，视听设备完善，有足够的吧椅和世界名酒、酒杯及调酒器具等，饮酒时间较长。同时，一些顾客坐在吧台前，直接面对调酒师，当面欣赏调酒师的调酒表演。鸡尾酒吧有不同风格的乐队表演或向客人提供飞镖游戏或台球等，来此消费的顾客目的主要是商务和休闲。此外，一些酒吧还利用调酒师的艺术表演创造内部气氛，吸引顾客。这类酒吧经营世界著名的开胃酒、烈性酒、利口酒、啤酒和葡萄酒并为顾客现场配制各种鸡尾酒。

2. 大厅酒吧（Lounge）

大厅酒吧是饭店内外顾客交际和休闲的场所，带有咖啡厅的销售特点。其风格、装饰和布局也与咖啡厅相似。通常经营各种冷热饮料、咖啡和茶、价格适中的开胃酒、葡萄酒、烈性酒和利口酒以及点心和小吃。一些大厅酒吧还经营菜肴。然而，根据饭店的级别和经营类型，饭店大厅酒吧销售范围和特点也各不相同。一些高星级商务饭店大厅酒吧经营世界各地的开胃酒、葡萄酒、烈性酒、利口酒、咖啡、茶、果汁和甜点。一些中级别饭店大厅酒吧除了经营大众化的各种酒水，还销售简单的自助餐。有些经济型饭店大厅酒吧只经营咖啡、茶、鸡尾酒和小食品。

3. 啤酒屋（Beer Room）

啤酒屋是销售啤酒的场所，实际上也是一种酒吧。这种酒吧有啤酒生产设施，企业自己生产和销售各种啤酒和大众化菜肴。啤酒屋出售的啤酒种类齐全，同时也销售一些葡萄酒、烈性酒、各种饮料及各式菜肴，方便顾客购买。

4. 葡萄酒酒吧（Wine Bar）

以经营葡萄酒为主要特色的酒吧称为葡萄酒酒吧（见图 11.1）。这种酒吧销售世界各国著名的葡萄酒。同时兼营菜点和其他酒水。由于葡萄酒功能主要是佐餐，因此经营葡萄酒的场所必须经营菜点。许多葡萄酒酒吧，环境高雅，菜肴制作精细。消费比较高。此外，葡萄酒酒吧还销售咖啡、新鲜果汁、碳酸饮料和各国烈性酒。

图 11.1　葡萄酒酒吧

5. 伏特加酒吧（Vodka Bar）

以经营伏特加酒为主要特色的酒吧称为伏特加酒吧。这种酒吧销售世界著名的伏特加酒及以伏特加酒为基本原料配制的鸡尾酒。该酒吧还兼营其他烈性酒、利口酒和非酒精饮料。伏特加酒吧通常是大众化的酒吧，装修既简单，又有情调。

6. 客房酒吧（Mini Bar）

在饭店客房内，一种装有酒水和小食品的柜子称为客房酒吧。这种酒吧由于是个人使用，因此应以罐装饮料、啤酒、小包装烈性酒和葡萄酒为主要产品。这种酒柜常分为三层。最上面的一层装有小瓶烈性酒；第二层放咖啡和茶叶；第三层装有小冷藏箱，里边存有各种啤酒、饮料及小食品，方便住店客人随时购买。一些高星级饭店将客房酒吧升级为客房食品中心（Refreshment Center），因为这种客房酒吧装有品种较多的酒水和小食品。

7. 外卖酒吧（Catering Bar）

一些饭店根据顾客的需求和预订，对外经营酒会服务。在大使馆、景区或企业内部等临时设置吧台，销售各种酒水和小食品并提供现场酒水服务。

8. 茶社

茶社是专业经营茶水的场所。尽管文字表面不称为酒吧，然而它确实是酒水销售场所。许多茶社以经营茶水为主要产品，兼营小食品。愈来愈多的茶社还兼营中餐和中国名酒，受到商务顾客的欢迎。

9. 其他酒吧

一些饭店根据市场需求，在经营康乐产品时销售酒水。如游泳池酒吧（Poolside Bar），为游泳顾客提供饮料、热茶和咖啡服务；保龄球馆酒吧（Bowling Alley Bar）为打保龄球的顾客提供热茶、咖啡和饮料服务。

11.3 发酵酒销售与服务

发酵酒是根据发酵方法制成的酒。主要包括啤酒、米酒和葡萄酒等。

11.3.1 葡萄酒销售与服务

葡萄酒（Wine）是以葡萄为原料，加入酵母、添加剂（糖）和二氧化硫，经破碎、发酵、熟化、添桶、澄清等程序制成的发酵酒，是人们日常饮用的低酒精饮品。当今，葡萄酒越来越受到各国人们的青睐，用途也愈加广泛。此外，以葡萄酒为主要原料，加入少量白兰地酒或食用酒精配制的酒也常称为葡萄酒。在欧洲、大洋洲和北美各国，葡萄酒主要用于佐餐，因此葡萄酒常称为餐酒。目前葡萄酒不仅作为餐酒，还作为开胃酒和甜点酒。最著名的生产国有法国、德国、意大利、美国、西班牙、葡萄牙和澳大利亚等。根据考察，公元前3000年古埃及人已开始制作葡萄酒。公元400年法国的波尔多（Bordeaux）、罗讷（Rhone）、罗华河（Loire）、伯根第（Burgendy）和香槟（Champagne）等地区及德国的莱茵河（Rhine）和莫泽尔（Moselle）地区种植了大量的葡萄并生产葡萄酒。中世纪英国南部普遍酿造葡萄酒。12世纪英国开始从法国进口葡萄酒，并持续了近400年，使法国克莱瑞特红葡萄酒（Claret）成为英国人的名酒。16世纪初，葡萄栽培技术和葡萄酒酿造技术传入南非、澳大利亚、新西兰、日本、朝鲜和美洲。1861年美国从欧洲引入葡萄苗木20万株，在加州建立了葡萄园。

根据文献记载，我国葡萄栽培已有2 000多年。21世纪初，中国葡萄酒业快速发展，许多国际著名的葡萄酒商与中国葡萄酒业合作生产具有法国、意大利和德国风味的葡萄酒。目前中国葡萄酒在颜色、透明度、香气、味道、酒精含量、糖含量、酸含量等方面都有严格的规定。实际上，我国引入欧亚葡萄始于汉代。公元前138年，汉武帝派遣张骞出使西域，将西域的葡萄及酿造葡萄酒的技术引进中原，促进了中原地区葡萄栽培和葡萄酒酿造技术的发展。唐朝是我国葡萄酒酿造史上的辉煌时期，葡萄酒的酿造已经从宫廷走向民间。13世纪葡萄酒成为元朝的重要商品，已经有大量的葡萄酒在市场销售。意大利传教士马可波罗在《中国游记》中记载了有关山西太原的葡萄种植和葡萄酒的销售情况。明朝李时珍在《本草纲目》中，多处谈及葡萄酒的酿造方法和葡萄酒的药用价值。1892年爱国华侨企业家张弼士从国外引进优秀的葡萄品种,聘请奥地利酿酒师,在山东烟台建立了中国第一家葡萄酒厂——张裕葡萄酿酒公司。近年来,随着人民生活的提高和饮食习惯的变化,我国葡萄酒的需求量逐年提高。目前,中国葡萄酒产地已经发展为包括渤海湾的宣化、涿鹿、怀来和天津,山西的汾阳、榆次和清徐,宁夏沿贺兰山东部的广阔平原,甘肃的武威、民勤、古浪和张掖,新疆吐鲁番盆地的周围地区,安徽的萧县、河南的兰考和民权,云南的弥勒、东川、永仁及与四川交界处的攀枝花等地区。

1. 葡萄酒种类与特点

(1) 静止葡萄酒(Still Wine)

静止葡萄酒是指酒内的二氧化碳含量极少,不含气泡的葡萄酒。这类葡萄酒包括红葡萄酒、桃红葡萄酒和白葡萄酒。红葡萄酒(Red Wind)以红色或紫色葡萄为主要原料,经过发酵后,酒与皮渣分离,酒液呈红宝石色的葡萄酒。优质的红葡萄酒经发酵后,要放入橡木桶熟化(见图11.2)。熟化对酒的风味产生很大影响。传统的意大利红葡萄酒(Barolo)使用大木桶熟化,减少了葡萄酒氧化的机会,保持了酒的特色和风味。桃红葡萄酒(Rose Wine)为淡红色或橘红色的葡萄酒。通常,由红葡萄液与白葡萄液混合发酵获得。白葡萄酒(White Wine)是指浅金黄色或无色葡萄酒,以白葡萄为主要原料,经破碎葡萄,分离葡萄汁与皮渣,发酵和熟化而成。

图11.2 熟化中的葡萄酒

(2) 葡萄汽酒(Sparkling Wine)

葡萄汽酒也称为气泡葡萄酒。这种酒开瓶后会发生气泡,因此称为葡萄汽酒。葡萄汽酒又可分为加气葡萄酒(Sparkling Wine)和香槟酒(Champagne)。加气葡萄酒是将二氧化碳以人工方法加入葡萄酒;而香槟酒(Champagne)是以地区命名的葡萄汽酒,通过自然发酵方法制成。

(3) 强化葡萄酒(Fortified Wine)

在葡萄酒发酵中加入少量的白兰地酒或食用酒精,酒精度常在16~20度,不是纯发酵酒,保持了葡萄酒的特色,并提高了酒精度。例如,世界著名的雪利酒(Sherry)和波特酒(Port)。

(4) 加味葡萄酒(Aromatized Wine)

加味葡萄酒也称为加香葡萄酒。它是添加了食用酒精、葡萄汁、糖浆和芳香物质的葡萄酒。酒精度在16~20度。例如,法国和意大利生产的味美思酒(Vermouth)。

2. 葡萄酒名称

葡萄酒的名称常来自4个方面:葡萄名、地名、公司名和商标名。许多著名的葡萄酒,在葡萄酒标签上既有商标名,又有出产地名和葡萄名以增加酒的知名度。由于许多酿酒公司常用同一种葡萄生产同一类型葡萄酒、许多公司在同一著名地区生产葡萄酒等原因。因此,一些葡萄酒以厂商名作为葡萄酒名或者以商标名作为葡萄酒名,利于顾客识别。

(1) 以葡萄名命名

许多葡萄酒以著名的葡萄名称命名,这种命名方法有利于突出和区别葡萄酒的级别和特色。例如,赤霞珠(Cabernet Sauvignon)、甘美(Gamay)和黑比诺(Pinot Noir)等。

(2) 以地区名命名

许多著名的葡萄酒都是以著名的葡萄酒产地名称命名。例如,法国著名的葡萄酒生产区波尔多(Bordeaux)、莎白丽(Chablis)、伯根第(Burgundy)、美铎(Medoc)、香槟(Champagne)等。因此,以产地命名的葡萄酒常是葡萄酒质量的保证。

(3) 以商标名命名

一些酒商以多种葡萄为原料生产的葡萄酒或为了迎合顾客口味而创立了流行的品牌。例如,芳色丽高(Fonset Lacour)、派特嘉(Partager)、白王子(Prince Blanc)和长城等。这种命名方式使顾客容易辨认,有利于销售。通常,这些品牌常来自当地的历史背景、生活习俗、著名的地点或人物等。

(4) 以酿酒公司名命名

一些酒商酿酒技术高,酒的质量稳定或酒商有悠久的历史并在市场中有信誉等原因,将企业名称作为品牌。这些命名方法的目的是扩大企业知名度,使人们更加了解其产品特色和增加对产品的信任度。如法国B&G葡萄酒、美国保美神(Pall Masson)葡萄酒、中国的王朝和张裕葡萄酒等。

3. 葡萄酒级别

世界各国为了保证本国葡萄酒的质量,各自制定本国葡萄酒的级别和质量标准。

(1) 法国葡萄酒级别

法国将葡萄酒分为4个等级,根据级别的高低排名为原产地名称监制葡萄酒(Appellation Controlée)、地方优质葡萄酒(VDQS)、风味葡萄酒(Vin de Pays)和普通葡萄酒(Vin de Table)。原产地名称监制葡萄酒产于法国传统而著名的葡萄酒产地,这些产地通常有悠久的历史,有世界范围的知名度。这种酒简称AOC或AC葡萄酒。地方优质葡萄酒产于法国优质的葡萄酒区,这些地区保持了传统的生产工艺和优良的产品质量,酒液中勾兑了部分其他地方生产的葡萄酒。风味葡萄酒不在传统葡萄酒生产地生产而是一些新开发的葡萄酒生产地,酒质很好,有地区的特色。普通葡萄酒常以商标名出售,原料来自不同的地区或不同的品种葡萄,但是至少含有14%以上的法国葡萄酒,酒精含量不低于8.5度,不高于15度。

(2) 意大利葡萄酒级别

意大利政府从20世纪50年代,根据葡萄酒的产地、气候与自然条件、历史文化和质量指标,对整个国家生产的葡萄酒授予不同的等级:原产地监制及质量保证酒(Denominazione di Origine Controllata e Garantita)、原产地监制酒(Denominazione di Origine Controllata)、优质地区葡萄酒(Indicazione Geografica Tipica)和普通葡萄酒(Vino Da Tavola)。原产地监制及质量保证酒在意大利著名的葡萄酒生产区生产,有悠久的历史并在世界范围有知名度,在意大利只有少数葡萄酒符合该级别;原产地监制酒是意大利著名酒区生产的葡萄酒,是意大利的国家优质酒,由著名的葡萄酒产区生产;优质葡萄酒是以优质的葡萄为原料,以传统的工艺生产,是意大利乡土风味的葡萄酒;普通葡萄酒可在意大利任何地方生产。

(3) 德国葡萄酒级别

德国生产葡萄酒有着悠久的历史。德国将葡萄酒分为著名产地葡萄酒(Qualitatswein mit

prädikat)、优质地区葡萄酒（Qualitatswein）、指定地区葡萄酒（Landwein）和普通葡萄酒（Tafelwein）。著名产地葡萄酒产于德国著名的酒区，这些酒区有悠久的历史，是德国最高级别的葡萄酒并有浓郁的果香和适宜的酸度，以好的收成年和熟透的葡萄为原料。优质地区葡萄酒在政府规定的优质生产区生产，以当地栽培的优质葡萄为原料，干爽，有果香味。指定地区葡萄酒在政府指定的地区生产，以规定的葡萄园品种葡萄为原料。普通葡萄酒可在德国各地生产，酒精度不低于 8.5 度，可用德国各地的葡萄酒勾兑而成。其中，著名产地葡萄酒根据酒的甜度还细分为以下 6 种。

① 普通葡萄酒（Kabinet），以成熟的初期葡萄为原料酿制的葡萄酒，酒味清盈干爽。
② 迟摘葡萄酒（Spätlese），以迟摘的葡萄为原料酿制的葡萄酒，酒味芳香而甜蜜。
③ 成熟葡萄酒（Auslese），以非常成熟的葡萄为原料酿制，酒味浓郁香甜。
④ 精选颗粒葡萄酒（Beerenauslese），以精选的颗粒葡萄为原料，颜色深，味道香醇，甜味浓，产量少，价格高。
⑤ 精选干颗粒葡萄酒（Trockenbeerenauslese），以一粒粒精选的、失去部分水分的葡萄为原料酿制，金黄色，甜似蜂蜜，醇香，价格高。
⑥ 冰葡萄酒（Eiswein），以寒冷早冬摘取的葡萄为原料制成，酒味醇厚香甜。

4. 葡萄酒销售与服务

由于葡萄酒和香槟酒的品种和产地非常多，价格相差多，因此当顾客常购买整瓶葡萄酒或香槟酒时必须为顾客显示标签，请顾客核对。服务员斟酒时，应站在顾客的右边，侧身，用右手为顾客斟酒。服务员每斟一杯酒应换一个位置，移至下一个顾客的右边，继续斟酒，女士优先。中餐应顺时针方向服务，西餐逆时针方向服务。每斟一杯酒，可用左手将餐巾擦拭瓶口。葡萄酒和香槟酒通常斟至杯中的 2/3；香槟酒先斟倒 1/3，待泡沫稍去后，再斟倒 1/3。白葡萄酒应冷藏后服务，最佳的饮用温度是 10～12 ℃。红葡萄酒最佳的饮用温度是 16～20 ℃；香槟酒最佳的饮用温度是 7～12 ℃。

11.3.2　啤酒销售与服务

啤酒是英语 Beer 的音译和意译的合成词。它是以麦芽为主要原料，通过发酵制成的酒。啤酒酒精度低，常为 3%～5%。啤酒含有一定量的二氧化碳，约为 0.35%～0.45%，人工充气啤酒可高达 0.7%，并可形成洁白细腻的泡沫。啤酒含有人体需要的酒精、糖类、蛋白质、氨基酸、多种维生素及无机盐等，其中的酒精、糖类和氨基酸可以供给人们的能量。啤酒主要由大麦、啤酒花、酵母和水为原料。一些国家和地区加入淀粉物质（例如，大米）作为啤酒添加剂以弥补大麦发芽过程中淀粉的损失并增加味道和减少成本。世界最早酿造啤酒的记录在 6 000 年前，由居住在中东的底格里斯河（Tigris）和幼发拉底河（Euphrates）的美索不达米亚（Mesopotamia）平原的古巴比伦与乌尔（Ur）城中的苏美尔人（Sumerians）开始。1876 年，法国化学家和微生物学家路易斯·巴斯德（Louis Pasteur,）发现了微生物，发明了低温杀菌法（Pasteurization），将啤酒以 65 ℃加热 30 分钟，杀死啤酒中的全部细菌，使啤酒的保存期大幅度延长。1883 年，丹麦科学家伊梅尔·克里斯汀汉森（Emil Christian Hansen），从啤酒中分离出了单个酵母细胞并进行了酵母繁殖。通过使用这项成果，人类提高了啤酒发酵的纯净度，提高了啤酒的质量。1964 年德国开始使用金属啤酒桶，金属酒桶比木质酒桶更清洁，从而使啤酒气味更香醇。

1. 啤酒种类与特点

（1）根据颜色分类

根据颜色啤酒可分为淡色啤酒、浓色啤酒和黑色啤酒。淡色啤酒外观呈淡黄色、金黄色或棕黄色，我国绝大部分啤酒属于此类。浓色啤酒是呈红棕色或红褐色的啤酒，产量比例较小。这种啤酒麦芽香味突出，口味醇厚。采用上部发酵方法的浓色爱尔啤酒是典型的例子，原料采用部分深色麦芽。黑色啤酒呈深红色至黑色，产量不高，麦汁浓度高，麦芽香味突出，口味醇厚，泡沫细腻，略有苦味，典型产品有慕尼黑啤酒。

（2）根据生产工艺分类

根据生产工艺，啤酒可分为鲜啤酒和熟啤酒。鲜啤酒即装瓶后不经巴氏灭菌的啤酒，这种啤酒不能长期保存，保存期在7天以内；熟啤酒是包装后经过巴氏灭菌的啤酒，可保存3个月。

（3）根据发酵特点分类

啤酒根据发酵特点可分为底部发酵啤酒和上部发酵啤酒。底部发酵啤酒包括拉戈啤酒（Large）、比尔森啤酒（Pilsner）、多特蒙德啤酒（Dortmunder）、慕尼黑黑啤酒（Mumich dark）和宝克啤酒（Bock）；上部发酵啤酒包括爱尔啤酒（Ale）、司都特啤酒（Stout）和波特黑啤酒（Porter）。

（4）根据麦汁浓度分类

根据麦汁浓度啤酒可分为低麦汁酒、中麦汁酒和高麦汁酒。所谓麦汁浓度，是指100 mL啤酒液含有麦汁的体积。低麦汁啤酒为2.5～8度，乙醇含量为0.8%～2.2%，十余年来产量不断增加；中麦汁的啤酒，麦汁为9～12度，乙醇含量为2.5%～3.5%，几乎所有淡色啤酒都属于这个类型，我国啤酒多为此类型；高麦汁啤酒的麦汁浓度为13～22度，乙醇含量为3.6%～5.5%，多为深色啤酒。

（5）根据其他特点分类

啤酒可分为苦啤酒、水果啤酒、小麦啤酒和印度浅啤酒等。苦啤酒（Bitter）中的啤酒花成分比一般啤酒多，干爽，浅色，味浓郁，酒精度高；水果啤酒（Fruit Beer）发酵前或发酵后放入水果原料；小麦啤酒（Wheat Beer）由发芽小麦为原料，加入适量大麦的德国风味啤酒。

2. 啤酒质量鉴别

啤酒质量可通过感官指标、物理化学指标及保存期指标鉴别。在室温20 ℃时应该清亮透明，不含悬浮物或沉淀物。啤酒盖被打开后，瓶内泡沫应升起，泡沫白、细腻，持久挂杯，高度占杯子的1/3以上，持续4～5分钟。啤酒应有明显的酒花香味，纯净的麦芽香和酯香，入口后，留下凉爽、鲜美、清香、醇厚及柔和等特点，没有甜味和苦味，无明显涩味。麦汁浓度误差在0.4%内。12度麦汁浓度啤酒其酒精含量不应低于3.5度，麦汁浓度应为11.8%～12.2%，色度为0.3%～0.6%，总酸度不高于2.8%，二氧化碳含量不低于0.32%等。鲜啤酒储存期应在7天以上，熟啤酒的储存期不应低于3个月。

3. 啤酒销售与服务

销售啤酒时，首先应保证啤酒杯的清洁，避免油渍，以免影响啤酒泡沫的产生。通常酒杯不能与餐具一起洗涤，手指不能接触杯内。啤酒可冷藏销售或室温销售。斟倒啤酒时，酒瓶应离酒杯约1cm，沿杯边斟倒，斟倒七成满。常用的啤酒杯有平底杯（Tumbler）和比尔森杯（Pilsner），生啤酒常以生啤杯（Mug）盛装。（见图11.3）

图11.3　不同形式的啤酒杯和各种颜色的啤酒
（从左至右，1、4、5. 高脚啤酒杯 2. 比尔森啤酒杯 3. 生啤杯 6. 平底杯）
（从左至右，1. 麦秆黄色 2. 深褐色 3. 黑褐色 4. 红褐色 5. 古铜色 6. 浅黄色）

11.4　蒸馏酒销售与服务

蒸馏酒是指通过蒸馏方法制成的烈性酒。蒸馏酒酒精度在38度以上，最高可达66度。世界上大多数蒸馏酒酒精度为40～46度。某些国家把超过20度的酒也称为烈性酒。蒸馏酒酒味十足，气味香醇，可以长期储存，可以纯饮，也可以与冰块、无酒精饮料或果汁混合后饮用，是配制鸡尾酒不可缺少的原料。饭店常销售的蒸馏酒有白兰地酒（Brandy）、威士忌酒（Whisky）、金酒（Gin）、朗姆酒（Rum）、伏特加酒（Vodka）、特吉拉酒（Tequila）和中国白酒。

"蒸馏"一词可追溯到阿拉伯的历史和文化，该词原意为精炼，是指将鲜花精炼成香水及将粮食或水果精炼成酒。根据考察，蒸馏技术很早被人们广泛使用，我国古代人在公元2世纪已掌握蒸馏技术。白兰地酒蒸馏技术可追溯到公元7—8世纪；威士忌酒生产也有悠久的历史。根据记载，爱尔兰人首次蒸馏威士忌酒是在1172年，后来随爱尔兰人迁移，将威士忌酒生产技术传到苏格兰。15世纪威士忌酒开始标准化生产，金酒（Gin）起源于16世纪，由荷兰莱登（Leiden）大学医学院西尔维亚斯（Sylvius）教授首先发现并使用。朗姆酒（Rum）起源于17世纪初，由巴巴多斯岛的英国移民以甘蔗为原料制成。根据弗嘉卡（Vyatka，1174）记载，世界首家蒸馏伏特加酒的磨坊于11世纪在俄罗斯的科尔娜乌思科地区（Khylnovsk）建立。

11.4.1　蒸馏酒种类与特点

1. 白兰地酒

白兰地酒（Brandy）是以葡萄为原料，经榨汁、发酵、蒸馏制成的酒精度较高的蒸馏酒（见图11.4）。白兰地酒要经过两次蒸馏。第1次蒸馏得到含有23%～32%乙醇的无色液体，第2次可得到含有70%乙醇的无色白兰地酒。白兰地酒中的芳香物质主要通过蒸馏获得，并不像其他蒸馏酒那样要求很高的乙醇纯度，要求酒精度在60%～70%，保持适当量挥发性混合

图11.4　人头马X.O白兰地酒

物，以保证白兰地酒固有的芳香。因此至目前，白兰地酒蒸馏设施仍采用传统的蒸馏器。经蒸馏的白兰地原酒必须在橡木桶内熟化（见图 11.5）才能成为产品，通常在新橡木桶熟化 1 年后，呈金黄色，倒入老桶再熟化数年，经过勾兑才能达到理想的颜色、芳香、味道和适宜的酒精度。最后经过滤和净化，装瓶。白兰地酒蒸馏所用器具，如图 11.6 所示。

图 11.5　熟化中的白兰地酒

图 11.6　壶式蒸馏器

2. 威士忌酒

威士忌酒（Whisky）以大麦、玉米、稞麦和小麦等为原料，经发芽、烘烤、制浆、发酵、蒸馏、熟化和勾兑等程序制成。不同品种或不同风味的威士忌酒生产工艺不同，主要表现在原料品种与数量比例、麦芽熏烤方法、蒸馏方法、酒精度、熟化方法和熟化时间等。制作威士忌酒首先将发芽的大麦送入窑炉中，用泥煤烘烤，这就是许多纯麦威士忌酒带有明显泥炭味的原因。根据传统，许多苏格兰酒厂的窑炉采用宝塔形建筑，后来人们将这个形状作为威士忌酒厂的标志。这样，麦芽在 60 ℃ 泥煤烟气中干燥，烘烤约 48 小时，碾碎后制成麦芽糊，然后发酵制成麦汁。麦汁冷却后进行蒸馏。传统工艺使用壶式蒸馏器，至少要蒸馏两次，然后在橡木桶至少熟化 3 年。但是，许多威士忌酒要熟化 8～25 年。

3. 金酒

金酒（Gin）以玉米、稞麦和大麦芽为原料，经发酵，蒸馏至 90 度以上的含乙醇液体，加水淡化至 51 度后，加入杜松子、香菜子、香草、橘皮、桂皮、大茴香等香料，再蒸馏至约 80 度，最后加水勾兑而成。金酒不需要放入橡木桶熟化。蒸馏后的酒液，经勾兑即可装瓶，有时也可熟化一段时间后再装瓶。不同风味的金酒，生产工艺不同，主要表现在不同的原料比例和蒸馏方式。传统的荷兰金酒以大麦为主要原料，使用单式蒸馏方法，成本高，香气浓。目前，许多酒厂降低麦芽在金酒中的比例并加入玉米等谷物，改变传统蒸馏工艺，采用连续式蒸馏方法。伦敦干金酒就是以玉米为主要原料，通过连续蒸馏方法生产而成。世界上许多国家都生产金酒，最著名的国家是英国、荷兰、加拿大、美国、巴西、日本和印度。

4. 朗姆酒

朗姆酒（Rum）以甘蔗为原料，经榨汁、煮汁，澄清后得到稠的糖蜜，经过除糖程序，得到约含糖 5% 的糖蜜，发酵，蒸馏后得到 65～75 度的无色烈性酒，放入木桶中熟化后，形成香气和风格,排除辛辣,最后勾兑成不同颜色和酒精度的朗姆酒。

5. 伏特加酒

伏特加酒(Vodka)是以玉米、小麦、稞麦、大麦等为原料,经过粉碎、蒸煮、发酵和蒸馏,获得90%高纯度的烈性酒,再经过滤,用桦木炭滤清和吸附,净化酒质,使酒成为无色和无杂味的伏特加酒,放入不锈钢或玻璃容器熟化,经过一段时间,勾兑成理想酒精度的伏特加酒。如果加入樱桃、柠檬、橙子、薄荷或香草精可得到加香伏特加酒。

6. 特吉拉酒

特吉拉酒(Tequila)是以墨西哥著名的植物龙舌兰(Agave)的根茎为原料,经发酵、蒸馏制成。特吉拉酒的酒精度为38~44度并带有龙舌兰的芳香。其生产程序是,首先将龙舌兰放入蒸笼中,在80~95℃中,蒸24~36小时。通过加热,龙舌兰呈浅褐色并带有甜味和糖果香味,榨汁后,加入酵母,放入木桶发酵,凉爽天气需要12天,炎热天气需要5天。发酵后的龙舌兰液体通过两次蒸馏,经熟化,装瓶。根据墨西哥酒法,无色的特吉拉酒(Bianco)需要熟化14~21天,金黄色的特吉拉酒(Oro)需要熟化2个月,特吉拉陈酿酒(Reposado)需要熟化1年,特吉拉珍品酒需要熟化6~10年,特吉拉酒原料龙舌兰,必须产于墨西哥境内的吉利斯克州(Jalisco)、纳加托州(Guanajuato)、米朱肯州(Michoacan)、那亚瑞特州(Nayarit)和塔纳荔波斯州(Tamaulipas)。

表11.1 世界主要蒸馏酒种类、原料、酒精度和生产国

蒸馏酒种类	主要原料	酒精度/度	主要生产国
白兰地酒(Brandy)	葡萄	38~40	法国、意大利
威士忌酒(Whisky)	麦芽、玉米	38~45	英国、爱尔兰、美国、加拿大、日本
金酒(Gin)	麦芽、玉米、杜松子	40~55	荷兰、英国、美国
朗姆酒(Rum)	蔗糖、糖蜜	40~60	古巴、牙买加、南美各国
伏特加酒(Vodka)	麦芽、玉米	40~60	俄罗斯、波兰、美国
特吉拉酒(Tequila)	龙舌兰	38~44	墨西哥
中国白酒	高粱、麦类、玉米、大米	38~65	中国

7. 中国白酒

中国白酒是以谷物(高粱、玉米、大麦和小麦等)为原料,以酒曲、活性干酵母或糖化酶为发酵剂,经配料、蒸煮、冷却、拌醅、发酵、蒸馏、熟化和勾兑制成的烈性酒。传统的中国白酒工艺,首先从制作酒曲开始。酒曲是一种糖化发酵剂,是中国白酒发酵的原动力。制作酒曲本质上就是培养酿酒微生物的过程,用酒曲的目的是促使更多的谷物糖化和发酵。被酒曲糖化和发酵的淀粉原料经过蒸馏、熟化和勾兑成为各种风味的中国白酒。在生产白酒中,酒曲的质量直接影响着酒的质量和产量,我国常用的酒曲分为大曲和小曲。大曲以大麦、小麦和豌豆等为原料,经破碎,加水搅拌、压成砖块状的曲坯,在人工控制温度和湿度下培养而成。大曲含有霉菌和酵母菌等多种微生物及各种酶类,大曲的形状似砖块,每块重量在2~3千克,含水量在16%以下。目前,我国绝大部分白酒都使用传统的大曲法酿制,如茅台酒、五粮液酒和泸州老窖等。小曲也称酒药,以米粉或米糠为原料,加入曲母,经人工控制温度，培养而成。由于小曲呈颗粒状或饼状，因此习惯称它为小曲。小曲中主要含有根霉菌和酵母菌等微生物，其中根霉菌的糖化能力很强，常作为小曲白酒的糖化发酵剂。用小曲酿造的白酒，酒味纯净、香气幽雅、风格独特。例如，桂林三花酒、广西湘山酒等都是以小曲作为糖化和发酵剂制成的酒。世界主要的蒸馏酒种类、原料、酒度和生产国见表 11.1。

11.4.2 蒸馏酒销售与服务

1. 白兰地酒销售与服务

白兰地酒（Brandy）常作为开胃酒和餐后酒饮用。通常欧美人习惯地把科涅克白兰地酒（Cognac）作为开胃酒或餐后酒，而把亚玛涅克白兰地酒（Armagnac）仅作为餐后酒。白兰地酒常以零杯销售，每杯容量是 1 盎司（1 oz 约 30 mL），常用 6 oz 容量的白兰地酒杯盛装。顾客需要纯饮白兰地酒时，调酒师可根据顾客选用的品牌，用量杯量出 1 oz 白兰地酒，倒入白兰地酒杯。然后，用右手将酒杯放至吧台顾客的右手处，或服务员用托盘送至顾客面前。销售带有冰块的白兰地酒时，调酒师将 2~3 块冰块（或根据顾客需求）放在白兰地酒杯内，然后根据顾客选用的酒，量出 1 oz，倒入装有冰块的白兰地酒杯中，送至顾客面前。销售与碳酸饮料或果汁混合的白兰地酒时，先将 4 块冰块放入高杯或海波杯中，然后倒入 1 oz 白兰地酒，再倒入冷藏的苏打水或果汁，至八成满，用吧匙轻轻搅拌，送至顾客面前。整瓶销售白兰地酒时，服务员应先示瓶，得到顾客的认可后，在顾客面前打开瓶盖，然后询问顾客饮用方法并根据顾客的需求进行服务。当顾客需要冰块时，服务员可用一个造型美观的器皿装上冰块，用托盘送至餐桌上。然后，用冰块夹为每个顾客酒杯中放入冰块（2~3 块或根据顾客需求）。服务员为顾客斟倒白兰地酒时，常使用 6 oz 容量的白兰地酒杯，仅斟倒杯中的 1/5 或 1/6。

2. 威士忌酒销售与服务

威士忌酒（Whisky）常作为餐后酒饮用。欧美人购买威士忌酒的方式：有纯饮、加冰块和与矿泉水、冰水或汽水等。在酒吧或餐厅中，威士忌酒常以零杯销售，每杯容量为 1 oz。销售纯饮的威士忌酒时，可根据顾客需要的品牌，用量杯量出 1 oz 威士忌酒，倒入威士忌酒杯，送至顾客面前。销售与冰块混合的威士忌酒时，将 4 块冰块（或根据需要）放入古典杯中，量出 1 oz 酒，倒入杯中，送至顾客面前。销售与碳酸饮料或冰水混合的威士忌酒时，选用口味温和的威士忌酒，如美国波旁威士忌酒，然后将 4 块冰块放入高杯，倒入 1 oz 威士忌酒，然后倒入碳酸饮料或冰水，斟倒八成满或根据顾客需求，用吧匙轻轻搅拌，送至顾客面前。

3. 金酒销售与服务

金酒（Gin）常作为餐前酒或餐后酒。根据欧美人购买的习惯，金酒可纯饮、与冰块饮用或与碳酸饮料混合饮用。在酒吧或餐厅，金酒常以零杯销售，每杯容量为 1 oz。销售纯饮的金酒时，可将 3~4 块冰块放入调酒杯，然后用量杯量出 1 oz 金酒倒入调酒杯，用吧匙轻轻搅拌，滤入三角形鸡尾酒杯，再放 1 片柠檬，送至吧台顾客的右手处，或用托盘送至餐桌。销售带有冰块的金酒时，将 4 块冰块放入古典杯，用量杯量出 1 oz 金酒，倒入古典杯，放入 1 片柠檬，送至吧台的顾客右手处或用托盘送至餐桌上。销售与碳酸饮料或果汁混合的金酒时，将 4 块冰块放入高杯，用量杯量出 1 oz 金酒，倒入高杯，再倒入碳酸饮料或果汁，用吧匙轻轻搅拌，送至吧台的顾客右手处或用托盘送至餐桌上。

4. 朗姆酒销售与服务

朗姆酒（Rum）常作为餐后酒，以零杯销售，每杯容量为 1 oz。销售纯饮的朗姆酒，可用量杯量出 1 oz 朗姆酒，倒入三角形鸡尾酒杯中，杯中放 1 片柠檬，然后放在吧台顾客的右手边，先放一个杯垫，再把酒杯放在垫上或用托盘送至餐桌上。销售带有冰块的朗姆酒，可先将 4 块冰块放入古典杯中，再用量杯量出 1 oz 朗姆酒，倒入古典杯，杯中放入 1 片柠檬。冰块的数量也可根据顾客的需要。销售带有碳酸饮料或果汁的朗姆酒时，将 4 块冰块放入高杯或海波杯中，用量杯量出 1 oz 朗姆酒，倒入高杯或海波杯，再倒入汽水或果汁，送至吧台顾客右手处或用托盘送至餐桌。

5. 伏特加酒销售与服务

伏特加酒（Vodka）常作为餐酒和餐后酒，以零杯销售，每杯容量为 1 oz。销售纯饮伏特加酒时，可将 3～4 块冰块放入调酒杯中，用量杯量出 1 oz 伏特加酒，倒入调酒杯中，轻轻搅拌，过滤，倒入三角形鸡尾酒杯中，杯中放 1 片柠檬，送至吧台顾客的右手处，先放一个杯垫，再将酒杯放在杯垫上或用托盘送至餐桌上。销售加冰块的伏特加酒，将 4 块冰块或根据需求数量放入古典杯中，用量杯量出 1 oz 伏特加酒，倒入古典杯，放入 1 片柠檬，送至顾客的右手处。销售带有汽水或果汁的伏特加酒时，将 4 块冰块放入高杯或海波杯，倒入 1 oz 伏特加酒，然后倒入碳酸饮料或果汁，至八成满，用吧匙轻轻搅拌，送至吧台顾客的右手处或用托盘送至餐桌上。

6. 特吉拉酒销售与服务

特吉拉酒（Tequila）常作为配制鸡尾酒的基酒（主要原料）。但是，一些南美顾客喜爱纯饮或与碳酸饮料混合饮用。销售纯饮的特吉拉酒时，将 1 oz 特吉拉酒倒入三角形鸡尾酒杯中；同时将 2 个切好的柠檬角和少许盐分别放在 2 个小碟内，与酒同时送至顾客面前。销售加冰块的特吉拉酒时，在古典杯中放入 4 块冰块，倒入 1 oz 酒，加入柠檬 1 片。销售与碳酸饮料混合的特吉拉酒时，将 1 oz 特吉拉酒倒入装有 4 块冰块的高杯中，然后倒入七喜或雪碧汽水，至八成满，用吧匙轻轻搅拌后送至顾客面前。

7. 中国白酒销售与服务

中国白酒常以整瓶销售，服务前应示瓶，顾客认可后，倒入中国白酒杯内，斟倒八成满。

11.5 配制酒与鸡尾酒销售与服务

11.5.1 配制酒销售与服务

配制酒（Integrated Alcoholic Beverages）是以烈性酒或葡萄酒为基本原料，配以糖浆、蜂蜜、香草、水果或花卉等制成。这类酒有不同的颜色、味道、香气和甜度，酒精度为 16～60 度。法国、意大利和荷兰是著名的配制酒生产国。配制酒包括开胃酒、甜点酒和利口酒。

1. 开胃酒销售与服务

开胃酒（Aperitif）是指人们习惯在餐前饮用并具有开胃作用的各种酒。常以葡萄酒为原料，加入适量的白兰地酒或食用酒精、草药或香料制成，酒精度为 16～20 度，具有开胃作用。开胃酒起源于古埃及。早期的开胃酒普遍带有苦味，用于医疗。后来人们认识到，这种酒具有开胃功能，因此作为开胃酒。一些开胃酒以烈性酒为原料配以草药或茴香油制成的苦酒或茴香酒，酒精度为20～40度。"开胃酒"一词最早来源于拉丁字"Apertitiuvum"，其含义是打开人们的胃口（Opener）。现在的英语"开胃酒"一词"Aperitif"来自法语。著名的开胃酒有雪利酒（Sherry）、味美思酒（Vermouth）和苦酒（Bitters）。开胃酒多用于正式宴请或宴会，也是欧美人多年的餐饮习惯。目前，欧洲和北美的饭店、餐厅和酒吧有专营开胃酒的时间（Aperitif Hour）。但是，销售开胃酒的种类不尽相同，这主要根据不同国家和不同地区的餐饮习惯及餐饮需求。由于开胃酒有开胃作用，在欧洲特别是法国，如果被邀请到家里用餐，主人会拿出各种开胃酒给客人品尝，同时准备薯片、花生、腰果等小吃作开胃菜。根据欧美人的餐饮礼节，喝开胃酒要在客厅中进行，而不在餐厅饮用，大家一边品酒一边聊天，饮用开胃酒的时间通常在餐前半小时。在商务宴请或正式宴会中，餐前都要吃一些开胃菜和饮用开胃酒。

（1）雪利酒销售与服务

雪利酒（Sherry）常作为开胃酒，欧美人习惯在餐前饮用或在吃开胃菜时饮用，销售干味雪利酒的最佳温度是10～12 ℃。雪利酒应斟倒在雪利酒杯中。具体的程序参照白葡萄酒服务。

（2）苦味酒和茴香酒销售与服务

苦味酒（Bitters）和茴香酒（Anisette）是开胃酒，餐厅常以零杯销售。每杯容量为1.5 oz 或 1 oz。销售纯饮的苦味酒与茴香酒时，将3～4块冰块放入调酒杯中，根据顾客购买的种类，将酒倒入调酒杯，用吧匙轻轻搅拌，过滤后，倒入三角形鸡尾酒杯，放1片柠檬，以托盘方法送至餐桌，放至顾客的右手边，先放一个杯垫，然后将酒杯放在杯垫上。当顾客购买加冰块的苦味酒或茴香酒时，先在古典杯中加4块冰块，再将酒倒入杯中，放1片柠檬，用托盘送至餐桌上，放在顾客的右手边，先放杯垫，再放酒杯。销售带有碳酸饮料或果汁的苦味酒或茴香酒，先将4块冰块放入海波杯或高杯。然后，量出所需的苦味酒与茴香酒，倒入酒杯中，再倒入果汁或碳酸饮料，至八成满，用吧匙轻轻搅拌。根据需要，在酒杯边上放装饰品，用托盘送至顾客面前。销售苦味酒与茴香酒时，常配上1小碟开胃小食品，一起送到餐桌上。

（3）味美思酒销售与服务

味美思酒（Vermouth）是著名的加味葡萄酒，常作为开胃酒或餐前酒饮用。销售方式有纯饮、加冰块饮用、与汽水或果汁混合饮用。销售与服务方法与苦味酒和茴香酒相同。

2. 甜点酒销售与服务

甜点酒（Dessert Wine）是指以葡萄酒为主要原料，酒中勾兑了白兰地酒或食用酒精，是欧美人与甜食一起食用的酒，因此称作甜点酒。著名的甜点酒包括波特酒（Port）、马德拉酒（Madeira）、马拉加酒（Malaga）和马萨拉酒（Marsala）等。甜点酒最佳销售温度是16～20 ℃，既可零杯销售，也可整瓶销售。零杯销售常以2 oz 为1杯，用托盘将酒送至餐桌。整瓶酒应通过示瓶和开瓶服务，再为顾客斟酒，斟倒在波特酒杯中，斟倒七成满。

3. 利口酒销售与服务

利口酒（Liqueur）是指人们在餐后饮用的香甜酒，也称为利久酒、香甜酒或餐后酒。英语"Liqueur"是"liqueur de dessert"的简写形式。美国人习惯地将利口酒称为考迪亚酒

"Cordial"。利口酒常以烈性酒为主要原料，加入糖浆或蜂蜜并根据配方勾兑不同的水果、花卉、香料等添加甜味和香味。根据文献，利口酒起源于古埃及和古希腊，当时采用浸泡水果或草药的方法制作以获得天然的颜色和香味。18世纪利口酒逐渐被各国人们认识并受到欢迎，尤其受到女士们的青睐。利口酒的配方常是保密的，不被制造商公布。当今，利口酒的种类不断的发展和更新并有多种风味。主要包括水果利口酒、植物利口酒、鸡蛋利口酒、奶油利口酒和薄荷利口酒等。许多利口酒含有多种增香物质，既有水果又有香草。在餐厅，利口酒常以零杯销售，每杯容量常为1 oz，以利口酒杯盛装。销售纯饮利口酒时，服务员根据顾客选用的种类，询问顾客是否以降温或室温方式饮用。通常，水果类利口酒和香草类利口酒采用降温销售，先将2～3块冰块放入利口酒杯，旋转几周，扔掉，作降温处理。然后，将利口酒倒入杯内。咖啡利口酒和可可利口酒常以室温销售，将利口酒送至吧台顾客的右手处，先放杯垫，再放杯子或用托盘送至餐桌上。销售加冰块的利口酒时，用古典杯或香槟杯加入4块冰块，再倒入利口酒。销售带有碳酸饮料或果汁的利口酒，可将4块冰块放入海波杯或高杯中，然后倒入顾客选用的利口酒，再倒入碳酸饮料或果汁，至八成满，用吧匙轻轻搅拌，最后送至吧台或用托盘送至餐桌上。

11.5.2 鸡尾酒销售与服务

鸡尾酒由英语"Cocktail"翻译而成，属于配制酒范畴。由于鸡尾酒是由饭店、餐厅或酒吧配制，不在酒厂批量生产，其配方灵活。因此，鸡尾酒常作为一个独立的种类。鸡尾酒常以各种蒸馏酒、利口酒和葡萄酒为基本原料，加入柠檬汁、苏打水、碳酸饮料、奎宁水、矿泉水、糖浆、香料、牛奶、鸡蛋、咖啡等混合而成。通常，不同名称的鸡尾酒使用的原料不同，甚至同一名称的鸡尾酒，各饭店使用的原料也不同，主要表现在原料的品牌和数量、产地和级别。通常，不论是餐厅还是酒吧，鸡尾酒都是以杯为销售单位。世界上第一本关于鸡尾酒的书籍在17世纪编写，由英国伦敦酒厂协会（Distillers Company of London）完成。1802年美国将鸡尾酒定义为烈性酒、糖、水和果汁混合成的饮料。1953年英国调酒师协会出版了权威的鸡尾酒指导书《国际混合酒指导手册》（*International Guide To Drinks*）。

1. 鸡尾酒分类

① 餐前鸡尾酒（Appetizer Cocktail）也称为开胃鸡尾酒。这种鸡尾酒以增加食欲为目的，酒的原料配有开胃酒或开胃果汁等。饮用时间在开胃菜上桌前。例如，马丁尼（Martini）、曼哈顿（Manhattan）和红玛丽（Blood Mary）都是著名的开胃鸡尾酒。

② 俱乐部鸡尾酒（Club Cocktail）在正餐时饮用，并具有代替开胃菜或开胃汤的功能。酒的原料中常勾兑了新鲜的鸡蛋清或鸡蛋黄，色泽美观，酒精度较高。例如，三叶草俱乐部（Clover Club）、皇室俱乐部（Royal Clover Club）都是著名的俱乐部鸡尾酒。

③ 餐后鸡尾酒（After Dinner Cocktail）是正餐后或主菜后饮用的带有香甜味的鸡尾酒。酒中勾兑了可可利口酒或咖啡利口酒或带有消化功能的草药利口酒。例如，亚历山大（Alexander）、B和B（B & B）、黑俄罗斯（Black Russian）都是著名的餐后鸡尾酒。

④ 夜餐鸡尾酒（Supper Cocktail）。夜餐也称为夜宵或宵夜。人们的夜餐通常在晚上10点钟以后进行。夜餐饮用的鸡尾酒含酒精度高。例如，旁车（Side-Car）、睡前鸡尾酒（Night Cup Cocktail）等。

⑤ 喜庆鸡尾酒（Champagne Cocktail）。在喜庆宴会时饮用，以香槟酒为主要原料，勾兑

了少量的烈性酒或利口酒制成的鸡尾酒。例如，香槟曼哈顿（Champagne Manhattan）、阿玛丽佳那（Americana）。

⑥ 短饮鸡尾酒（Short Drinks）。容量60~90 mL，含有较多的烈性酒，常占总容量的1/3~1/2等，酒精度约28%。这种鸡尾酒的香料味浓重，以三角形鸡尾酒杯盛装，有时用酸酒杯或古典杯盛装。这种酒不适合较长时间的持续饮用，时间过长会影响酒的温度和味道。例如，旁车等。

⑦ 长饮鸡尾酒（Long Drinks）。容量常在180 mL以上的鸡尾酒。该酒酒精度低，占总容量8%以下，用海波杯或高杯盛装。通常加入较多的苏打水（奎宁水或碳酸饮料）或果汁并使用冰块降温。这种鸡尾酒持续的饮用时间可以长一些。例如，金汤尼克（Gin Tonic）等。

⑧ 热鸡尾酒（Hot Cocktails）。以烈性酒为主要原料，使用沸水、热咖啡或热牛奶调制的鸡尾酒。热鸡尾酒的温度常在80℃左右。温度太高，酒精度易于挥发，影响质量。例如，热威士忌托第（Hot Whisky Toddy）、爱尔兰咖啡（Irish Coffee）等。

⑨ 冷鸡尾酒（Cold Cocktails）。通常，鸡尾酒在配制时都放有冰块，不论这些冰块是否被调酒师过滤掉，目的是保持鸡尾酒的凉爽。不仅如此，所有配制鸡尾酒的碳酸饮料、果汁和啤酒需要冷藏。根据鸡尾酒销售量的统计，大多数鸡尾酒是冷饮鸡尾酒，冷饮鸡尾酒的最佳温度应保持在6~8℃。例如，自由古巴（Cuba Libre）等。

⑩ 定型鸡尾酒。根据鸡尾酒的知名度和市场流行情况，某些鸡尾酒的原料、配方、口味、温度、装饰、造型和盛装酒杯已被顾客认可，企业不可随意更改。这种鸡尾酒称为定型鸡尾酒。

⑪ 非定型鸡尾酒。根据市场需求，企业自己开发的并带有本企业特色的鸡尾酒称为非定型鸡尾酒。这种鸡尾酒的原料、配方、口味、温度、装饰、造型和盛装酒杯都是企业自己设计的。

2. 著名的鸡尾酒及其特点

① 亚历山大（Alexander）。以鲜奶油、咖啡利口酒或可可利口酒加烈性酒为主要原料配制的短饮类鸡尾酒。用摇酒器混合而成，装在三角形鸡尾酒杯内。

② 霸克（Buck）。以烈性酒为主要原料，加苏打水或姜汁汽水、冰块，直接倒入海波杯，在杯中用调酒棒搅拌而成。

③ 考布勒（Cobbler）。以烈性酒或葡萄酒为主要原料，加糖粉、碳酸饮料、柠檬汁，盛装在有碎冰块的海波杯中。考布勒常用水果片装饰。带有香槟酒的考布勒以香槟酒杯盛装，杯中加60%的碎冰块。

④ 哥连士（Collins）。哥连士也称作考林斯，以烈性酒为主要原料，加柠檬汁、苏打水和糖粉制成。用高的平底杯盛装。

⑤ 库勒（Cooler）。库勒又名清凉饮料，由蒸馏酒加上柠檬汁或青柠汁再加入姜汁汽水或苏打水制成，以海波杯或高平底杯盛装。

⑥ 考地亚（Cordial）。以利口酒与碎冰块调制的鸡尾酒，具有提神功能，以葡萄酒杯或三角形鸡尾酒杯盛装。通常，考地亚类鸡尾酒酒精度高。

⑦ 戴可丽（Daiquiri）。由朗姆酒、柠檬汁或酸橙汁、糖粉配制而成，以三角形鸡尾酒杯或香槟酒杯盛装。当戴可丽名字前面加上水果名称时，它常以朗姆酒、调味酒、新鲜水

果、糖粉和碎冰块组成,用电动搅拌机搅拌成泥状。用较大的鸡尾酒杯或香槟杯盛装。

⑧ 费克斯（Fix）。以烈性酒为主要原料,加入柠檬汁、糖粉和碎冰块调制而成的长饮鸡尾酒,以海波杯或高杯盛装,放入适量的苏打水。

⑨ 费斯（Fizz）。费斯类鸡尾酒与考林斯类鸡尾酒很相近。以金酒或利口酒加柠檬汁和苏打水混合而成,用海波杯或高杯盛装。这种鸡尾酒属于长饮类鸡尾酒。有时费斯中加入生蛋清或生蛋黄后,与烈性酒或利口酒、柠檬汁一起放入摇酒器混合,使酒液起泡,再加入苏打水而制成（见图11.7）。

图 11.7 伏特加鲜果汁费斯

⑩ 漂漂（Float）。漂漂类鸡尾酒也称作多色鸡尾酒。其配制方法是,根据酒的密度,以密度较大的酒放在杯中的下面,密度较小的酒放在密度大的酒上面,制成颜色分明的鸡尾酒。

⑪ 海波（Highball）。也称作高球类鸡尾酒,前者是英语的音译,后者是英语的意译。以白兰地酒、威士忌酒或葡萄酒为基本原料,加入苏打水或姜汁汽水,在杯中直接用调酒棒搅拌而成,装在加冰块的海波杯中。

⑫ 朱丽波（Julep）。以威士忌酒或白兰地酒为基本原料,加糖粉、捣碎的薄荷叶,在调酒杯中用调酒棒搅拌,倒入放有冰块的古典杯或海波杯中,用一片薄荷叶装饰。

⑬ 马天尼（Martini）。以金酒为基本原料,加入少许味美思酒或苦酒及冰块,直接在酒杯或调酒杯中搅拌,用鸡尾酒杯盛装,在酒杯内放一个橄榄或柠檬皮作装饰。

⑭ 宾治（Punch）。宾治类鸡尾酒以烈性酒或葡萄酒为基本原料,加入柠檬汁、糖粉和苏打水混合而成。宾治类鸡尾酒常以数杯、数十杯或数百杯一起配制,用于酒会、宴会和聚会等。配制后的宾治酒用新鲜水果片漂在酒上作装饰以增加美观和味道。以海波杯盛装。目前,一些宾治常由果汁和水果片制成,不含酒精,这种宾治称为无酒精宾治,或无酒精鸡尾酒。

⑮ 司令（Sling）。以烈性酒加柠檬汁、糖粉和矿泉水或苏打水制成,有时加入一些调味的利口酒。先用摇酒器将烈性酒、柠檬汁、糖粉摇匀后,再倒入加有冰块的海波杯中,然后加苏打水或矿泉水。以高平底杯或海波杯盛装。也可以在饮用杯内直接调配。

⑯ 酸酒（Sour）。以烈性酒为基本原料,加入冷藏的柠檬汁或橙子汁,经摇酒器混合制成。酸酒类鸡尾酒属于短饮类鸡尾酒,以酸酒杯或海波杯盛装。

⑰ 托第（Toddy）。以烈性酒为基本原料,加入糖和水（冷水或热水）混合而成的鸡尾酒。托第有冷和热两个种类。有些托第类鸡尾酒用果汁代替冷水。热托第常以豆蔻粉或丁香、柠檬片作装饰,以带柄的热饮杯盛装。冷托第以柠檬片作装饰,以古典杯盛装。

3. 鸡尾酒销售与服务

服务员销售鸡尾酒时,应为每个顾客递送一个酒单,使顾客充分地挑选最喜爱的鸡尾酒。服务员应根据顾客饮用时间、饮用目的,顾客购买的菜肴和饮用习惯和爱好等推销鸡尾酒。通常,销售时涉及的因素愈具体,顾客愈满意,推销效果愈理想。鸡尾酒应在10分钟内送至顾客面前,服务员应用托盘将鸡尾酒送至餐桌上,注意手指只能接触杯柄,不能接触酒杯,以免影响酒的温度。当然,在吧椅上坐着的顾客,由调酒师为其服务。服务时应放一个杯垫,将鸡尾酒放在杯垫上,然后说明鸡尾酒的名称。

11.6 非酒精饮料销售与服务

11.6.1 茶水销售与服务

茶（Tea）是以茶叶为原料，经沸水泡制而成的饮料，常称为茶水或简称茶。同时，茶还常常指茶叶和茶树。根据茶水的功能分析，茶水或茶饮料含有丰富的维生素和矿物质，有益身体健康。其主要的功效是清热、消暑、明目、防龋、防癌、助消化、降血脂及防治呼吸道疾病等。同时，还有防治贫血和心血管疾病的作用。此外，茶水对抗衰老和美容也有一定的效果。当今，茶饮料与咖啡饮料、可可饮料组成世界三大饮品。

1. 茶的起源与发展

中国是最早发现和利用茶树的国家，被称为茶的国家，是世界最大的茶叶生产国和第二大茶叶出口国。目前，全国有 20 余个省生产茶叶。2018 年我国茶叶总产量为 261.6 万吨，全行业综合产值超过 6 000 亿元人民币。根据文献，5 000 年前我国已经开始栽培和利用茶树。东汉的药学著作《神农本草经》记述了"神农尝百草，日与七十二毒，得茶而解之"。其中，茶的含义是茶。实际上，关于茶的文字记载约在公元前 200 年。那时，司马相如在《凡将篇》中将茶称为荈。公元 350 年东晋史学家常璩在其著作《华阳国志》中记载，公元前 1066 年巴国以茶为珍品纳贡给周武王。同时，还记录了人工栽培茶树的茶园。这说明，3 000 余年前四川人已经将茶叶作为贡品了。魏晋南北朝时期，南方各地饮茶已成为普遍的风俗和习惯。唐代，茶文化发展较快，从洛阳到长安随处可见销售茶水的店铺。唐代陆羽编写了专著：《茶经》。该书系统地介绍了我国各地种茶、制茶、贮茶和饮茶的经验。随着历史的考证，人们发现茶树原产地为云南、贵州和四川一带。宋代茶叶在民间广泛流行，已成为人们生活的必需品。王安石在《临川集》卷七十《议茶法》中记载了"夫茶之为民用，等于米盐，不可一日以无"。根据宋史《食货志》的记载，南宋时期我国已有 66 个生产茶叶的地区。此外，当时还出现了一批有关茶学的著作。例如，蔡襄编著的《茶录》、宋子安编著的《东溪试茶录》、黄儒比编著的《品茶要录》、宋徽宗赵佶编著的《大观茶论》等。明清时代，茶的形态由团茶转变为散茶，饮茶方式由煮茶转变为泡茶。茶叶的品种也不断丰富。主要包括绿茶、红茶、白茶、黑茶、黄茶和乌龙茶等。茶叶的产区进一步扩大，茶叶成为中国对外贸易的主要商品之一。

根据记载，17 世纪中叶，茶叶作为商品开始在欧洲销售。1660 年，英国开始进口茶叶，至 18 世纪中期茶叶已经成为英国人的日常饮品。英国人喜爱浓郁的红茶并加入牛奶和白糖。19 世纪初英国政府开始鼓励人们种植茶树。19 世纪 30 年代印度阿萨姆邦地区大量种植茶树，生产茶叶并出口英国，赚取外汇。1864 年第一家茶馆在英国开业。目前，世界有 50 余个国家种植茶树，生产的茶叶各有特色，茶饮料受到世界各国的青睐。许多欧洲人喜爱饮用红茶，尤其喜爱印度大吉岭红茶（Darjeelings）和斯里兰卡种植的红茶。他们认为，这两个地区的茶叶香气浓。而法国人和比利时人多欣赏印度阿萨姆邦生产的茶。目前，各国已经达成共识，中国茶香气最浓，特色最明显。2017 年中国茶叶生产总量为 255 万吨，全球排名第一，占全球茶叶总产量的 44.8%，是全球第一茶叶生产大国。

2. 茶叶种类与特点

（1）绿茶叶

绿茶叶（Green Tea）简称绿茶，是指不发酵的茶叶，翠绿色，泡制的茶水是碧绿色。绿茶叶有着悠久的历史。根据记载，绿茶叶起源于12世纪。绿茶叶由杀青、揉青和干燥等生产工序制成。绿茶叶较多地保留了新鲜茶叶的天然物质，因此绿茶叶有气味嫩香或有栗子香味并味道持久。绿茶叶有多个著名的种类。包括西湖龙井、洞庭碧螺春、黄山毛峰、太平猴魁、六安瓜片和信阳毛尖等。其中，西湖龙井是中国传统的著名绿茶叶之一。西湖龙井茶叶产于浙江杭州西湖龙井村一带。其特点是色泽翠绿，香气浓郁，外形扁平，其茶水香气淡雅，滋味甘爽。洞庭碧螺春形状蜷曲似螺，边沿上有一层均匀的细白绒毛，泡在开水中，汤色碧绿，味道清雅，经久不散。黄山毛峰的白毫显露，冲泡后，汤色清澈，味道鲜浓、醇厚并甘甜，叶底嫩黄。太平猴魁（见图11.8）外形扁平挺直，色泽苍绿，味鲜醇厚，回味甘甜。六安瓜片叶似瓜子，自然平展，色泽宝绿，大小匀整，其茶水清香高爽，滋味鲜醇。

图11.8 太平猴魁

（2）红茶叶

红茶叶（Black Tea）简称红茶，是经过完全发酵的茶叶，干叶为褐红色，经过泡制的茶水为浓红色，香气悦人，甘甜，似桂圆味。根据记载，红茶叶约在200年前发源于福建武夷山茶区。红茶叶的生产过程要经过萎凋、揉捻、发酵和干燥等工艺。红茶叶的特点是味道温和、有治愈慢性气管炎、哮喘及肠炎等作用，适宜任何人饮用。红茶叶不仅受国内的顾客喜爱，更受欧美各国顾客的青睐。著名的红茶叶品种有工夫红茶、小种红茶和红碎茶。工夫红茶的种类有祁门红茶、滇红茶等；小种红茶主要有正山小种。正山小种产于福建省崇安县。红碎茶是将萎凋和揉捻的茶叶，进行发酵和干燥制成。其特点是，仅适合冲泡一次并加入牛奶与糖进行勾兑。

（3）青茶叶

青茶叶（Oolong Tea）简称青茶，也称乌龙茶叶，是半发酵茶叶。实际上，乌龙茶叶仅是青茶叶中的一个著名的品种，由于乌龙茶叶香气馥郁，很有特色，因此人们常将乌龙茶叶作为所有青茶叶的代名词。青茶叶具有独特的风格和品质。其加工过程包括萎凋、发酵、炒青、揉捻和干燥等工艺。经过青茶叶泡制的茶汤为橙黄色，清澈艳丽。青茶叶有明显的降低胆固醇和脂肪的功效。青茶叶的品种可分为闽北乌龙茶叶、闽南乌龙茶叶、广东乌龙茶叶和台湾乌龙茶叶。闽北乌龙茶叶中大红袍最为著名；闽南乌龙茶叶中铁观音最为著名。

(4) 花茶叶

花茶叶（Scented Tea）简称花茶，是一种复制茶叶，常以绿茶叶为茶坯，以鲜花窨制而成。人们经常把花茶叶称为香片。经过加工的花茶叶为黄绿色或黄色，茶水颜色为黄绿色。花茶叶对芽叶要求很高，芽叶必须嫩、新鲜、匀齐和纯净。花茶叶的制作工艺要经过杀青、捻青和干燥，还要与新鲜的花放在一起，使茶叶的清香味与花的芳香味汇集在一起，进行味道融合。根据研究，茉莉花茶叶至今已有1000多年的历史。其发源地为福州。玫瑰花茶叶由茶叶和鲜玫瑰花窨制而成，香气浓郁。玫瑰花茶叶所选用的茶坯通常有红茶叶和绿茶叶。

(5) 黑茶叶

黑茶叶（Dark tea）简称黑茶，是中国独有的茶叶类。黑茶叶是以发酵方式制成的茶叶，叶片多呈暗褐色，因此称为黑茶叶。黑茶叶的生产工艺包括杀青、揉捻、渥堆和干燥等四道工序。黑茶叶主要产于我国中西部地区。包括湖南黑茶（安化黑茶）、四川黑茶（康砖茶）、云南黑茶（普洱茶）、广西黑茶（六堡茶）、湖北黑茶（老青砖）等。我国黑茶叶每年生产量仅次于红茶叶和绿茶叶，是我国第3大茶叶类，至今约有500年历史。实际上，在公元1595年，黑茶叶已经成为朝廷的官茶叶。黑茶叶的茶汤口味醇和、汤色橙红明亮。著名的普洱茶叶就是黑茶叶的代表作品之一。

(6) 白茶叶

白茶叶（White tea）简称白茶，属于轻微的发酵茶叶，白茶叶一般不经过杀青或揉捻，仅通过晒或低温干燥后制成。其茶叶外形的芽毫完整、清鲜，白茶叶的茶水颜色黄绿清澈，口味清淡。白茶叶主要产区在福建福鼎、政和、松溪、建阳及云南的景谷等地区。福建省生产的白茶叶汤色清淡，味道鲜醇，受东南亚地区市场的好评。著名的白茶叶有白毫银针、白牡丹等。

(7) 黄茶叶

黄茶叶（Yellow tea）简称黄茶，由绿茶叶演变而来，属于轻微的发酵茶叶。黄茶叶以鲜叶为原料，经茶青、揉捻、闷黄与干燥等工艺制成。黄茶叶泡制的茶水，香气清悦，滋味醇厚。根据记载，黄茶叶始于西汉，距今已有2000余年历史，主要产地为我国的浙江、安徽、湖南、广东和湖北等地区。黄茶叶的品种可分为"品种黄茶"和"工艺黄茶"。由于茶树的特点而形成的茶叶颜色和味道属于"品种黄茶"类；而"工艺黄茶"是通过生产过程改变了茶的颜色并产生了独特的味道。

(8) 配制茶叶

配制茶叶（Blended Tea）简称配制茶，是近几年在欧美国家比较流行的一种新型茶叶。目前逐渐在我国市场流行起来，是以优质茶叶为主要原料，配以水果、药草或其他带有香气或滋补作用的植物及植物提取物制成。通常，配制茶叶以纸袋包装，方便使用。许多欧美国家生产的配制茶叶不含咖啡因，对人的神经系统不产生刺激作用。配制茶叶的常用配料有柠檬、薰衣草或水果等。柠檬绿茶叶（见图11.9）、伯爵红茶叶、薰衣草红茶叶、木莓绿茶叶和路易博士茶叶等都是具有特色的配制茶叶。其中，薰衣草红茶叶具有提神作用，路易博士茶叶具有桂花香气。

图 11.9 柠檬绿茶叶

3. 配制的茶饮料

目前，酒水生产商、酒店和餐饮企业等根据市场需求生产和配制一些具有特色的茶饮料，受到市场的欢迎，包括凉茶、柠檬茶和水果茶等。

（1）凉茶

凉茶是配制茶的代表作之一，凉茶是以茶叶为原料，配以优质的金银花、红枣、胖大海、枸杞和菊花等，经过一系列的生产过程得到的风味独特、性能稳定的茶饮料。凉茶具有清热解暑等功效。近年来，随着人们消费水平的发展和饮茶爱好的变化，凉茶饮料受到越来越多的青年顾客的青睐，受到国内外生产厂商的关注。

（2）柠檬茶

柠檬茶是以红茶、鲜柠檬片和白糖调配成的茶饮料。

（3）水果茶

水果茶是以红茶与新鲜水果配制成的茶饮料。

（4）冰茶

冰茶是以红茶和冰块配制的冷饮料。

（5）酒茶

酒茶由茶水中勾兑少量的并具有特色的蒸馏酒制成。

例1，草莓热红茶：

将草莓1个，切成薄片，放入茶杯中，倒入热红茶。

例2，维也纳朗姆茶：

将20毫升抽打过的奶油放入玻璃杯中，倒入15毫升朗姆酒，放入15克白糖，将热红茶倒入至8分满。

4. 茶饮料销售和服务

（1）根据顾客习惯推销茶饮料

根据习俗，广东人喜爱青茶，江苏、浙江、江西、安徽、福建和湖南人喜爱绿茶和花茶，北方人包括长江以北的人喜欢饮用花茶和绿茶。欧美人喜爱红茶。当然，同一地区，不同的顾客饮茶习惯不相同，其原因是受个人经历、生活习惯和周围环境的影响。

（2）保证茶叶质量

一杯优质的茶饮品与茶叶的质量紧密联系。首先，应选择质地鲜嫩的茶叶。当然不包括青茶（乌龙茶），青茶以陈为贵。新鲜的红茶有深褐色的光亮，绿茶呈碧绿色，青茶呈红褐色。色泽灰暗是老茶。优质茶叶外形整齐，叶片均匀，不含杂质，芽豪显露，完整饱满。新鲜的茶叶有香味，带有焦味和异味的是老茶。

(3) 使用优质的水

水质与茶饮料的质量有着紧密的联系。应选择纯净的水。

(4) 讲究茶叶与水的比例

水多茶叶少，味道淡薄，茶叶多水少，茶汤会苦涩不爽。因此，除了顾客的特别需要外，茶叶与水的比例一般是 1∶50。即每杯放 3 克茶叶，用 150 克水。

(5) 讲究水温

通常，花茶泡茶的最佳水温是 85℃，红茶的温度是 95 ℃，绿茶以 85 ℃为宜，嫩芽茶叶的水温约为 85 ℃，陈年茶叶的水温应在 95 ℃以上。一般而言，刚煮沸的水会破坏茶叶的醇香味，而水温过低茶叶会浮在茶水的表面而使茶叶的特色没有被充分地发挥。

(6) 讲究冲泡时间

茶叶通常的冲泡时间在 3～5 分钟，时间太短茶汤色浅、味淡。时间过长，茶叶的香味受损失。

(7) 选用适合的茶杯

选用精美的、能发挥茶叶特色的茶杯。目前，人们已经达成共识，绿茶和花茶以玻璃杯为宜，红茶以瓷杯和紫砂茶具为宜，乌龙茶最讲究茶具，使用配套的茶具为宜；而配制茶常使用瓷杯。

(8) 茶叶冲泡程序

① 温杯。将茶杯用热水烫，将水倒掉。

② 置茶。将茶叶放入杯中。

③ 注水。将适当温度的水放入杯中。

④ 赏茶。适当的冲泡时间后，请顾客欣赏茶汤的香气和色泽。

11.6.2 咖啡销售与服务

咖啡（Coffee）是以咖啡豆为原料，经过烘焙、研磨和提炼并经水煮或冲泡而成的饮料或饮品，咖啡也作为咖啡豆和咖啡树的简称。咖啡饮料可使人精神振奋，扩张支气管，改善血液循环及帮助消化。然而，饮用过多的咖啡可导致失眠，容易发怒且出现心律不齐等现象。

1. 咖啡的起源与发展

咖啡的起源至今没有确切的考证。根据传说，约在公元 850 年，咖啡首先被一位牧羊人凯尔迪发现，当他发现羊吃了一种灌木的果实变得活泼时，他品尝了那些果实，觉得浑身充满了活力。他把这个消息报告了当地的寺院。寺院的僧侣们经过试验后，将这种植物制成提神饮料。另一种传说，一位称为奥马尔的阿拉伯人与他的同伴在行程中，非常饥饿，途中发现了一种植物果实，用水煮熟后，可以充饥并将这块神奇的地方称为莫卡。根据历史资料，公元 1000 年前，非洲东部埃塞俄比亚的盖拉族人将碾碎的咖啡豆与动物油搅拌在一起，作为提神食物。公元 1000 年后，阿拉伯人首先开始种植咖啡。1453 年咖啡被土耳其商人带回本国西部的港口城市君士坦丁堡并开设了世界上第一家咖啡店。1600 年意大利商人将咖啡带到自己的国家并在 1645 年开设了第一家咖啡馆。1652 年英国出现了第一家咖啡店，至

1700年伦敦已有近2000家咖啡店。1668年美国人将自己习惯的早餐饮料由啤酒转变为咖啡并在1773年将咖啡正式列入人们日常的饮料。1690年随着咖啡不断地从也门港口城市莫卡贩运到各国,荷兰人首先在锡兰和爪哇岛种植和贩运咖啡。1721年德国的柏林市出现了第一家咖啡店。1884年咖啡在我国台湾首次种植成功。1892年咖啡苗由法国传教士带到我国云南省宾川县并开始了咖啡树的种植。19世纪人们多次对咖啡蒸煮方法进行研究并开发了用蒸汽加压法冲泡咖啡。1886年美国食品批发商吉尔奇克将本企业配制的混合咖啡称为麦氏咖啡(Maxwell House)。根据伦敦国际咖啡组织的统计,目前全球咖啡销售量平均以2%的速度增加,中国咖啡消费量正以每年15%的速度增长,我国每年咖啡消费约700亿元人民币。

2. 咖啡树种类与特点

世界上被人们广泛种植的咖啡树有2个种类:一种是阿拉比卡(Arabica),另一种是罗布斯塔(Robusta)。阿拉比卡咖啡树生产的咖啡豆称为阿拉比卡咖啡豆或高山咖啡豆(见图11.10)。产量约占全世界的70%。这种咖啡树原产地为埃塞俄比亚的阿比西尼亚高原(埃塞俄比亚高原)。阿拉比卡咖啡豆具有明显的香味和酸味。目前,主要种植在拉丁美洲、东非和亚洲的部分地区。这种咖啡树生长在日夜温差较大的高山及湿度低、排水性能好的土壤,种植区的海拔高度在600~2 000 m。一般而言,咖啡树种植区的海拔高度越高,其品质越好。罗布斯塔咖啡树咖啡豆产量约占全世界产量的30%。这种咖啡树是一种介于灌木和高大乔木之间的树种,叶片较长,颜色亮绿,树高可达10 m。其咖啡果实圆而小,具有独特的香味。罗布斯塔咖啡树原产地位于非洲的刚果,这种咖啡树常种植在海拔200~600 m的较低地区,种植温度在24~29 ℃,对降雨量的要求不高,其生长环境的适应性较强,可抵抗一般的气候问题和病虫害,是一种容易栽培的咖啡树。目前,广泛种植于印度尼西亚、印度、越南、老挝及我国的海南省和广东省等。根据国际咖啡组织统计,2017年全球阿拉比卡咖啡豆产量为9742.6万袋,罗布斯塔咖啡豆总产量为6 223.7万袋。

图11.10　阿拉比卡咖啡豆

3. 咖啡豆与生产地

咖啡豆是咖啡树的种子,其生长在咖啡树的果实中,人们看到的咖啡豆,是去掉咖啡树果实肉并经过一系列的加工处理而得到的咖啡树种子。咖啡豆含有蛋白质12.6%、脂肪16%、醣类46.7%并有少量的钙、磷、钠和维生素B_2及少量的咖啡因。咖啡树是热带作物,是一种常绿的灌木或中小型乔木。咖啡树原产于非洲埃塞俄比亚西南部的高原地区。目前,世界上咖啡豆生产国有70余个,主要分布在南北纬度25°之间的地区,被人们称为"咖啡种植区(coffee zone)"或"咖啡种植带(coffee belt)"。咖啡种植区年平均气温约在20 ℃。

咖啡树从栽种到结果需要3年时间，以后每年结果1至3次。世界上有许多地方都种植咖啡树并生产咖啡豆。然而，咖啡豆的生产主要在非洲、美洲和亚洲等地区。因此，咖啡豆常以出产国、出产地和输出港等的名称而命名。

(1) 巴西咖啡豆

巴西位于南美洲，该国家大部分地区处于热带，北部为热带雨林气候，中部为热带草原气候，南部部分地区为亚热带季风湿润气候。巴西以优质和味浓的咖啡豆而驰名全球，是世界上最大的咖啡生产国和出口国并有着"咖啡王国"之美誉。巴西咖啡豆产量约占世界产量的35%。2017年巴西生产了5 100万袋咖啡，每袋咖啡重量为60千克。巴西咖啡豆的特点是口感顺滑，高酸度，中等醇度，略带坚果的味道。

(2) 哥伦比亚咖啡豆

哥伦比亚位于南美西北部，其咖啡种植面积约110万公顷，是世界第3大咖啡豆生产国，2017年产量约1 521.4万袋。该国家咖啡收入占其出口总收入的20%。哥伦比亚的咖啡豆有多种纯度和酸度且具有柔滑的口感，酸中带甘，苦味低，有独特的香味。

(3) 印度尼西亚咖啡

印度尼西亚是世界第4大咖啡豆生产大国，2017年产量约为1 200万袋，平均年产量占全球市场的7%。其中25%为阿拉比卡咖啡豆，75%为罗布斯塔咖啡豆。根据记载，该国从17世纪就开始种植咖啡树。其咖啡豆总体特点是颗粒适中，味香浓，醇度高。印度尼西亚咖啡豆非常适合与美洲和非洲一些地区生产的具有较高酸度的咖啡豆搭配使用。

(4) 墨西哥咖啡豆

墨西哥是世界第5大咖啡豆生产国，其生产量约占全球市场3%。该国种植的90%咖啡树是阿拉比卡并种植在海拔400~900 m的地方。墨西哥咖啡豆生产者约有30万人，主要来自小型农场生产者，2017年产量约为400万袋。其生产的咖啡豆主要出口美国。墨西哥咖啡豆的特点是，酸度较高，醇度明显，略带坚果味，余味香甜。

(5) 埃塞俄比亚咖啡豆

埃塞俄比亚是多山地和高原的国家，该国家平均海拔约3 000 m，有"非洲屋脊"之称，是阿拉比卡咖啡树的故乡。至今，一直保持着采收野生咖啡豆的传统。该国咖啡豆产量居非洲前列，2017年产量约为765万袋。其咖啡豆出口创汇占该国家出口额60%。根据记载，大约10世纪埃塞俄比亚游牧民族就将咖啡果实（coffee cherries）、油脂与植物香料混合在一起，制成提神与补充体力的食品。目前，该国有1 500万人从事有关咖啡豆的生产，是世界第6大咖啡生产国。埃塞俄比亚是拥有全球最多独特风味咖啡豆的国家。著名的耶加雪菲（Yirga-Cheffe）镇种植的咖啡树在海拔1 900~2 200 m的山区。该地区生产的咖啡豆具有明显的柠檬味与鲜花味，口感清爽，甜度均匀；而西达摩生产的咖啡豆生长在海拔1 400~2 200 m的高原上。该地区生产的咖啡豆具有不同的味道。包括柑橘味、香草味及干果味等。

(6) 牙买加蓝山咖啡豆

牙买加蓝山咖啡豆是世界著名的咖啡豆。由于蓝山山脉高达2 100 m，天气凉爽，多雾，且降水频繁。当今，蓝山有6 000公顷面积作为咖啡种植园，另外还有12 000公顷土地用于高山级别咖啡豆的种植。牙买加蓝山咖啡豆的特点是芳香、顺滑、微甜且醇度高。蓝山咖啡产于牙买加西部的蓝山山脉，故此得名。蓝山咖啡豆形状饱满，比一般咖啡豆外形大，味酸、略带苦味，适合做单品咖啡。所谓单品咖啡，实际上是用原产地生产的单一品种咖啡豆制成的咖啡饮料，饮用时不加牛奶和糖粉。单品咖啡饮料口味独特而明显，香醇而顺滑，由于单品咖啡豆成本较高，因此这种咖啡饮料的价格也高。

（7）肯尼亚咖啡豆

肯尼亚是阿拉比卡咖啡豆的原产国，年产量约4.5万吨。根据记载，该国在19世纪末开始种植咖啡树。该国优质并有特色的咖啡树多种植在山坡上，海拔1 500~2 100 m的地方，位于首都内罗比附近的尼耶力和基里尼亚加地区。在那里，咖啡豆一年收获2次，由无数家庭或小型的农商经营，占全国总产量的55%~60%。2017年产量约为79万袋咖啡豆。肯尼亚的咖啡豆味道香醇，有葡萄酒和水果的甜香味道。

（8）秘鲁咖啡豆

秘鲁位于南美洲西部，海岸线长2 254 km。秘鲁咖啡树主要种植在安第斯山脚下，安第斯山脉位于南美洲的西岸，从北到南全长约8 900 km，是世界上最长的山脉。该地区属于热带沙漠区，气候干燥而温和。这里生产的咖啡豆都是传统的美洲顶级咖啡豆并且是无污染的绿色食品。2017年秘鲁咖啡豆生产量430万袋，年平均生产量约占全球的3%，其产量的90%为阿拉比卡咖啡豆。其特点是中等醇度，偏低酸度，有甘美的坚果味，余味有显著的可可味道。

（9）美国夏威夷咖啡豆

夏威夷全称夏威夷群岛，距美国本土3 700 km，总面积为16 633 km^2，属于太平洋沿岸地区。夏威夷咖啡豆的优良品质得益于其生长的地理环境和气候。通常，咖啡树生长在火山的山坡上，其生长环境保证了咖啡树所需要的海拔高度。同时，深色的火山灰形成的土壤为咖啡树生长提供了所需的矿物质。早上，阳光温柔地穿过充满湿润的空气，而下午山地会变得潮湿多雾，这样适宜的自然条件使得夏威夷群岛的科纳地区种植的阿拉比卡咖啡豆平均年产量约为16 740吨且质量非常优秀。此外，独特的气候环境还造就了夏威夷咖啡豆的浓郁口味和完美的外观。人们认为，夏威夷生产的咖啡豆是世界上最完美的咖啡豆。

4. 咖啡豆的烘焙

咖啡豆必须通过烘焙才能够呈现出本身所具有的独特芳香、味道与色泽（见图11.11）。烘焙咖啡豆的过程就是将生咖啡豆炒熟的过程。生咖啡豆实际上只是咖啡果实中的种子。咖啡豆的烘焙可以分为3种：浅焙、中焙和深焙。根据咖啡豆的特点和用途决定使用哪种方法进行烘焙。通常，浅焙的咖啡豆颜色浅，味道较酸。中焙的咖啡豆颜色比较深，味道适中。深焙的咖啡颜色深，有苦香味。见表11.2。

图11.11 经过烘焙的咖啡豆

表 11.2　咖啡豆的烘焙方法与特点

	浅焙	中焙	深焙
烘焙时间	时间短	时间中等	时间较长
咖啡豆颜色	黄褐色	褐色	深褐色
咖啡豆味道	比较酸	酸度适中	具有苦香味
咖啡豆香气	不明显	香气明显	带有独特的香味

5. 餐厅销售的咖啡饮料

（1）普通速溶咖啡（Instant Coffee）

速溶咖啡是通过将速溶咖啡粉冲泡后形成的饮料。速溶咖啡粉可以很快地溶化在热水中，而且在储运过程中占用空间和体积较小，还耐储存。这种咖啡粉与传统咖啡粉比较，具有方便操作与携带等作用。

（2）不含咖啡因的速溶咖啡（Decaffeinated Coffee）

目前，愈来愈多的顾客饮用不含咖啡因的速溶咖啡饮料。不含咖啡因的咖啡粉在加工中将咖啡因提取掉，制成饮料后不刺激神经系统，不影响睡眠。这种咖啡粉的形状和颜色与普通速溶咖啡粉基本相同。

（3）意式浓咖啡

意式浓咖啡，也被称为蒸汽咖啡，它常用两个意大利语名称表示，即 Espresso 或 Expresso，这两个词的含义完全相同。这种咖啡饮料以深色咖啡豆为原料，磨成细粉后，通过蒸汽压力，瞬间将咖啡液抽出，制成味道浓郁的咖啡饮料，达到最佳冲泡效果。欧美人习惯在正餐后饮用意式浓咖啡。这种咖啡饮料的制作过程和特点是，以 7~8 克经过深度烘焙的咖啡豆，研磨成极细的咖啡粉，以较高的气压和约 92℃的水，在约 15 秒的时间内萃取 30 毫升的浓咖啡液。意式咖啡饮料不仅可单独饮用，还常作为其他咖啡饮品的原料。例如，拿铁咖啡、卡布奇诺、玛奇雅朵以及摩卡咖啡等。

（4）卡布奇诺咖啡（Cappuccino）

卡布奇诺咖啡以同等数量的三种原材料制成。包括三分之一热牛奶和三分之一的泡沫牛奶并在咖啡饮料的表面撒上少量的肉桂粉。

（5）拿铁咖啡

拿铁咖啡是将一小杯意大利浓咖啡与一杯热牛奶混合而成的饮料。一般而言，在拿铁咖啡饮料中，牛奶多而咖啡少。拿铁咖啡饮料的制作方法比较简单，在刚煮好的意大利浓咖啡中倒入煮沸的牛奶。一般而言，在三分之一的意式浓咖啡中加入三分之二煮沸的牛奶，不加入泡沫牛奶。这样，拿铁咖啡与卡布奇诺咖啡相比，有更多的鲜奶味道。当今，拿铁咖啡的配方中，牛奶数量已经没有具体的规定。同时，拿铁咖啡还经常加入浓果汁、焦糖、榛果和香草等以增加咖啡饮料的口味，满足消费者的不同需求。

（6）摩卡咖啡（Cafe Mocha）

摩卡咖啡是一种古老的咖啡饮料，由意大利浓咖啡、巧克力酱、鲜奶油和牛奶混合而成，摩卡得名于有名的摩卡港。一些咖啡店以巧克力粉取代巧克力酱等放入咖啡饮料的上方用来提高咖啡的香气及作为装饰之用。

（7）热墨西哥咖啡（Mexican Coffee）

热墨西哥咖啡是将碎咖啡粒125克、巧克力汁60毫升、肉桂12克、红糖60克、牛奶200毫升、肉豆蔻1克和香草粉4克等放在一起，煮成带有香味的咖啡。将红糖、巧克力汁和牛奶放在另一个平底锅煮开。将煮好的咖啡和巧克力牛奶混合在一起，加上香草粉，轻轻搅拌，盛装在2个咖啡杯中。

（8）草莓咖啡（Strawberry Breeze）

冷藏并带有甜味的咖啡100毫升，冷牛奶50毫升，冷藏的草莓3个，碎冰块少许放在搅拌器里搅拌。然后，倒入海波杯中，杯中先放入少量的碎冰块。

（9）古典爱尔兰咖啡（Classic Irish Coffee）

古典爱尔兰咖啡是将威士忌酒60毫升、8克红糖、150毫升热浓咖啡和少许抽打过的奶油完全搅拌在一起，上面飘上抽打过的奶油。

6. 咖啡饮料销售与服务

优质的咖啡豆收获后要经过适当的烘焙。烘焙的时间和火候对于咖啡饮料的味道影响很大。一些品牌咖啡豆是由不同味道的咖啡豆混合组成的。通常，咖啡豆的烘焙程度愈小，其味道就愈酸，相反味道就愈苦。而适当的烘焙可使咖啡豆达到最佳味道。

（1）使用新鲜的咖啡豆

一杯优质的咖啡饮料的制成与许多方面相关。首先要选择新鲜的咖啡豆。咖啡豆在磨碎后，其味道和气味流失很快。这样，不仅要在严密的容器内保存，还要放在干燥和阴凉的地方。即便如此，咖啡豆的芬芳味道也会流失。因此，要经常采购新鲜的咖啡豆，保持适当的库存量，注意咖啡容器的严密性和室内温度。

（2）讲究咖啡和水的比例

煮咖啡时，注意水与咖啡的比例。一般而言，其比例是1份咖啡、3份水，也可根据各国和各地区的习惯进行搭配，咖啡和水的比例可调节。如果喜欢浓咖啡，比例是1份咖啡与2.5倍水配合。通常，咖啡粒较粗，水的放入量要多一些；而冲泡速溶咖啡常用的比例是1克速溶咖啡粉与5倍或6倍水混合。

（3）讲究水质

水质对冲泡咖啡和煮咖啡都起着重要的作用。含有较多锰和钙的水会降低咖啡香味，不适用于制作咖啡饮料。纯净水和经过滤的自来水适合调制咖啡。

（4）掌握适当的水温

不论煮咖啡还是冲泡咖啡，水温对咖啡的味道有一定的影响。水温太高，增加了咖啡的苦味，水温太低影响咖啡的芳香味。通常，冲泡咖啡的水温在90~95℃，煮咖啡的水温应接近沸点，否则会增加咖啡的苦味。

（5）讲究制作咖啡的器皿和设备

咖啡饮料的香味和味道与器皿有着密切联系，调制好的咖啡饮料应使用陶瓷或玻璃器皿盛装，这样可保持原有的风味。当然，必须保证器皿干净，没有油渍。煮咖啡的设备应常用自动过滤式并且水应是一次性通过咖啡的装置。选用优质的过滤纸，以免影响咖啡质量。

11.6.3 碳酸饮料与软饮料

1. 碳酸饮料

碳酸饮料（carbonated soft drinks）通常是指含有二氧化碳的饮料，常称为汽水。碳酸饮料的主要成分是水、糖、柠檬酸、小苏打及香精，还含有极其微量的矿物质。碳酸饮料的主要作用是为人们提供水分，带来清凉。通常，小苏打与柠檬酸在碳酸饮料瓶内会发生化学反应，产生大量的二氧化碳，而人们饮用后，二氧化碳从人体排出时，可带走许多热量。此外，它还有解暑去热的作用。

（1）碳酸饮料的起源与发展

根据记载，碳酸饮料的生产始于18世纪末至19世纪初。最初的发现是从饮用天然涌出的碳酸泉水开始的。然后，由化学家研制出来，起初作为医药品，称为苏打水。1789年日内瓦的尼古拉斯保罗（Nicholas Paul）完善了苏打水的制造配方。1792年尼古拉斯保罗的合作者雅格布·斯威彼（Jacob Schweppe）来到英国并开始在英国制造苏打水。至1798年，雅格布取得了很大的成功并接手了3个合作者的股份。1886年，由药剂师彭伯顿博士在美国佐治亚州的亚特兰大市开发了可口可乐碳酸饮料。

当今，在美国各地，碳酸饮料有不同的名称，其中最有代表性的碳酸饮料名称是：美国东北部的Soda和中西部的Pop。这两个具有代表性的碳酸饮料的名称几乎垄断了美国市场。碳酸饮料的功能不断地变化及更加广泛。它不仅用于平时饮用，还成为配制鸡尾酒和混合饮料不可缺少的原料。尤其是，汤尼克水（Tonic）和姜汁汽水是专门为配制鸡尾酒和混合饮料而生产的。随着人们对健康的碳酸饮料消费意识升级，碳酸饮料的销售量逐年减少。在日本，以绿茶饮料为主的无糖茶饮料的需求不断扩大；在美国果汁需求量持续上升；在韩国各种茶饮料受到人们的青睐。尽管碳酸饮料市场份额有所下降，碳酸饮料的需求仍然占领着一定的市场份额。目前，碳酸饮料的主要种类包括不含香料的二氧化碳饮料，如苏打水等；含有香料的二氧化碳饮料，如可口可乐和雪碧；含有药味的二氧化碳饮料，如汤力克水；含有果汁的二氧化碳饮料，如新奇士橙汁汽水等。

（2）瓶装与罐装碳酸饮料

① 可口可乐。

可口可乐，简称可乐（Cola），是指带有甜味、含有咖啡因的碳酸饮料。可乐由多种原料配制而成。主要包括果葡糖浆、白砂糖、焦糖色、二氧化碳、磷酸、咖啡因、食用香料等。在人们的印象中可乐是最著名的碳酸饮料之一。该配方在1886年，由药剂师彭伯顿（John Stith Pemberton）研制。最初他根据自己的想法在陶瓷容器中制成了一种糖浆并将这种糖浆作为冷藏饮料，以每杯5美分价格销售。他的合作者，弗兰克·M.罗宾逊（Frank M. Robinson）建议使用"可口可乐"的名称并且手书了可口可乐的字体。1886年可口可乐在亚特兰大的药房首次销售，最开始的售价仅为5美分并作为药物出售。在销售的第1年仅售出了400余瓶。1887年，彭伯顿由于健康原因需要钱，将可口可乐制造权和其2/3的所有权卖给了两个熟人并在1888年将剩余股份卖给了一位亚特兰大的制药商爱沙·坎德尔（Asa G. Candler）。后来，坎德尔取得了可乐的其他股权及全部控制权并于1892年成立了可口可乐公司，从此销售量不断提高。19世纪初美国的可乐饮料年销售量达到100万加仑。20世纪初美国国内生产可乐的企业达400余家。1919年坎德尔家族以2 500万美元将可口可乐公司卖给了一位亚特兰大的银行家赫尼斯特·伍德拉夫（Ernest Woodruff）。在随后的几年，可乐作为可口可乐公司的专有品牌而建立起来。1928 年可乐饮料首次在世界奥林匹克运动会亮相。今天，可口可乐的品牌价值已高达 200 多亿美元。传统上可乐碳酸饮料的甜浆仅在亚特兰大的企业总部生产，然后分发至各地装瓶。现在可乐饮料在 135 个国家销售，可口可乐饮料已翻译成 80 多种语言。这种甜浆已在世界各地的制造中心生产。

② 百事可乐（Pepsi-Cola）。

百事可乐饮料诞生于 19 世纪 90 年代，是以水、糖、香草和二氧化碳等制成的碳酸饮料。该饮料开始用于治疗胃部疾病，由一位美国北卡罗来纳州新伯尔尼镇（New Bern）的名叫布雷德·汉姆（Caleb Bradham）的药剂师在自己的小药房，经过多年的研究，于 1890 年开发而成，并命名为百事可乐。1903 年他注册了百事可乐商标，1981 年百事公司进入中国并建立工厂，目前已有 30 多家。总投资接近 5 亿美元。其生产的饮料品种为"百事可乐""七喜""美年达"等。

③ 雪碧（Sprite）。

雪碧是可口可乐公司 1961 年上市的产品，是具有柠檬味道的碳酸饮料，雪碧在全球 190 多个国家销售，是全球第三大碳酸饮料。雪碧的主要原料是水、葡萄浆、白砂糖、食品添加剂（二氧化碳、柠檬酸、柠檬酸钠、苯甲酸钠）和食用香精等。

④ 胡椒博士（Dr Peppers）。

胡椒博士是一种类似可口可乐，但比可乐更有水果香味的碳酸饮料。这种饮料由美国得克萨斯州的药剂师查勒斯·埃尔德顿（Charles Alderton）配制而成，是一种新型的碳酸饮料。这种饮料约在 1885 年开发，在 1904 年销售全美。当今在亚洲、欧洲、澳洲和南美洲销售。

⑤ 其他碳酸饮料。

目前，英国生产的泰兹（Tizer）（见图 11.12）、维托（Vimto）和丹特伦与博达可（Dandelion & Burdock），以及澳大利亚生产的宾得宝（Bundaberg）都是受市场欢迎的碳酸饮料。

（3）餐厅和水吧生产的碳酸饮料

当今，餐厅、咖啡厅和水吧根据顾客需求，自己配制各种有特色的碳酸饮料，受到顾客特别是青年顾客的欢迎。

① 柠檬碳酸饮料。

用 2 个柠檬的柠檬皮，加入 500 毫升纯净水和 200 克砂糖，经过 15 分钟的中等温度煮成柠檬水，降温。然后用 40 毫升冷柠檬水、160 毫升碳酸水混合，装入水杯，用 1 片鲜柠檬和 1 个迷迭香嫩枝作装饰品。

图 11.12　泰兹

② 柑橘碳酸饮料。

用柑橘 300 克，加入 300 毫升纯净水和 150 克砂糖，经过 20 分钟的中等温度煮成柑橘水，降温待用。然后，用 40 毫升冷柠檬水、160 毫升碳酸水混合，装入水杯，用 1 片鲜柑橘和 1 个鼠尾草嫩叶作装饰品。

（4）碳酸饮料销售与服务

通常，碳酸饮料及其配制原料需要冷藏，配制后用海波杯盛装，根据顾客的需求，可放一些冰块。

2. 矿泉水

矿泉水（mineral water）是含有一定量矿物质和某些有益健康的微量元素与气体成分的地下水。在天然条件下大气降水渗入地下深处后，长期与岩层发生相互作用而生成的液体矿产，经过勘查，开采与生产成为饮料。人类利用矿泉水已经有几百年历史了。19世纪初法国已经有了矿泉水条例，并在1863年生产出第一瓶矿泉水。20世纪30年代，矿泉水作为饮料被世界各国消费者重视。

（1）矿泉水功能

矿泉水（见图11.13）作为饮料是因为它埋藏于地下深处，没有遭受污染，无色、无味、清澈甘甜。研究表明，人体需要的营养素几乎在地球表层中都存在。一些营养素可通过每日饮食得到，而另一些营养素通过平时饮食不容易得到，但是矿泉水却含有这些微量元素。实验表明，矿泉水含有偏硅酸（H_2SiO_3）和锶（Sr）。偏硅酸易被人体吸收，能有效地维持人体的电解质平衡和生理机能，对人体具有良好的软化血管功能，可使人的血管壁保持弹性，对动脉硬化、心血管和心脏疾病能起到缓解作用。同时，水中硅含量高低与心血管病发率呈负相关。矿泉水中的锶有美容，预防皮肤衰老的功能。此外，矿泉水还含有锌（Zn）、锂（Li）、硒（Se）和溴（Br）。这些微量营养素可促进人的大脑发育，提高人的免疫力和智力，调解中枢神经。此外，矿泉水还含有碘（I）。碘可促进人体蛋白质的合成，加速人

图11.13 矿泉水

的成长发育，保持正常的身体形态。然而，不是所有的地下水都能成为人们饮用的矿泉水。标准的矿泉水必须含有对人体具有保健作用的化学元素、气体和化合物，不得含有过量的有害元素。世界各国对矿泉水的质量标准都做出了严格的规定。因此，适当饮用矿泉水可以平衡人体生理功能，起到保健作用。

（2）矿泉水种类与特点

矿泉水主要有天然气泡矿泉水和天然静止矿泉水。天然静止矿泉水的含义是无气泡矿泉水；而天然气泡矿泉水含有少量的二氧化碳。例如，著名的法国巴黎矿泉水（Perrier）就是一种天然气泡矿泉水，简称巴黎水。巴黎水的水源位于法国南部的孚日山脉。实际上，巴黎水是自然矿泉水与天然二氧化碳及矿物质的结合。目前，巴黎水是矿泉水中的精品，是数百万年前地质运动的产物，其独特的口感来自其丰富的气泡和低钠及丰富的矿物质。近年来，巴黎水被推销为"矿泉水中的香槟"，而德国生产的洛斯巴赫（Rosbacher）矿泉水由于含有人体需要的维生素而受到市场的欢迎。

（3）矿泉水生产国

目前，世界上有许多国家都生产矿泉水，如法国、意大利、德国、瑞典、比利时、匈牙利、澳大利亚、美国和新加坡等。我国已有近千种可饮用的矿泉水，分布在全国各地。

（4）矿泉水销售与服务

矿泉水应冷藏后销售。服务时将矿泉水倒入高伯莱杯（高脚水杯）或平底水杯，不要加冰块。征求顾客同意后，可放1片柠檬。

3. 维生素饮料

维生素饮料也称维生素功能饮料，是指在饮料中放入维生素，是在一定程度上具有调节人体功能的饮料。目前，一些国家维生素饮料市场比较成熟，而我国维生素饮料的市场需求不断扩大。这种饮料的主要成分为纯净水、白砂糖、牛磺酸、维生素、柠檬酸、食用香料等。

（1）脉动（Mizone）

脉动是市场上常见的维生素饮料，2000年诞生于新西兰，转年在澳大利亚上市。2003年进入中国市场，2005年进入印度尼西亚市场。该饮料有多种口味包括水蜜桃、青柠檬、橘子、荔枝、菠萝和杧果等。其中，菠萝和荔枝分别是2009年、2010年上市的新口味。实际上，脉动饮料以天然的水果味道为特色并配以维生素而满足人们的需求。脉动主要含有四种维生素：维生素C、维生素B_3、维生素B_6及维生素B_{12}。

（2）力保健

力保健是通过在饮料中添加维生素和矿物质等，使饮料具有保健功能以满足顾客的需要。该产品由上海大正力保健有限公司生产，该公司是日本大正制药株式会社在我国投资的企业。力保健选用对人体很安全且具有营养成分的水溶性维生素和氨基酸等制成配方。该饮料有多个品种。其中，含牛磺酸、维生素B族的饮料具有抗疲劳、调节血脂的功效；而添加了人参和蜂王浆的饮料具有缓解人体疲劳、增强免疫力的功效。

4. 果汁

果汁（fresh fruit juice）是以新鲜水果为原料制作的饮料。果汁含有丰富的维生素C和各种营养素。果汁主要包括纯果汁和果汁饮料两大类。纯果汁是以新鲜成熟的水果直接榨出的果汁。例如，西瓜汁、橙汁等。果汁可以罐装、瓶装等，也可以制成粉末用于冲水饮用。纯新鲜的果汁是市场最受欢迎的果汁，如橙汁。果汁必须冷藏保存，否则必须加入可食用的防腐剂和甜味剂。当然，果汁包装一旦打开就很难再保持新鲜，一定要在规定的时间内饮用。此外，果汁饮料是含有6%～30%的天然果汁或果浆的饮料。例如，杧果汁饮料、菠萝汁饮料、鲜荔汁饮料、苹果汁饮料等。果汁在销售与服务时必须保持新鲜，放入冷藏箱内保存，最佳饮用温度约10℃。服务时，将果汁斟倒在高脚杯中，不加冰块以免影响果汁的味道。

本章小结

酒是人们熟悉的含有乙醇的饮料。乙醇的重要物理特征是，在常温下呈液态，无色透明，易燃，易挥发，沸点与汽化点是78.3℃，冰点为-114℃，溶于水。酒精度是指乙醇在酒中的含量，是对饮料中所含有的乙醇量大小的表示。餐厅是经营菜点和酒水的场所，各类型餐厅销售酒水时应与菜单相协调。酒吧是经营各种酒水的场所。酒吧除具备一般餐厅的特点外，还应讲究酒水文化和环境气氛。根据不同的酒水销售特点，酒吧可分为大厅酒吧、鸡尾酒吧（主酒吧）、歌舞厅酒吧、宴会酒吧、商务楼层酒吧、咖啡屋和保龄球馆酒吧等。

葡萄酒是以葡萄为原料，加入酵母、添加剂（糖）和二氧化硫，经破碎、发酵、熟化、添桶、澄清等程序制成的发酵酒。啤酒是以麦芽为主要原料，通过发酵制成的酒。啤酒酒精度低，常为3%~5%。啤酒含有一定量的二氧化碳，为0.35%~0.45%，人工充气啤酒可高达0.7%，并可形成洁白细腻的泡沫。蒸馏酒是指通过蒸馏方法制成的烈性酒，酒精度在38度以上，最高可达66度。世界上大多数蒸馏酒酒精度为40~46度。蒸馏酒酒味十足，气味香醇，可以长期储存，可以纯饮，也可以与冰块、饮料或果汁混合后饮用，是配制鸡尾酒不可缺少的原料。配制酒是以烈性酒或葡萄酒为基本原料，配以糖浆、蜂蜜、香草、水果或花卉等制成，有不同的颜色、味道、香气和甜度，酒精度为16~60度。配制酒包括开胃酒、甜点酒和利口酒。鸡尾酒也属于配制酒范畴，在饭店、餐厅或酒吧配制，不是酒厂批量生产。因此常作为一个独立的种类。鸡尾酒以各种蒸馏酒、利口酒和葡萄酒为基本原料，与柠檬汁、苏打水、碳酸饮料、奎宁水、矿泉水、糖浆、香料、牛奶、鸡蛋、咖啡等混合而成。

练习题

1. 名词解释

发酵酒　　蒸馏酒　　鸡尾酒　　利口酒

2. 多项选择

（1）酒有多种分类方法。酒可以通过（　　）等因素分类。

A. 制作工艺　　B. 酒精度　　C. 酒的特色　　D. 酒的功能

（2）鸡尾酒吧也称为专业酒吧。在这种酒吧，（　　）。

A. 顾客喜欢坐在吧台前的吧椅，放松一天的疲劳，饮一些酒水

B. 装饰高雅、美观并有自己的风格，有浓厚的欧洲或美洲情调

C. 饮酒时间较短，有些顾客直接面对调酒师，当面欣赏调酒师的调酒表演

D. 视听设备完善，有足够的吧椅和世界名酒、酒杯及调酒器具

（3）葡萄酒是以葡萄为主要原料，加入（　　），经破碎、发酵、熟化、添桶、澄清等程序制成的发酵酒，是人们日常饮用的低酒精饮品，酒中乙醇含量低。

A. 酵母　　B. 添加剂（糖）　　C. 二氧化硫　　D. 高粱

（4）葡萄酒的名称常来自（　　）等4个方面。

A. 葡萄名　　B. 地名　　C. 公司名　　D. 商标名

3. 判断对错

（1）酒精度是指乙醇在酒中的含量，是对饮料中所含有的乙醇量大小的表示，是指在20℃条件下每100毫升饮料中含有的乙醇的毫升数，称作国际标准酒精度。（　　）

（2）高度酒，称为烈性酒，是指酒精度高于38度的蒸馏酒，包括38度。然而不同的国家和地区对酒中的酒精度有不同的认识。一些国家将20度以上的酒包括20度的酒，称为烈性酒。（　　）

（3）低度酒是通过蒸馏方法制成，其酒精度在15度以下，包括15度。（　　）

（4）高级餐厅是经营大众化酒水的场所，既要经营较全面的酒水，也要选择大众化价

格的品种。包括国际上的开胃酒、葡萄酒、啤酒、烈性酒、甜点酒、餐后酒和各种咖啡、茶、新鲜果汁及其他软饮料等。 （　）

（5）大厅酒吧带有西餐厅的销售特点，其风格、装饰和布局与咖啡厅相似。 （　）

4. 思考题

（1）简述葡萄酒种类与特点。

（2）简述蒸馏酒种类与特点。

（3）简述配制酒种类与特点。

（4）论述鸡尾酒销售与服务。

（5）论述不同餐厅酒水的销售原则。

主要参考文献

[1] 方元超．赵晋府．茶饮料生产技术［M］．北京：中国轻工业出版社，2001．

[2] 马佩选．葡萄酒质量与检验［M］．北京：中国计量出版社，2002．

[3] 顾国贤．酿造酒工艺学［M］．北京：中国轻工业出版社，1996．

[4] 康明官．配制酒生产问答［M］．北京：中国轻工业出版社，2002．

[5] 陈宗懋．中国茶经［M］．上海：上海文化出版社，1992．

[6] 古贺守．葡萄酒的世界史［M］．杨晓坤，张阿敏，译．西安：陕西人民出版社，2020．

[7] 兰金．酿造优质葡萄酒［M］．马会勤，邵学冬，陈尚武，译．北京：中国农业大学出版社，2008．

[8] 丁立孝，赵金海．酿造酒技术［M］．北京：化学工业出版社，2008．

[9] 程殿林，曲辉．啤酒生产技术［M］．2版．北京：化学工业出版社，2016．

[10] 王天佑．酒水经营与管理［M］．6版．北京：旅游教育出版社，2020．

[11] 李记明．橡木桶：葡萄酒的摇篮［M］．北京：中国轻工业出版社，2010．

[12] 王天佑．西餐概论［M］．6版．北京：旅游教育出版社，2020．

[13] 余蕾．葡萄酒酿造与品鉴［M］．成都：西南交通大学出版社，2018．

[14] 张新红．现代啤酒生产技术［M］．北京：科学出版社，2016．

[15] 许开天．酒精蒸馏技术［M］．4版．北京：中国轻工业出版社，2016．

[16] 朱利安．葡萄酒的营销与服务［M］．戴鸿靖，译．4版．上海：上海交通大学出版社，2016．

[17] 日本文艺社．鸡尾酒制作大全［M］．邓楚泓，译．沈阳：辽宁科学技术出版社，2014．

[18] WLTON S．世界葡萄酒大百科［M］．胡紫薇，王庆洪，薛樱，译．上海：上海科学技术出版社，2017．

[19] GODSMARK E. The food service professionals guide to controlling liquor, wine & beverage costs［M］. PA：Atlantic Publishing Company, 2003.

[20] GRAINER K, TATTERSALL H. Wine production and quality［M］. Hoboken：Wiley-Blackwell, 2015.

[21] PANTELIDIS D, LOCKWOOD A. Food and beverage management［M］. 5th ed. New York：Routledge Taylor & Francis Groups, 2012.

[22] WALKER J R. Introduction to hospitality management [M]. 4th ed. NJ: Prentice Hall., 2013.
[23] KOTLER P, MAKENS J C., BOWEN J T. Marketing for hospitality and tourism [M]. 5th ed. NJ: Prentice Hall, 2010.
[24] COOPER R G. Winning at new products: creating value through innovation [M]. 4th ed. New York: HarperCollins UK, 2011.

第 12 章

餐饮营销策略

> **本章导读**
>
> 当代餐饮营销是以市场为中心,为满足顾客对餐饮产品的需求而实现企业的经营目标并综合运用各种营销手段,将菜点、酒水、用餐环境和服务等销售给顾客的一系列经营活动。通过本章学习可了解餐饮营销的特点和餐饮营销理念的发展,掌握餐饮营销的任务和餐饮营销环境分析及餐饮营销策略的运用等。

12.1 餐饮营销概述

12.1.1 餐饮营销含义及特点

餐饮营销,全称餐饮市场营销,是指饭店为满足顾客的餐饮需求,实施餐饮经营的商务活动。包括餐饮市场调研,选择目标市场,开发餐饮产品,为餐饮产品定价,选择销售渠道及实施促销等一系列活动。当代餐饮营销的特点是以市场为中心,为满足顾客对餐饮产品的需求而实现企业的经营目标。同时,综合运用各种营销手段,将菜肴、酒水、用餐环境和服务等销售给顾客。现代餐饮营销不仅是饭店餐饮部和营销部的职责,而且是饭店所有部门及全体职工的经营行为。因此,饭店必须以市场需求为基础,尊重顾客和市场的需求并认识到满足顾客的需求和实现企业利润的一致性,认识到顾客的需求与饭店生存的紧密联系。现代餐饮营销必须具备创新意识并付诸行动。当今,随着时间向前推移,市场对用餐环境、餐饮设施与器皿、餐饮服务、菜点和酒水及餐饮文化等的需求在不断发展和变化,企业的竞争对手也不断地出现。因此,饭店只有持续地创造和开发顾客满意且具有特色的餐饮产品,才能满足顾客的需求,才能在市场竞争中取得胜利。此外,当代的餐饮营销,企业不仅要制订好近期的营销计划和落实好一系列的营销活动,而且要立足长远并实施长期经营成功的营销途径。

12.1.2 餐饮营销观念的发展

餐饮营销观念是指饭店业在从事营销餐饮产品时所依据的指导思想和行为准则。它体现了饭店对餐饮市场环境、饭店与餐饮市场相互关系等问题的认识、看法和根本态度，是饭店针对其餐饮产品所奉行的经营哲学。实际上，餐饮营销理念作为一种指导思想，是饭店一切经营活动的出发点。它支配着饭店餐饮营销实践的各个方面，包括营销目的、营销活动、营销组织、营销策略和营销方法等。在餐饮营销中，营销观念的正确与否直接影响其营销活动的效率和效果，进而决定饭店在餐饮市场竞争中的地位。因此，执行正确的营销观念，是饭店餐饮营销的核心和基础。随着我国社会经济的深入发展和旅游业、休闲业及饭店业等的市场环境变化，我国饭店业餐饮营销观念经历了不同的发展过程。这种发展过程大体包括了3个阶段。

1. 餐饮生产导向阶段

20世纪80年代初期，我国实施了改革开放。当时我国的经济发展迅速，商贸和旅游需求不断增长。人们对餐饮的需求大幅度增加，但是餐饮产品供不应求，产品品种较少，仅以传统式的中国地方菜系为主要产品。同时，饭店与餐饮企业处于市场主导地位，饭店只要提高生产能力，就会在餐饮方面经营成功。因此，当时的经营理念是以扩大经营活动为中心的餐饮经营观，称为生产观念或以生产促进销售的经营观念。其特点是集中企业资源，努力提高生产力，扩大生产规模，降低生产成本。20世纪80年代末，随着我国饭店业和餐饮业的发展，餐饮市场由卖方市场转变为买方市场。饭店将其经营指导思想的核心从生产能力转变为产品质量控制能力并积极提高质量以此扩大企业的知名度并与其他企业进行竞争。当时，饭店成立了质检部；而餐饮部成立了以餐厅经理和总厨师长负责的质量管理小组并制定了菜点、酒水、服务和用餐环境等的质量标准并严格执行，以此提高酒店的餐饮营销水平。这种以产品为中心的经营思想称为产品观念。实际上，产品理念是生产理念的另一种表现形式。然而，以上两种观念都是片面地强调了产品而对市场需求关注不够，尽管有较高的生产量和优质的餐饮产品，若最终找不到产品的销路，也会使企业陷入困境。

2. 餐饮销售导向阶段

20世纪90年代，随着我国饭店业和餐饮业的发展，不同菜单和经营模式的餐厅迅速增加，餐饮产品供过于求，饭店仅依靠扩大生产、提高产品质量已不能达到其经营目标。从而，饭店业产生了推销观念。这一观念的特点是重视推销技术，强调通过推销策略增加餐饮产品的销售量。在推销观念的指导下，饭店的餐饮管理者包括饭店总经理、餐饮总监或餐饮部经理、厨师长等开始重视餐饮推销策略与活动并加强了推销观念的探讨。当然，由生产观念转变为推销观念确实是一个进步。但是，问题在于推销观念仍然是以企业为中心的经营观念。其起点仍然是基于企业的产品，而忽视了市场对餐饮产品的需求。这样，如果脱离了市场需求，再好的产品与推销策略和技术，也会显得无能为力。因此，推销观念并没有从根本上解决餐饮产品的销售问题。

3. 餐饮营销导向阶段

20世纪末，我国餐饮产品种类和数量剧增，餐饮产品更新换代的周期不断缩短，消费者购买力大幅度提高，顾客对各种中西菜点、国内外著名的烈性酒、葡萄酒、配制酒和啤酒及各种咖啡、茶饮料、果汁和碳酸饮料，以及不同形式的传统餐厅、休闲餐厅、咖啡厅和快餐厅等服务需求不断变化。在这种前提下，顾客对餐饮产品有了很大的选择性，餐饮产品的供应量也超过了顾客的需求量。因此，饭店之间和餐饮企业之间的竞争不断加剧，顾客占市场的主导地位。这时，传统以产定销的经营观念转变为以销定产。饭店在充分了解餐饮市场的需求下，根据顾客的需求确定菜点和酒水等的生产和销售。这种观念称为市场营销观念。这种营销观念的最大特点是明确目标市场、以顾客需求为中心，协调产品、价格、渠道和促销等因素以满足目标顾客的需求。同时，饭店在经营餐饮时，已经将环境污染等问题纳入了营销决策中，把环境保护作为企业发展的职责，不再只片面追求满足顾客的需求和企业利益，以保持企业的形象和可持续发展的能力。21世纪初，我国的一些饭店集团和餐饮集团不断突破环境障碍，进入了异地市场，甚至一些著名的企业进入了国际市场。这些企业餐饮营销成功的战略除了实施传统的4P（product，price，place，promotion）营销组合策略外，还通过各种途径和方法，争取了公众和政府的支持，建立并维护企业和产品的良好形象，树立了企业的品牌。

4. 营销观念的发展与完善

（1）社会营销观念

我国餐饮社会营销观念形成于21世纪初期并已经被众多酒店集团或餐饮集团所采纳且在实践中发挥着显著的作用。近年来这一营销观念又得到了进一步的补充和完善。当今，世界范围的资源短缺、环境污染愈加严重等问题不断地出现并引起了各国政府和社会的关注。与此同时，消费者保护主义兴起，以各种形式批评一些企业为了牟取利润而不惜损害公众利益的行为。这些新的观念强调饭店不仅对消费者要负责任，更要对社会负责任。在这种情况下，饭店不仅要致力于满足顾客的需要并为本企业获取利润，还必须对社会利益负责，处理好饭店产品的购买者和社会长远发展之间的矛盾。这样，饭店在制定营销决策时必须兼顾3方面的利益：顾客需求（消费者和组织购买者）、社会利益和企业利润。从而，饭店的餐饮营销活动不仅能从顾客的满意中获得利润，还有益于社会的发展。当今，一些饭店或餐饮企业采用了多项营销策略以达到社会公众对饭店社会责任的认可，包括饭店的环保认证、使用无公害洗涤材料、建立污水处理设施等（见图12.1）。

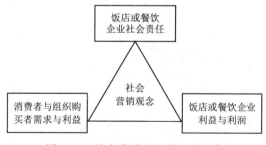

图12.1　社会营销观念的三个要素

（2）整合营销观念

当今，整合营销已成为餐饮营销的一种新观念。整合营销是指饭店必须调动企业内外所有的资源并有效地协调各职能部门和全体职工，通过积极的努力来提高饭店的餐饮质量和服务水平，达到让顾客满意的营销观念。当然，整合营销必须以消费者和组织购买者的信息沟通为基础，将企业品牌、营销观念、餐饮产品的价值和特色、销售渠道、促销策略、服务方法和饭店或餐饮企业外部的合作组织整合为一体，使它们发挥更具有营销效果的措施。整合营销绝不是简单的拼凑，也不是普通的精简机构，是有计划、按系统、循序渐进，针对长期营销效果、审慎而积极地进行资源整合。整合营销的关键在于全体职工对整合的认识，由于整合营销涉及饭店各职能部门和所有工作人员的利益。所以，饭店管理人员必须对职工进行培训，使职工认识到个人利益与集体利益、眼前利益与长远利益的辩证关系。同时，饭店管理者应强调整合营销的重要功能，使全体职工理解和支持。整合营销的核心理论是4C营销组合。这一理论认为，当今饭店应将顾客放在第一位，关注顾客的餐饮产品需求（Consumer Wants and Needs）；注意顾客的购买成本和产品内在的价值以满足顾客的实际需求（Cost and Value to Satisfy Consumer Needs and Wants）；为顾客购买产品提供尽可能的便利条件（Convenience to Buy）。同时，饭店或餐饮企业应加强与顾客的信息沟通，深入了解顾客的需求，提高顾客对企业的忠诚度（Communication with Consumer）。实际上，整合营销是对饭店资源全方位的审视与重组，从营销工作的各方面认真分析，包括目标市场、顾客忠诚度、职工对饭店的满意度、饭店销售策略及竞争优势等，并综合饭店内部和外部的所有力量，达到整体营销的效果。此外，饭店整合营销不仅是管理者的工作，全体职工还必须参与及合作。由于饭店各部门工作任务各异，因此整合营销的实施必须有针对性，落实到营销效果上。整合营销并不意味着所有酒店职工都去搞营销，而是要将营销观念、市场意识、服务意识贯彻到每个工作职位。管理人员应激励职工去热情地工作，将自己的工作与市场需求相联系，使每个职工意识到本岗位工作是营销链中的必要一环，必须相互协调成为营销整体。同时，高层管理人员应将企业的发展与餐饮市场紧密结合，将经济效益与社会效益相结合，将长期效益与短期效益相统一并积极协调各部门，使其不偏离企业的整体营销目标。在当今的市场经济环境下，饭店的生存与发展，离不开与其外部资源的合作。例如，供应商应以合理的价格为饭店提供高质量的原材料和设施；金融机构在饭店或餐饮企业需要资金的时候可提供适当的资金确保其有效运营；广告公司使用较低的费用将餐饮营销信息传达到目标顾客。根据研究，饭店或餐饮企业外部资源的整合既影响其营销效果，也影响顾客对企业的满意度。如图12.2所示。综上所述，饭店或餐饮企业整合营销包括企业内部资源的整合、企业外部资源的整合及企业内外部资源的整合等。当然，整合营销还包括企业营销过程、营销方式及营销管理等方面的整合。

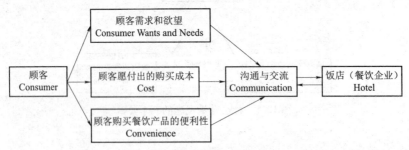

图12.2 饭店或餐饮企业整合营销中的4C营销组合

12.1.3 餐饮营销基本要素

饭店业有关餐饮产品营销的基本要素主要包括需要、欲望和需求，产品、服务和质量，价值与满意，交换、交易和关系，市场，市场营销者与餐饮营销系统等（见图12.3）。

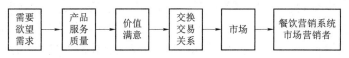

图12.3 餐饮产品营销的基本要素

1. 需要、欲望和需求

人们对餐饮产品的需要和欲望是酒店和餐饮企业营销活动的出发点。需要、欲望和需求是三个密切联系而又相互区别的概念。需要是指人们没有得到某些基本满足的感受状态。例如，人们在商务或旅游活动中的饥饿感而产生的用餐需要等。因此，在酒店产品开发与生产中，餐饮产品是酒店满足顾客基本需要的产品之一。欲望是指顾客对能满足其更深层次需要的餐饮产品愿望的具体要求。由其基本的餐饮习俗、餐饮文化和其个性等因素塑造。根据研究，不同文化和个性的顾客在同等需要下，对餐饮产品有不同的欲望，而欲望可通过满足来实现。例如，中国南方人在用早餐时，喜爱食用云吞和米粥，而北方人喜爱食用烧饼和花卷等；美国人习惯内容丰富的早餐，常包括面包、果酱、黄油、咖啡、牛奶、果汁、煎鸡蛋和培根肉（bacon）或火腿肉等，称为美式早餐（American Breakfast）；而欧洲人喜爱清淡的早餐，称为大陆式早餐（Continental Breakfast），主要包括面包、黄油、果酱、水果及牛奶、咖啡和果汁等。一般而言，欲望是人的主观意识并受社会环境的影响。当然，欲望体现在购买力的支持和具体产品的需要上。因此，餐饮营销人员必须不断地创造顾客的需要并满足顾客的欲望才能取得营销效果。以这种视角分析，酒店及其餐饮营销人员可以影响顾客对餐饮产品的欲望。需求是指有支付能力的顾客对餐饮产品的具体需要和欲望，是餐饮营销活动的出发点。所以，酒店营销人员不仅要了解餐饮市场对酒店餐饮产品的需求并要积极地开发、生产和销售市场需求的产品，而且要使用各种营销策略与手段去影响市场需求。

2. 产品、服务和质量

这里的产品是指提供给顾客，用来满足其需要和欲望的餐饮产品。然而，饭店的餐饮产品实际上是一个整体产品。其内容主要包括各种菜肴、点心、用餐环境、用餐设施及餐饮服务等。实际上，餐饮产品由满足顾客需求的某种物质实体和非物质形态的服务构成。物质实体称作有形产品，主要包括各种餐厅与酒吧的布局、家具、设施、餐具与酒具、菜点与酒水（造型、颜色、包装等）；非物质形态的服务称为无形产品，包括菜点和酒水的温度和湿度、餐饮服务的方法和效率及礼节礼貌等。餐饮服务是指餐厅服务人员帮助顾客用餐的一系列活动。现代餐饮服务以顾客消费需求为基础，将服务与菜单相结合，将服务与餐厅的特色和级别及服务设施相结合以满足不同顾客对餐饮产品的需求。质量用来表达产品本质的规定性和数量上的规定性概念。质是产品所固有的、特点方面的规定性，量则是关于产品的范围和程度的规定性。餐饮产品的质量是指满足顾客需求的程度。由于顾客对餐饮产品的质量需求不同，因此质量具有相对性、时间性和空间性等概念。优质的餐饮产品质量标准应是"产品适用性"的一种定性和定量表现。但是，由于技术、经济、环境和心理因素等原因，同一质量标准对某一顾客适宜，对另一顾客可能不适宜。这就要求酒店在严格遵守统一的酒店质量标准前提下，千方百计地满足不同顾客的需求。

3. 价值与满意

价值是餐饮市场营销中的一个重要概念，是满足顾客对餐饮产品需要的某种效用。因此，面对诸多的餐饮产品与各式的餐饮服务风格，顾客做出购买选择的依据是他们对各种餐饮产品与服务的价值理解。例如，传统式法国餐饮产品、现代欧洲大众西餐、美国西式快餐、正宗四川餐饮、东南亚各种小吃等。当然，价值是顾客对餐饮产品达到满意度的总体评价，体现为餐饮的原料和生产工艺，餐饮的健康、安全、营养与特色，餐厅内在环境与设施，餐厅的地理位置与停车场，餐饮服务的效率和方法及餐饮制作人员的伦理与职业道德等综合因素。实际上，餐饮产品为顾客带来的各方面利益是产品的最终价值所在。满意是指餐饮产品满足顾客期望的性能和特点的总和。即顾客对餐饮产品可感知的效果与期望值相比较后，所形成的不同愉悦感的状态。如果某一餐饮产品的效用低于顾客的期望，顾客会感到不满意；如果产品的效用符合顾客的期望，顾客会感到满意；如果产品的效用高于顾客的期望，顾客会感到十分满意。通常，顾客在购买餐饮产品时，总希望把货币、时间、精力和体力等成本降到最低限度。同时，又希望从购买餐饮产品中获得更多的实际利益以使自己的需要得到最大限度的满足。这样，顾客在选购餐饮产品时，常从价值与成本两个方面进行比较，从中选出价值最高、成本最低，即"顾客让渡价值"最大的餐饮产品作为优先购买的对象。由此，顾客所获得的让渡价值愈大，顾客满意的程度就愈高。一般而言，顾客购买餐饮产品时首先要考虑货币成本的大小。因此，货币成本是构成顾客购买餐饮产品总成本大小的基本因素。在货币成本相同的情况下，顾客在购买餐饮产品时还要考虑所花费的时间、体力和精力等。这些成本的支出也是构成顾客购买总成本的重要因素。所以，酒店或餐饮企业为在市场竞争中战胜对手，吸引更多的潜在顾客，就必须向顾客提供比竞争对手更具有"顾客让渡价值"的餐饮产品才能提高本企业产品的知名度。当顾客为获取餐饮产品所付出的成本超过所得到的价值时，顾客不满意就会发生。因此，酒店必须加强餐饮产品原材料的质量、规格及其食品成本的管理，加强有关部门的合作，实施产品的质量与特色的管理，积极进行菜单筹划与设计，认真规划餐厅的布局与环境，创新餐饮生产与服务的方法与风格，提高餐饮产品的总价值，提升顾客对餐饮产品的满意度。

4. 交换、交易和关系

交换是饭店或餐饮企业以提供餐饮产品作为回报并从顾客中获得货币的行为。当顾客决定通过交换来满足其餐饮产品的需要和欲望时，就产生了餐饮市场营销或餐饮营销。当然，交换要在一定的条件才能发生，这些条件通常包括五个方面：第一，交换双方；第二，每一方都能为对方提供所需要且有价值的餐饮产品或货币等；第三，每一方都有沟通信息和传送被交换物品的能力；第四，每一方都有接受或拒绝对方产品或服务的自由；第五，每一方都认为同对方交换是合适而满意的。上述条件使交换成为可能，而酒店（餐饮企业）与顾客交换的前提还要取决于买卖双方是否能够找到互相认可的交换条件，即双方都从交换中受益。当然，交换不一定以货币为媒介，也可以是非货币交换。

交易是餐饮市场营销的核心，是指买卖双方进行价值交换的行为，是交换的基本组成部分，常以货币为媒介。一项交易常包括三项具体内容：① 至少具备两件有价值的物品；② 买卖双方同意的交换条件、时间和地点；③ 具有法律制度约束双方的交易行为。当今，在激烈的市场竞争条件下，饭店餐饮运营管理人员意识到，餐饮营销不仅应实现某一独立的交易行为，还应致力于建立与顾客的互利互惠的伙伴关系，建立和发展与顾客持续的业务和稳定的交易关系。从企业长期的营销效果分析，这种关系会转变成顾客的终身价值。所谓顾客终身价值，是指每个餐饮产品的购买者在未来可能为酒店或餐饮企业带来的收益总和。关系是指买卖双方由交换而产生的供求联系、互惠互利和长期的合作关系等。这里指饭店（餐饮企业）与消费者和用餐团队、供应商、竞争者及政府机构等建立和发展的良好互动关系的营销活动。这种营销活动称为关系营销。关系营销使得酒店或餐饮企业与合作各方实现各自的目的与需求，互利互换，长期合作互惠。

根据调查，饭店进行关系营销可以将一般的消费者或组织团队发展为忠诚的顾客，甚至成为向他人推荐本企业产品的倡导者（见图12.4）。从而，促成了对本企业的重复销售而成为本企业营业收入和利润的主要源泉。因此，关系营销表明，饭店或餐饮企业的营销活动不仅是为了实现与顾客之间的交易，更是为了建立起对双方都有利的长期稳定的合作关系（见表12.1），而传统的交易营销是仅以交换为基础的营销活动，企业与顾客的关系由交易而产生，随着交易停止而结束。相反，以关系为基础的营销活动，是通过发展长期稳定的顾客关系来建立顾客对本企业的忠诚而提高本企业市场竞争力的。当今，饭店或餐饮企业与顾客已成为命运共同体，在经济利益上紧密相关。因此，企业必须建立和保持与顾客的长期合作关系，及时倾听他们的实际需求，并做出快速反应以满足顾客的需求。

图 12.4　关系营销与顾客忠诚度

表 12.1　交易营销观念与关系营销观念的不同特点

交易营销观念特点	关系营销观念特点
重视顾客一次购买	重视顾客持续购买
轻视与顾客的持续联系	重视与顾客的持续联系
重视产品的个性	重视顾客的价值
关注短期销售	重视长期销售
产品个性化弱	产品个性化强
有限的服务承诺	高度的服务承诺
营销部门重视质量	所有的职工重视质量
对市场需求的反应较慢	及时满足顾客的实际需求

在传统的交易营销理念中，营销人员仅仅重视"赢得顾客"，而关系营销不仅讲究"赢得顾客"，更重视"拥有顾客"。因此，基于关系营销观念的餐饮营销人员不断地倾听顾客的意见，处理好顾客的投诉，对多次重复购买产品的顾客给予奖励。根据调查，采用关系营销策略的企业采取更加主动的营销策略，重视餐饮产品的质量和特色，否则达不到预想的营销效果。根据营销人员的实践，如果饭店只采用优惠和奖励措施，只能换回部分顾客忠诚或有限的忠诚度。随着我国市场经济的发展和完善，关系营销作为一种新的营销观念对餐饮营销发挥着愈加重要的作用。

5. 市场

市场是餐饮营销的出发点与归宿，是人们对餐饮产品的需求。因此，饭店或餐饮企业只有不断地满足顾客的餐饮需求才能取得满意的营销效果。基于这一理念，餐饮市场的构成要素包括需要购买餐饮产品的顾客、满足餐饮产品消费需要的购买能力和购买欲望。这3个要素互相制约，缺一不可。其中，顾客是指购买各类餐饮产品的个人消费者和组织购买者的总和；购买力是指顾客具有支付货币购买各类餐饮产品的能力，可分为个人购买力和组织购买力。购买欲望是指个人消费者和组织购买者为了满足生活与工作需求所希望购买的餐饮产品。

6. 市场营销者与餐饮营销系统

市场营销是饭店或餐饮企业与顾客双方处于平等条件下的交换活动。基于营销学的原理。通常，在交换双方中比较主动与积极的一方称为市场营销者或卖方，另一方称为潜在的顾客或买方。实际上，市场营销者是指向他人寻求资源并愿意提供某种有价值的东西作为交换的组织或个人。这样，卖方构成了饭店或餐饮企业，而买方构成了餐饮市场（见图12.5）。通常，餐饮产品的买卖双方通过4个流程连接在一起而形成了餐饮营销系统。在该系统中，卖方将餐饮产品传送到市场。反过来，卖方又从市场中获得货币和需求的信息。

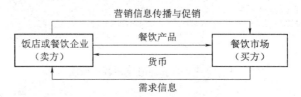

图12.5　饭店（餐饮企业）与餐饮市场的关系

12.1.4　餐饮营销基本任务

餐饮营销的主要任务是指饭店或餐饮企业调整并满足餐饮市场需求的一系列管理活动。即调整企业对餐饮产品市场的需求水平、需求时间和需求特点，使供求之间相互协调以实现企业与顾客互利的交换，达到饭店或餐饮企业的餐饮营销目标。这里的餐饮市场需求是指一定的顾客，在一定的区域和一定的时间并在一定的营销环境及一定的营销策略下购买某种餐饮产品的总量。餐饮市场需求不同，餐饮营销任务也不同（见图12.6）。

1. 扭转式营销

扭转式营销是针对负需求而言的。当某地区的顾客不需要某种餐饮产品时，饭店餐饮管理人员采取措施，扭转这种趋势，称为扭转式营销。例如，普通的、大众化的四川菜在某饭店已销售近十年了，许多顾客都品尝了多次，企业营业额不断下降。这时，饭店的营销任务是挖掘、改进或调整传统的四川菜的原料、工艺、特色、风味及其文化内涵，使其经营的四川菜由负需求成为正需求。近年来，一些坐落于重庆的饭店和餐饮企业经过对普通而大众化的四川菜的挖掘、整理、调整和改进，开发了许多当代人们需求的四川菜肴，使企业的入座率和营业额不断上升。这些饭店的创新菜包括四川的古典菜、诗意菜、风味菜、饭粥珍品、面点珍品、小吃珍品及茶酒珍品等。同时，这些酒店与餐饮企业新开发的具有四川风味特色的宴会包括珍宴、名宴、史宴、诗宴、喜宴、素宴、民族宴和主题宴等。

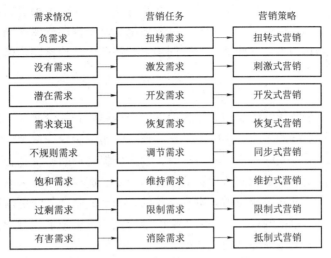

图 12.6 饭店（餐饮企业）营销任务

2. 开发式营销

某地区的顾客对某种餐饮产品有需求或潜在需求而市场还不存在这种产品时，饭店及时开发出顾客需要的餐饮产品，称为开发式营销。例如，近年来在我国一些省会市场和东部经济比较发达地区的饭店新开发的特色餐饮产品包括传统式的法国菜点、西班牙烧烤、日式菜肴、中式快餐等都属于开发式营销。近年来，北京的某饭店根据市场对西餐的青睐，推出了具有加勒比海风味的烧烤自助餐，其中包括巴哈马、多美尼加和牙买加等地区的烧烤菜点，受到了顾客的普遍欢迎。

3. 恢复式营销

恢复式营销是指重新振兴那些衰退的餐饮产品，而这些餐饮产品有着现实的市场价值。例如，北京仿膳饭庄是经营传统清宫菜肴的餐饮企业，成立于 1925 年，是京城著名的宫廷菜馆。近年来，该企业经过不断地挖掘传统的御膳房菜品和面点而使其营业收入不断提高。截至目前，该企业的传统菜肴和面点已发展至 800 多种，深受中外宾客的好评。近年来根据旅游管理的学者研究，随着世界旅游业的发展，休闲餐饮产品已经成为旅游吸引物。其需求量持续上升。这一发展趋势，不仅在欧洲旅游市场上显现出来，在我国旅游市场上也表现突出。根据调查，准备在奥地利莫扎特餐厅用餐的顾客，需要提前一周预订座位。又如，我国在传统上，一些地方有饮茶的习惯，后来人们逐渐对茶艺淡漠了。近年来，一些饭店建起了茶艺厅且保持了传统的经营特色并开发了一些新的餐饮产品，使其更加符合现代顾客的需求。现代茶艺厅讲究外观造型、内部设施、气氛和器皿及服务风格和现场音乐等。一些饭店的茶艺厅还增加了传统的菜肴与面点生产和销售，以方便顾客用餐。有些茶艺厅还结合了现代餐饮营销理念，开发与生产了几十种茶食并采用自助式服务，顾客可根据自己的需求，拿取自己喜爱的食品，很受商务顾客和国外游客的好评。

4. 同步式营销

根据研究，餐饮产品的销售量常与平时或周末、每天的各时段及天气与季节等因素紧密相关，其销售量呈波动状态。因此，饭店或餐饮企业常根据不同的时段和季节等对餐饮产品的具体需求做出预测并筹划出不同种类的菜单。例如，早餐菜单、早午餐菜单（Brunch

Menu)、午餐菜单、下午茶菜单、晚餐菜单、夜餐菜单、每日特菜菜单、循环式菜单、节假日菜单及主题活动菜单等以利营销。当然,这种效果是基于饭店采取了同步式营销以协调市场需求与企业销售之间的关系。此外,餐饮同步式营销还包括价格同步营销和消费习惯同步营销等。

5. 维持式营销

维持式营销是在某些餐饮产品达到饱和需求时,饭店或餐饮企业采取措施以维护现有的销售水平,避免销售下降的策略。实际上,饱和需求是指饭店或餐饮企业当前的餐饮需求在时间和地点上已达到了预期的需求水平。这时,饭店应保持产品质量和合理的售价,还可提供一些赠品,严格控制其成本以保持稳定的餐饮销售量。例如,某饭店的上海菜销售已经达到市场的饱和状态,一方面企业应做好更新产品的准备并抓紧产品的更新换代;一方面应采取措施,稳定其销售。根据调查,企业所采取的维持式营销措施主要有价格优惠措施、提供新开发的餐饮赠品、提高用餐环境的舒适度和服务质量等。

6. 抵制式营销

抵制式营销是针对企业不合格的餐饮产品而言。饭店或餐饮企业管理人员应抵制在原料质量、工艺质量和服务质量等不合格产品的销售以保持企业的信誉和形象。通常,饭店实施三级质量管理以免将不合格的餐饮产品销售给顾客。饭店实施抵制式营销措施主要包括,饭店成立质检部,餐饮部成立质量控制小组,人力资源部或培训部加强对职工的职业道德和业务能力的培训等。

12.2 餐饮营销环境分析

12.2.1 餐饮营销环境含义

环境是指事物的外界情况和条件,餐饮营销环境是指与饭店餐饮经营相关的外部环境与内部机构与体系影响因素的集合,全称为餐饮市场营销环境。根据调查,任何企业都生存在一定的营销环境中。这种环境实质是一种社会的生态环境。根据企业经营实践,饭店餐饮经营的效果和其发展紧密依靠市场营销环境。

12.2.2 餐饮营销环境构成

饭店餐饮营销环境包括宏观营销环境和微观营销环境。宏观营销环境是指与餐饮营销有关的外部活动或间接营销环境。包括人口环境、经济环境、自然环境、政策法律环境、社会文化环境、技术环境和国际环境等。微观营销环境也称为直接营销环境,是指与饭店餐饮经营有直接关系的企业内外环境。包括饭店本身的内部环境或其内部的各职能部门及职工、供应商、中间商、消费者或顾客、竞争者和公众等。其中,微观环境受宏观环境制约,宏观环境借助微观环境发挥作用。餐饮营销环境对饭店餐饮营销产生极大的影响,它既可为企业生存和发展提供机会,也可对企业生存造成不利影响。因此,饭店管理人员应认真分析餐饮营销环境,识别环境,利用环境,判断未来环境的发展趋势并尽力对营销环境施加影响。从而,创造更多的餐饮营销机会。

12.2.3 餐饮营销环境特点

1. 客观性

首先，饭店餐饮营销环境是客观存在的。因此，无论饭店或其经营管理者主观上是否认识，餐饮营销活动事实上总是在一定的外部和内部环境下进行的，并受各种客观因素的影响和制约。其次，饭店餐饮营销环境的客观性还表现在它对企业营销的影响和作用是客观现实的。例如，饭店的外部环境为餐饮营销提供了市场机会并制约着企业的目标市场选择。因此，环境作为酒店餐饮营销工作外在的并不以营销管理者意志为转移的因素，事物发展与环境变化的关系是适者生存，不适者被淘汰。这一规律完全适用于酒店与其餐饮营销环境的关系。

2. 不可控性

从本质上分析，饭店基于外部环境因素的变化对其餐饮营销效果而言是不可控制的。例如，酒店不可能控制其餐饮经营区域的人口发展和变化，不能控制其餐饮经营区域的经济发展及人们对餐饮产品需求的变化。同样，饭店也不可能控制其竞争对手的餐饮经营战略和营销方法。然而，饭店在不可控制的环境下绝不是完全被动的，因为外部环境中有许多因素对饭店餐饮经营构成的影响完全可以通过企业自身的努力得到改变。例如，公众对饭店餐饮质量与特色的评价及竞争对手对本企业餐饮营销构成的威胁等都可以通过企业本身，甚至其餐饮部自身的努力得到改变。所以，酒店应当主动适应餐饮营销环境的变化和发展。

3. 不均衡性

根据研究，餐饮市场营销环境的变动及其对企业的影响是不均衡的。其中，对企业有利与不利的环境、长期环境与短期环境、微观环境与宏观环境等交织在一起。这样，不同的营销环境对各饭店的餐饮营销效果的影响也不同，呈现出明显的不均衡性。

4. 局限性

事物的发生总是在一定的时间和空间进行，而餐饮市场营销环境也总是在一定的时间和空间发生的。餐饮营销环境的这一特点对企业的影响因素有着一定的局限性。对饭店而言，餐饮营销环境的分析总是有时间性和地域性的局限。这说明，不同的企业受不同因素的影响，同一因素变化对不同企业的影响也不同。

5. 相关性

根据经营实践，餐饮市场营销环境十分复杂，构成要素多，涉及范围广，构成餐饮营销环境的各要素之间存在着一定的关联性。因此，其中一个因素的变化可能导致营销环境中其他因素发生变化，特别是间接环境因素的变化尤为突出。例如，一个地区的人口因素变化对饭店餐饮运营和营销会构成影响，而一个地区的交通设施发展与饭店的餐饮市场发展存在着相关性。同样，食品原料价格的变化不仅影响到企业自身，也影响到供应商、中间商、竞争对手及消费者或顾客等，从而影响到饭店的菜单设计及其餐饮营销策略和效果。

12.2.4 餐饮营销宏观环境

1. 人口环境

由于餐饮市场营销涉及人，餐饮市场由人组成。因此，人口总数、人口增长和分布、职业和家庭结构、人口流动及人口受教育程度等与人相关的因素都与餐饮市场的营销效果紧密相关。根据统计，世界人口增长速度最快的是经济欠发达的国家和地区，平均以每年约2%的速度增长。其人口总数约占世界人口的70%以上，而发达地区的人口增长速度每年约占0.6%。此外，餐饮市场规模不仅取决于地区的人口数量，还取决于人们可自由支配的收入水平。因此，当我们谈到人口环境，还必须关注具有特定餐饮产品购买力的人口数量。

2. 经济环境

经济环境是指影响顾客餐饮消费的一系列有关因素。包括食品原料、交通运输、地区经济、就业情况、人均收入、消费水平和消费习惯等。根据经济学原理，地区经济发展状况必然影响餐饮经营和发展，不同阶段的经济发展地区有不同的消费观念和消费水平。就餐饮产品质量水平和特色而言，愈是经济发达地区的消费者，对餐饮原料的新鲜度、餐饮产品的营养成分及生产工艺、用餐环境和餐饮个性化服务的要求愈高。

3. 自然环境

自然环境是指与餐饮营销有关的自然资源。包括地理位置、地形、气候和能源等。自然环境与餐饮营销效果紧密相关并以不同程度的影响力影响着饭店餐饮营销决策。例如，石油天然气、电等能源，其价格不断上涨。如果企业的餐饮生产以上述能源作为热源，饭店的餐饮成本肯定会不断地随之提高，从而影响餐饮产品的价格及其市场的吸引力。再者，环境污染已成为餐饮业的核心问题，一方面企业造成的环境污染会影响到人们的生活环境和企业的生存和发展。另一方面，某些国家借环境保护名义设置保护壁垒，从而影响他国的饭店在该国的经营。饭店只有树立社会营销理念，强化饭店的社会责任，树立良好的企业形象，才能取得餐饮营销的成功。

4. 政策法律环境

餐饮产品的营销活动必然受地区政治和法律环境的规范和制约。饭店从事餐饮营销前，必须明确所处区域的政策法律环境，尤其是跨国营销。随着全球经济的相互渗透和国际经济一体化，各国在不断地调整本国的经济政策，其目的就是保护和扶持本国经济并有限度地干预外国经济的渗透。所以，不论酒店在国内还是在国外开展营销活动都需要分析和掌握国家和地区的产业政策、人口政策、能源政策、价格政策、财政和金融政策等给酒店餐饮营销带来的机遇或威胁，对于实施国际营销的酒店还必须研究目标市场国的政府对国际营销活动干预的程度。包括外汇控制、市场控制、国有化及劳工限制等。随着我国经济的发展，我国饭店管理的法规建设、食品安全管理、企业公平竞争法则、地区环保措施和消费者保护法等不断地得到完善。这样，饭店在餐饮经营中既要适应这些法规，又要善于捕捉营销机会。此外，对从事国际餐饮营销的酒店而言，不仅要遵守本国的法律制度，还要了解和遵守企业所在国或客源国的法律制度和有关的国际法规、惯例和准则等。

5. 社会文化环境

社会文化环境是指社会群体的知识、文化教育、宗教信仰、价值观、风俗习惯、道德规范和艺术欣赏等的总和。众所周知，社会文化环境必然影响人们的餐饮消费观念、餐饮偏好和消费行为。饭店在开展餐饮产品创新及举办各项餐饮营销活动，必须适应当地的餐饮文化、餐饮习俗和价值观。根据调查，教育水平较高的地区，消费者对餐饮产品的欣赏能力、鉴别能力都比较强，购买理性程度也比较高，且容易接受新产品。例如，他们对自助餐、西餐、创新菜和葡萄酒等餐饮产品的消费与欣赏能力也比较强。

6. 技术环境

技术环境是影响餐饮经营的主要因素之一。饭店应重视本行业及相邻行业技术的发展。例如，建筑技术、工程技术、电子技术、园林技术、制造业技术、烹调技术、服务技术和营销技术等。根据研究，技术发展可导致用餐环境、生产和服务设施、菜点和酒水原材料及其烹饪工艺及餐饮服务的更新换代。同时，由于技术的发展和变化，造成顾客消费行为的变化并追求餐饮产品的个性化。当然，互联网的出现使酒店餐饮生产和营销形式产生了较大的变化，也加快了餐饮产品的生命周期运转，从而促使了企业餐饮产品的创新。

7. 国际环境

当今，经济全球化是世界经济发展的主要趋势。在这种形势下，各国和各地区的饭店业及其产品纷纷走出国门，在世界范围内寻找营销和发展机会。目前，旅游业、休闲业和饭店业已成为许多国家和地区的支柱产业，而休闲餐饮产品已成为一些游客的旅游吸引物。因此，实力雄厚的饭店业和餐饮业跨国集团早已把国际市场置于自己的营销范围内并将国际营销观念作为指导本企业营销的理念。但是，全球化不意味着中小饭店必须多国经营。许多成功的企业家认为，只要在全球博得一块合适的位置就可以使本企业餐饮经营成功，关键是审时度势，认真分析东道国的餐饮营销环境，权衡风险。

12.2.5 餐饮营销微观环境

1. 内部环境

根据调查，企业自身的内部环境位于餐饮营销环境的中心，成功的餐饮营销必须依靠企业自身各职能部门的配合和支持。由于饭店各部门互相关联，构成了企业的内部营销环境。这些部门之间相互联系、相互制约，形成了整体的餐饮营销系统。因此，饭店餐饮营销活动不是孤立的，而是依靠营销部、房务部、会展部、财务部、人力资源部和工程部等各职能部门的配合和支持。同时，饭店餐饮营销必须依据企业的总体目标来决策。

2. 供应商

供应商对饭店餐饮营销有着很大的影响。他们提供的食品原料、餐饮设施、用具和餐具等直接影响饭店餐饮产品的质量、价格和利润。因此，饭店餐饮管理人员必须关注供应商的供应能力及原料和设施的质量。这些因素都是影响饭店信誉和餐饮产品知名度及顾客满意度的重要因素。

3. 中间商

中间商也称为营销中介，是饭店和餐饮企业营销链中不可缺少的组成部分。他们帮助企业销售餐饮产品、房务产品和会展产品并把产品销售给目标顾客。因此，饭店应选择有信誉和素质高、有业务能力的中间商并与他们合作。通常，网络代理商、旅行社、会展运营商、航空公司、特许联营企业等中间商的工作效率和服务质量直接影响到饭店餐饮产品的声誉与销售状况。

4. 消费者

消费者是餐饮营销活动的核心和基础。通常，餐饮消费者可分为若干种类。根据不同的餐饮产品需求可分为休闲餐饮散客、度假旅游者、商务餐饮散客、会议餐饮团体、旅游餐饮团队、企业或政府宴会团体等。餐饮营销成功的关键是适应消费者的需求。当然，具体到某一饭店，其餐饮营销成功的关键是，应充分利用企业的资源，紧密满足目标消费者的需求。

5. 竞争者

根据营销实践，饭店的餐饮营销工作不仅要考虑目标顾客的需要，还应在消费者心中留下比竞争对手更有优势的印象以赢得经营战略上的优势。因此，餐饮管理人员应关注竞争者的规模和数量，其经营的餐饮特点和价格、营销策略、人力资源、财务和技术等信息。当然，每个企业都应考虑本企业餐饮的市场定位。关注竞争者在地区分布的密度、产品差异程度和市场进入难度很有必要。在市场相对稳定的前提下，竞争者的密度愈大，意味着市场竞争愈激烈；一个地区的餐饮产品差异化程度愈高，说明该地区餐饮竞争力愈强。当餐饮市场进入的难度大时，说明该地区的餐饮价格和利润都比较高。

6. 公众

公众是对餐饮营销活动有潜在兴趣的群体。公众包括饭店内部职工及外部顾客与相关团体。外部顾客与相关团体包括市民、社区、金融界、新闻界、政府、企事业单位、行业协会和利益团体等。一个饭店在制订餐饮营销的计划时，除了考虑目标顾客外，还应关注本企业的主要公众并得到公众的信任、赞扬和帮助。因此，饭店应与公众保持良好的关系，争取公众的支持，为酒店本身营造宽松的营销环境，制订有吸引力的餐饮营销计划。

12.2.6　餐饮营销环境分析

根据调查，市场营销环境对酒店的餐饮营销和市场的发展有极大的影响。由于外部营销环境是酒店餐饮营销不可控的因素。所以，酒店同其外部的营销环境之间的关系是一种适应关系，即酒店要适应外部环境的要求及根据外部环境的变化制定本企业的餐饮运营战略和营销计划。同时，酒店应结合其内部资源条件，寻找和发现新的餐饮营销机会，避免和减少市场威胁并通过制定正确的餐饮营销战略和推销策略来实现酒店的餐饮营销目标。总之，餐饮营销环境决定着酒店的命运并影响到酒店的餐饮营销效果。

1. 宏观环境分析

宏观环境分析简称 PEST 分析，是酒店对其餐饮营销外部的政治法律环境、经济环境、社会文化环境和技术环境等的综合分析。实际上，PEST 是以上各因素英语的第一个字母组合。其中，政治法律环境是指制约和影响餐饮营销的各种政策与法律及其运行所形成的环境系统，是决定、制约和影响酒店餐饮市场发展的重要因素。一个国家和地区的法律既可保护酒店餐饮运营的正当利益，又可监督和制约酒店餐饮营销行为。这样，酒店餐饮产品的生产、运营和服务等活动都必须自觉遵守有关的法律规定，否则就要受到法律制裁。因此，正确并充分地利用和适应酒店餐饮营销所面临的政治法律环境，是酒店进行餐饮营销的重要保证，也是实现酒店餐饮营销战略的前提。同时，酒店在制定餐饮营销战略与计划时，必须对所在地区的经济政策、经济体制、国民生产总值、就业水平、物价水平和消费支出等有详细的了解。当然，酒店餐饮营销必须关注餐饮业的生产和服务技术的发展、竞争者在各技术方面的实际水平、某一区域市场的新产品开发和社会文化等。

2. 产业生命周期分析

产业生命周期规律是产业发展的基本规律。产业发展与产业内企业市场营销之间具有内在的逻辑关系。产业生命周期理论自诞生之日起就引起了经济学家和管理学家的极大兴趣。迈克尔·波特在《竞争战略》一书中论述了新兴产业、成熟产业和衰退产业中的企业竞争战略。综上所述，饭店业由具有共同运营特性的企业构成，是我国旅游业的重要组成部分。通常，饭店餐饮营销状况受旅游业和饭店业整体发展状况的影响。根据产业生命周期理论，饭店餐饮产品生命周期可分为四个阶段：初创期、成长期、成熟期和衰退期。这四个阶段的划分是按照社会对该产品的需求而决定的。某种餐饮产品随着市场的需要而诞生，随着社会对该产品需求的消失而退出。因此，饭店餐饮营销所处生命周期的不同阶段具有不同的营销环境特征。在初创期，其餐饮产品设计尚未定型，销售增长缓慢，产品开发和营销的成本高、利润低，甚至是处于亏损状态。在成长期，顾客对其认知速度不断提高，销售和利润迅速增长，经营成本不断下降，经营能力出现不足，市场竞争开始形成。在成熟期，重复购买成为顾客消费餐饮产品的重要特征，某种餐饮产品销售趋向饱和，利润不再增长，生产能力开始过剩，市场竞争加剧。在衰退期，产品销售和利润大幅度下降，经营能力严重过剩，竞争的程度由于某些饭店退出市场而变得缓慢。实际上，产业生命周期是不可抗拒的客观规律，它是影响饭店餐饮营销和发展的基本因素之一。因此，饭店在制定餐饮营销规划时必须对其所在产业生命周期特点及所处的阶段进行分析、判断和预测，以达到延长某种餐饮产品生命周期的目的。

3. 市场竞争分析

1）竞争者分析

餐饮营销的竞争者是指那些与本企业销售类似餐饮产品并具有相似的目标顾客和价格的企业。众所周知，营销是一场博弈，企业要想在营销竞争中不断的发展就要认真地分析和评估竞争对手的餐饮经营策略和发展状况，据此制定本企业的餐饮营销策略。在餐饮竞争中，最有竞争力的对手包括与本企业经营同类餐饮产品并能直接代替本企业餐饮产品的企业及能满足同等产品需要的餐饮企业。通常，餐饮竞争者可分为平行竞争者、产品形式竞争者和品牌竞争者。

① 平行竞争者是指满足同一需求，为市场提供不同规格的餐饮产品的企业。例如，高星级饭店、大众饭店、一般酒楼。尽管这些企业提供的餐饮产品规格各不相同，但这些餐饮产品具有一定的替代作用，从而这些企业互相形成了竞争关系。

② 产品形式竞争者也称为行业竞争者，是指生产和经营不同菜系或种类的餐饮产品企业。例如，经营中餐产品或西餐产品等。虽然这些企业提供的餐饮产品风味不同。但是，互相形成竞争关系，互为产品形式竞争者。

③ 品牌竞争者是指生产完全相同的餐饮产品，例如，在种类、风味与规格等方面。虽然这些企业的品牌不同，但是，这些企业的产品相互替代性较高，因而其市场竞争比较激烈，但是这些企业均以培养顾客的品牌忠诚度作为营销的首选策略。

2）竞争内容分析

（1）价格竞争

价格是价值的表现形态，价值是价格的基础。影响餐饮产品价格的主要因素包括成本、需求和竞争。成本因素包括固定成本、变动成本和人工成本。饭店比竞争对手以更实惠的价格销售餐饮产品，称为价格竞争。根据研究，当市场上销售质量相同或相近的餐饮产品时，价格较低的产品，被顾客选中的机会多。尽管企业因价格竞争损失了一些利润，但是因低价销售提高了销售量，总利润会增加。许多餐饮管理人员认为，休闲餐饮、旅游餐饮属于富有弹性的产品,尤其是高消费的风味餐饮等。即产品价格降低,需求量有明显的增加。而大众化的餐饮产品弹性较低,产品价格降低后,需求量没有明显的增加。因此,制定价格是餐饮营销的一项关键内容。

(2) 价值竞争

餐饮产品价值不仅体现在食品原料、生产与服务技术、餐厅环境与设施等,还包括顾客对餐饮产品满意度的总体评价。饭店以相同价格销售高于同级别企业的餐饮产品原料和工艺等而形成的顾客对产品的满意度超过竞争对手的方法称为价值竞争。通常,餐饮产品价值体现为功能和特色与价格的比。功能是餐饮产品适合顾客需要的效用,功能衡量的标志是餐饮质量水平、特色及符合顾客需要的程度。例如,同等产品价格,菜肴的原材料质量高、企业的用餐环境优雅,服务设施齐全,餐饮制作与服务质量高,饭店或餐厅的级别高,餐饮产品的附加值高及其风味与特色紧密地符合目标顾客的需求等。根据企业的经营状况调查,在价格因素不变的前提下,餐饮产品质量愈高、愈稳定,餐饮产品就越能满足顾客的需要。这样,企业不仅能长久地拥有顾客,在竞争中还处于领先地位。

(3) 品种竞争

饭店提供比竞争对手更适应市场需求、更全面或更有特色的餐饮产品品种,称为品种竞争。当今,在餐饮市场和产品不断发展的前提下,饭店的餐饮原料、烹调方法、风味特色和服务模式等应考虑不同顾客的需求。只有这样,企业营销机会的可能性才越大,竞争实力也会越强。例如,当饭店考虑宴会餐饮、休闲餐饮和会议餐饮顾客的不同需求时,其经营的环境、菜肴、酒水和服务模式不应单一,应有不同的原料搭配、不同的环境和服务设施及不同的生产工艺,其服务模式应考虑套餐服务、零点服务、传统式服务和自主式服务等。

(4) 服务竞争

随着科学技术的发展、计算机和网络的应用,传统餐饮的有形产品和经营模式有了很大的提高和改善,同等级别的饭店餐厅和酒吧,其餐饮质量水平存在的差异愈来愈小。因此,餐饮经营中的竞争已不仅表现在实体产品,更注重服务方法、服务风格、服务效率、服务功能及个性化的餐饮服务和顾客对餐饮服务环境、服务设施等的满意度。高质量的餐饮服务能赢得目标顾客的信任,提高企业的竞争力。现代饭店餐饮服务包括责任、诚心、高效、微笑和朝气蓬勃等内涵。同时,餐饮服务必须具有创造力和创新力,给顾客留下良好与深刻的印象,使企业与顾客互相理解并互相沟通。现代饭店餐饮服务管理基于激励全体职工的服务方法,通过使内部顾客满意来提高对外部顾客的服务质量,留住老客户并赢得新客户。

(5) 技术竞争

饭店以比竞争对手使用更先进的烹饪设备、服务设施、制作工艺和高质量的食品原料等生产出更优秀和更有特色的餐饮产品销售给顾客,这称为技术竞争。技术竞争最终表现在产品性能、质量和特色等方面。技术竞争是餐饮产品质量竞争的基础。技术上的优势是企业在竞争中立于不败之地的重要保证。饭店餐饮生产与服务技术竞争的基础和核心是拥有适合的人才和高效率的培训管理。

(6) 决策竞争

决策是指为达到某一特定的目标,运用科学的方法对企业客观存在的各种资源进行合理配置并从各方案中选出最佳方案的过程。决策是饭店餐饮经营的核心。它关系到企业的兴衰存亡。正确的决策能使企业在餐饮经营中的人力、财力和物力得到合理的分配和运用,创造和改善企业的内部环境,提高饭店的应变能力。决策是餐饮竞争成败的关键。

(7) 应市时间竞争

饭店以比竞争对手更快的速度生产餐饮产品并抢先进入市场销售称为应市时间竞争。应市时间竞争不仅能使餐饮产品应市的时间早于其他企业,而且还可以首先被顾客了解和接受。即便其他企业同类产品上市后,该饭店的影响力还可占据有利地位。例如,在中国最先上市的某公司的比萨饼、西式快餐、海鲜主题餐厅菜肴、自助餐厅的综合菜肴等都是有一定竞争力的餐饮产品。

(8) 信誉竞争

饭店的信誉表现为取得社会和消费者信任的程度,是饭店竞争取胜的基础。饭店比竞争对手更加讲究伦理、信誉和餐饮质量,则必然在经营中取得成功;反之,损害了企业的信誉,必然被市场淘汰。

(9) 信息竞争

信息影响餐饮营销的效果。饭店具有比竞争对手更强的收集、选择、分析和利用餐饮市场的信息能力,这就是信息竞争。根据调查,饭店及时并准确地运用信息指导餐饮经营必然会在餐饮营销中取得更有利的地位。

(10) 人才竞争

人力资源是人身上存在的社会财富的创造力,是体力、技能和知识的总和。优秀的企业招聘、培养和激励有理想的专业管理和专业技术人才,以满足饭店餐饮经营的需要。

4. 餐饮营销资源分析

餐饮营销资源是指酒店向社会提供餐饮产品和服务过程中所拥有的并用于实现其营销目标的各种资源或要素的集合,资源反应酒店的餐饮营销实力,是酒店完成餐饮营销目标必不可少的因素。然而,酒店餐饮营销离不开其拥有的相关资源,而酒店拥有的必要资源决定其餐饮营销的效果。根据调查,餐饮营销资源主要包括有形资源和无形资源,有形资源容易被识别且易于价值的估算。例如,酒店建筑物、餐厅环境、厨房环境及生产设施、餐厅与酒吧环境及服务设施与设备等;餐饮营销的无形资产不容易被顾客识别,是酒店餐饮产品营销中取得优势的源泉且竞争对手难以模仿。例如,酒店的品牌或餐厅连锁品牌、酒店及其餐饮产品的文化内涵、酒店级别和声誉、餐饮产品的质量和特色、餐饮生产与服务技术资源等(见表 12.2)。作为酒店餐饮运营管理人员,在考虑有形资源的价值时,不仅要看到其数量多少和账面上的价值,更重要的是评估它在营销中产生的价值潜力。由于各酒店的餐饮运营管理人员和技术人员的构成差异,对有形资源的利用能力也不同。因此,同样的有形资源在不同的酒店会表现出不同的营销价值。无形资源常是酒店餐饮产品长期营销中积累的宝贵财富,酒店的餐饮运营管理人员应重视本企业的无形资源。不仅如此,酒店应不断地创造新的资源并实现各种资源的整合。综上所述,在酒店餐饮营销环境分析中,餐饮营销资源分析具有重要的意义。

表 12.2　酒店餐饮营销资源分析

设施与设备	餐饮服务	菜点与酒水	宣传与推销
方便与安全的停车场	适宜的温度与湿度		
特色的外部景观设计	专业的服务流程设计		餐厅门口原料展示
生态与愉快的用餐环境	个性化的服务方式	优秀的菜点与酒水	专业的菜单制作
舒适并有特色的桌椅	温馨的问候	新鲜与健康的原材料	定制化的菜肴份额
高雅的餐具与摆台设计	适合的服务效率	食品营养搭配	适合的成本与价格
豪华的吧台及装饰	专业的菜单介绍	严谨的生产工艺	优秀的厨师与服务员
高效与特色的餐厅布局	方便的结账方式	特色的味道与装饰	高效的营销信息传播
专业的各种服务车	高质量的服务标准	专业的酒水配制	餐厅中的葡萄酒柜
高雅与专业的餐具	熟练的服务技术	摆放调味品	每日特荐菜单
摆放艺术品	配套的背景音乐		介绍展示在班的厨师
清洁高雅的卫生间	现场烹调与服务表演		
适合季节和环境的植物			

5. 核心竞争力分析

酒店餐饮核心竞争力是指酒店在某一餐饮营销领域或某一餐饮业务方面领先于竞争对手的特殊能力，是酒店长期积累且独自拥有及其他竞争对手难以模仿的餐饮运营管理能力。首先，酒店餐饮核心竞争力来源于餐饮营销理念。其次，来源于良好的公众形象和企业声誉等。实际上，酒店餐饮核心竞争力取决于酒店内多种职能之间的合作，而不仅仅在于餐饮部的某项特别技术、某项专利或某个管理人员。酒店一旦将其餐饮业务培育得具有市场竞争力，那么在较长的时间内，其他企业很难模仿与替代。根据研究，一些酒店的餐饮核心竞争力来源于其个性化的文化而深深扎根于酒店内部，且具有较强的持久性。因为，核心竞争力是酒店餐饮业务在长期的运营管理中，沿着特定的文化、知识、技术和营销模式积累起来且融于企业文化中，很难被竞争对手所模仿或复制。根据调查，酒店餐饮核心竞争力富有营销价值，因为它可为顾客提供具有实质性的利益和效用，从而为酒店餐饮营销创造长期的营销效果而带来丰厚的收入与利润。酒店餐饮核心竞争力的评价包括多方面，第一，是人力资源管理、组织管理、财务管理的能力及创造性地解决问题的能力。第二，对酒店领导水平和团队精神等的评价。第三，对餐饮生产技术和服务模式等的选择、应用及创新等的评价。第四，对酒店餐饮营销核心价值观的评价。第五，对酒店的建筑物、地理位置和交通便利情况的评价。第六，对酒店餐饮设施和设备的评价等。

12.3　餐饮市场选择

饭店餐饮市场选择是在餐饮市场细分的基础上，通过评估和分析，选定一个或若干个细分的餐饮消费群体作为本企业餐饮营销的目标市场并为他们制定相应的营销策略的过程。根据营销实践，餐饮营销受消费需求差异与市场竞争及企业自身资源的影响与限制，饭店只有集中力量，为具有相似需求的餐饮目标顾客创造价值与传递价值，才可有效地完成本企业的餐饮营销任务。

12.3.1 餐饮市场细分

餐饮市场细分，也称餐饮市场划分。它是根据顾客对餐饮产品的需求、顾客购买餐饮产品的行为和顾客对菜点和酒水、用餐环境和餐饮服务等需求的差异性，把餐饮市场划分为不同类型的消费者群体。每个消费者群体形成一个餐饮分市场，称为餐饮细分市场。

1. 餐饮市场细分作用

餐饮细分市场是客观存在的，其划分依据是餐饮市场的多元性和市场需求的差异性。实际上，餐饮市场细分是客观地根据顾客购买愿望、购买需求和购买习惯的差异性而实施的。它可以根据饭店自身条件的特点选择适合本企业的目标市场，拟定最佳经营组织，制定最佳营销组合，充分利用人力资源、财力资源、设备设施和知识与技术等。同时，餐饮市场细分有利于饭店发掘新的市场机会，把各目标市场的需求与市场上已有的餐饮产品进行比较，及时发现尚未得到满足的餐饮需求和营销机遇。这样，有利于饭店集中资源，扬长避短，寻找和发挥本企业的餐饮经营优势。此外，还有利于制订适当的营销方案，使餐饮产品、营销渠道、促销策略和餐饮价格等更适合本企业的目标市场，发挥更专业化的优势，以增强顾客的忠诚度，达到饭店餐饮经营的可持续发展。

综上所述，饭店餐饮市场细分并不意味着饭店要占领各细分市场。相反，是为了帮助企业选择那些最具有开发价值、最适合本饭店经营能力和条件的餐饮市场。与此同时，在市场细分的过程中饭店不仅要对餐饮产品需求进行细分，也要对竞争对手进行细分，从而清楚地了解哪些细分市场存在竞争者，哪些细分市场竞争激烈，哪些细分市场竞争缓和或待开发等。

2. 餐饮市场细分原则

（1）界限明确

有效的餐饮市场细分的首要标准是界限明确。即找出各分市场间的界限，突出细分市场的差异，反映每个细分市场的鲜明特点，以便有的放矢地制定营销战略。因此，应使用量化指标清楚地说明。

（2）规模可观

"细分"一词不意味着餐饮市场划分得越细越好。相反，细分后的餐饮市场必须在经济上可行，即具备足够的市场规模使饭店在满足特定的市场需求的情况下获得利润和发展。此外，还应注意，不要仅考察现有的餐饮市场规模，还应重视潜在的或可开发的餐饮市场规模，不应拘泥于某一个地区的餐饮市场规模，应放眼诸多餐饮市场的总和。

（3）反应敏感

餐饮市场细分的目的是制定行之有效的营销战略，针对不同的细分市场运用不同的营销组合。例如，开发适应的餐饮产品，运用不同的营销渠道、不同的价格和不同的推销手段等，从而刺激不同的餐饮市场。如果营销组合在各自细分市场无法达到预期的营销效果，则餐饮细分市场就失去了意义。

（4）通道畅通

经过细分所选定的餐饮市场必须是本企业可进入的。对于国际市场而言，应关注目标市场的关税壁垒和非关税壁垒等一系列问题。如果市场壁垒过高，餐饮产品就很难以消费者可接受的标准送至目标顾客。

（5）量力而行

餐饮市场要细分到何种程度，最终取决于饭店自身的能力和产品特点。饭店的地理位置、人力资源、资金实力、营销水平、技术能力、物流供应及餐饮服务等能否适应细分后的餐饮市场；而产品类型、消费水平和品牌价值能否迎合目标顾客的偏好等，都是饭店在餐饮细分市场中必须全面考虑的问题。

3. 餐饮市场细分依据

餐饮市场细分的依据是市场对餐饮的实际需求，而不是管理人员主观臆断地分割餐饮需求群体。由于不同地理区域、人口特征、消费心理和消费行为的群体，对餐饮的需求存在差异。因此，餐饮市场可依据区域消费特征、区域人口特征、消费心理特征和购买行为特征等4个方面进行细分。

（1）按区域消费特征细分

按区域特征细分是把餐饮市场划分为不同的地理区域。如南方与北方、城市与农村、国际与国内等，这是一种比较传统的餐饮市场细分原则。这一细分标准是因为地理因素影响顾客对餐饮的需求。根据研究，各地由于长期形成的气候、风俗习惯及经济发展水平不同，形成了不同的餐饮消费需求和偏好。根据2020年我国西餐市场的营销统计，经济发达的省会城市和沿海城市对不同风味的传统中餐和欧洲传统式西餐及大众化的西餐快餐有较高的需求；一般的二级城市对普通的中餐和西餐快餐有较高的需求。

（2）按区域人口特征细分

人口特征包括人口数量、年龄、性别、家庭人数、收入、职业、教育、宗教、社会阶层和民族等。人口特征与餐饮消费有着紧密的联系。通过调查发现，不同年龄、不同性别、不同收入、不同文化程度和不同宗教信仰的消费群体对餐饮的原料、风味、工艺、颜色、用餐环境和餐饮价格有着不同的需求。此外，经济优越的年轻人、求学和公务的就餐者、商务会议团体和旅游与休闲及度假旅游者等的餐饮需求个性化比较明显。

（3）按消费心理特征细分

很多消费者在收入水平及所处地理环境等基本相同的条件下却有着截然不同的餐饮消费习惯。这种习惯通常由消费者心理因素引起。这里的心理因素主要是指人们习惯的生活方式和个性爱好等存在着差异。生活方式是指人们对生活的消费、工作和娱乐的不同态度。个性爱好是指消费者个人的性格和兴趣爱好等。根据市场调查，不同个性爱好的顾客会产生不同的餐饮消费需求。因此，餐饮市场常根据消费者不同的个性爱好来细分市场。综上所述，构成餐饮消费心理的因素主要包括以下内容。

① 保健心理。随着国家经济的发展及人们工作效率的提高，顾客对食品安全与身体健康愈加关心。中医认为，医食同源。因此，一些顾客对无化学添加剂、无激素和无农药污染的餐饮非常青睐。

② 理想心理。根据调查，人们理想中的餐饮需求会因人、因事、因地而异。它可能是主题宴会，也可能是休闲用餐，选择用餐的地点可能是高星级饭店，也可能是大众化餐厅。

③ 不定心理。通常人们初到陌生的环境，需要进行餐饮消费时，总表现出一种无所适从的不确定性心理。这是由于人们对用餐环境、菜点和酒水、价格及服务方式等不了解造成的。

④ 时空心理。人们常盼望能品尝到另一地区或他国的风味菜肴及传统的菜肴，这就是

时空心理在餐饮消费中的反映。目前，由于交通运输的方便与发达、食品原料贮存设备的普及，餐饮消费时空心理呈减弱趋势。

⑤ 怀旧心理。餐饮消费行为的怀旧心理在中老年人中普遍存在。老年食客常抱怨目前的某些菜肴风味不如以前纯正。老年人常喜欢在"老字号"餐厅用餐。

⑥ 求新心理。餐饮消费的求新心理人皆有之，尤其是青年人。因此，任何级别的饭店或餐厅，如果菜单中的菜肴、餐饮服务设施、餐饮服务模式与方法、菜肴生产工艺等长时间没有变化和创新，那么其餐饮产品肯定不会受顾客的欢迎。

⑦ 实惠心理。通常，人们都想以较少的支出获取较多的商品，餐饮消费也不例外。餐饮产品的价格策略对餐饮促销起着一定的作用。当然，在高质量和有特色的餐饮产品基础上才能考虑价格的优惠，否则没有任何营销作用。

⑧ 雅静心理。餐饮业不同于百货商店或娱乐场所。通常，顾客希望在安静、清洁和有文化气息的环境用餐，而不愿在噪声高、拥挤、卫生差的餐厅消费或举行宴会活动。

⑨ 舒适心理。一般而言，顾客在用餐时，不仅需要幽雅和恬静的环境，还需要心情舒畅。因此，餐饮服务环境的文化气息、服务中的礼节礼貌在餐饮营销中起着愈加重要的作用。

⑩ 卫生心理。当今顾客选择餐厅时，将餐厅的清洁卫生和安全放在首位。根据调查，这是消费者选择餐厅的最基本要求和心理。

（4）按购买行为特征细分

根据顾客对餐饮购买的目的和时间、使用频率、对企业的信任度、购买产品的态度和方式等，可将顾客分为不同的消费群体。例如，按顾客购买的目的、时间和方法可以将餐饮市场分为平时用餐、休闲用餐、宴会用餐及早餐、午餐、下午茶、晚餐（正餐）和夜餐用餐等；根据顾客购买行为的具体方式可分为零点方式和套餐方式等。这就形成了不同的消费群体。此外，还可以将餐饮市场分为：习惯型消费群体、瞬时型消费群体和计划型消费群体。

12.3.2 餐饮目标市场选择

餐饮目标市场是指饭店餐饮营销中的目标消费群体，是饭店餐饮营销活动要满足的对象或需求，是饭店要决定进入的餐饮市场。餐饮目标市场选择是指饭店在细分市场的基础上确定符合本企业经营的最佳餐饮市场，即确定本企业的餐饮服务对象。饭店为了实现自己的餐饮经营目标，在复杂的餐饮市场需求中寻找自己的目标市场，选择那些需要本企业餐饮产品的消费者群体并为选中的目标市场策划产品、价格、销售渠道和销售策略。

1. 目标市场选择原则

饭店应首先收集和分析各餐饮细分市场的销售额、增长率和预期利润等信息。当然，理想的餐饮细分市场应具有预计的收入和利润。然而，一个细分的餐饮市场可能具有理想的规模和增长率，但不一定能提供理想的利润。这说明，饭店在选择餐饮目标市场时必须评估一些影响细分市场盈利或发展的因素。通常包括五个方面。

（1）竞争者状况

选择目标市场首先应考虑竞争者的状况。如果在这一细分市场上已经存在许多强有力的和具有进攻性的竞争者，这一细分市场就不太具有吸引力。例如，在某某城市已有多家著名的快餐店，像麦当劳、肯德基和必胜客等。如果在这些地区再创建一家西餐快餐厅，很难保证获得理想的经营效果，除非这家快餐店的餐饮产品独具特色。

（2）替代产品状况

如果在一个细分市场上存在许多替代产品，那么进入这一细分市场时，应当慎重。例如，某一地区开设了许多大众化的中餐厅。由于这些餐厅本身的经营特点不突出，所以这些中餐厅的餐饮产品都可以互相替代。这些中餐厅的营业收入和利润很难保证。

（3）购买者消费能力

购买者消费能力会影响一个细分市场的吸引力。在一个细分市场上，购买者的餐饮消费水平和可随意支配的收入等都会影响这个餐饮细分市场的形成和发展。

（4）食品原料状况

在某一餐饮细分市场，如果所需的食品原材料的数量和质量得不到充分的保证，说明这一细分市场经营效果和产品质量得不到保证。因此，这一细分的餐饮市场的发展及经营效果很难保证。

（5）饭店资源状况

即便某一个餐饮细分市场有适当的规模和增长率，饭店在决定是否进入这一细分市场时还必须考虑是否符合本企业的经营目标、人力资源和设施等情况。如果企业在这一个细分市场上不具有所需的技术和资源，将不会取得成功。

2. 目标市场选择范围

饭店在确定餐饮目标市场范围时应考虑：在该细分市场上能否体现本企业产品和服务的优势？企业是否完全了解该细分市场顾客群体的需求和购买潜力？该细分市场上是否有许多竞争对手？企业能否迅速提高在该细分市场上的市场占有率？确定饭店的餐饮目标市场范围如表12.3所示。

表12.3 饭店的餐饮目标市场范围

名称与范围	图示	特点
1. 产品—市场集中化	市场（消费群体）甲 乙 丙／产品 A B C	企业经营一种餐饮产品，满足某一个特定的细分市场。例如，某经济型饭店集团仅经营大众化的早餐业务，服务于经济型酒店的住宿顾客，以提高客房入住率
2. 市场专业化	市场（消费群体）甲 乙 丙／产品 A B C	企业选择某一类消费者群体并向这一细分市场营销多种餐饮产品。例如，某饭店集团针对其经营的高星级商务饭店，经营中餐广东菜、传统欧洲菜、主题宴会等业务
3. 产品专业化	市场（消费群体）甲 乙 丙／产品 A B C	企业针对不同的细分市场经营单一种类并具有市场发展潜力的餐饮产品，服务于数个不同的细分市场。例如，某饭店集团在其全国各地经营的3星级与4星级商务饭店与会议饭店中均经营咖啡厅业务。在咖啡厅的菜单中销售欧洲与亚洲各国日常的大众化菜肴

续表

名称与范围	图示	特　　点
4. 有选择的专业化	市场（消费群体） 甲 乙 丙 产 品 A B C	企业选择数个有发展潜力且不同的细分市场并在所选的细分市场中，有针对性地经营不同种类的餐饮产品。例如，某饭店集团在美国华盛顿开设的饭店中经营北京菜，在北京的饭店销售广东菜，在天津的饭店销售杭州菜等
5. 整体市场覆盖化	市场（消费群体） 甲 乙 丙 产 品 A B C	企业全面进入各细分市场并有针对性地满足不同餐饮需求的顾客群体。例如，某饭店集团根据下属不同地理位置、种类和级别等的饭店经营不同风味和消费水平的餐饮产品。这种选择范围适合有经济和管理实力的酒店集团

12.3.3　餐饮市场定位

1. 餐饮市场定位含义

餐饮市场定位是餐饮营销中不可缺少的环节，是饭店规划自己最佳的餐饮目标市场的具体工作，是根据目标市场的需求和本企业的优势与特长，对本企业餐饮产品的市场前景设定位置。餐饮市场定位的实质是饭店在顾客面前树立自己餐饮产品的特色和良好形象的过程。餐饮市场定位的关键是保证本企业的餐饮产品在市场上深受顾客欢迎。因此，饭店餐饮市场定位的主要作用是增加本企业餐饮产品的知名度和美誉度及保证餐饮经营的可持续发展。

2. 餐饮市场定位原则

（1）实体定位

通过挖掘和开发本企业个性化的餐饮产品，体现本企业餐饮产品与其他企业的差异，与其他企业形成区别，为本企业餐饮产品找到合适的市场位置。餐饮市场的实体定位策略的主要影响因素有饭店种类与规模、饭店所在地理环境、餐饮经营设施、人力资源、技术和资金等。

（2）概念定位

在餐饮市场高度发展的前提下，通过市场细分找到一个尚未开发的市场机会比较困难；而概念定位是指影响和改变顾客的餐饮消费习惯，将一种新的餐饮消费理念打入顾客心里的营销活动。例如，某饭店推出绿色餐饮产品的概念定位。一些高星级商务饭店根据市场潜在的需求推出中国皇家宴、加勒比海自助餐等；一些商务饭店在行政楼层设置咖啡厅，为入住行政楼层的长期顾客提供餐饮。这种市场定位原则不仅增加了饭店餐饮的营业收入，还提高了饭店的客房入住率，从而增加了饭店的房务产品收入。

（3）避强定位

避强定位原则是避开强有力的竞争对手的一种市场定位原则。当竞争对手的市场地位非常牢固时，盲目地与其竞争会导致本企业餐饮产品的经营失败，而创建本企业的餐饮产品特色，开发适合于本企业目标顾客需要的产品是成功的关键。因此，在餐饮营销中切忌随大流、赶主流，作为可持续发展的饭店餐饮定位原则是具有本企业独特的且受市场欢迎的餐饮产品。

(4) 迎头定位

这种定位策略是与市场最强的竞争对手"对着干"的定位方式，是与竞争对手经营同样的餐饮产品。这种营销策略风险较大。一些企业家认为，这种策略能激励企业奋发上进，是一种可行的定位尝试，一旦成功会取得巨大的市场优势。当然，要想取得成功必须认真评估本企业的人力资源、技术、资金、设施和地理位置等关键的资源并与竞争对手进行比较。

(5) 逆向定位

逆向定位即把本企业餐饮产品与名牌饭店联系起来，反衬自己的餐饮产品的质量、特色、用餐环境与产品价格等，从而引起顾客对本企业餐饮产品的关注的一种定位策略。饭店采用这种策略，管理人员必须深刻地了解本企业的餐饮质量和特色及竞争对手的产品质量和特色等。针对中小企业而言，其餐饮产品的个性化和丰富的文化内涵及其周到的服务与优惠的价格等都受到顾客的青睐。

(6) 重新定位

企业对销售少、市场反应差的餐饮产品应当重新定位。其目的是摆脱困境，重新获得销售业绩的增长和市场活力。

12.4 餐饮营销策略

餐饮营销策略主要包括产品策略、价格策略、分销渠道策略和促销策略等。首先，产品策略是餐饮营销的基础，它直接影响其他营销策略的实施。其次，价格策略关系到餐饮市场对餐饮产品的接受程度并影响餐饮市场的需求和企业的利益。再次，分销渠道策略可协调饭店与餐饮市场需求之间的平衡，对饭店餐饮营销目标的实现产生积极作用。最后，促销策略是饭店实现餐饮经营效益的必要保证。

12.4.1 餐饮产品策略

餐饮产品策略是饭店根据市场需求和本企业的人、财、物及专业知识和技术等能力，选择自己的餐饮产品的过程，是一切营销决策的基础。狭义的餐饮产品包括菜点和酒水，广义的餐饮产品不仅包括以上内容，还包括餐饮服务和用餐环境等。餐饮产品策略在餐饮营销中具有十分重要的意义。它不仅决定着饭店向目标市场提供什么样的餐饮产品，而且直接影响着产品的价格、分销渠道和促销决策等的制定。一般而言，餐饮产品策略主要包括产品组合策略、产品开发策略和产品生命周期策略等。

1. 餐饮产品组合策略

餐饮产品组合策略是餐饮营销策略的基础，饭店不仅应在餐饮产品开发方面投入资金，而且要重视餐饮产品组合的研究。实际上，餐饮产品组合策略是指根据市场需求及饭店内部的资源优势和营销能力，选择餐饮产品组合的宽度、长度、深度和关联度以适应本企业营销的品种、规模和范围等方法和活动。宽度是指餐饮产品大类中的数目，长度是指餐饮产品项目的总数量，深度是指每个餐饮产品项目的特色与规格，相关度是指各餐饮产品之间的关联性。例如，饭店销售独具特色的牛排且价格实惠必然增加高级别葡萄酒的销量。

(1) 全线全面策略

全线全面策略是指，饭店着眼于各细分市场，向所有的细分市场提供其需要的各种餐饮产品。该策略要求饭店同时拓展产品组合的广度和深度，增加产品线和产品项目，力求覆盖每一细分市场。

（2）市场专业策略

这一类型是指，饭店仅向某一目标市场提供所需的各类型餐饮产品的组合以满足同一类型顾客的需求。市场专业是依据同类顾客的需求设置产品线。例如，对商务饭店设置其需要的欧洲传统餐饮产品、中国广东风味餐饮产品和大众化欧亚餐饮产品（咖啡厅）等。

（3）产品线专业策略

产品线专业是指，饭店只营销某一产品线或某一大类产品内的各项产品以满足其目标顾客需求的产品组合策略。饭店采用这一组合策略，可随时根据市场需求增加其产品的深度以扩展产品项目。例如，一些欧洲的饭店向顾客仅提供西餐服务，并在西餐销售不同种类的西餐产品。包括法国餐饮、大众西餐与酒水服务。

（4）有限产品线策略

这是指饭店仅生产和销售某一产品线中的少数几个产品以满足市场需求的产品组合策略。这一策略常被小型企业采用。例如，一些地区的汽车旅馆或经济型酒店仅为顾客提供经济型的自助式早餐。因此，对于资源和营销能力比较薄弱的小型饭店，采用有限产品线策略可发挥其专长并带来理想的投资效益。

（5）个性化产品策略

这是指为目标顾客特别需要而营销的具有特色的餐饮产品组合。这种产品组合策略的市场竞争威胁小。一些小型精品饭店的餐饮产品具有地方特色或独具特色，如潮州菜、扬州菜、官府菜及皇家菜等，它们与一般饭店有着明显的差异。它们有着自己的创意，其餐饮产品的组合设计体现了本企业独特的深度和关联度。因此，精品饭店需要慎重保持着本企业餐饮产品的个性化，以利营销。

2. 餐饮产品开发策略

创新是饭店营销与发展的基础。如果饭店在创新产品方面滞后，那么它在市场竞争中将面临被淘汰的危险。持续开发新的餐饮产品对于饭店的生存和发展具有重要的意义。通常在餐饮市场竞争中，经营成功的饭店不断地将本企业餐饮新产品推陈出新以满足市场需求。所谓餐饮新产品，是指在餐饮、设施、家具、用品、原料、工艺、结构、特色、功能和服务等方面有明显的提高和改进的餐饮产品。餐饮产品开发是创新过程，需要一定的资金投入，必须通过准确的市场调查和预测并根据企业的能力和条件量力而行，其前提是满足市场需求和饭店的经济效益。餐饮产品开发通常由饭店组成的产品开发小组负责。由厨师长、餐饮部管理人员和营销部管理人员等组成。大型饭店常成立餐饮产品开发部，甚至聘请院校的学者一起参与饭店餐饮产品的开发工作。新产品开发必须有完善和科学的开发程序，必须经过构思、筛选、形成产品、市场试销和正式销售等5个程序。所谓的构思即产品的创意，是新餐饮产品开发的第一个阶段。新产品的创意主要来自餐饮经营管理人员、服务人员、技术人员和营销人员，甚至院校学者和顾客代表等。筛选是对创意的新产品进行的优选阶段，正确的筛选必须考虑餐饮市场实际或潜在的需求、营销环境及本企业的资金、设备和技术能力等因素。然后，把产品构思具体化，形成正式的餐饮产品，估算出产品的销售量和投资效益率并做好新产品的营销组合。根据调查，餐饮新产品是否会被市场接受主要包括以下几个基本因素：新产品为顾客带来的优点，特别是在质量、性能、使用及价格方面；新产品必须符合目标顾客的消费习惯；新产品容易被较多的细分市场接受；新产品的优点容易被顾客识别等。餐饮新产品上市时，通常不会立即被顾客普遍接受，需要一定的时间及企业的推广。美国著名的学者罗杰斯（Everett M. Rogers）在新产品扩散和使用理论中强调，顾客从知晓到使用新产品要经过五个阶段：了解新产品，对新产品产生兴趣，分析与评估新产品，试用新产品及使用新产品。

3. 餐饮产品生命周期策略

任何餐饮产品的销售和利润都是变化的。这种变化由弱势至强势，然后逐渐衰退，这种过程称为餐饮产品生命周期。餐饮产品生命周期理论认为，必须对不同阶段的餐饮产品制定适当的营销策略，而且要不断地开发新的餐饮产品取代即将衰退的产品。美国营销专家菲利普·科特勒将产品生命周期归纳为五个阶段：开发期、导入期、成长期、成熟期和衰退期。产品生命周期理论在饭店的餐饮营销中有着重要的意义，可使企业掌握各阶段餐饮产品的市场地位并为其营销策略提供依据以增强企业的竞争力和应变能力。通常，餐饮产品培育、构思和形成阶段称为产品开发期，这一阶段的单位产品成本高，销售额和利润为零，尚无竞争者，主要营销策略是将产品尽快投入市场。新产品初上市阶段称为产品导入期。这时期的产品质量不稳定，销售渠道不健全，销售量缓慢增长，产品知名度低，营销费用高，产品利润低，竞争者很少，主要的营销策略是尽快建立产品的知名度以占领市场。被市场接受的新产品称为产品成长期，这一阶段的餐饮产品质量趋于稳定，销售量迅速增长，利润显著上升。然而，竞争者的相似产品会陆续出现。这一时期的营销策略是提高餐饮产品质量，增加产品的特色，提高市场占有率，树立本企业的品牌并选择适当的时机调整产品的价格或提高产品的附加值。例如，在产品的原料和工艺方面进行提升，在用餐环境方面进行提高等。某餐饮产品被市场认可，销售量稳定的阶段称为产品成熟期。这一时期不论销售量还是利润都达到了顶峰并开始缓慢下降，市场竞争激烈，营销费用增加，产品价格可能下降，成本会上升。因此，这一时期的营销策略是，在保持一定市场占有率和利润的基础上，寻求新的客源，改进和调整产品并完善销售渠道，改进促销方式等。当产品销售额下降、产品需求达到饱和、利润日益减少时，说明该产品进入了淘汰的阶段即产品衰退期。这时，饭店应逐渐放弃呆板或过时的餐饮产品，不符合人们健康和安全的传统工艺生产的餐饮产品，实现餐饮产品的更新换代。

12.4.2 餐饮价格策略

餐饮价格策略是餐饮营销中直接影响饭店餐饮经营收入和利润的因素。因此，价格策略在餐饮营销中有着非常重要的作用。餐饮价格受多种因素影响，尤其受到地域、季节和时段因素的约束。通常，价格愈高，市场需求愈少。当然，还受其原材料的品种与质量、用餐环境和设施、生产与服务技术、产品质量与特色等因素影响。此外，促销费用是饭店餐饮产品价格构成的另一个重要因素。由于饭店营销范围不断扩展，饭店市场竞争日益加剧，从而促销费用在餐饮产品价格中的构成比例有不断增加的趋势。最后，在餐饮产品处于不同的生命周期阶段时，其产品的促销费用也不相同。这些因素都会影响到餐饮产品的价格水平。根据企业的调查，餐饮价格策略主要包括成本价格策略、需求价格策略、竞争价格策略、折扣价格策略和心理价格策略等。当然，成本价格策略是饭店最基本的定价策略，它客观地通过销售来补偿餐饮实际消耗的各项成本；而需求价格策略参考了顾客对产品价值的理解和需求的强度，而不是仅依据成本定价，它也称为感受定价法。例如，一瓶普通级别的国产白葡萄酒在市场上零售价格约40元，而在4星级饭店的售价格约为160元。有时还要加上10%的餐厅服务费。当然，这种价格既可满足某些顾客对显示身份的需求，又可将高价格中的部分收入用于餐厅环境和服务设施的投入以满足餐饮服务质量水平的需要。然而，运用需求定价法必须将本企业的价格与竞争者相比较，否则会造成经营失败。竞争定价法基本上是随行就市法，这种方法可保证企业的适当收益。此外，饭店常采用低价策略以扩大销售量；有时为了竞争和扩大产品销售，采用数量折扣和季节折扣及时段折扣等策略。一些饭店还运用尾数定价策略来显示价格实惠的感觉。

12.4.3 营销渠道策略

餐饮产品营销渠道策略包括直接销售渠道和间接销售渠道。直接销售渠道是通过本企业直接将餐饮产品销售给顾客的过程。间接销售渠道是指，酒店通过不同的中间商将餐饮产品销售给目标顾客。中间商包括旅行社和会展运营商及其他一些中间组织。当今，愈来愈多的饭店管理人员重视餐饮营销渠道及尽力加宽营销渠道。从20世纪50年代至今，国际饭店业和餐饮业通过特许经营模式将本企业的餐饮产品市场不断地扩张。例如，一些高消费的风味餐饮公司和麦当劳、肯德基及必胜客等快餐公司都是通过间接销售渠道不断地扩大企业的规模和营业收入，饭店的餐饮营销也是如此。世界著名的饭店集团通过共同管理、合同契约等模式扩大其餐饮产品的市场。

12.4.4 餐饮推销策略

1. 人员推销策略

餐饮服务人员常作为饭店与顾客之间的桥梁和纽带，对企业和顾客均负有责任。因此，餐饮推销工作不仅是饭店营销部的责任，也是每位餐饮部职工的责任。餐厅服务人员的职责并非仅限于把饭店的餐饮产品销售出去，而是承担着多方面的工作。作为餐厅服务员，实际上是餐饮的推销员。它们应具备良好的语言表达能力和敏锐的观察能力，应深入了解顾客的消费需求和消费心理，具有较强的自我控制能力和灵活的应变能力，具备良好的敬业精神和职业道德，应熟练掌握餐饮专业知识和推销技巧。同时，餐厅服务人员应善于将顾客购买餐饮产品后能得到的享受和利益进行描述以激励顾客购买的欲望。此外，餐厅服务人员应给顾客时间，使其进行利益比较，把顾客支付的货币与他们能得到的产品相比较，把所推销的餐饮产品与其他企业的产品进行比较，使顾客相信本企业的餐饮产品的质量、价值、特色、价格等的优势。实际上，人员推销的特点主要应表现在主动向顾客推销与服务；与顾客进行双向信息沟通，了解不同地区顾客的经济、文化、习俗和餐饮产品需求及购买习惯等信息。当然，餐厅服务人员及时发现和回答顾客提出的问题，向顾客提供适当的价格及优惠条件等信息，消除顾客购买中的疑虑，引导顾客购买其需要的餐饮产品等至关重要。此外，在推销中，使顾客对本企业餐饮产品形成信任是销售的关键点。

2. 餐饮广告策略

企业招牌、菜肴照片、电子菜单、信函广告、菜肴和酒水宣传单等在餐饮广告中发挥着重要的作用，许多餐饮管理人员创造本企业的形象使顾客明确本企业的餐饮产品风味和特色以增加顾客的购买信心。餐厅的招牌必须讲究位置、高度、字体、照明和可视性并设立在餐厅门口处、在饭店内显著的楼层和人们容易看到的位置。根据研究，霓虹灯招牌可增加晚间的可视度，使企业灯火辉煌，呈现朝气蓬勃和欣欣向荣的气氛。信函广告是餐饮营销的有效方法，这种广告最大的优点是阅读率高，可集中目标顾客。运用信函广告应掌握适当的时机。例如，饭店或餐厅新开业及重新装修后开业，饭店举办的美食节和周年纪念活动，餐厅推出新产品及新季节的到来等。交通广告是捕捉流动顾客的好方法，其最大的优点是宣传时间长，目标顾客明确。但是，使用交通广告要适合企业的经营特点。饭店为吸引住店顾客就餐，常在大厅和电梯内，用告示牌形式宣传某一时段的特色菜肴和著名的厨师等。根据研究，设计优秀的菜单及其具有吸引力的菜肴和价格具有不可替代的推销作用。

3. 餐厅外观策略

餐厅外观是非常重要的营销媒介，饭店的餐厅外观应当突出其经营特色，使顾客识别和判断其销售的产品种类及其特点。餐厅外观营销策略包括餐厅的建筑风格、外观色调、门前绿化和装饰品、门前停车场及清洁卫生等策略。餐厅应当讲究建筑风格，体现经营特点，区别咖啡厅、中餐厅和西餐厅等。餐厅的色调直接或间接地起着营销作用。例如，传统西餐厅的外观常是暖色调，带有地方特色的各种西餐厅常有各种色调，冷色调或浅色调的外观告诉人们该餐厅为咖啡厅或各式快餐厅。餐厅门前的绿化、园林设施和装饰物可给顾客带来祥和安宁的感受。许多咖啡厅门口陈列各式新鲜面包以表明该餐厅是咖啡厅并且讲究食品的新鲜度。一些传统的西餐厅门前以古典酒、奶酪和意大利面条等为装饰物，显示该餐厅是传统的西餐厅。中餐厅门前常见的装饰品是中国灯笼和对联，体现中国传统的文化（见图12.7）。许多餐厅橱窗设计非常美观，橱窗内种植或摆放着各种花木和盆景，人们透过橱窗可以看到餐厅的风格和顾客用餐的情景。停车场是饭店或餐厅经营的基本设施。当今，个人汽车拥有率愈来愈高。因此，饭店门前必须有停车场并由专人看管。这样既方便了顾客，也加强了饭店餐饮的营销效果。

图 12.7　某中餐厅的外观

4. 餐厅名称策略

一个优秀和有特色的餐厅，其名称只有迎合目标顾客、符合餐厅的经营特色和消费水平才能有营销效果。成功的经验证明，餐厅的名称必须易读、易写、易听、易记，简单和清晰，易于分辨，字数要少而精，中文以2～5个字为宜，文字排列顺序应考虑周到，避免将容易误会的字体和发音排列在一起，字体设计应美观，容易辨认，易于引起顾客的注意及加深印象和记忆。同时，餐厅是人们外出进行商务与休闲和聚会的地方，人们常通过电话进行约会，所以餐厅名称必须方便联络，容易听懂，避免使用容易混淆的文字、有谐音或可联想的文字。

5. 美食节策略

当今，餐饮市场竞争非常激烈，餐饮产品的生命周期不断缩短，传统和被动地等待顾客上门的推销观念已失去营销效果，而举办各种推销活动是现代餐饮营销策略之一。一些饭店常举办节假日餐饮推销、清淡时段推销和美食节推销等。例如，圣诞节晚会、比萨饼销售周、中秋美食月、希腊菜美食月、苏州菜美食月、法国烧烤菜肴推销月等。成功的餐饮推销活动应具备新闻性、新潮性、简单性、视觉性和顾客参与性，突出餐厅的装饰和菜肴的特色，简化销售活动程序，使餐厅推销活动产生话题，引起人们的兴趣。

6. 赠送礼品策略

饭店常采用赠送礼品策略来达到餐饮促销目的。餐厅赠送礼品应使企业与顾客同时受益才能达到营销效果，饭店赠送的礼品应包括本餐厅的特色菜肴、刚开发的新菜品、新研制的酒水、生日蛋糕、水果盘、生日贺卡及精致的菜单等。菜肴、蛋糕、果盘和酒水属于奖励性赠品，这种赠品应根据顾客的用餐目的、用餐时间和不同的节假日，有选择地赠送给顾客以便满足不同顾客的需求，使顾客真正得到实惠并提高企业的知名度，以提高顾客用餐次数和消费额。这种赠品的包装要精致，讲究赠送气氛，赠送礼品的种类、内容和颜色等与赠送对象的年龄、职业、餐饮习俗及用餐目的相协调，使上述赠品达到理想的推销效果。显然，一些餐厅不论顾客是否喜爱啤酒，对每个顾客都采用赠送啤酒的策略是不适宜的。贺卡和菜单属于广告型赠品，这种赠品必须具备收藏价值，贺卡上应当有饭店和餐厅的名称、餐厅经营的主要内容和特色及电话号码。此外，菜单除了印有餐厅的名称、地址和联系电话外，还应有特色菜肴介绍。最后，赠送的贺卡和菜单主要起到宣传饭店的餐饮特色和风味的作用，使更多的顾客了解企业以提高企业的知名度。

7. 食品展示策略

食品展示是有效的餐饮推销方法。这种方法通过在餐厅门口或厅内陈列新鲜的食品原料、半成品菜肴或成熟的菜肴、点心、水果及酒水等来增加产品的视觉效应，使顾客更加了解企业经营的产品特色和质量并对饭店产生信任感。一些中餐厅在餐厅内摆放陈列柜，柜中摆放切配好的菜肴。一些咖啡厅将本餐厅制作的新鲜面包摆放在餐厅门口以显示经营特色和产品的新鲜度。一些西餐厅和咖啡厅内设有沙拉吧（沙拉自助销售台）并将新鲜的和五颜六色的蔬菜及沙拉酱与装饰菜等摆在餐台上以吸引顾客购买。有些咖啡厅将其新制作的各种蛋糕和甜点放在旋转的展示柜中，一些餐厅在吧台后的展示柜上陈列着各种名酒及在酒架上摆放著名的红葡萄酒，在酒柜内陈列著名的白葡萄酒等。有些咖啡厅在每张餐台上摆放一瓶有特色的红葡萄酒。一些餐厅在靠近门口处安装带有温度控制的葡萄酒柜，柜中有菱形的木方格，葡萄酒横放在方格中，瓶口朝外，酒的标签朝上以显示该餐厅的酒水文化。这些展示方法取得了理想的推销效果（见图12.8）。

图12.8 某饭店大厅酒吧

8. 清洁营销策略

当今,清洁已成为现代餐饮质量标准之一。清洁不仅有它本身清洁的含义,还代表了企业尊重顾客和值得顾客信赖的企业形象,是顾客选择餐厅的重要因素之一。饭店应保证餐厅外观的清洁,灯饰的清洁,设施和饰品的清洁,餐具、菜肴和酒水的清洁卫生。饭店应制定餐厅与环境等的清洁质量标准并按时进行检查。除此之外,饭店应保持企业招牌的清洁,文字的清晰度,灯光完好无损,盆景、叶子和花卉等的清洁卫生。同时,餐厅地面应当干净,墙面和玻璃门窗及天花板应无尘土。当今,卫生间是饭店形象的重要标志之一。饭店不仅应当讲究卫生间的清洁,还必须讲究卫生间的装饰与造型,配备冷热水系统、抽风装置、空气调节器。同时,卫生间应当安装明亮的镜子,放有液体香皂,擦手用的纸巾、干手用的烘干器、干净的垃圾桶、花篮与盆景。

12.4.5 绿色营销

绿色营销是指饭店使用自然、无污染、无化学添加剂的食品原料制作健康和安全的餐饮产品。通过安全的生产工艺制成菜点以保护原料自身的营养成分,杜绝对身体的伤害。基于绿色营销,饭店应从原料采购开始管理。在管理中采购人员首先要控制食品原料的来源并采购无污染的食品原料。尽可能不购买罐装、听装及半成品原料,不购买转基因食品原料。饭店应从无污染和无公害原料种植地和饲养场所采购食品原料。此外,菜点生产也是绿色营销的关键环节之一。餐饮生产人员应认真清洗和整理食品原料,合理搭配食品原料,均衡餐饮的营养,合理运用烹调技艺,减少对原料营养的破坏,不使用任何化学添加剂,致力于原料自身的味道,尽量简化生产环节,减少污染机会。当然,精简餐饮服务程序,减少餐饮被餐巾和餐具等污染的机会,使餐饮更加清新和自然。

12.4.6 网络营销

网络营销称为互联网营销或电子营销,是有效的餐饮营销策略之一。餐饮网络营销是以现代营销理论为基础,利用互联网技术和功能,最大限度地满足顾客需求以开拓餐饮市场,更有效地销售餐饮产品,增加盈利的有效途径。当今,网络营销可视为一种有效的营销方法,它并非一定要取代传统的营销方式,而是利用信息技术,重组营销渠道。根据调查,互联网络比传统媒体的表现更加丰富,可发挥餐饮营销人员的创意,超越时空,信息传播速度快,容量大,具备传送文字、声音和影像等多媒体的功能。实际上,网络营销是全球化营销,网络延伸到哪里,信息就会传递到哪里。因此,餐饮网络营销没有地域限制,除了文字局限外,它比任何传统的餐饮营销方式更具国际性。顾客可根据自己的需求,进入需要的网站,在目标地域内寻找自己需要的餐饮产品信息。同时,饭店可通过互联网收集顾客信息,形成顾客数据库,经分析,可为顾客提供更加个性化的餐饮产品。此外,网络营销可使顾客直接向企业表达需求,餐饮营销人员可与潜在的顾客进行实时信息交流和在线销售产品等。实际上,网络营销可为顾客提供便利的餐饮服务。在网络环境中,顾客不受时间和地域的限制,能以快捷的方式完成餐位预订和餐饮外送等。综上所述,网络营销可给饭店和顾客带来便利和经济利益。对饭店而言,能实现餐饮的直销,降低营销成本。对顾客而言,节省购买时间和交易成本。随着网络的普及与发展,饭店在互联网上拥有自己的站点和主页已成为事实。这样,网络时代的饭店形象系统已成为企业宣传其餐饮产品和优质的餐饮服务的关键。随着网络技术在商业和旅游业的应用,饭店应在网络市场空间取得竞争力。饭店的网站设计应重视企业的标志,尽可能使饭店标志出现在每个页面上,而突出企业形象的标准色、标准字体、理念标语、图形并与音效结合,将理念标语放在醒目的位置,使用统一的图片并在餐饮经营中不断地调整和修饰。

本章小结

餐饮营销,全称餐饮市场营销,是指饭店为满足顾客需求,实施餐饮经营的商务活动。包括餐饮市场调研、选择目标市场、开发餐饮产品、为餐饮定价、选择销售渠道及实施促销等一系列的活动。餐饮营销理念是指饭店业从事餐饮生产和营销所依据的指导思想和行为准则。它体现了饭店对餐饮市场环境、饭店与餐饮市场相互关系等问题的认识、看法和根本态度,是饭店所奉行的餐饮经营哲学。饭店餐饮的营销任务是调整企业满足餐饮市场的需求水平、需求时间和需求特点,使供求之间相互协调以实现企业与顾客互利的交换,达到饭店餐饮营销目标。

饭店在餐饮营销中,运用科学方法,有计划和完整地收集、整理和分析有关促进和阻碍餐饮营销的因素并以这些信息为依据做出营销决策,称为餐饮营销环境分析。饭店餐饮市场选择是在餐饮市场细分的基础上,通过评价和分析,选定一个或若干个细分餐饮消费群体作为本企业餐饮目标市场并制定相适合的营销策略过程。餐饮营销策略包括产品策略、价格策略、分销渠道策略和促销策略等。

1. **名词解释**

食品展示策略　　集中营销策略　　餐饮市场定位　　餐饮营销环境

2. 多项选择

（1）餐饮营销是指饭店为满足顾客的需求，实施餐饮经营的商务活动。包括（　　）及选择销售渠道和实施促销等一系列活动。

A. 餐饮市场调研　　　　　　B. 选择目标市场
C. 开发餐饮产品　　　　　　D. 为餐饮产品定价

（2）餐饮营销理念作为一种指导思想和经营理念，是饭店餐饮一切经营活动的出发点。它支配着饭店餐饮营销实践的各个方面。包括（　　）和营销方法等。

A. 营销目的　　B. 营销活动　　C. 营销组织　　D. 营销策略

（3）在餐饮竞争中，最有竞争力的对手包括与本企业经营同类餐饮产品的企业并能直接代替本企业餐饮产品的饭店及能满足同等产品需要的餐饮企业。通常，餐饮竞争者可分为（　　）。

A. 平行竞争者　　　　　　　B. 产品形式竞争者
C. 品牌竞争者　　　　　　　D. 直接竞争者

（4）餐厅外观是非常重要的营销媒介，饭店的餐厅外观应当突出其经营的特色，使顾客识别和判断其销售的产品种类及其特点。餐厅外观营销策略包括（　　）。

A. 餐厅建筑风格　　　　　　B. 餐厅外观色调
C. 门前绿化和装饰品　　　　D. 停车场及卫生策略

3. 判断对错

（1）根据研究，餐饮产品的销售量常与平时或周末、每天的各时段及天气与季节等因素紧密相关，其销售量呈波动状态。（　　）

（2）技术发展可导致用餐环境、生产和服务设施、菜肴、酒水及其服务的更新换代。同时，由于技术的发展和变化，造成顾客消费行为的变化并追求餐饮产品的个性化。（　　）

（3）从本质上分析，饭店基于外部环境因素的变化对其餐饮营销效果而言是可以控制的。（　　）

（4）餐饮市场细分有利于饭店发掘新的餐饮营销机会，把各目标市场的需求与市场上已有的餐饮产品进行比较，及时发现尚未得到满足的餐饮需求和营销机遇。（　　）

（5）每个企业都应考虑本企业餐饮的市场定位。然而，关注竞争者在地区分布的密度、产品差异程度和市场进入难度没有必要。（　　）

4. 思考题

（1）简述餐饮营销理念的发展。
（2）简述餐饮产品策略。
（3）简述美食节策略。
（4）论述餐饮目标市场选择。
（5）论述交易营销观念与关系营销观念的不同特点。

主要参考文献

[1] 王艳，程艳霞. 现代营销理论与实务［M］. 北京：人民邮电出版社，2012.

[2] 武铮铮. 实用市场营销学 [M]. 南京：东南大学出版社，2010.
[3] 王天佑，张威. 饭店管理概论 [M]. 3 版. 北京：清华大学出版社，2015.
[4] 王天佑. 饭店餐饮管理 [M]. 3 版. 北京：北京交通大学出版社，2015.
[5] 叶陈刚. 企业伦理与社会责任 [M]. 北京：中国人民大学出版社，2012.
[6] ZEITHAML V A, BITNER M J, GREMLER D D. 服务营销：第 6 版 [M]. 张金成，白长虹，等译. 北京：机械工业出版社，2015.
[7] 吴勇. 市场营销 [M]. 5 版. 北京：高等教育出版社，2017.
[8] 苗月新. 市场营销学理论与实务 [M]. 2 版. 北京：清华大学出版社，2008.
[9] 王天佑. 酒店市场营销 [M]. 2 版. 天津：天津大学出版社，2018.
[10] 骆品亮. 定价策略 [M]. 4 版. 上海：上海财经大学出版，2019.
[11] 本顿. 采购和供应管理 [M]. 穆东，译. 大连：东北财经大学出版社，2009.
[12] 科特勒，凯勒. 营销管理 [M]. 何佳讯，于洪彦，牛永革，等译. 15 版. 上海：格致出版社，2016.
[13] 沃茨，洛夫洛克. 服务营销 [M]. 韦福祥，等译. 8 版. 北京：中国人民大学出版社，2018.
[14] 纳格，查莱，陈兆丰. 定价战略与战术：通向利润增长之路 [M] 龚强，陈兆丰，译. 5 版. 北京：华夏出版社，2012.
[15] RAO M. Knowledge management tools and techniques [M]. Ma：Elsevier Inc.，2005.
[16] HAMILTON C. Communicating for results [M]. Mason：Thomson Higher Education，2008.
[17] USUNIER J C. Marketing across cultures [M]. 4th ed. Essex：Pearson Education Ltd.，2005.
[18] BARROWS C W, POWERS T. Introduction to management in the hospitality industry [M]. 9th ed. New Jersey：John & Sons Inc.，2009.
[19] BOWEN J T, MAKENS J C, KOTLER P. Marketing for hospitality and tourism [M]. 5th ed. NJ：Prentice Hall PTR，2010.
[20] COOPER R G. Winning at new products：creating value through innovation [M]. 4th ed. New York：Basic Books，2011.
[21] MCKEAN J. Managing customers through economic cycles [M]. West Sussex：John Wiley & Sons，2010.
[22] FOURNIER S, BREAZEALE M, FETSCHERIN M. Consumer-brand relationship theory and practice [M]. NY：Routledge，2012.
[23] JACKSON W A. Markets：perspectives from economic and social theory [M]. London：Routledge，2019.
[24] HASTINGS, DOMEGAN C. Social marketing [M]. 2nd ed. Oxon：Butterworth Heinmann，2013.
[25] MCDONALD M. Market segmentation [M]. 4th ed. West Sussex：John Wiley & Sons，2012.
[26] GOSNAY R, RICHARDSON N. Develop your marketing skills [M]. UK：Kogan Page Limited，2008.

练习题参考答案

第1章

1. 名词解释
略

2. 多项选择
(1) ABCD (2) ABCD (3) ABD (4) ABCD

3. 判断对错
(1) √ (2) √ (3) √ (4) × (5) √

4. 思考题
略

第2章

1. 名词解释
略

2. 多项选择
(1) ABCD (2) ABCD (3) ABCD (4) ABD

3. 判断对错
(1) × (2) √ (3) × (4) √ (5) ×

4. 思考题
略

5. 画图题
略

第3章

1. 名词解释
略

2. 多项选择
(1) ABC (2) AD (3) ABCD (4) ABD

3. 判断对错
(1) √ (2) × (3) × (4) √ (5) ×

4. 思考题
略

第4章

1. 名词解释
略

2. 多项选择

(1) BCD (2) ABCD (3) ABCD (4) ACD

3. 判断对错

(1) √ (2) √ (3) × (4) × (5) √

4. 思考题

略

5. 分析题

略

第 5 章

1. 名词解释

略

2. 多项选择

(1) ABCD (2) BCD (3) ABCD (4) BCD

3. 判断对错

(1) √ (2) × (3) √ (4) × (5) √

4. 思考题

略

第 6 章

1. 名词解释

略

2. 多项选择

(1) ABCD (2) ABCD (3) ABD (4) ABD

3. 判断对错

(1) × (2) √ (3) × (4) × (5) √

4. 思考题

略

第 7 章

1. 名词解释

略

2. 多项选择

(1) ABCD (2) ABCD (3) ABC (4) ABCD

3. 判断对错

(1) × (2) × (3) √ (4) × (5) √

4. 思考题

略

5. 画图题

略

第 8 章

1. 名词解释
略

2. 多项选择
(1) ABC (2) ABD (3) ABC (4) BCD

3. 判断对错
(1) √ (2) × (3) √ (4) × (5) √

4. 思考题
略

第 9 章

1. 名词解释
略

2. 多项选择
(1) ABCD (2) ABCD (3) ABCD (4) ABD

3. 判断对错
(1) √ (2) √ (3) × (4) √ (5) ×

4. 思考题
略

5. 分析题
略

6. 计算题
略

第 10 章

1. 名词解释
略

2. 多项选择
(1) ABCD (2) ABCD (3) BCD (4) ABD

3. 判断对错
(1) √ (2) × (3) × (4) √ (5) √

4. 思考题
略

5. 画图题
略

第 11 章

1. 名词解释
略

2. 多项选择
(1) ABCD (2) ABD (3) ABC (4) ABCD

3. 判断对错

(1) √   (2) √   (3) ×   (4) ×   (5) ×

4. 思考题

略

第 12 章

1. 名词解释

略

2. 多项选择

(1) ABCD   (2) ABCD   (3) ABC   (4) ABCD

3. 判断对错

(1) √   (2) √   (3) ×   (4) √   (5) ×

4. 思考题

略